한국연구재단 학술명저번역총서
서양편 348

영혼에 관한 토론문제

2013년 11월 25일 발행
2013년 11월 25일 1쇄

지은이_ 토마스 아퀴나스
옮긴이_ 이재룡 · 이경재
발행자_ 趙相浩
발행처_ (주) 나남
주소_ 413-120 경기도 파주시 회동길 193
전화_ (031) 955-4601 (代), FAX : (031) 955-4555
등록_ 제 1-71호(1979.5.12)
홈페이지_ http://www.nanam.net
전자우편_ post@nanam.net
인쇄인_ 유성근(삼화인쇄주식회사)

ISBN 978-89-300-8658-5
ISBN 978-89-300-8215-0 (세트)
책값은 뒤표지에 있습니다.

'한국연구재단 학술명저번역총서'는 우리 시대 기초학문의 부흥을 위해
한국연구재단과 (주)나남이 공동으로 펼치는 서양명저 번역간행사업입니다.

영혼에 관한 토론문제

나남
nanam

영혼에 관한 토론문제

토마스 아퀴나스 지음
이재룡·이경재 옮김

나남
nanam

Quaestiones Disputatae de Anima

by

St. Thomas Aquinas

1269

옮긴이 머리말

이 책은 토마스 아퀴나스(1224~1274)의 대표적인 저작 가운데 하나인 *Quaestiones Disputatae de Anima*를 우리말로 번역한 것이다. 서양 사상의 중요 유산이면서 동시에 여전히 현재적 가치를 지니는 이 저작의 번역이 필요하다는 논의는 오래전부터 있었지만, 많은 시간과 노력을 필요로 하는 번역인지라 선뜻 나서기도 그리 쉽지만은 않은 현실이었다.

이런 상황에 이 책이 번역·출간될 수 있었던 것은 순전히 한국연구재단에서 시행하는 동서양학술명저번역 지원사업 덕분임을 자인하지 않을 수 없다. 그 덕분에 기쁜 마음으로 호기 있게 번역에 착수하였고, 느슨해지려 할 때마다 다독이고 채찍질할 수 있었으며, 최선을 다해 책임감 있는 결과물을 산출할 수 있도록 역량을 집중할 수 있었다. 이런 기회를 주신 한국연구재단에 감사드린다.

이 번역은 두 연구자 공동으로 수행하였다. 각자가 양적으로 번역을 분담하여 나누어 맡는 식이 아니라 번역과 연구와 검토의 모든 과정을 공동으로 진행하는 방식을 취했다. 더디지만 보다 정확성을 기할 수 있다는 기대 때문이었다. 초벌번역, 원문의 의미에 대한 논의, 가독성에 대한 검토, 적절한 번역용어의 선택, 원문의 각주에 더해지는 역주의 범위와 내용 등 번역활동의 전반이 이러한 절차로 진행되었다.

두 마음이 하나를 바라보는 것이니만큼 온전한 합의를 이루어내기 어려운 부분들도 없지 않았지만, 덕분에 혼자의 눈에는 보이지 않았던 많은 난점들이 검토되고 교정될 수 있었다. 그럼에도 불구하고 여전히 미진한 점이 많음을 고백하지 않을 수 없다. 특히 번역용어의 선택과 구사의 문제는 이 저작뿐 아니라 앞으로 중세철학 문헌의 번역에서 계속 고민하며 해결해 나아가야 할 숙제임을 새삼 뼈저리게 느꼈다. 일단 완료된 번역물을 눈앞에 두고서도 오랜 기간 묵혀 두었던 이유도 바로 이 때문이었다.

이 번역에 관심을 가지리라 기대되는 독자들의 날카로운 눈에는 이 책의 불충분하고 부족한 부분들이 적지 않게 발견되리라고 생각한다. 하지만 그로 인한 질타와 지적들이 쌓여 앞으로 보다 완전하고 완성된 형태의 개정판이 나올 수 있으리라고 기대해 본다. 미숙에 대한 우려에도 불구하고 지금 감히 이 책을 내놓을 수 있는 것은 바로 그러한 기대감 때문이다. 적어도 이 책은 그 완성을 향한 실질적인 출발점이 될 수 있을 것이기 때문이다. 동시에 이 책의 출간은 얼마 전부터 더디지만 꾸준히 지속되는 중세철학 문헌의 번역에 작지만 소중한 성과를 더하는 것이라는 생각도 해본다.

드러나 보이지는 않지만 이 번역이 실질적인 열매를 맺기까지 안팎에서 음으로 양으로 도움을 주신 분들에게 감사를 표하지 않을 수 없다. 우선 관련된 자료들을 꼼꼼히 챙겨주면서 이 번역의 착수를 도와준 연세대 이재경 교수에게 감사드린다. 그가 없었더라면 이 작업이 시작조차 되지 않았을지도 모른다. 그리고 2년여가 훌쩍 넘는 기간 동안 행정적 지원을 해주신 가톨릭대학에도 감사드린다. 끊임없는 관심과 격려 속에 귀찮을 듯도 한 번역 관련 문제들을 지치지 않고 함께 고민해준 한국중세철학회 회원 여러분들께도 감사드린다. 원래 예정되었던 기한이 훌쩍 넘어버렸음에도 불구하고 묵묵히 인내하고 기다리면서 성원해 주신 출판사 분들께는 감사의 마음뿐 아니라 죄송한 마음도 전해야 하겠다.

더듬더듬 라틴어 문장을 손으로 짚어가며 읽느라 눈과 손과 시간이 모두 아픔을 겪을 수밖에 다른 도리가 없었던 학창시절을 떠올리며, 누군가가 조금이라도 손쉽게 이 중요한 저작을 읽을 수 있으면 좋지 않겠냐는 것이 이 책을 내놓으며 갖는 소소한 바람이다. 지금 우리의 세대보다 좀더 나은 학자들과 지식인들이 많이 배출되는 데 한 몫 할 수 있다면 더 바랄 게 없을 것이고….

2013년 11월

이재룡 · 이경재

영혼에 관한 토론문제

차 례

▪ 일러두기

1. **번역의 원칙**: 이 번역은 의미와 가독성을 훼손하지 않는 범위 내에서 라틴어 원문을 충실하게 옮기려고 했다. 이에는 단어의 사용과 문장의 단위, 문장의 순서, 문단구성 등을 라틴어 원문의 표현과 일치시키려는 노력을 포함한다. 그런 이유에서 간혹 서너 개의 문장이 논리적으로 연결되어 이루어진 하나의 복합문장이 나타나거나, 접속사가 반복적으로 등장하는 등, 한글 수식어법이나 가독성의 관점에서 볼 때 수정을 필요로 하는 부분들의 등장을 감수했다.

2. **문장삽입기호(중간줄)의 사용**: 라틴어 원문의 종속절이 한글 번역문에서 용이하게 배치되기 어려울 경우, 그것이 수식하는 어구의 전후에 중간줄(—)로 둘러싸인 삽입문장 형식을 취해 배열했다. 참고로, 라틴어 원문에는 중간줄이 전혀 사용되지 않는다.

3. **어구의 추가**: 라틴어 원문에는 없지만 원문의 내용을 정확하게 이해하거나 혹은 오해를 방지하는 데 도움이 된다고 판단되는 단어나 어구 등의 내용들을 본문 중간에 중괄호 〔 〕를 사용하여 첨가하였다.

   특히 라틴어 지시대명사의 경우 문장이 다소 어색해지더라도 그것이 지시하는 구체적인 내용을 중괄호 안에 부가하는 경우가 적지 않다. 이것은 성과 격에 따르는 지시관계가 상당히 명확한 라틴어 지시대명사를 그대로 옮길 경우 초래될 혼동을 방지하기 위한 것이다.

4. **원어의 병기**: 주요 인명과 철학적 개념들은 최초 1회에 한해 괄호 안에 원어를 병기하는 것을 원칙으로 하였다. 그러나 필요하다고 판단될 경우 최초가 아닌 경우에도 원어를 병기하였는데, 특히 라틴어 표현의 독특한 뉘앙스를 한글로 온전히 드러내기 어려운 경우나, 아직 한글 용어가 정착되지 않았기 때문에 표현상의 오해가 발생할 우려가 있는 경우 등이 이에 해당한다.

5. **글자의 강조**: 한글을 병기하지 않을 경우 의미의 혼동이나 한글표현의 어색함을 가져오는 어구들의 경우에는 매번 한글을 병기하지 않으면서 그 어구가 전문용어임을 나타내기 위해 고딕체로 처리하였다.

6. **글의 구조**

- 이 번역의 대상 저작인 《영혼에 관한 토론문제》는 21개의 문제(*quaestio*)로 이루어진다.
- 각 문제는 긍정 혹은 부정으로 대답될 수 있는 단위들이며, 크게 다섯 부분으로 구성된다.

(1) 제목: 논의될 문제가 구체적으로 제시된다.

· 각 문제는 모두 'utrum'(whether, ~인지 아닌지)으로 시작한다. 그러므로 각 문제에 대한 토마스 아퀴나스의 대답은 기본적으로 긍정 또는 부정으로 선택된다.

(2) 반론: 문제에 대한 토마스 아퀴나스 자신의 입장과 '반대되는' 견해들이 제시된다.

· 토마스 아퀴나스의 입장에서 이들은 단순히 '다른' 견해들이 아니라 '잘못된' 견해들이다.

· 첫 번째 반론은 주어진 문제를 긍정 혹은 부정하면서 시작하고 이후의 반론들은 대체로 '그뿐 아니라'(*praeterea*)라는 어구로 시작한다.

· 간혹, 반론 자체가 특정한 견해를 비판하는 형식으로 제시되는데, 이 경우 '그런데 한편에서는'(*set dicebat*)으로 시작하여 비판될 견해가 소개되고 '하지만 이와는 반대로'(*set contra*)에 의해 본격적인 반론이 제시된다.

(3) 전거: 반론들과 달리 토마스 아퀴나스와 입장을 같이하는 몇몇 권위나 전거들이 소개된다.

· 주로 성서 또는 권위가 인정되는 다른 사상가들로부터 추출된다.

· 대체로 1~2개의 전거가 소개되지만, 많게는 4개까지 제시되기도 한다.

· 첫 전거는 항상 '이와는 반대로'(*set contra*)라는 어구로 시작하며, 2개 이상이 열거될 경우, 둘째부터는 '그뿐 아니라'로 시작한다.

(4) 본론: 문제에 대한 토마스 아퀴나스 자신의 입장을 정당화하는 논증을 전개한다.

· 각 문제의 본론에 해당하며, 토마스 자신의 논증이 제시되는 가장 중요한 부분이다.

- 긍·부정의 입장이 명시되지 않기도 하지만, 이는 (2)의 반론들로부터 분명히 알 수 있다.
- '나의 대응'(*responsio*)에 이어 '~라고 해야 한다'(*dicendum quod*)라는 문구로 시작한다(다른 판본에서는 responsio 대신 respondeo, 즉 '나는 대답한다'로 시작하기도 한다).

(5) 반론에 대한 대답: (2)에서 제시된 각 반론들에 대한 해결책이 대답으로 제시된다.
- '반론 1(또는 2, 3, …)에 대한 대답'(*ad primum, secundum, …*)의 형식으로 시작하며, 반론들의 수만큼 대답이 제시된다.
- 반론에 대한 해결책이 앞의 논의로 인해 명백할 경우 생략되기도 하지만, 그 경우에도 생략한다는 사실 자체가 명시된다.

- 이러한 구조는 이 저작인 《영혼에 관한 토론문제》뿐 아니라 《진리론》이나 《신의 권능론》 등과 같은 모든 토론집들(*Quaestiones Disputatae*와 *Quaestiones Quodlibetales*), 그리고 토마스 아퀴나스의 대표적 저작인 《신학대전》(*Summa Theologiae*)에 공통된 구조이다.

  단, 이러한 구조로 이뤄진 단위가 이 저작에서는 문제(*quaestio*)이지만, 다른 저작들에서는 대부분 이 구조가 하나의 절(*articulus*)을 이루며, 여러 절이 모여 문제를 이룬다.

7. 토마스 아퀴나스 저작에 대한 약어표

ST.	Summe Theologiae
SCG.	Summa Contra Gentiles
In Sent.	Scripta super Libros Sententiarum
Quodl.	Quaestiones Quodlibetales
De Pot.	Quaestiones Disputatae De Potentia
De Verit.	Quaestiones Disputatae De Veritate
De Anima	Quaestiones Disputatae De Anima
De Spiritu. Creatu.	Quaestiones Disputatae De Spiritualibus Creaturis
De Prin. Natur.	De Principiis Naturae ad Fratrem Sylverstrum
Comp. Theol.	Compendium Theologiae ad Fratrem Reginaldum

In Meta.	In Librum Metaphysicorum Aristotelis Expositio
In Phys.	In Librum Physicorum Aristotelis Expositio
In de Anima.	In Aristotelis Librum De Anima Commentatium
In Post. Anal.	In Libros Posteriorum Analyticorum Expositio
In Peri. Herm.	In Libros Peri Hermeneias Expositio
In de Trin.	In Librum Beotii De Trinitate Expositio
In de Hebd.	In Librum Boetii De Hebdomadibus Expositio
In de Div. Nom.	In Librum Beati Dionysii De Divinis Nominibus Expositio
In de Causis	In Librum De Causis Expositio

제 1 문

영혼은 형상이면서 동시에 '이 어떤 것'(*hoc aliquid*) 일 수 있는가*

영혼에 관하여 제기되는 첫째 질문은, 인간 영혼[1]이 형상이면서 이 어떤 것(*hoc aliquid*)[2]일 수 있는가 하는 것이다.

---

* 병행문헌: *In II Sent.*, d. I, q. 2, a. 4; d. 17, q. 2, a. 1; *ST.*, I, q. 75, a. 2; a. 76. a. 1; *SCG.*, II, 56, 57, 59, 68, 69, 70; *De Pot.*, q. 3, a. 9 and 11; *De Spir. Creat.*, a. 2; *In De Anima.*, II, lect. 4; III, lect. 7; *De Unitate intellectus*, c. 3; *Comp. Theol.*, cc. 80, 87.

1) 〔역주〕 토마스 아퀴나스, 김율 옮김, 《자연의 원리들》(철학과현실사, 2005), 13~43쪽(제 1장과 제 2장); 요셉 드 프리스, 신창석 옮김, "형상", 《스콜라 철학의 기본개념》(분도출판사, 1997), 222~235쪽 참조.

2) 〔역주〕 이 어떤 것(*hoc aliquid*)이라는 용어는 희랍어 τό δε τι의 문자적 번역어이다. 아리스토텔레스는 실체를 지시하기 위해 이 표현을 사용했다. 이 용어는 이하의 논변을 통해서 드러나겠지만 '그 자체로 자립하는 특수한 사물'을 가리킨다. 이 용어의 다양한 용법에 대해서는 St. Thomas, *ST.*, I, q. 75, a. 2, ad 1 참조. 아리스토텔레스의 실체 개념에 대해서는 김덕천, "아리스토텔레스의 형이상학에 나타난 실체개념의 개별성 문제," 〈가톨릭철학〉 7(2005), 420~448쪽; Theodore Scaltsas, *Substances and Universals in Aristotle's Metaphysics*, Ithaca and London, Cornell University Press, 1994 참조. 성 토마스의 실체 개념에 대해서는 Etienne Gilson, "Quasi definitio substantiae," in *St. Thomas Aquinas 1274-1974. Commemorative Studies*(Toronto, PIMS, vol. I), pp. 111~129; 레오 엘더스, 《토마스 아

반론 1: 그렇지 않아 보인다. 만약 인간 영혼이 이 어떤 것이라면 그것은 자립하는 것(*subsistens*)일 것이고 그 자체로(*per se*) 온전한 존재(*esse completum*)를 지닐 것이다. 그런데 온전한 존재〔가 주어진〕 이후에 그에 더하여 발생하는 것은, 인간에게 흼(*whiteness*)이 또는 육체에게 옷이 그렇듯이,[3] 우유적으로(*accidentaliter*) 발생하는 것이다. 그러므로 영혼과 결합된 육체라는 것도 그〔영혼〕에게 우유적으로 발생한 것이다. 그러므로 만약 영혼이 이 어떤 것이라면, 그것은 육체의 실체적 형상이 아니다.

반론 2: 그뿐 아니다. 만약 영혼이 이 어떤 것이라면 그것은 개별화된 것(*aliquid individuatum*)이어야 한다. 왜냐하면 그 어떤 보편자도 이 어떤 것이 아니기 때문이다.[4] 그런데 영혼이 개별화되는 것은 자기 자신 이외의 것에 의해서거나, 아니면 자기 자신에 의해서이다. 만약 영혼이 자신 이외의 무엇인가에 의해 개별화된다면, 그러면서 육체의 형상이라면, 그것은 육체에 의해 개별화되는 것이 분명하다. 왜냐하면 형상들은 그에 적절한 질료에 의해 개별화되기 때문이다.[5]

퀴나스의 형이상학》(가톨릭출판사, 2003), 409~434쪽 참조.

3) 〔역주〕 어떤 인간이 흑인이 아니라 백인이라는 사실은 그 인간이 존재하는지 혹은 존재하는 그것이 인간인지의 여부에 관해서 아무 영향도 미치지 않으며, 따라서 인간이 어떤 색깔을 지녔는가는 전적으로 우유적이다. 마찬가지로 몸에 어떤 옷이 입혀져 있는지 역시 그 몸의 존재에 관해서는 우유적이다.

4) 〔역주〕 자연의 질서 안에는 개체만이 존재하며, 보편자 자체는 오직 지성 안에만 존재한다. 따라서 추상작용을 통해 획득하는 보편자에게는 '이 어떤 것'이라는 용어가 적용되지 않는다. 보편자에 대한 토마스 아퀴나스의 설명은 *ST.*, I, q. 85, a. 3, ad 1 참조.

5) 〔역주〕 아리스토텔레스 역시 질료는 수적 단일성의 원리라고 함으로써 한 종 내에서 개별화의 원리가 질료임을 밝히고 있다. 이에 대해서는 Aristoteles, *Metaph.*, V, 1016b32-33; VII, 1034a5-8 참조. 토마스 아퀴나스 역시 *De*

그러므로 육체가 영혼과 분리될 경우 영혼은 자신의 개별성을 잃게 된다는 결과가 따른다. 그 경우 영혼은 스스로 자립할 수도 없고, 이 어떤 것일 수도 없다. 이와 반대로 만약 영혼이 스스로 개별화한다면, 그것은 그 전체가 형상만이거나 아니면 질료와 형상의 합성일 수 있다. 만약 전체가 형상이라면, 개별화된 하나의 영혼은 〔개별화된〕 다른 영혼과 오직 형상에 따라서만 다를 수 있다. 그런데 형상에서의 차이는 종의 차이의 원인이다. 그러므로 이로부터 서로 다른 인간들의 영혼들은 종적으로 다르다는 것이 따라 나온다.[6] 그리고 〔이런〕 영혼이 육체의 형상이라면, 인간들은 서로 간에 종적으로 다를 것이

---

ente et essentia, 2장에서 질료가 개별화의 원리라고 설명한다. 단 이때 질료는 '제 1질료'가 아니라 지정된 질료(*materia signata*), 즉 연장성과 부분들 사이의 질서를 지닌 것으로 고려된, 그리고 정해진 차원(*sub certis dimensionibus*)에 따라 고려된 질료이다. 토마스 아퀴나스의 개별화 문제에 대해서는 John Wippel, *The Metaphysical Thought of Thomas Aquinas* (Washington: CUA Press, 2000), pp. 351~375; Kevin White, "Individuation in Aquinas's Super Boetium De Trinitate, Q. 4," *American Catholic Philosophical Quarterly* 69(1995), pp. 543~556; Jude P. Dougherty, "Maritain as an Interpreter of Aquinas on the Problem of Individuation," *The Thomist* 60(1996), pp. 19~32; 조셉 오웬스, "토마스 아퀴나스," 조지 그라시아 엮음, 이재룡·이재경 옮김, 《스콜라철학에서의 개체화》(가톨릭출판사, 2003), 312~323쪽; 이경재. "토마스 아퀴나스의 개별화 문제," 〈철학연구〉 23(2000), 75~98쪽; 이재룡, "토마스 아퀴나스의 개체화 원리," 〈신학과 사상〉 45(2003), 102~140쪽 참조. 중세의 개체화 문제에 대해서는 박우석, "개체화 문제: 중세인의 가슴앓이," 〈철학과 현실〉 12(1992), 148~168쪽 참조.

6) 〔역주〕 모든 천사들, 즉 모든 분리된 실체들이 현실태와 가능태로, 즉 존재와 본질로 합성되어 있다는 것이 성 토마스의 가르침이다. 그런데 그것들은 아무런 질료도 포함하고 있지 않고, 따라서 비물질적이다. 결국 이 분리된 실체들 사이의 차이들은 본질에 속하는 것이고, 따라서 천사들은 각각 완전한 종의 존재자를 구성한다.

다. 모든 사물들 각각의 종은 그 자신의 적절한 형상에서 유래하기 때문이다. 이와 달리 영혼이 질료와 형상으로 이뤄져 있다면, 전체로서의 영혼이 육체의 형상이 되는 것은 불가능하다. 사물의 질료는 결코 형상의 본성을 지닐 수 없기 때문이다. 이로부터 영혼은 이 어떤 것이면서 동시에 형상일 수는 없다는 결론이 나온다.

반론 3: 그뿐 아니다. 만약 영혼이 이 어떤 것이라면 그것은 개체(*individuum*)일 것이다. 그런데 모든 개체는 유와 종에 속한다. 그러므로 영혼은 자신에게 적절한 종과 유를 지닐 것이다. 그런데 자신에게 적절한 종을 〔이미〕 지닌 어떤 것이 자신을 바로 그러한 종으로 구성하기 위해 더해지는 다른 어떤 것을 수용한다는 것은 불가능하다. 철학자[7]가 《형이상학》 VIII권에서[8] 지적하듯이 사물의 형상들이나 종들은 수와 같은 것이어서, 무엇인가가 더해지거나 빠지는 데 따라 종이 변하기 때문이다. 그런데 형상은 질료와 결합해서 종을 구성한다. 그러므로 만약 영혼이 이 어떤 것이라면, 그것은 형상이 질료와 결합하는 것처럼 육체와 결합하는 것이 아니다.

---

7) 〔역주〕 중세 스콜라 시대에 대문자로 시작하는 단수형의 'Philosophus', 즉 '철학자'는 아리스토텔레스를 지칭하는 용어로 사용되었다. 이와 비슷하게 'Commentator', 즉 '주석가'는 11세기에 스페인의 이슬람세계에서 활동한 아베로에스(Averroes, 이슬람 이름으로는 이븐 루쉬드, Ibn Rushd)를 지칭한다. 아리스토텔레스 사상을 진리 자체와 동일시하는 등 철저한 아리스토텔레스주의자였던 아베로에스는 서구 기독교세계가 아리스토텔레스 사상을 수용하는 데 적지 않은 영향을 미쳤다. 아베로에스의 생애와 사상에 대해서는 아베로에스, 이재경 옮김, 《결정적 논고》(책세상, 2005), "역자 해제"; H. 코르방, 김정위 옮김, 《이슬람철학사》(서광사, 1997), 322~335쪽; Herbert Davidson, *Alfarabi, Avicenna, & Averroes, on Intellect* (New York, Oxford University Press, 1992), pp. 250~357 참조.

8) Aristoteles, *Metaph.*, VIII, 1043b33-1044a2.

반론 4: 그뿐 아니다. 신은 자신의 선 때문에 사물들을 만들었고, 그 선은 사물들의 다양한 등급들로 드러나기 때문에, 그는 자연이 허락하는 한 존재자들의 많은 등급을 구성한다. 그러므로 만약 인간 영혼이 — 이 점은 인간 영혼이 이 어떤 것일 경우 반드시 인정해야 마땅하다 — 그 자체로서 자립한다면, 그 자체로서 존재하는 영혼들은 하나의 존재의 등급을 이룰 것이다. 그런데 형상들은 질료 없이 그 자체만으로 존재의 독자적 등급을 구성하지 않는다. 그러므로 영혼이 이 어떤 것이라면, 그것은 그 어떤 질료의 형상도 아닐 것이다.

반론 5: 그뿐 아니다. 만약 영혼이 이 어떤 것이며 그 자체로 자립하는 것이라면 그것은 불멸(*incorruptibile*)이어야만 한다. 왜냐하면 그것은 자신에 반대되는 것을 갖지도 않았고, 서로 반대되는 것들로 이뤄지지도 않았기 때문이다.[9] 그런데 만약 영혼이 불멸이라면, 그것은 인간의 육체처럼 그런 썩어질 육체(*corpus corruptibile*)와 조화를 이룰(*proportionata*) 수 없다. 그런데 모든 형상은 자신의 질료와 조화를 이뤄야 한다. 그러므로 만약 영혼이 이 어떤 것이라면, 그것은 인간 육체의 형상일 수 없을 것이다.

반론 6: 그뿐 아니다. 신 이외의 모든 자립하는 것은 순수 현실(*actus purus*)일 수 없다. 그러므로 영혼이 이 어떤 것이라면, 그 자체로서 자립하는 것이기 때문에(*utpote per se subsistens*), 그것은 가능태와 현실태의 합성일 것이다. 따라서 〔영혼은〕 형상일 수만은 없을 것

9) 〔역주〕 "소멸(*corruptio*)은 오직 대립자들이 있는 곳에서만 발견된다. 생성과 소멸은 대립자에서 대립자로 일어나기 때문이다." *ST.*, I, q. 75, a. 6 참조. 즉, 한 사물에 반대되는 것을 가졌거나 반대되는 것들로 구성되었을 경우 그것은 가멸적이다.

이다. 가능태는 그 어떤 것의 현실태도 아니기 때문이다. 결과적으로 만약 영혼이 이 어떤 것이라면, 그것은 형상일 수 없다.

반론 7: 그뿐 아니다. 만약 영혼이 그 자체로 자립적으로 존재할 수 있는 이 어떤 것이라면, 그것은 본질적 선이든 우유적 선이든 간에 오직 영혼에 생기는 선을 위해서만 육체와 결합할 필요가 있을 것이다. 그런데 본질적 선을 위해서는 아닐 것이다. 왜냐하면 그것은 육체 없이도 자립적으로 존재할 수 있기 때문이다. 또한 우유적 선을 위해서도 아닐 것이다. 왜냐하면 감각—감각 자체가 육체적 기관들 없이는 존재할 수 없다—을 통해 영혼이 획득할 수 있는 진리에 대한 지식은 분명히 이런 종류의 탁월한 선이지만, 혹자들은 유산된 아기의 영혼들도 사물에 대한 완전한 지식을 지닌다고 주장하는데, 이 지식이 감각을 통해 얻어지지 않았다는 것이 분명하기 때문이다. 결과적으로 영혼이 이 어떤 것이라면, 그것이 형상으로서 육체에 결합해야 할 이유가 없게 된다.

반론 8: 그뿐 아니다. 형상과 이 어떤 것은 대립자로 분별되어야(*dividuntur*) 한다. 왜냐하면 철학자가 《영혼론》 II권에서 말하고 있듯이[10] 실체는 셋으로 분별되기 때문이다. 그 가운데 하나는 형상이고, 다른 하나는 질료이며, 셋째는 이 어떤 것이다. 그런데 대립자들은 동일한 하나에 대해 술어화되지 않는다. 그러므로 인간 영혼은 형상이면서 이 어떤 것일 수 없다.

반론 9: 그뿐 아니다. 그 자체로 자립하는 것이 바로 이 어떤 것의

10) Aristoteles, *De Anima*, II, 412a6-9.

본질에 속한다. 그런데 형상에게는 다른 어떤 것 안에 존재하는 것이 적절하다. 이들은 서로 대립되어 보인다. 그러므로 만약 영혼이 이 어떤 것이라면, 그것은 형상일 수 없음이 분명하다.

반론 10: 그런데 한편에서는(*set dicebat*), 육체가 썩을 때에도 영혼은 이 어떤 것이자 그 자체로 자립하는 것으로 남되, 단 그 경우 형상의 본성은 상실하는 것이라고 말하기도 한다. — 하지만 그렇다고는 할 수 없다. 어떤 사물과 분리되어 존재하면서도 실체의 본성을 유지할 수 있는 것이 〔여전히〕 그 사물 안에 존재하는 것은 우유적이다. 그러므로 만약 육체가 소멸된 이후에도 영혼이 존재하기를 계속한다면, 그 영혼은 형상으로서의 특성을 더 이상 지니지 않는 것이며, 따라서 형상으로서의 본성이 그 영혼에 속하는 것은 오직 우유적인 방식으로서 만이다. 그런데 영혼은 형상으로서가 아니고서는 인간을 구성하기 위하여 육체와 결합하지 않는다. 그러므로 영혼이 우유적으로 육체에 결합한다면, 그 결과로써 인간은 우유적인 존재(*ens per accidens*)가 될 것인데, 이는 앞뒤가 맞지 않는다.

반론 11: 그뿐 아니다. 만약 인간 영혼이 이 어떤 것이고 그 자체로서 자립하는 것이라면, 그것은 자기 자신의 고유한 작용을 가져야만 한다. 왜냐하면 스스로 자기 힘으로(*per se*) 존재하는 사물은 자신만의 적절한 작용을 지니기 때문이다. 그런데 인간 영혼은 자신만의 적절한 작용을 지니지 않는다. 왜냐하면 다른 무엇보다 영혼에 가장 적절해 보이는 지성의 작용 자체도, 《영혼론》 I권에 따르면,[11] 영혼의 작용이 아니라 인간이 영혼을 통해 수행하는 작용이기 때문이다.

---

11) Aristoteles, *De Anima*, I, 403b13-15.

그러므로 인간 영혼은 이 어떤 것이 아니다.

반론 12: 그뿐 아니다. 만약 인간 영혼이 육체의 형상이라면, 그것은 어떤 식으로든 육체에 의존해야 한다. 왜냐하면 형상과 질료는 서로 간에 의존하기 때문이다. 그런데 어떤 다른 것에 의존하는 것은 모두 이 어떤 것이 아니다. 그러므로 만약 영혼이 육체의 형상이라면, 그것은 이 어떤 것이 아니다.

반론 13: 그뿐 아니다. 만약 영혼이 육체의 형상이라면, 영혼의 존재(*esse*)와 육체의 존재(*esse*)는 하나이어야 한다. 왜냐하면 형상과 질료의 결합으로부터 존재에서(*secundum esse*) 하나[12]가 결과되기 때문이다. 그런데 하나의 존재(*esse*)가 영혼과 육체 모두의 것일 수 없다. 왜냐하면 이들은 유적으로 다르기 때문이다. 영혼은 비물체적 실체의 유(*genere substantiae incorporeae*)에 속하고, 육체는 물체적 실체의 유(*genere substantiae corporeae*)에 속하는 것이다. 그러므로 영혼은 육체의 형상일 수 없다.

반론 14: 그뿐 아니다. 육체의 존재(*esse corporis*)는 가멸적인 존재

---

12) 〔역주〕 '존재에서'(*secundum esse*)라는 표현은 '다른 어떤 관점에서가 아니라 단지 존재한다는 관점에서'라는 의미로 풀어볼 수 있다. 어떤 것을 그것의 본질 측면에서 고려하거나, 그것이 수행하는 작용의 관점에서 고려하거나, 또는 그것이 사유의 대상이 되는 여러 측면이나 관점에 따라 고려하는 것들과 달리 어떤 것을 단지 '존재하기'라는 활동의 주체로서 고려하는 것이다. 그러므로 본문의 표현은 형상과 질료라는 두 원리의 결합으로부터 결과되는 존재활동의 주체는 다수가 아니라 하나라는 의미이다. 마찬가지로, 이 책 제2문의 제목에서 보듯이 '존재에서 육체로부터 분리된다'는 표현은 '육체와 분리되어 존재한다', 즉 '육체 없이도 존재한다'는 것을 의미한다.

(*esse corruptibile*)이며, 양적인 부분들로부터 결과되는 것이다. 이에 반해 영혼의 존재(*esse animae*)는 불멸이고 단순하다. 그러므로 하나의 존재(*esse*)가 육체의 것이면서 영혼의 것일 수 없다.

반론 15: 그런데 한편에서는(*set dicebat*), 인간 육체 자신이 육체의 존재(*esse*)를 지니는 것은 영혼을 통해서라고 말하기도 한다. — 하지만 그렇다고는 할 수 없다. 철학자가 《영혼론》 II권에서 말한 것처럼[13] 영혼은 물리적이고 유기적인 육체(*corpus physicum organicum*)의 현실태이다. 그러므로 질료가 현실태에 관계되는 것처럼 영혼에 관계되는 것은 바로 물리적이고 유기적인 육체인데, 이 육체는 오직 자신을 육체의 유에 속하게 하는 형상을 통해서만 존재할 수 있다. 그러므로 인간 육체는 영혼의 존재(*esse*)와 구별되는 자기 자신만의 존재(*esse*)를 지닌다.

반론 16: 그뿐 아니다. 질료와 형상이라는 본질적 원리들은 모두 존재(*esse*)를 향해 질서지어져 있다. 그런데 자연 안에서는 하나〔의 원리〕에 의해 일어날 수 있는 것을 위해 2개〔의 원리〕가 요구되지는 않는다. 그러므로 만약 영혼이 이 어떤 것이기 때문에 그 자체로 자신의 적절한 존재(*esse proprium*)를 지닌다면, 육체는 마치 질료가 형상에 결합되는 것처럼 본성적으로(*secundum naturam*) 영혼에 결합되지는 않을 것이다.

---

13) Aristoteles, *De Anima*, II, 412b5 : actus primus corporis phisici organici. 영혼에 관한 이와 유사한 정의는 412a27-28 : entelecheia he prote psusikou dunamei zoen egonto / primus actus corporis phisici potentia vitam habentis 참조.
〔역주〕 한글 번역판〔유원기 역, 《영혼에 관하여》(궁리, 2001), 127쪽〕에는 412b5가 "기관을 가지는 자연적 신체의 제일 현실태"라고 번역되어 있다.

반론 17: 그뿐 아니다. 존재(*esse*)는 영혼의 실체(*substantia animae*)에 대해 그것의 현실태로 관계된다. 그러므로 존재(*esse*)는 이와 같이 영혼 안에서 최상위의 것이다. 그런데 하위의 것은 자신보다 상위의 것과 연관될 때 그 〔상위의 것〕 안의 최상위 것에 따라서가 아니라 최하위 것에 따라서 연관된다. 왜냐하면 디오니시우스는[14] 《신명론》 VII장에서[15] 신의 지혜가 첫째 것들의 끝(*fines primorum*)과 둘째 것

14) 〔역주〕 위 디오니시우스(pseudo-Dionysius) 또는 디오니시우스 아레오파기타(Dionysius Areopagita)는 5세기에 시리아 지역에서 활동한 수도승이라고 추측되는 신원 미상의 저작자이다. 오랫동안 그는 성 바오로에 의해 세례를 받은 것으로 성서에 기록된 디오니시우스와 동일 인물로 간주되었으며(《사도행전》 17:22-34 참조), 그의 준사도적 권위 때문에라도 그의 저작은 중세의 사상에 상당한 영향을 미쳤다. 그러나 저작에 대한 면밀한 분석과 검토결과 이 저작은 5세기에 활동한 신플라톤주의자 프로클루스의 영향을 받은 것이 밝혀졌고, 보다 최근의 연구에 의해 신플라톤주의뿐 아니라 필로, 클레멘스, 오리게네스 등의 알렉산드리아학파와 갑바도키아 교부들 특히 닛사의 그레고리우스, 그리고 이집트와 시리아 수도원의 영성과 전례의 영향을 받은 것으로 밝혀졌다. 이처럼 저자의 준사도적 권위는 폐기되었지만, 그럼에도 불구하고 이 저작이 미친 영향과 이 저작의 내적 가치로 인해 이에 대한 연구는 오늘날에도 여전히 지속되고 있다. 그의 저작과 사상에 대한 대표적 연구서로 Paul Rorem, *Pseudo-Dionysius A Commentary on the Texts and an Introduction to Their Influence*(Oxford University Press, 1993)가 있으며, 그의 저작을 영어로 번역한 John D. Jones가 *Pseudo-Dionysius Areopagite, The Divine Names and Mystical Theology*(Milwaukee, Marquette University Press, 1980)에 붙여놓은 90여 쪽에 이르는 서론도 그의 사상에 접근하는 좋은 통로가 된다. 이외에도 그의 사상을 비교적 간략하면서도 핵심적으로 요약해 놓은 것으로 Eric D. Perl, "Pseudo-Dionysius," *A Companion to Philosophy in the Middle Ages*, J. J. E. Gracia & Timothy B. Noone ed. (Blackwell Publishing, 2003), pp. 540~549를 참고할 수 있다.

15) Pseudo-Dionysius, *De Divinis Nominibus*, VII, 3. 이에 관한 토마스 아퀴나스의 다른 곳에서의 언급은 *In II Sent.*, d. 39, q. 3, a. 1; *De Veritate*,

들의 시작(*principiis secundorum*)을 연결시킨다고 말하기 때문이다. 그러므로 영혼보다 하위인 육체는 영혼 안에서도 최상위인 존재(*esse*)에까지 미치지 못한다.

반론 18: 그뿐 아니다. 하나의 동일한 존재(*esse*)를 지닌 것들은 하나의 동일한 작용을 지닌다. 그러므로 만약 육체와 결합되어 있는 인간 영혼이 지닌 존재(*esse*)가 육체에게도 공동으로(*commune corpori*) 속하는 것이라면, 그것〔영혼〕의 작용인 이해하기(*intelligere*)도 영혼과 육체 모두에게 공통으로 속할 것이다. 그런데 이것은 《영혼론》 III권에서[16] 증명된 것처럼 불가능하다. 그러므로 하나의 동일한 존재가 인간 영혼과 육체 모두에 속할 수 없으며, 이로부터 영혼은 육체의 형상이기도 하고 이 어떤 것이기도 할 수 없다는 것이 따른다.

이와는 반대로(*Set Contra*): 사물의 종은 자신의 적절한 형상을 통해 정해진다. 그런데 인간은 이성적이기 때문에 인간이다. 그러므로 이성혼(*anima rationalis*)은 인간의 적절한 형상(*forma propria*)이다. 그런데 그것〔영혼〕은 이 어떤 것이면서 그 자체로 자립하는 것(*per se subsistens*)인데, 이는 〔영혼이〕 그 자체로 작용하기 때문이다. 왜냐하면 《영혼론》 III권에서[17] 입증된 것처럼 이해하기는 육체의 기관을 통하지 않기 때문이다. 그러므로 인간 영혼은 이 어떤 것이기도 하고 형상이기도 하다.

---

q. 8, a. 15; *SCG.*, II, 68; III, 97; *De Malo*, q. 16, a. 1, arg. 4.

16) Aristoteles, *De Anima*, III, 429a24-27; 430a17-25; St. Thomas, *In De Anima.*, I, 10; III, 1 참조.

17) Aristoteles, *De Anima*, III, 429a24-27.

이와는 반대로 2: 그뿐만 아니다. 인간 영혼의 최고 완전성은 지성을 통해 획득되는 진리의 인식(*cognitio veritatis*)에 있다. 나아가 영혼은 진리의 인식에서 완성되기 위해 육체와 결합해야만 한다. 왜냐하면 지성은 육체 없이는 있을 수 없는 심상(*phantasmata*)[18]을 통해서만 이해하기 때문이다. 그러므로 영혼은 형상으로서 육체와 결합해야 할 필요가 있으며, 또한 이 어떤 것이기도 하다.

나의 대응: 이 어떤 것은 적절하게 말해서 실체의 유에 속하는 개체

---

18) 〔역주〕 phantasmata는 '감각상'으로 번역되기도 한다. 그러나 엄밀하게 말해서 감각상은 species sensibilis의 번역이다. species sensibilis는 인식주체와의 연관성이 고려됨에도 불구하고 대상 안에 있는 것이라는 객관적 함의를 지니는 데 반해, 그러한 species sensibilis가 감각작용을 통해 마음 안에 들어와 공통감각에 의해 재현된 것이 phantasmata이다. species sensibilis는 감각적 인식의 대상이고, species intelligibilis는 지적 인식의 대상으로서 둘 모두 우선적으로는 실재의 대상 안에 있는 실재적인 것을 의미한다. 다만 species intelligibilis는 대상 자체로부터 지성에 의해 파악되는 것이 아니라, 대상으로부터 감각에 의해 species sensibilis가 파악되어 마음 안에 phantasmata가 성립되고, 지성은 이 phastasmata로부터 species intelligibilis를 이끌어내어 개념을 형성하게 된다. 다시 말해 감각상이란 원칙적으로 감각작용을 통해 알려지는 감각적 인식의 대상을 의미하는 반면, 그 결과물인 심상은 실재의 대상과 직접 거래하지 못하는 지성으로 하여금 실재로부터 가지상(可知像, *species intelligibilis*)을 이끌어내도록 해주는 원천으로서 직접적인 질료적 대상이 된다. 다만 이러한 관계를 엄밀하게 구별할 필요가 없을 경우 감각상과 심상은 가지상과 개념(*conceptus*)이 그런 것처럼 동일한 것으로 이해되기도 한다. 가지상에 대해서는 이상섭. "인식주체의 다수성과 인식의 보편성은 양립가능한가?" 〈철학연구〉 62(2004), 113~136쪽; "토마스 아퀴나스의 Species Intelligibilis 개념과 그것의 13세기 철학에서의 위치", 〈가톨릭철학〉 5(2003), 152~181쪽 참조. Leen Spruit, *Species Intelligibilis From Perception to Knowledge*, vol. I, *Classical Roots and Medieval Discussions*(Leiden: Brill, 1994); Robert Pasnau, *Theories in the Later Middle Ages*(Cambridge: Cambridge University Press, 1997) 참조.

를 지시한다고 말해야만 한다. 왜냐하면 철학자가 《범주론》에서[19) 제1실체들은 의심의 여지없이 이 어떤 것을 의미하고, 제2실체들은 사실상 이 어떤 것을 의미하는 것처럼 보임에도 불구하고 오히려 그 것보다는 어떤 무엇(*quale quid*)을 의미한다고 말하기 때문이다. 그런데 실체의 유에 속하는 개체는 그 자체로 자립할 수 있을 뿐 아니라, 실체의 특정 유와 종에 속하는 온전한 것(*aliquid completum*)이다. 이런 이유로 철학자는 《범주론》에서[20) 손이나 발 및 이런 부류의 것들을 제1실체나 제2실체라고 부르기보다는 실체의 부분들이라고 부른다. 왜냐하면 이들은 주체 안에 존재하는 것 같은 방식으로 다른 어떤 것 안에 존재하지는 않음에도 — 이 점은 실체에게 적절한 특성이다 — 불구하고, 여전히 특정 종의 본성을 온전히 소유하지는 않기 때문이다. 이런 이유로 이런 것들은 환원에 의해서가 아닌 한 어떤 종이나 어떤 유에 속하는 것이 아니다.

그러므로 어떤 것이 이 어떤 것인 이유(*ratio*)에는 두 〔특성들〕이 있는데,[21) 이 둘 모두를 인간 영혼으로부터 박탈하는 사람들이 있다. 엠페도클레스처럼 영혼이 조화(*harmonia*)라고 말하거나,[22) 혹은 갈레누스처럼 결합(*complexio*)이라고 말하거나,[23) 혹은 이런 종류의 무

---

19) Aristoteles, *Categoriae*, 3b10-23.

20) Aristoteles, *Categoriae*, 3a28-31.

21) 〔역주〕 어떤 것이 이 어떤 것이기 위한 두 조건은, 그 자체로 자립해야 한다는 것(*subsistere*)과, 실체의 유와 종의 본성을 온전히 갖춘 것이어야 한다(*completum in natura alicuius speciei*)는 것이다. 본문의 바로 앞 문장에서 손이나 발 등이 실체가 아니라 실체의 부분이라고 하는 이유가 바로 이 두 조건에 있다. 즉, 손이나 발 등은 속성처럼 그 존재방식이 의존적 존재(*inesse*)는 아니지만, 그 자체로서 온전한 종적 완전성을 지니지는 않기 때문이다. 이에 대해서는 *ST.*, I, q. 75, a. 2, ad 1 참조.

22) 〔역주〕 영혼을 '조화'로 보는 입장에 대한 토마스 아퀴나스의 비판은 *SCG.*, II, 64 참조.

엇이라고 말하는 자들이 바로 그들이다. 왜냐하면 그러한 영혼은 그 자체로서 자립하는 것일 수도 없고, 실체의 유나 종에 속하는 온전한 것(*aliquid completum*)일 수도 없으며, 오직 다른 물질적 형상들과 유사한 하나의 형상에 지나지 않을 것이기 때문이다.

그런데 이 입장은 생장혼(*anima vegetabilis*)에 대해서는 유지될 수 없다. 그것〔생장혼〕의 작용들은, 《영혼론》 II권에서[24] 입증된 것처럼, 영양공급과 성장작용에서 단지 도구적인 역할만을 하는 능동적 성질과 수동적 성질들[25]을 넘어서는 어떤 원리들을 필연적으로 요구하는 데 반해. 결합과 조화는 근본적인 성질들(*qualitates elementares*)을 넘어서지 않는다. 이와 마찬가지로 이 입장은 감각혼(*anima sensibilis*)에 대해서도 유지될 수 없는데, 《영혼론》 II권에서[26] 입증된 것처럼 이들의 작용은 질료에서 분리된 형상들을 수용하는 데 있다. 그런데 능동적 성질과 수동적 성질들은 질료의 성품(*dispositio*)으로서 존재하

---

23) 〔역주〕 Nemesius, *De natura hominis*, c. 2(PG 40: 553); Gregorius Nissenus, *De Anima*, *Sermo Primus*(PG 45: 196) 참조. 갈레누스(Galenus: AD 129~199)는 그리스의 의사이면서 철학자였다. 갈레누스에 대해서는 S. Pines, "Omne quod movetur necesse est ab aliquo moveri: A Refutation of Galen by Alexander of Aphrodisias and the Theory of Motion," in *Isis* 52(1961), pp. 21~54 참조. 영혼을 '결합'으로 보는 입장에 대한 토마스 아퀴나스의 비판은 *SCG.*, II, 63 참조.

24) Aristoteles, *De Anima*, II, 416b17-30.

25) 〔역주〕 근대 이전의 자연학에서는 모든 육체들이 물, 불, 공기, 흙이라는 4원소들이 서로 다른 비례들로 결합되어 이뤄진다고 보았다. 이 4원소들은 뜨거움, 차가움, 축축함, 습함의 네 가지 근본성질을 지니는데, 이들은 능동적 성질(뜨거움과 차가움)과 수동적 성질(축축함과 건조함)로 대별된다. Aristoteles, *De generatione et corruptione*, II, 3, 330 a30ff; Joseph Bobik, *Aquinas on Matter and Form and the Elements*, Notre Dame(Indiana) (University of Notre Dame Press, 1998), pp. 245~315 참조.

26) Aristoteles, *De Anima*, II, 424a17-24.

는 것이므로 질료를 넘어서는 데까지 미치지 않는다. 더욱이 이 입장은 이성혼(*anima rationalis*)에 대해서는 더더욱 유지될 수 없다. 그것의 작용은 이해하기(*intelligere*)에, 그리고 보편자의 인식을 위해 요구되는 추상하기(*abstrahere*), 즉 형상(*species*)을 질료로부터뿐 아니라 모든 개별화 조건들로부터 〔이끌어내는〕 추상하기에 있다. 그런데 이에 더해서 이성혼의 경우에는 특별히 중요한 점이 고려되어야 마땅하다. 왜냐하면 그것은 질료와 질료적 조건에서 분리된 가지상(*species intelligibilis*)을 수용할 뿐 아니라, 자신에게 적절한 작용을 수행함에서 마치 눈이 시각작용의 기관인 것처럼 어떤 육체적 기관이 이해하기 작용의 기관이기라도 한 것처럼 육체적 기관을 공유하는 것은, 《영혼론》 III권에서[27] 입증된 것처럼, 불가능하기 때문이다. 그러므로 육체와의 그 어떤 교류도 없이 자신의 적절한 작용을 수행하는 것으로 보아 지성혼(*anima intellectiva*)[28]은 그 자체로 행위한다고 해야 마땅하다. 그리고 모든 것은 현실태인 한에서 행위하기 때문에, 지성혼은 그 자체로서 육체에 의존하지 않는 절대적인 존재(*esse*)를 지닌다고 해야 마땅하다. 왜냐하면 질료나 주체에 의존하는 존재를 가진 형상들은 그 자신만의 작용을 지니지 않기 때문이다. 행위하는 것은 뜨거운 것(*calidum*)이지 열(*calor*)이 아닌 것처럼 말이다.

---

27) Aristoteles, *De Anima*, III, 429a24-27.

28) 〔역주〕 지성(*intellectus*)과 이성(*ratio*)은 모두 지적 인식능력을 의미한다는 점에서 동일하다. 하지만 개념적으로 엄밀하게 말하면 이 두 능력은 서로 구별되어야 한다. 지성은 가지적 진리를 단적이고 절대적인 방식으로 이해하는 반면, 이성은 가지적 진리를 순차적이고 단계적인 방식으로 이해하기 때문이다. 하지만 지적 존재자들 가운데 가장 하위에 속하는 인간에게는 지성과 이성이 서로 구별되는 능력일 수 없다고 토마스 아퀴나스는 말한다. 그러므로 본문에서 표현된 이성혼(*anima rationalis*)과 지성혼(*anima intellectualis*)은 결과적으로 같은 것에 대한 다른 표현으로 이해될 수 있다. 이성과 지성의 구별과 관계에 대해서는 *ST.*, I, q. 79, a. 8, c 참조.

이 이유 때문에 후대의 철학자들은 영혼의 지적 부분이 그 자체로 자립하는 것(*aliquid per se subsistens*)이라고 판단했다. 즉, 철학자는 《영혼론》 I권에서[29] 지성은 실체이며 썩지 않는다(*non corrumpitur*)고 말한다. 그리고 영혼은 자기 스스로를 움직이게 한다는 데 의거하여 영혼은 불사(*immortalis*)이며 그 자체로 자립한다고 생각한 플라톤의 말들도 동일한 결론으로 귀착된다. 그는 운동(*motum*)을 모든 작용들을 의미하는 넓은 의미로 받아들이기 때문이다. 그 결과 그는 지성이 자기 자신을 움직이는 것이라고 이해한다. 자기 자신에 의해 작용하기 때문이다. 더 나아가 플라톤은 인간 영혼이 그 자체로 자립할 뿐만 아니라, 하나의 종의 온전한 본성을 지녔다고까지 주장한다. 그는 영혼과 육체의 합성으로 된 어떤 것이 인간이 아니라 육체에 더해진 영혼만이 인간이라고 말하면서 〔인간이라는〕 종의 본성 전체가 영혼에서 발견되며, 그 결과 육체에 대한 영혼의 관계는 마치 배에 대한 선원의 관계 또는 마치 옷에 대해 옷 입은 자의 관계 같은 것이라고 주장하는 것이다.

그러나 이 입장은 유지될 수 없다. 왜냐하면 육체로 하여금 살아있는 것이게끔 하는 것(*id quo vivit corpus*)은 영혼이며, 산다(*vivere*)는 것은 살아있는 것의 존재하기(*esse viventium*)이므로, 이로부터 영혼은 인간 육체로 하여금 현실태에 있는 존재(*esse actu*)를 지니게 만드는 것이 분명하기 때문이다. 그런데 형상이 바로 이런 본성을 지닌 것이다. 그러므로 인간 영혼은 육체의 형상이다. 그런데 만약 영혼이 마치 선원이 배 안에 있는 것처럼 육체 안에 있는 것이라면, 그것〔영혼〕은 육체에게도 육체의 부분에게도 종을 전해주지는 않을 것이다. 하지만 영혼이 분리되면 〔육체의〕 각 부분들은 이전에 지니던 이름을

29) Aristoteles, *De Anima*, I, 408b18-19.

오직 다의적으로(*aequivoce*)만 유지한다는 점으로 볼 때 그 반대인 것처럼 〔즉, 영혼이 육체의 종을 규정하는 것처럼〕 보인다. 죽은 자의 눈은 초상화의 눈이나 조각상의 눈처럼 오직 다의적으로만 눈이라고 불리며,[30] 육체의 다른 부분들에 대해서도 이와 마찬가지다. 나아가 만약 영혼이 마치 배의 선원처럼 육체 안에 있는 것이라면, 영혼과 육체의 결합은 우연적인 것이 된다. 그러므로 이들〔영혼과 육체〕의 분리를 의미하는 죽음은 실체의 파괴(*corruptio substantialis*)가 아닐 것인데, 이것은 분명히 잘못이다. 그러므로 이로부터 영혼은 이 어떤 것이며 따라서 그 자체로서 자립할 수는 있지만, 그 자체로 온전한 종을 소유한 그런 것은 아니고 육체의 형상으로서 인간의 종을 완성시키는 그런 것이라고 할 수 있다. 그러므로 그것〔영혼〕은 형상이면서 동시에 이 어떤 것이다.

실제로 이것은 자연적 형상들의 질서로부터(*ex ordine formarum naturalium*) 생각해낼 수 있다. 〔전체 존재세계 중에서 상대적으로〕 하위인 육체들의 형상들 사이에서는 보다 높은 형상일수록 보다 상위 원리들과 닮았으며 그에 접근해 간다는 것을 알 수 있다. 이 점은 형상들의 적절한 작용으로부터 알 수 있다. 〔형상들의 질서에서〕 가장 낮은 것이자 질료에 가장 근접한 것인 원소(*elementum*)들의 형상은 짙음〔또는 농후, *densum*〕과 옅음〔또는 희박, *rarum*〕 및 물질의 배열이라고 할 수 있는 그 밖의 것들 같은 그런 능동적 성질과 수동적 성질을 능가하는 작용을 갖고 있지 않다.[31] 이것들보다 상위에 있는 것이 원소혼합물(*mixtorum corporum*)들의 형상인데, 이 형상들은 언급된 작용들 이외에도 천상물체(*corpus caelestis*)들로부터 할당받은 종에

---

30) 〔역주〕 다시 말해서 진짜 눈은 아니다.

31) 〔역주〕 토마스 아퀴나스, 김율 옮김, 《자연의 원리들》(철학과현실사, 2005), 13~43쪽 참조.

따르는 일정한 작용들을 지닌다.[32] 예를 들어 자석은 철을 끌어당기는데, 이것은 차가움이나 뜨거움 또는 이런 부류의 것 때문이 아니라, 천상물체들의 능력에 참여하기 때문이다. 이러한 형상들을 다시 능가하는 것으로서 생장혼(*anima plantarum*)이 있는데, 이들은 그 자체가 움직이는 것들이면서도 동시에 어떤 운동의 원리이기 때문에, 이들은 〔움직인다는 점에서〕 천상물체들 자체와 비슷할 뿐만 아니라 〔운동의 원리라는 점에서〕 천상물체들의 원동자들과도 유사하다. 이들보다도 한층 더 높은 것이 동물혼(*animae brutorum*)인데, 이들은 자신들의 육체를 움직이게 하는 작용〔을 한다는 점〕에서뿐 아니라 스스로 인식할 수 있다는 점에서 천상물체들을 움직이는 실체와 훨씬 더 유사하다. 비록 동물들의 인식은 오로지 물질적인 것들에 대한 인식이고, 오직 물질적 방식으로만 인식하며, 그렇기에 육체적 기관들을 필요로 하는 그런 것임에도 불구하고 말이다. 이들보다 더 높은 것이 인간 영혼(*animae hamanae*)인데, 이들은 인식의 종류에서마저 더욱 상위의 실체들[33]과 유사성을 지닌다. 왜냐하면 이들은 이해하기에

32) 〔역주〕 James Weisheipl, "The Celestial Movers in Medieval Physics," in *The Thomist* 24(1961), pp. 286~326; T. Litt, *Les corps celeste dans l'univers de saint Thomas d'Aquino*(Louvain-Paris: Publication Universitaire, 1963) 참조.

33) 인간보다 상위의 실체는 영적 실체(*substantia spiritualis*) 또는 분리된 실체(*substantia separata*)라고 규정되는 천사(*angelus*) 또는 천사적 실체를 의미한다. 중세 기독교 사상가들은 이러한 천사를 아리스토텔레스의 분리된 실체와 동일시하곤 했다. 영적 실체 혹은 천사에 대해서는 *ST.*, I, pp. 50~64에서 포괄적인 논의를 찾아볼 수 있다. 《영적 실체론》(*De Spiritualibus Creaturis*)은 제목만으로 볼 때 이 주제를 독자적으로 다루는 토론집처럼 보이지만, 실제 내용은 본격적인 영적 실체인 천사들에 대한 것이 아니라 영적 실체들 가운데 가장 하위이면서 육체의 형상으로서 물질적 실체의 세계와도 관계되는 인간 영혼에 대한 것이다. 전자인 《신학대전》에서는 '천사'라는 용어가 사용되는 반면, 후자에서는 '영적 실체'라는 용어가 사용되는 것

의해 비물질적인 것들을 인식할 수 있기 때문이다. 그러나 인간 영혼은 물질적인 것들에 대한 감각을 통해 주어지는 인식으로부터 지성의 비물질적 인식을 획득하는 본성을 지녔다는 점에서 상위의 실체들과 구별된다.

그러므로 인간 영혼의 작용으로부터 이렇게 그것의 존재양태(*modus esse*)가 알려질 수 있다. 영혼이 물질적 사물들(*materialia*)을 초월하는 작용을 소유하는 한, 그 자신의 존재는 육체에 의존하지 않을 뿐 아니라 육체보다 상위의 것으로 고양될 것이다. 그러나 영혼이 본성적으로 자신의 비물질적 인식을 물질적 사물들로부터 얻는 한, 육체와의 결합이 없이는 그 본성의 실현이 완결될 수 없다는 것은 분명하다. 왜냐하면 어떤 것이 〔자신의〕 종에 적절한 작용을 위해 요구되는 모든 것들을 소유하지 않는 한 그 종으로 완결되지 않기 때문이다. 그러므로 이렇게 인간 영혼이 형상으로서 육체와 결합되어 있는 한, 그러면서도 육체에 의존하지 않고 그보다 상위로 고양된 존재(*esse*)를 지니는 한, 이러한 영혼은 육체적 실체와 분리된 실체 사이의 경계선 위에서 구성된다는 것이 분명하다.[34)]

도 이런 이유에서다. 천사론에 대한 연구로는 이나가키 료스케, 김산춘 옮김, 《천사론》(성 바오로출판사, 1999); Mortimer Adler, *Angels and Us* (New York, 1982) 참조.

34) 경계선(*confinium*)이라는 표현 이외에 지평(*horizon*)이라는 표현이 사용되기도 한다. *SCG.*, II, 68 참조. 이 표현의 함의와 중요성에 대해서는 이재경, "아리스토텔레스 넘어서기," 〈가톨릭철학〉 4(2002), 251~270쪽; Gerard Verbeke, "Man as a 'Frontier' according to Aquinas," in *Aquinas and Problems of His Time*, ed. G. Verbeke and D. Verhelst(Leuven University Press, 1976), pp. 195~223; Abelardo Lovato, "Anima quasi horizon et confinium," in *L'anima nell'antropologia di S. Tommaso d'Aquino*, ed. A. Lovato(Milano, Massimo, 1987), pp. 53~80 참조.

반론 1에 대한 대답: 영혼이 비록 온전한 존재를 지니고 있기는 하지만, 그럼에도 불구하고 이로부터 육체가 그에 우유적으로 결합되어 있다는 결론이 따르지는 않는다. 왜냐하면 한편으로는, 영혼의 것과 동일한 바로 그 존재〔즉, 영혼이 지니는 바로 그 존재〕가 육체에 전해짐으로써, 합성체 전체가 지니는 하나의 존재가 되기 때문이다. 그리고 또한, 다른 한편으로는, 영혼이 비록 그 자체로 자립할 수 있음에도 불구하고 온전한 본성을 지닌 것은 아니며,[35] 그 본성을 완성시키기 위해서 육체가 영혼에 결합하는 것이기 때문이다.

반론 2에 대한 대답: 각각의 모든 것들을 존재하게 하는 원리와 개체이게 하는 원리는 동일하다. 왜냐하면 보편자들은 보편자인 한에서는 실재세계 안에(*in rerum natura*) 존재하지 않으며 오직 개별화된 것인 한에서만 〔실재세계 안에〕 존재하기 때문이다. 그러므로 영혼의 존재(*esse*)는 마치 능동적 원리에 의해서인 것처럼 신에 의해 주어지며, 질료 안에 있는 것처럼 육체 안에 있다.[36] 그럼에도 불구하고 영혼의 존재는 육체의 소멸로 인해 소멸되지 않으며, 영혼의 개별화 역시 육체와 어떤 관계를 가지고 있음에도 불구하고 육체의 소멸로 인해 소멸되지 않는다.

반론 3에 대한 대답: 앞서의 언급에서 분명해진 것처럼, 인간 영혼은 자신의 종적 본성을 소유한 온전한 실체 같은 그런 것으로서가 아

---

35) 〔역주〕 온전한 본성을 지닌다는 것은 하나의 종으로 완성된다는 것을 의미한다.

36) 〔역주〕 영혼에게 존재(*esse*)를 부여하는 능동적 원리는 신이며, 신에 의해 영혼에게 주어진 존재(*esse*)는 영혼 안에만이 아니라 영혼과 육체의 합성체의 존재(*esse*)로서 육체 안에도 존재한다.

니라, 온전한 종적 본성을 지닌 어떤 것의 부분으로서 이 어떤 것이다. 그러므로 〔반론의〕 논증은 이유 없다.

반론 4에 대한 대답: 인간 영혼은 그 자체로 자립할 수는 있지만, 여전히 그 자체로 온전한 종적 본성을 소유하지는 않는다. 그러므로 분리된 영혼이 〔그 자체만으로〕 하나의 존재 등급을 구성하는 것은 가능하지 않다.

반론 5에 대한 대답: 인간의 육체란 인간 영혼에 상응하는 질료다. 왜냐하면 육체는 가능태가 현실태에 관계되듯이 영혼에 관계되기 때문이다. 그럼에도 불구하고 〔육체가〕 존재능력(*virtus essendi*)에서 영혼과 동등하다고는 할 수 없다. 왜냐하면 인간 영혼은, 그의 어떤 작용은 질료를 능가한다는 데서 분명하게 드러나듯이, 질료에 의해 전체적으로 점거되는(*totaliter comprehensa*)[37] 형상은 아니기 때문이다. 한편 신앙의 명제에 따라 〔이와는〕 다른 식의 설명도 주어질 수 있다. 즉, 태초에 인간 육체는 어떤 식으로든 불멸인 것으로 구성되었으나, 죄로 인해 죽어야 할 숙명(*necessitas*)을 지었고, 〔앞으로 있을〕 부활 안에서 이로부터 다시 한번 자유로워지게 될 것이다. 그러므로 영혼이 지닌 불멸성에 육체가 속하지 않는 것은 단지 우유적인 것이다.

반론 6에 대한 대답: 인간 영혼은 자립체임에도 불구하고 가능태와 현실태의 합성이다. 왜냐하면 영혼의 실체 자체는 자신의 존재(*suum*

---

37) 〔역주〕 형상/영혼의 존재와 작용이 그것을 형상으로 하는 질료/육체에 의존하는 정도를 의미한다. '전체적으로 점거된다'는 것은 형상/영혼이 질료/육체에 완전히 의존한다는 것을, 따라서 질료/육체 없이는 형상/영혼이 존재하거나 작용할 수 없다는 의미이다.

esse)가 아니며, 가능태가 현실태와 짝을 이루는 것같이 그것〔즉, 자신의 존재〕에 짝하기 때문이다. 그렇기는 해도 이로부터 영혼이 육체의 형상일 수 없다는 결론이 따라 나오지는 않는다. 왜냐하면 다른 형상들의 경우에서도 어느 하나에 대해서는 형상이자 현실태인 것이 다른 하나에 대해서는 가능태이기 때문이다. 마치 공기에 대해서는 형상적인 것인 '투명함'이 빛에 대해서는 가능태에 있는 것처럼 말이다.

반론 7에 대한 대답: 영혼이 육체와 결합하는 것은 실체적 완성으로서의 선, 즉 인간 종(*specie humana*)의 온전한 성취를 위한 것이기도 하지만, 우유적 완성으로서의 선, 즉 영혼이 감각들을 통해 획득해야 하는 것인 지적 인식에서 완성을 위한 것이기도 하다. 왜냐하면 이런 식의 이해하기 방식(*modus intelligendi*)이 인간에게 본성적인 것이기 때문이다. 어린아이들이나 다른 인간들의 분리된 영혼들이 다른 종류의 이해하기 방식을 사용한다는 것은 〔여기서 고려해야 할〕 문제가 아니다. 왜냐하면 이〔런 영혼〕들에게 그것〔즉, 다른 방식〕이 적합한 이유는 그들이 분리되었기 때문이지 그들이 인간 종에 속하기 때문은 아니기 때문이다.

반론 8에 대한 대답: 질료와 형상의 합성이라는 것은 어떤 것이 이 어떤 것인 이유(*ratio*)에 속하지 않는다. 반면에 그 자체로서 자립할 수 있다는 것(*quod possit per se subsistere*)은 그〔이유〕에 속한다. 그러므로 비록 합성체가 이 어떤 것이기는 해도, 그렇다고 그와 다른 것들〔즉, 합성체를 이루는 부분들〕이 이 어떤 것이지 못하도록 하는 것은 아니다.

반론 9에 대한 대답: 우유성(偶有性)이 주체 안에서 존재하는 것과 같은 식의 다른 것 안에 존재하기(*esse in alio*)는 이 어떤 것의 본성(*ratio*)이 아니다. 그러나 영혼이 인간 안에 존재하는 것처럼 어떤 것의 부분으로서 다른 것 안에 존재하기는, 다른 것 안에 존재하는 그것을 이 어떤 것이라 말할 수 없도록 전적으로 배제하지 않는다.

반론 10에 대한 대답: 육체가 썩어 없어질 때일지라도, 영혼으로 하여금 형상이기에 적합한 것이게끔 하던 본성이 영혼에게서 없어지지는 않는다. 비록 영혼이 형상으로서 질료를 실제로 완성시키지는 않음에도 불구하고 말이다.

반론 11에 대한 대답: 만약 영혼을 그것으로부터 작용이 일어나는 원리(*principium*)[38]로 고려한다면, 영혼의 적절한(*propria*)[39] 작용은 이해하기(*intelligere*)다. 왜냐하면 그것은 마치 시각이 눈을 매개로 하듯이 육체적 기관을 매개로 하여 영혼에서 일어나는 것은 아니기 때문이다. 그럼에도 불구하고 육체는 대상의 측면에서 이해하기 작용에 관여한다. 왜냐하면 지성의 대상인 심상(*fantasmata*)[40]은 육체적 기관 없이는 존재할 수 없기 때문이다.

---

38) 〔역주〕 철학에서 흔히 원리라고 번역되는 principium은 시작, 출발, 기원이라는 의미를 포함하고 있으며, 무엇인가가 거기에서 비롯되어 나오는 모든 것을 원리라고 할 수 있다. 이런 의미에서 원인도 일종의 원리라고 할 수 있다.

39) 〔역주〕 '본질적' 행위라고 해도 무방하다. 왜냐하면 여기서 '적절한'(*propria*)이라는 용어는 그 자체가 본질은 아니지만 본질에 필연적으로 동반되는 본질적 특성들을 의미하기 때문이다. 즉, 영혼의 적절한 행위는 곧 영혼의 본질에 따르는 행위이며, 따라서 영혼의 본질적 행위라고 할 수 있다.

40) 〔역주〕 같은 단어가 다른 철자로, 즉 fantasmata와 phantasmata로 혼용되고 있다.

반론 12에 대한 대답: 육체가 없이는 자신의 종의 온전함에 도달하지 못한다는 점에서 영혼은 육체에 의존한다. 그럼에도 불구하고 육체 없이는 존재할 수 없기라도 하듯이 육체에 의존하는 것은 아니다.

반론 13에 대한 대답: 만약 영혼이 육체의 형상이라면, 합성체의 존재(*esse*)인 하나의 공통된 존재가 영혼과 육체 모두의 것이어야 할 필요가 있다. 이 점은 영혼과 육체가 다른 유에 속한다는 것에 의해 방해받지 않는다. 왜냐하면 마치 부분들은 전체의 종이나 유로 환원되는 것처럼, 영혼도 육체도 환원에 의해서가 아닌 한 〔그 자체만으로는〕 종이나 유에 속하지 않기 때문이다.

반론 14에 대한 대답: 적절한 의미에서 소멸되는 것은 형상이나 질료나 존재 자체가 아니라 합성체이다. 그런데 육체의 존재(*esse*)가 가멸적(*corruptibile*)이라고 일컫는 것은 자신〔즉, 육체〕과 영혼에게 공유되던 바로 그 존재(*esse*)가 소멸〔과정〕에서 자립하는 것인 영혼에게는 남지만 육체에게는 없어지는 한에서이다. 같은 이유에서(*pro tanto*) 육체의 존재는 부분들로 이뤄진다고 할 수 있다. 왜냐하면 육체는 자신의 부분을 지닌 것으로 구성되어야 영혼으로부터 존재를 수용할 수 있기 때문이다.41)

반론 15에 대한 대답: 형상들을 정의하는데 있어서, '운동은 가능태에 있는 것의 현실태'(*motus est actus existentis in potentia*)라고 말하

41) 〔역주〕 영혼에서 수용한 존재는 육체 자신이 소유한 것이므로 자신 안에 있는 것이지만, 그렇다고 해서 육체 자신은 아니다. 그러므로 육체는 적어도 자기 자신과 자신 이외의 것이라는 두 부분으로 나뉠 수 있어야 비로소 자기 자신이 아닌 것인 존재, 즉 영혼으로부터 수용한 존재를 지닐 수 있게 된다.

는 경우처럼 때때로 주체는 형상이 없는 것으로(*informe*) 간주된다. 그러나 '운동이란 움직일 수 있는 것의 현실태'(*motus est actus mobilis*)라고 말하거나 '빛은 밝은 것의 현실태'(*lumen est actus lucidi*)라고 말하는 경우처럼 다른 때는 주체가 형상이 주어진 것(*formatum*)으로 이해되기도 한다. 영혼이 물리적이고 유기적인 육체의 현실태(*actus corporis organici physici*)라고 말하는 것은 후자의 의미에서이다. 왜냐하면 빛이 어떤 것을 밝은 것으로 만드는 것처럼 영혼은 육체 자체를 유기적 육체로 만들기 때문이다.

반론 16에 대한 대답: 하나의 종의 본질적 원리들은 단지 존재(*esse tantum*)만을 향해 질서지어지는 것이 아니라 바로 그 종의 존재(*esse huius speciei*)로 질서지어진다. 그러므로 영혼이 비록 그 자체로 존재할 수 있을지라도 자신의 육체가 없이는 그 본성의 온전한 충만을 실현할 수 없다.

반론 17에 대한 대답: 존재(*esse*)는 모든 원리들 가운데 가장 형상적인 것이지만, 그러면서도 또한 최대로 공유가능한(*communicabile*) 것이기도 하다. 비록 하위의 것들과 상위의 것들에 의해 동일한 방식으로 공유되지는 않지만 말이다. 그러므로 이런 식으로 육체는 영혼의 존재에 참여한다. 그러나 영혼처럼 탁월한 방식으로는 아니다.

반론 18에 대한 대답: 비록 영혼의 존재가 어떤 식으로든 육체에 속하기도 하지만, 그럼에도 불구하고 그 〔존재의〕 탁월함(*nobilitas*)과 능력(*virtus*) 전체에 따라 육체가 영혼의 존재에 참여하지는 않는다. 그러므로 영혼의 작용 가운데는 육체가 공유하지 않는 것이 있다.

제2문

인간 영혼은 그 존재에서 육체와 분리되는가*

영혼에 관하여 제기되는 둘째 질문은, 인간 영혼이 존재에서(*secundum esse*) 육체와 분리되는가 하는 것이다.

반론 1: 그렇다고 보인다. 왜냐하면 철학자가 《영혼론》 III권에서[1] 감각적인 것(*sensitivum*)은 육체 없이 존재할 수 없는 반면에 지성(*intellectus*)은 분리된다고 말하기 때문이다. 그런데 인간 영혼은 지성이다. 그러므로 인간 영혼은 그 존재에서 육체로부터 분리된다.

반론 2: 그뿐 아니다. 육체가 영혼의 기관(*organum*)인 한 영혼은 유기적인 육체(*corpus organici*)의 현실태이다. 그러므로 만약 지성이 존재에서(*secundum esse*) 육체의 형상으로서 육체에 결합된다면, 육체가 지성의 기관이어야 마땅하다. 그런데 철학자가 《영혼론》 III권에서[2] 입증했듯이 이것은 불가능하다.

---

* 병행문헌: *In III Sent.*, d. 5, q. 3, a. 2; d. 22, q. 1, a. 1; *SCG.*, II, 57, 59; 69-70; *ST.*, I, q. 75, a. 4; q. 76, a. 1; *In De Anima.*, III, 1; *In VII Metaph.*, lect. 9; *De spir. creat*, a. 2; *De unitate intellectus*, cc. 1-3; *De ente et essentia*, c. 2.

1) Aristoteles, *De Anima*, III, 429b5.

반론 3: 그뿐 아니다. 형상과 질료의 결합(*concretio*)은 능력과 그 〔능력의〕 기관의 결합보다 훨씬 강하다. 그런데 지성은 자신의 단순성(*suam simplicitatem*) 때문에 능력이 자신의 기관에 결합되는 것처럼 육체에 결합되지 못한다. 그러므로 형상이 질료에 결합되는 것처럼 그것〔영혼〕이 육체에 결합되는 것은 더더욱 가능하지 않다.

반론 4: 그런데 한편에서는(*set dicebat*), 지성, 즉 지적 능력(*potentia intellectiva*)은 기관을 지니지 않으며, 지성혼의 본질 자체가 형상으로서 육체에 결합한다고 말하기도 한다. — 하지만 그렇다고는 할 수 없다. 결과는 그것의 원인보다 더 단순할 수 없다. 그런데 영혼의 능력은 그 〔영혼의〕 본질의 결과다. 왜냐하면 모든 능력들은 그 본질에서 흘러나오기 때문이다. 그러므로 영혼의 그 어떤 능력도 영혼의 본질보다 더 단순할 수 없다. 그러므로 《영혼론》 III권에서[3] 입증되었듯이 만약 지성이 육체의 작용일 수 없다면, 지성혼도 형상으로서 육체에 결합될 수 없을 것이다.

반론 5: 그뿐 아니다. 질료와 결합된 모든 형상은 질료에 의해 개별화된다. 따라서 만약 지성혼이 형상으로서 육체에 결합된다면, 그것은 개별화된 것이어야 마땅하다. 그래서 그 안에 수용된 형상들은 개별화된 형상들이다. 그 결과 지성혼은 보편자들을 인식할 수 없게 될 것인데, 이것은 잘못된 것임이 분명하다.

반론 6: 그뿐 아니다. 보편적 형상은 이해된 것〔*quod sit intellecta*, 즉 가지성 또는 보편성〕을 영혼 외부에 존재하는 사물들로부터 획득하

---

2) Aristoteles, *De Anima*, III, 429a24-27.

3) Aristoteles, *De Anima*, III, 429a24-27; 429b4-5.

는 것이 아니다. 왜냐하면 영혼 외부의 사물들 안에 있는 모든 형상들은 개별화되어 있기 때문이다. 그러므로 만약 〔지성 안의〕 이해된 형상들이 보편자들이라면, 이것〔즉, 보편자들의 보편성〕은 지성혼에 의해 획득된 것이 마땅하다. 그러므로 지성혼은 개별화된 형상이 아니다. 그렇기에 존재에서 육체에 결합되지도 않는다.

반론 7: 그런데 한편에서는(*set dicebat*), 가지적 형상들은 영혼에 내속(*inhaerens*)하는 한에서는 개별화된 것이지만, 사물들에 대한 유사물(*similitudines*)들인 한에서는 보편적인 것이며 개별화의 원리에 따라서가 아니라 공통적인 본성에 따라서 사물들을 대변하는 것이라고 말하기도 한다. — 하지만 그렇다고는 할 수 없다. 형상은 작용의 원리이기 때문에, 형상이 그 주체에 내속되는 방식에 따라 작용이 형상으로부터 나온다. 즉, 어떤 것이 뜨거우면 뜨거울수록, 더 뜨겁게 만드는 작용을 한다. 그러므로 만약 지성혼 안에 있는 사물들의 형상(*species rerum*)이 영혼에 내속된 것인 한에서는 개별화된 것이라면, 그로부터 나오는 인식은 보편적인 것이 아니라 오직 개별적인 것일 것이다.

반론 8: 그뿐 아니다. 철학자는 《영혼론》 II권에서[4] 말하기를, 삼각형이 사각형 안에, 그리고 사각형은 오각형 안에 있는 것처럼, 생장혼은 동물혼에, 동물혼은 지성혼에 포함된다고 한다. 그런데 삼각형은 사각형 안에 현실적으로 있는 것이 아니라 단지 가능적으로만 있으며, 사각형도 오각형 안에 현실적으로 있는 것은 아니다. 그러므로 영혼의 식물적 부분이나 동물적 부분이 영혼의 지성적 부분 안에

4) Aristoteles, *De Anima*, II, 414b28-32.

현실적으로 있는 것은 아니다. 그런데 식물적 부분이나 동물적 부분의 매개가 없는 한 지성적 부분은 육체와 결합하지 않기 때문에, 그리고 식물적 부분과 동물적 부분이 지성적 부분 안에 현실적으로 있는 것은 아니라는 사실로부터, 영혼의 지성적 부분은 육체에 결합되지 않을 것이다.

반론 9: 그뿐 아니다. 철학자가 《동물발생론》 XVI권에서[5] 말한 것처럼, 어떤 것이 동시에 동물이기도 하고 인간이기도 한 것이 아니라, 먼저는 동물이고 그리고 나서 인간인 것이다. 그러므로 그로 인해 어떤 것이 동물인 것〔*quo est animal*, 즉 어떤 것을 동물이게 하는 원리〕과 그로 인해 어떤 것이 인간인 것〔*quo est homo*, 즉 어떤 것을 인간이게 하는 원리〕은 같은 것이 아니다. 동물은 감각적 원리에 의하고 인간은 지적 원리에 의한다. 결국 지적 원리와 감각적 원리가 하나의 영혼의 실체 안에 결합될 수 없다. 그래서 앞의 것〔반론 8〕과 〔결론이〕 같아진다.

반론 10: 그뿐 아니다. 형상은 자신과 결합하는 질료와 함께 동일한 유(*genus*)에 속한다. 그런데 지성은 육체적인 것들의 유에 속하지 않는다. 그러므로 지성은 질료에 결합되듯이 육체에 결합된 형상이 아니다.

반론 11: 그뿐 아니다. 현실적으로 존재하는 두 실체들로부터는 단일한 하나의 존재가 만들어지지 않는다. 그런데 지성뿐만 아니라 육체도 현실적으로 존재하는 실체다. 그러므로 지성은 육체와 결합하여 그로부터 단일한 하나의 존재가 귀결되도록 할 수 없다.

---

5) Aristoteles, *De Generarione animalium*, II, 736b2-4.

반론 12: 그뿐 아니다. 질료와 결합된 모든 형상은 질료의 운동과 변화를 통해 현실태가 된다. 그런데 지성혼은 질료의 가능성으로부터 현실태가 되는 것이 아니라, 철학자가 《동물발생론》 XVI권에서[6] 말한 것처럼, 외부로부터 주어진 것이다. 그러므로 〔지성혼은〕 질료와 결합된 형상이 아니다.

반론 13: 그뿐 아니다. 모든 것들은 존재하는 방식에 따라(*secundum quod est*) 그렇게 작용한다. 그런데 지성혼은 육체 없이 〔수행하는〕 그 자체만의 작용(*operatio per se sine corpore*)을 지니는데, 그것이 바로 이해하기(*intelligere*)다. 그러므로 〔지성혼은〕 존재에서(*secundum esse*) 육체와 결합되지 않는다.

반론 14: 그뿐 아니다. 〔제아무리 작고 사소한〕 최소한의 부적절함(*inconveniens*)일지라도 신에게는 불가능하다. 그런데 무고한 영혼이 그 자신에게는 마치 감옥과도 같은 것인 육체 안에 갇힌다는 것은 적절하지 않다. 그러므로 지성혼이 신에 의해 육체와 결합되는 것은 불가능하다.

반론 15: 그뿐 아니다. 지혜로운 장인(匠人)이라면 자신이 작업할 때 장애가 되는 것을 〔없애지 않고〕 그냥 두지 않는다. 그런데 진리에 대한 인식 — 이것은 지성혼의 완전성이기도 한데 — 을 성취하는 데에서 지성혼의 가장 큰 장애물은 육체다. 그래서 《지혜서》 9장에서는 다음과 같이 말한다. "썩어 없어질 육체는 영혼을 내리누르고, 이 세상살이는 온갖 생각을 일으키게 하여 사람의 마음을 무섭게 만듭니

---

6) Aristoteles, *De Generarione animalium*, II, 736b27-28.

다."[7] 그러므로 신은 지적 영혼을 육체에 결합시키지 않았다.

반론 16: 그뿐 아니다. 서로 결합되어 있는 것들은 서로 간에 서로에 대한 친화력(*affinitas*)을 지닌다. 그런데 지성혼과 육체는 상반성(*contrarietas*)을 지닌다. 왜냐하면 《갈라디아서》 5장에 말하듯이[8] "육체의 욕망은 성령을 거스르고 성령께서 원하시는 것은 육정을 거스르"기 때문이다. 그러므로 지성혼은 육체에 결합되지 않는다.

반론 17: 그뿐 아니다. 지성은 모든 가지적인 형상(*forma intelligibilis*)들에 대해 가능태에 있으면서, 이들 가운데 그 어느 것도 현실적으로 지니지 않는데, 이는 마치 제1질료가 모든 감각적 형상(*forma sensibilis*)들에 대해 가능태에 있으면서, 그 가운데 어느 것도 현실적으로 지니지 않는 것과 마찬가지다. 그런데 바로 이 이유에 의해 제1질료는 모든 것들에 대해 하나이다. 그러므로 지성 역시 모든 것들에 대해 하나이며, 자신을 개별화시키게 될 육체에 결합되지 않는다.

반론 18: 그뿐 아니다. 철학자가 《영혼론》 III권에서[9] 입증한 것

---

7) 《지혜서》 9장 15절.
〔역주〕 이 성서구절 중에서 본문과 직접 관련된 것은 전반부, 즉 "썩어 없어질 육체는 영혼을 내리누르고"이다. 실제로 Marietti판에는 이 부분만 인용되어 있다. 본문의 성서 인용구절은 《공동번역 성서》(대한성서공회, 1977)를 그대로 따랐다.

8) 《갈라디아서》 5장 17절.
〔역주〕 《공동번역 성서》의 번역을 따랐다. 엄밀하게 말해서 본문의 맥락은 성서의 맥락과는 달리 육체와 성령을 대비시키기보다는 우선적으로 인간 내의 육체성과 정신성을 대비시키는 것이다. 그러므로 "caro concupiscit adversus spritum et spiritus adversus carnem"이라는 라틴어 원문 그대로 "육은 영에 거슬러 열망하고 영은 육에 반하여 갈망한다"로 새겨도 무방하다.

처럼, 만약 가능지성(*intellectus possibilis*)이 육체적 기관(*organum corporale*)을 지닌다면 그것은 감각적 실재들처럼 규정된 어떤 본성을 지니게 될 것이며, 그로 인해 감각적 형상들 모두를 수용하지도 못하고 인식하지도 못할 것이다. 그런데 능력이 육체에 결합되는 것보다는 형상이 질료에 더 〔밀접하게〕 결합된다. 그렇기 때문에 만약 지성이 육체에 그 형상으로서 결합된다면, 그것〔지성〕은 감각적으로 규정된 본성을 지니게 될 것이며, 그로 인해 모든 감각적 형상들을 인식할 수도 없고 지각할 수도 없게 될 것인데, 이는 불가능하다.

반론 19: 그뿐 아니다. 질료에 결합된 모든 형상은 질료 안에 수용된다. 그런데 무엇인가에 수용된 모든 것들은 수용하는 자의 양태에 따라서 그 안에 존재한다(*Omne autem quod recipitur in aliquo est in eo per modum recipientis*).[10] 그러므로 질료에 결합된 모든 형상은 질료의 양태에 따라 질료 안에 존재한다. 그런데 감각적이고 육체적인 질료의 양태는 무엇인가를 가지적인 방식으로(*per modum intelligibilem*) 수용할 수 있는 것이 아니다. 그러므로 지성이 가지적 존재(*esse intelligibile*)를 지니는 한, 그것은 육체적 질료에 결합된 형상일 수 없다.

---

9) Aristoteles, *De Anima*, III, 429a18-27.

10) 〔역주〕 이 공리의 구체적 적용에 대한 대표적인 예로서 St. Thomas, *In De Anima.*, II, lect 12 참조. 이 부분은 인간의 감각이 개별적 사물들에 대한 것인 반면 학적 지식은 보편자에 관한 것이라는 주장과, 보편자가 영혼 안에 존재하는 방식에 대한 논의를 전개하는 중요한 부분이기도 하다. 이 공리를 다루는 논문으로는 John F. Wippel, "Thomas Aquinas and the Axiom 'What is Received is Received According to the Mode of the Receiver'," in *A Straight Path. Essays in Honor of Arthur Hyman*, ed. by R. Link-Salinger (Washington, The Catholic University of America Press, 1988), pp. 279~289 참조.

반론 20: 그뿐 아니다. 만약 영혼이 육체적 질료에 결합된다면, 〔영혼은〕 그 〔질료〕 안에 수용된 것이어야 마땅하다. 그런데 질료가 수용한 것에 의해 수용된 것들은 모두 질료 안으로 수용된다. 그러므로 만약 영혼이 질료에 결합된다면, 영혼에 수용되는 모든 것들은 질료에 수용되는 것이다. 그런데 가지적 형상들은 제1질료에 수용될 수 있는 것이 아니다. 오히려 질료로부터의 추상[11]을 통해 이들은 가지적이 되는 것이다. 그러므로 육체적 질료에 결합되어 있는 영혼은 가지적 형상들을 수용할 수 없다. 그렇기 때문에 가지적 형상들을 수용할 수 있는 지성은 육체적 질료에 결합되지 않을 것이다.

이와는 반대로(*Set contra*): 철학자는 《영혼론》 II권에서[12] 밀랍과 〔그것에 새겨진〕 모양이 하나인지를 묻는 것이 적절치 못한 것처럼 영혼과 육체가 하나인지 아닌지를 묻는 것은 적절치 못하다고 말한다. 그런데 모양은 존재에서 밀랍으로부터 그 어떤 방식으로든 분리될 수 없다. 그러므로 영혼도 육체로부터 결코 분리될 수 없다. 그런데 철

11) 〔역주〕 '이끌어 내다'는 의미를 지닌 추상(*abstractio*)이라는 용어는 두 측면을 고려해야 한다. 하나는 '이끌어 내온 것'이고 다른 하나는 '남겨 둔 것'이다. 이 두 측면은 추상의 결과로 분리되지만, 원래는 결합되어 있는 것으로 이해된다. 그러므로 '질료에서 추상됨으로써 가지적이 된다'는 본문은 질료와 분리됨으로써 또는 질료와 분리된 만큼 가지적이라는 의미이며, '가지적'이라는 용어의 의미로부터 '질료'를 원칙적으로 배제하는 함의를 지닌다. 토마스의 추상이론에 대해서는 Etienne Gilson, *The Christian Philosophy of St. Thomas Aquinas*, tr. L. K. Shook(Random House, 1956), pp. 207~235; Herman Reith, *An Introduction to Philosophical Psychology*(Prentice-Hall, 1956), pp. 151~177; 장욱, 《토마스 아퀴나스의 철학》(동과서, 2003), 106~126쪽; 이재룡, "토마스 아퀴나스의 추상이론," 〈가톨릭철학〉 창간호(1999), 134~168쪽 참조.

12) Aristoteles, *De Anima*, II, 412b6-7.

학자가 《영혼론》 III권에서[13] 말한 것처럼, 지성은 영혼의 부분이다. 그러므로 존재에서 지성은 육체로부터 분리되지 않는다.

이와는 반대로 2: 그뿐 아니다. 그 어떤 형상도 존재에서 질료로부터 분리되지 않는다. 그런데 지성혼은 육체의 형상이다. 그러므로 그것〔지성혼〕은 존재에서 질료로부터 분리되지 않는다.

나의 대응: 이 문제를 분명하게 하기 위해서, 어떤 것이 때로는 가능태에, 때로는 현실태에 있게 되는 곳에서는 바로 그것을 가능태에 있게 하는 어떤 원리가 있어야만 한다는 점이 고려되어야만 한다. 이는 인간이 때로는 현실적으로 감각작용을 하지만 때로는 가능적으로만 〔감각작용을〕 하며, 이 때문에 감각성질들(*sensibilia*)에 대해 가능태에 있는 감각작용원리(*principium sensitivum*)가 인간 안에 있음을 인정해야만 하는 것과 마찬가지다. 만약 인간이 항상 현실적으로 감각하고 있다면, 감각성질들의 형상들은 감각작용원리 안에 항상 현실적으로만 있을 것이기 때문이다. 이와 마찬가지로, 인간이 때로는 현실적으로 이해하고 때로는 단지 가능적으로만 이해하게 된다면,[14] 인간 안에는 가지적인 것들(*intelligibilia*)에 대해 가능태에 있는 어떤 지적 원리가 있다고 생각해야 한다. 이 원리를 철학자는 《영혼론》 III권에서[15] 가능지성(*intellectus possibilis*)이라고 칭하고 있다. 그러므로 이 가능지성은 인간에게 가지적인 모든 것들에 대해 가능태에

---

13) Aristoteles, *De Anima*, III, 429a10-11; 23.

14) 〔역주〕 '가능적으로만 이해한다'는 것은 이해하기(*intelligere*) 할 수 있는 가능성과 능력은 지니고 있되, 그것이 발휘되어 실제로 이해하기를 수행하는 상태는 아니라는 의미이다.

15) Aristoteles, *De Anima*, III, 429a21-22; 429b30-31.

있는 것이자 그들 모두를 수용할 수 있는 것일 필요가 있으며, 그 결과 그들 가운데 그 어떤 것도 〔그 자체 안에는〕 없는 것이어야 한다. 왜냐하면 마치 눈은 색깔이 있는 모든 것을 수용하지만 〔눈 자체에는〕 아무 색도 들어있지 않듯이, 어떤 것들을 수용하는 자이자 그들에 대해 가능태에 있는 것 그 자체에는 〔자신이 수용하는 것들 가운데〕 그 어떤 것도 들어있지 않아야 하기 때문이다. 그런데 인간은 본성적으로 모든 감각적 사물들의 형상(*forma omnium rerum sensibilium*)들을 이해할 수 있다. 그러므로 가능지성 그 자체에는 그 어떤 감각적 형상들이나 본성들도 들어있지 않아야만 한다. 그리고 그런 까닭에 〔가능지성은〕 어떤 육체적 기관도 지니지 않아야만 한다. 만약 〔가능지성이〕 어떤 육체적 기관을 지닌다면, 마치 시력이 눈의 본성인 것으로 한정되는 것처럼, 그것은 특정한 감각적 본성으로 규정될 것이기 때문이다.

그러므로 지성을 감각능력들과 다르지 않다고 주장했던 옛 철학자들의 입장[16]이나, 인간으로 하여금 이해하도록 하는 원리(*principium quo intelligit homo*)는 여타의 질료적 형상이나 질료적 능력과 마찬가지로 육체와 혼합된 형상 혹은 능력이라고 주장하는 다른 사람들의 입장[17]은 아리스토텔레스의 이와 같은 증명에 의해서 무너진다.

그런데 어떤 사람들은 이를 벗어나려다가 정반대의 오류에 빠진다. 왜냐하면 그들은 가능지성이 그 어떤 감각적 본성도 없고 육체와 혼합되지도 않은 그런 것이라고 인정하면서, 모든 가지적 형상들에 대해 가능태에 있는 그것은 존재에서(*secundum esse*) 육체와 분리된 실체라고 평가하기 때문이다.[18]

---

16) Aristoteles, *De Anima*, I, 404b7-18; 405b12-13; 409b24; II, 427a22-29.

17) Averroes, *Commentarium magnum in Aristotelis De Anima*, III, 5.

18) 아베로에스를 염두에 두고 있다. 아베로에스에 대한 토마스 아퀴나스의 입

그러나 이 입장은 전혀 지지될 수 없다. 왜냐하면 우리가 가능지성에 대해 탐구하는 것은 〔가능지성이〕 '그것을 통해 인간이 이해하기를 하는 어떤 것'(*quod per eum intelligit homo*)인 한에서이기 때문이다. 이렇게 해서 아리스토텔레스도 자신의 개념에 도달한 것이다. 이 점은 가능지성에 관한 논의를 시작하는 《영혼론》 III권의 다음 언급으로부터 분명히 알 수 있다: "우리로 하여금 인식하고 분별하게 하는 영혼의 부분에 관하여 생각해보아야 한다. … 영혼으로 하여금 인식하도록 하는 것을 나는 가능지성이라고 한다."[19] 그런데 만약 가능지성이 분리된 실체라면, 그것에 의해 인간이 이해하기를 하는 것은 불가능할 것이다. 어떤 실체가 어떤 작용이나 행위를 수행한다고 할 때, 바로 그 작용이 〔그 실체의 작용이면서 동시에〕 그 실체가 아닌 다른 실체의 작용이기도 한 것은 불가능하기 때문이다. 비록 서로 다른 두 실체 가운데 하나가, 마치 주 행위자가 도구를 사용하는 경우처럼, 다른 하나의 작용의 원인일 수는 있지만, 그럼에도 불구하고 주 행위자의 행위는 여전히 도구의 행위와 수적으로 동일한 것은 아니다. 왜냐하면 주 행위자의 행위는 도구를 움직이는 데 있는 반면, 도구의 행위는 주 행위자에 의해 움직이면서 다른 어떤 것을 움직이게 하는 데 있기 때문이다.[20] 그러므로 만약 가능지성이 존재에서 이 인간

장에 대해서는 *SCG.*, II, 59 참조.

〔역주〕 아베로에스 자신의 입장에 대해서는 Averroes, *Commentarium magnum in Aristotelis de Anima*, III, 5, line 56-62 참조. 이 주제를 다루는 논문으로는 Arthur Hyman, "Aristotle's Theory of the Intellect and Its Interpretation by Averroes," in *Studies in Aristotle*, ed. D. J. O'Meara (Catholic University of America Press, 1981), pp. 161~191 참조.

19) Aristoteles, *De Anima*, III, 429a10-13; 22.

20) 〔역주〕 예를 들어, 주 행위자인 나무꾼의 행위는 도끼를 휘두르는 것이고, 도구인 도끼의 행위는 나무꾼에 의해 휘둘려져 나무를 실제로 찍는 것이다. 이 두 행위가 같은 행위가 아니라는 것은 분명하다.

또는 저 인간과 분리된 실체라면, 가능지성의 이해하기는 이 인간 또는 저 인간의 이해하기일 수 없게 된다. 그리고 이해하기라는 바로 그 작용은 인간에게서 가능지성 이외의 그 어떤 다른 원리의 것으로도 돌릴 수 없기 때문에, 결과적으로 무엇인가를 이해하는 인간은 아무도 없게 된다. 그러므로 동일한 방식의 논증에 의해 이 입장〔을 취하는 자들〕과 원리들을 부정하는 자들 모두가 반박되는데, 이는 《형이상학》 IV권에서[21] 아리스토텔레스가 논증을 통해 그들을 반박하는 데서 분명하게 나타난다.

이 입장의 추종자인 아베로에스는[22] 이러한 부적절함을 피하기 위한 목적으로, 가능지성은 비록 존재에서는 육체와 분리되어 있지만, 그럼에도 불구하고 심상(*phantasmata*)들을 매개로 하여 인간에게 결

---

21) Aristoteles, *Metaph.*, IV, 1006a12-24; St. Thomas, *In De anima.*, III, lect. 1 참조.

22) Averroes, *Commentarium magnum in Aristotelis De Anima*, III, 5, line 500-527.
〔역주〕 아베로에스(1126~1198). 스페인 코르도바 출신의 아랍 사상가, 아리스토텔레스의 철학을 진리와 동일시하면서 철저하게 고수한 그는, 중세의 기독교 세계에서 주석가(*the Commentator*, 즉 아리스토텔레스 주석가)로 불리며 언급될 만큼 큰 영향을 미쳤다. 브라방의 시제(Siger of Brabant)를 위시하여 스콜라 사상계 안에 이른바 라틴아베로에스주의자라 일컫는 일단의 추종자들을 낳았다. 그는 모든 인간에 대해 오직 하나의 지성이 존재한다는 단일지성론을 주장했으며, 그의 이러한 입장에 대한 토마스 아퀴나스의 언급은 이 저서의 제 4문에서도 찾아볼 수 있지만, 《지성의 단일성에 관하여》(*De Unitate Intellectus contra Averroistas*)라는 별도의 저작에서 자세하게 논의되고 있다. 아베로에스와 그 추종자들의 철저한 아리스토텔레스주의에 비하면 중세의 대표적 아리스토텔레스주의자로 일컫는 토마스 아퀴나스는 수정 아리스토텔레스주의라고 할 수 있다. 아리스토텔레스주의의 관점에서 이들을 비교하는 시각을 보여주는 저작으로 Fernand van Steenberghan, *Thomas Aquinas and Radical Aristotelianism*, 이재룡 옮김, 《토마스 아퀴나스와 급진적 아리스토텔레스주의》(성 바오로, 2000)를 참조할 수 있다.

합되어 있다고 주장한다. 철학자가 《영혼론》 III권에서[23] 말한 것처럼, 심상은 가능지성에 대해 마치 감각적 대상들이 감각에 관계되고 색깔이 시력에 관계되는 것처럼 관계되기 때문이다. 그러므로 가지상은 이렇게 이중의 주체(*duplex subiectum*)[24]를 갖는다. 하나는 가지상이 그 안에 가지적 존재의 방식으로(*secundum esse intelligibile*) 존재하는 측면인데, 이〔렇게 존재하는 가지상의 주체〕는 가능지성이다. 다른 하나는 〔가지상이〕 그 안에 실재 존재의 방식으로(*secundum esse reale*) 존재하는 측면인데, 이의 주체는 바로 심상들 자체다. 그러므로 가지상이 어떤 식으로든 두 측면 모두에 있는 한 가능지성과 심상들 사이에는 연속성(*continuatio*)이 있으며, 인간이 〔자신과 분리된 것으로 추정되는〕 가능지성을 통해 이해하기를 할 수 있는 것은 바로 이 연속성 덕분이다.

그러나 이러한 연속성은 〔인간의 인식을 설명하기에는〕 충분치가 않다. 왜냐하면 어떤 것이 인식할 수 있다는 것은 그것에게 인식될 수 있는 형상(*species cognoscibile*)들이 있다는 것〔을 의미하는 것〕이 아니라 인식능력(*potentia cognoscitiva*)이 있다는 의미이기 때문이다. 그런데 언급된 〔아베로에스의〕 입장에서 분명한 것은 인간에게 오직 가지상들만이 주어져 있다는 것, 그리고 이해하는 능력인 가능지성은 전적으로 분리되어 있다는 것이다. 그러므로 인간은 위에서 말하는 연속성으로부터는 이해하는 자(*quod sit intelligens*)를 확보하는 것이 아니라 단지 이해되는 것(*quod intelligatur*)만을, 그 자체이든 그것의 부분이든 간에, 지니게 될 뿐이다. 이 점은 위에서 끌어들인 예와 비슷

23) Aristoteles, *De anima*, III, 430a14; 431a14-15.

24) 〔역주〕 아베로에스의 '이중의 주체' 입장은 이 책 제3문 '나의 대응' 둘째 문단 이후에서 다시 언급된다. 이와 관련된 논의들에 대해서는 그곳의 각주 참조.

한 것으로부터 분명해진다. 즉, 만약 심상과 가능지성의 관계가 색깔과 시력의 관계 같은 그런 것이라면, 언급된 바에 따라 가능지성이 심상들을 매개로 우리들과 지니는 연속성은 시력이 색깔을 통해 벽과 지니는 연속성과 다르지 않을 것이다. 그런데 벽은, 색깔이 그 안에 있다는 사실에 의해, 볼 수 있는 자가 아니라 단지 보일 수 있는 자일 뿐이다. 그러므로 인간은, 심상이 그 안에 있다는 이유에 의해서는, 이해하〔는 자이〕기보다 단지 이해될 뿐이다.

그뿐 아니라, 〔가지상이〕 현실적으로 이해된 것인 한(*secundum quod est intellecta in actu*) 심상은 그 가지상의 주체일 수 없다. 오히려 심상들로부터의 추상을 통해서 〔가지상들은〕 현실적으로 이해된다. 그런데 가능지성은 〔가지적 형상이〕 이미 현실적으로 이해되고 〔따라서〕 심상들로부터 추상된 것인 한에서만 그 가지적 형상의 주체이다. 그러므로 가능지성과 심상 모두 안에 있으면서 가능지성과 우리〔인간〕를 연결시켜주는 통로가 되는 어떤 하나가 있는 것은 아니다.

그뿐 아니라, 만약 〔가지상이〕 현실적으로 이해된 것인 한에서만 비로소 누군가가 그 가지상을 통해 이해할 수 있는 것이라면, 우리는 위에서 언급된 〔아베로에스의〕 입장에 따라서는 그 어떤 식으로도 지적 인식의 주체들(*intelligentes*)일 수 없다. 왜냐하면 〔언급된 입장에 의하면〕 가지상들은 우리에게 오직 심상들 안에 있는 것으로만, 즉 오직 〔현실적으로가 아니라〕 가능적으로 이해된 것으로만 주어져 있기 때문이다.

그러므로 우리〔인간〕의 측면에서 볼 때 〔연속성을 말하는〕 언급된 입장이 불가능하다는 것은 이처럼 분명하다. 이것은 또한 분리된 실체들의 본성 측면에서 보아도 분명한데, 이들은 가장 완전하기 때문에 자신의 적절한 작용을 위해 물질적인 어떤 사물들이나 그들의 작용들을 필요로 하는 것이 불가능하고, 그런 식으로 〔즉, 물질적인 방식으로〕 존재하는 어떤 것에 대해서도 가능태에 있는 것이 불가능한 — 이런 것들은 이러한 실체들보다 하위의 것인 천상물체(*corpus caeleste*)들에 대해서조차 분명하게 말할 수 있는 것들이다 — 그러한 본성을 지녔기 때문이다. 그러나 가능지성은 감각적 사물들의 형상에 대해 가능태에 있기 때문에, 그리고 심상들, 즉 〔육체를 지닌〕 우리의 작용에 의존하는 심상들이 없이는 그 〔가능지성의〕 작용이 온전히 성취될 수 없기 때문에, 이로부터 가능지성이 분리된 실체들 가운데 하나인 것은 불가능하며 생각할 수조차 없게 된다.

그러므로 그것〔가능지성〕은 인간 영혼이 지닌 어떤 힘 또는 능력이라고 해야만 한다. 비록 인간 영혼은 육체에 결합된 하나의 형상이지만, 그럼에도 불구하고 다른 물질적 형상들처럼 전체가 완전히 육체에 의해 점거되거나(*comprehensa*) 육체 안으로 매몰되지(*immersa*) 않고[25] 오히려 육체적 질료 전체의 능력을 능가하는데, 이렇게 육체적 질료를 넘어서는 〔영혼의 부분인〕 것인 한에서 그것은 가지적인 것들에 대해 가능태에 있다(*esse in potentia ad intelligibilia*)고 할 수 있고, 이것이 바로 가능지성에 해당하는 것이다. 하지만 육체에 결합된 것인 한에서는 〔영혼은〕 생장혼적 부분과 동물혼적 부분의 능력들과 같이 육체가 참여하는 작용들과 능력들(*vires*)을 지닌다. 이처럼 가능지성이 육체적 기관에 근거를 둔 능력은 아닌 한, 그럼에도 불구하고 인간이 그것〔가능지성〕을 통해 인식하는 것은 그것〔가능지성〕이 인간 전체의 형상이기도 한 인간 영혼의 본질에 근거하는 한에서인 한, 가

25) 〔역주〕 '육체에 함몰되어 있는 것처럼 육체에 의해 전적으로 점거되지 않는다'로 번역할 수도 있다. 본문의 번역은 전체 번역의 텍스트이자 비판본인 Leonina판을 따른 것이다. 이에는 "a corpore totaliter comprehensa et ei immersa"라고 되어 있다. 그러나 이 비판본이 간행된 1994년 이전까지 널리 사용되던 Marietti판에는 "a corpore totaliter comprehensa quasi ei immersa"로 되어 있다.

능지성의 본성은 아리스토텔레스가 증명해 보인 것과 같은 그런 것으로[26] 고스란히 유지된다.

반론 1에 대한 대답: 지성은 분리되었다고 말하지만, 감각은 그렇지 않다. 왜냐하면 지성은 육체가 소멸할 때에도 〔육체에서〕 분리된 영혼 안에 남지만, 감각능력은 그렇지 않기 때문이다. 이보다 더 좋은 대답도 있는데, 지성은 자신의 작용을 수행하는 데 있어서 감각처럼 육체적 기관을 사용하지는 않기 때문이라고 말하는 것이다.

반론 2에 대한 대답: 인간의 영혼은 유기적 육체의 현실태이다. 육체가 그것〔영혼〕의 기관이기 때문이다. 그럼에도 불구하고 영혼이 지닌 모든 힘이나 능력에 대해서 〔육체가〕 그 기관이어야만 하는 것은 아니다. 위에서 말한 것처럼 영혼은 육체와의 관계를 넘어서기 때문이다.

반론 3에 대한 대답: 한 능력의 기관은 그 능력의 작용원리이다. 그러므로 만약 가능지성이 어떤 기관과 결합된다면 그 작용은 그 기관의 작용이기도 할 것이며, 따라서 우리로 하여금 이해하도록 하는 그 원리에 아무런 감각적 본성도 없는 것은 불가능할 것이다. 마치 우리로 하여금 볼 수 있게 해주는 시각작용의 원리는 시력과 눈동자 모두인 것처럼, 우리로 하여금 이해하게 해주는 원리는 〔가능지성만이 아니라〕 가능지성과 그것의 기관 모두일 것이기 때문이다. 그러나 만약 인간 영혼이 육체의 형상이고, 가능지성은 그러한 영혼의 한 능력이라 하더라도, 이 〔자체만으〕로부터 가능지성이 감각적 본성을 지닌 어떤 것으로 한정되어야 한다는 것이 뒤따르지는 않는다. 왜냐하

26) Aristoteles, *De anima*, III, 429a10-29.

면 위에서 말한 것처럼 인간 영혼은 육체와의 관계를 넘어서기 때문이다.

반론 4에 대한 대답: 가능지성은 인간 영혼이 육체적 질료를 능가하는 것으로 고양되는 한에서 그것에 속한다. 그러므로 〔가능지성이〕 그 어떤 〔육체적〕 기관의 작용(*actus*)도 아니라는 것으로부터 〔귀결되는 것은〕 그것이 영혼의 본질을 전체적으로 능가한다는 것이 아니라, 도리어 그 〔영혼〕 자체 안에서 최상위의 것이라는 점이다.

반론 5에 대한 대답: 인간 영혼은 개별화된 형상(*forma individuata*)이다. 그리고 가능지성이라고 불리는 그것〔인간 영혼〕의 능력과 이 지성 안에 수용되는 가지적 형상들도 마찬가지〔로 개별화된 것이〕다. 그러나 이 사실은 이 형상들이 현실적으로 이해된다는 데 대해 방해가 되지는 않는다. 무엇인가가 현실적으로 이해되는 이유는 그것이 비물질적이기 때문이지, 그것이 보편적이기 때문은 아니기 때문이다. 오히려 보편자가 지니는 가지성(*quod sit intelligibile*)도 그것이 개별화를 일으키는 질료적 원리(*materialis principium individuans*)들로부터 추상되었다는 데 기인한다. 아리스토텔레스가 《형이상학》 VII권에서[27] 플라톤이 상정하는 분리된 형상들은 개별자들이라고 말하고 있듯이, 분리된 실체들은 현실적으로 가지적(*intelligibiles actu*)이지만 그럼에도 불구하고 그들은 개별자임이 분명하기 때문이다. 그러므로 만약 개별화(*individuatio*)가 가지성(*intelligibilitas*)과 양립할 수 없다면, 가능지성이 분리된 실체라고 주장하는 것도 동일한 문제에 직면할 것이 분명하다. 왜냐하면 〔분리된 실체로서의〕 가능지성은 개별적

27) Aristoteles, *Metaph.*, VII, 1039b32; 1040a8-9.

이므로, 그 안에 수용된 형상들(*species*)도 개별적일 것이기 때문이다. 그러므로 염두에 두어야 할 것은, 가능지성 안에 수용된 형상들은 그들이 가능지성 안에 내재한다는 측면에서 볼 때는 개별화된 것이지만, 그럼에도 불구하고 그들이 비물질적인 한에서는 개별화의 원리들로부터 추상을 통해 인식되는 보편자가 그들을 통해 알려질 수 있다는 점이다. 학(*scientia*)이 다루는 영역인 보편자들은[28] 가지상들을 통해 알려지는 것으로서, 그 자체가 가지상은 아니며, 이들〔즉, 가지상〕은 모든 학에서가 아니라 오직 자연학과 형이상학에서만 다루어진다. 왜냐하면 〔지성이〕 자신이 이해한다는 사실을 이해하고 자신으로 하여금 이해하도록 해주는 어떤 것을 이해하는 반성작용의 경우가 아닌 한, 가지상은 '그것을 통해 지성이 〔무엇인가를〕 이해하는 것'(*quo intellectus intelligit*, 즉 원리)이지 '지성이 이해하는 것'(*id quod intelligit*, 즉 대상)이 아니기 때문이다.

반론 6에 대한 대답: 지성은 개별화를 일으키는 질료적 원리들로부터 이해된 형상(*forma intellecta*)들을 추상해 내는 한에서 그 이해된 형상들에게 보편성을 준다. 그러므로 지성은 보편적인 것이어야 마땅한 것이 아니라 비물질적이어야 마땅하다.

반론 7에 대한 대답: 어떤 작용〔이 어느 정도〕의 효능도(*inefficacia*)〔를 지니는가〕는 그 〔작용의 원리인〕 형상이 주체에 〔어느 정도〕 내속하는지에 달려 있지만, 그 작용의 종류〔즉, 어떤 종류의 작용인가〕는

---

28) 〔역주〕 토마스 아퀴나스는 아리스토텔레스를 따라 학(*scientia*) 또는 학적 지식은 개별자—우유적인 것과 관계된 것이 아니라 보편자—필연성에 대한 것이라고 분명하게 말한다. St. Thomas, *In I Post. Anal.*, lect. 44; *In II Metaph.*, lect. 4, nn. 323-330 참조.

작용의 원리인 형상〔이 어떤 종류인지〕에 따른다. 다시 말해 데우기는 뜨거움으로부터 발생하지만, 〔뜨거움이〕 그 주체를 어느 정도 완성시키는지에 따라 〔즉, 그 주체가 얼마나 뜨거운 것인지에 따라〕 데우기는 더 효과적일 수도 덜 효과적일 수도 있다. 그런데 보편자 이해하기(*intelligere universalia*)는 지적 작용(*intellectualis operatio*)의 범주에 속한다. 그러므로 〔보편자 이해하기는〕 지적 형상(*species intellectualis*)들의 고유한 작용(*propria operatio*)에 따라 일어나는 작용이다.[29] 그러나 그러한 이해작용의 정도, 즉 그 이해작용이 더 완전한지 덜 완전한지의 정도는 〔그 형상들이〕 지성체에 더 완전하게 속하는지 덜 완전하게 속하는지에 따라 달라진다.

반론 8에 대한 대답: 철학자가 도형들과 영혼의 부분들 사이에서 본 유사성은 다음과 같은 것으로 주목되어야 한다. 즉, 사각형은 삼각형이 지닌 모든 것들 및 그에 더해지는 무엇을 소유하며, 오각형 역시 사각형이 지닌 모든 것〔과 그에 더해서 자신만의 무엇〕을 소유하는 것처럼, 동물혼은 생장혼이 지닌 모든 것 및 그 이상의 것을, 그리고 지성혼도 동물혼이 지닌 모든 것과 그에 더한 무엇을 소유한다는 것이다. 그런데 이로부터 영혼의 식물적 부분과 동물적 부분이 지적 부분과 본질적으로 다르다는 것이 입증되지는 않는다. 단지 그들 중의 하나가 다른 것들을 포함한다는 것을 보여줄 뿐이다.

---

29) 〔역주〕 이 문장에 한하여 번역은 원 대본인 Leonina판이 아니라 Marietti판을 따랐다. 본문에 번역된 용어인 '고유한 작용'(*propria operatio*)과 '지적 형상'(*species intellectualis*)은 Leonina판에는 각각 propriam rationem과 species intelligibilem으로 되어 있다. 즉, Leonina판의 문장은 Unde hoc consequitur speciem intelligibilem secundum propriam rationem으로 되어 있는 반면, Marietti판에는 unde hoc sequitur speciem intellectualem secundum propriam operationem으로 되어 있다.

반론 9에 대한 대답: 철학자가 같은 곳에서 말하고 있듯이,[30] '동물'로 잉태되는 것과 '인간'으로 잉태되는 것이 동시적인 것은 아닌 것처럼, '동물'과 '말'로 잉태되는 것 역시 동시적이지 않다.[31] 그러므로 〔철학자가 하는〕 진술의 의미는 인간 안에 그것〔즉, 인간〕을 동물이게 하는 원리, 즉 감각혼(*anima sensitiva*)과 그것을 인간이게 하는 〔원리인〕 지성혼이 실체적으로 다르다는 것이 아니다. 왜냐하면 말 안에 실체적으로 다양한 원리들이 있어서 그 가운데 하나에 의해 그 말이 동물이고, 다른 원리에 의해서는 그 말이 말이 되는 그런 것은

30) Aristoteles, *De Generatione animalium*, II, 736b2-4.

31) 〔역주〕 즉, 잉태된 수정란의 분화와 발생은 동물로의 완성을 위한 발생과 인간으로의 완성을 위한 발생이라는 별도의 두 발생계열을 동시에 수행하는 것이 아니라, 동물로의 단계를 거쳐 인간으로 보다 완성되는 하나의 발생계열을 이룬다는 의미다. 어떤 것을 동물이게 하는 원리, 즉 감각혼과 그것을 인간이게 하는 원리, 즉 지성혼이 다르다는 주장은 전자와 연관되는 반면, 하위의 원리가 상위의 원리에 가능적으로 포함된다는 아리스토텔레스와 토마스 아퀴나스의 견해는 후자와 연계된다. 생명의 시작에 관한 토마스 아퀴나스의 입장을 알려주는 전거들로는 *In Sent.*, II, d. 18, q. 2, a. 3; *De potentia*, q. 3, a. 9; *S.T.*, I, q. 118, aa. 1-2; III, q. 33, aa. 2-3; *Summa contra Gentiles*, II, cc. 86-87; *Compendium Theologiae*, c. 93; *Quodlibetales*, q. 5, a. 1. 이 주제에 관한 연구문헌들을 보기 위해서는 Antonio Lanza, *La questione del momento in cui l'anima razionale e infusa nel corpo*, Roma, 1939; H. Hering, "De tempore animationis foetus humani," in *Angelicum* 28(1951), pp. 18~29; M. Hudeczek, "De tempore animationis foetus humani secundum Embryologiam modernam," in *Angelicum* 29(1952), pp. 162~181; Joseph Donceel, "Immediate Animation and Delayed Hominization," in *Theological Studies* 31(1979), pp. 76~110; Stephen Heaney, "Aquinas and the Presence of the Human Rational Soul in the Early Embryo," in *The Thomist* 56(1992), pp. 19~48; Enrico Berti, "Quando esiste l'uomo in potenza? La tesi di Aristotele," in S. Biolo(ed.), *Nascita e morte dell'uomo*, Genova, Marietti, 1993, pp. 115~123 등을 참고할 것.

아니기 때문이다. 오히려 이 진술은 다음과 같은 이유에서, 즉 마치 모든 생성은 불완전한 것에서 완전한 것으로의 변화(*omnis generatio est transmutatio de imperfecto ad perfectum*)인 것처럼, 동물이 수태되어 발생하는 데에서도 먼저 불완전한 작용이 나타나고 그 후에 보다 완전한 작용이 나타나기 때문이라는 이유에서 〔'동물'과 '인간' 또는 '말'이 '동시적'이라고 말할 수 없음을 지적하기 위해〕 한 것이다.

반론 10에 대한 대답: 언급한 것처럼 형상은 아무런 유에도 속하지 않는다. 그러므로 지성혼이 인간의 형상이라면 그것은 육체〔가 속하는 유〕와 다른 유에 속하지 않는다. 오히려 그 둘 모두가 환원에 의해(*per reductionem*) 동물 유와 인간 종에 속한다.

반론 11에 대한 대답: 존재에서 현실태에 있으면서(*actu existentibus*) 그 자신의 종과 본성에서 완성된 두 실체로부터는 〔실체적으로〕 하나인 것(*unum*)이 결과되지 않는다. 그러나 영혼과 육체는 이런 부류의 것들이 아니다. 왜냐하면 이들은 인간 본성의 부분들(*partes humanae naturae*)이기 때문이다. 그러므로 이들〔즉, 영혼과 육체〕로부터 〔실체적으로〕 하나인 것이 결과되지 못하도록 하는 것은 아무것도 없다.

반론 12에 대한 대답: 인간 영혼은 비록 육체의 형상이긴 하지만, 그럼에도 불구하고 육체적 질료 전체와의 〔상응〕관계(*proportio*)를 넘어선다. 그러므로 그것〔인간 영혼〕은 질료 안에 매몰되어 있는 다른 형상들처럼 어떤 운동이나 변화를 통해 질료가 지닌 가능태로부터 현실태로 이끌어낼 수 있는 그런 것이 아니다.

반론 13에 대한 대답: 〔인간〕 영혼은 육체가 관여하지 않는 작용을 지니는데, 바로 이 부분에 의해 〔인간 영혼은〕 육체와의 모든 〔상응〕 관계를 넘어선다. 그러나 그렇다고 해서 〔영혼이〕 어떤 식으로든 육체에 결합되지 못하도록 막는 것은 아니다.

반론 14에 대한 대답: 이 반론은 오리게네스(Origenes)[32]의 입장에 의거하여 제출된 것인데, 그는 영혼이 원래는(*a principio*) 영적 실체(*substantia spiritualis*)들 사이에서 육체가 없는 것으로 창조되었으며, 이후에 마치 감옥에 갇히듯이 육체에 결합된 것이라고 주장했다. 그러면서 그는 영혼이 죄가 없는 무고한 것임에도 이 일을 당하는 것이 아니라, 자신이 저지른 선행하는 죄 때문에 마땅히 당하는 것이라고 말한다. 왜냐하면 오리게네스는 플라톤의 견해를 따라 인간 영혼이 그 자체로 온전한 본성을 지닌 것이며, 영혼에게 육체가 주어지는 것은 우유적인(*per accidens*) 것이라고 이해하기 때문이다. 그런데 위에서 보여준 것처럼 이런 견해〔즉, 영혼이 그 자체로 온전한 본성을 지녔다는 견해〕는 잘못된 것이다. 그러므로 〔영혼이〕 육체에 결합되는 것은 영혼에게 손해일 수 없다. 오히려 그것〔즉, 육체와의 결합〕은 〔영혼〕 자신의 본성의 완성을 위한 것이다. 이에 비해 육체가 영혼에게 감옥이며 영혼을 부패하게 한다는 생각은 〔육체와의 결합을〕 첫 번

32) 〔역주〕 오리게네스(Origenes: 185~254). 초기 기독교 교부. 필로(Philo), 클레멘스(Clemens)와 더불어 초기 기독교 사상의 한 축을 이루는 이른바 알렉산드리아학파의 대표적인 인물. 최초로 교리문답학교(*Didaskaleion*)를 구성했다. 플로티누스의 스승인 암모니우스 삭카스(Ammonius Sacchas)의 강의에 참여한 것으로 알려져 있는 등, 초기 교부철학자 가운데서는 철학적 지식을 가장 많이 섭취한 축에 속한다. 평생을 기독교인으로 살았으며, 플라톤 철학을 기독교 신앙 안에서 신학화하는 방향으로 이 둘을 조화시키려 노력했다. 이런 맥락에서 성자와 성령은 일자로부터 유출된 정신과 영혼 같은 것이라고 생각하는 등 이교적 요소를 포함하기도 했으며, 성서를 비유적으로 해석하려고 노력했다.

째 범죄〔즉, 원죄〕에 대한 합당한 응보로 보는 데에서[33] 비롯되는 것이다.

반론 15에 대한 대답: 영혼에게 본성적인 인식방식(*modus cognoscendi*)은 보다 상위인 영적 실체들이 이해하는 방식보다는 하위의 방식, 즉 가지적 진리를 감각되는 것들로부터 수용하여 이해하는 그런 인식방식이다. 그러나 〔이것이 본성적 방식임에도 불구하고〕 이 방식에서도 육체의 부패로 장애를 겪을 수 있는데, 이는 첫 조상인 아담의 범죄에서 유래한 것이다.

반론 16에 대한 대답: 육(*caro*)이 영(*spiritus*)에 반하여 갈망한다는 것 자체가 육체(*corpus*)에 대한 영혼(*anima*)의 밀접성을 보여준다. 아우구스티누스가 《마니교에 대항하기 위한 창세기 주석》에서[34] 말한 것처럼 영(*spiritus*)은 영혼의 보다 상위의 부분으로서, 이에 의해 인간은 다른 동물성들을 넘어선다고 할 수 있게 된다. 그런데 육이 〔무엇인가를〕 갈망한다고 말할 수 있는 것은 〔육에 실제로 무엇인가를 갈망하는 주체이기 때문이 아니라〕 육과 결합된 영혼의 부분들이 육에게 즐거움을 주는 것들을 욕구하기 때문인데, 이 욕구가 때때로 영

33) 〔역주〕 이런 생각이 정당하고 일관된 것이기 위해서는 원죄 이전의 인간은 육체를 지니지 않은 존재였다고 전제해야 한다. 하지만 이러한 전제는 성서에서 가르치는 인간관이나 원죄와 어울리지 않는다는 것은 분명하다.

34) Augustinus, *De Genesi contra Manichaeos*, II, 8(PL 34: 202).
〔역주〕 이 저작은 아우구스티누스가 밀라노에서 성 암브로시우스에게 세례를 받고 고향인 아프리카의 타가스테로 돌아온 직후인 389년경에 《창세기》 기사에 대한 마니교도들의 공격에 대항하기 위한 의도에서 쓰여졌다. 《창세기》에 대한 그의 주석은 이것을 시작으로 393년에 시작했다가 곧 중단한 《창세기 축자강해 미완성》, 다시 401년에서 415년에 걸쳐 저술한 《창세기 축자강해》가 있다.

〔즉, 육과 결합되지 않은 영혼의 부분〕과 상충되는 것이다.

반론 17에 대한 대답: 가능지성은, 마치 제1질료가 그 어떤 감각적 형상도 현실적으로 소유하고 있지 않은 것처럼 그 어떤 가지적 형상(*forma intelligibilis*)도 현실적으로 소유하지 않고 단지 그에 대해 가능태에 있다. 그러나 이로부터 알 수 있는 것은 가능지성이 모든 인간들에게 하나(*unum*)라는 것이 아니라,[35] 마치 제1질료가 모든 감각적 형상들에 대해서 하나인 것처럼 가능지성은 모든 가지적 형상들에 대해서 하나라는 것뿐이다.

반론 18에 대한 대답: 만약 가능지성이 어떤 육체적 기관을 지니고

---

35) 〔역주〕 제1질료는 존재의 관점에서 그 어떤 형상 및 형상적 규정성에서 자유로운 철저한 무규정성을 의미하는 것이므로 다수성을 가능하게 하는 차이의 규정성을 말할 수 없으며, 따라서 하나일 수밖에 없다. 그러나 가능지성은 존재의 관점에서 무규정적인 것이 아니라 인식의 관점에서 무규정적인 것이며, 따라서 그것을 존재론적으로 이러저러하게 규정하는 형상 전체에 대해 가능태에 있는 것이 아니라, 단지 그 수용이 자신의 존재론적 규정성을 변화시키지 않는 가지상들 전체에 대해 가능태에 있는 것이다. 그러므로 이러한 무규정성이 존재론적 단일성의 이유가 될 수는 없다. 즉, 존재론적으로 서로 다른 실체적 규정성을 지닌 여러 인식주체가 제각기 그 어떤 가지적 형상도 현실적으로 지니지 않으면서 모든 가지적 형상들에 대해 가능태에 있는 가능지성을 저마다 지니지 못할 이유가 없다. 그러므로 가능지성이 인식의 질서에서 현실적으로 아무런 가지상도 지니지 않는다고 해서, 그것이 존재의 질서에서 모든 인간에 대해 가능지성으로서의 단일성을 요구하지는 않는다. 각 인간이 존재론적으로는 자신의 것으로 규정된 것이면서 동시에 인식론적으로는 모든 가지상들에 대해 가능태에 있는 가능지성의 실질적인 소유자가 될 수 있는 것이다. 이와 관련된 국내 연구로는 이재경, 《토마스 아퀴나스와 13세기 심리철학》(대구가톨릭대출판부, 2002)을, 해외 연구로는 요셉 드 프리스, "질료", 신창석 옮김, 《스콜라철학의 기본개념》(분도출판사, 1997), 164~172쪽 참조.

있다면, 마치 〔시력의 육체적 기관인〕 눈동자는 시력과 더불어 우리로 하여금 보게 하는 원리인 것과 마찬가지로, 그 기관은 가능지성과 더불어 인간으로 하여금 이해하게 하는 원리여야 할 것이다. 그리고 그 결과 우리로 하여금 이해하게 하는 원리는 감각적으로 규정된 어떤 본성을 지니게 될 것인데, 이는 위에서 언급된 아리스토텔레스의 증명[36]에 비추어 볼 때 틀린 것임이 분명하다. 그런데 이것〔즉, 가능지성이 육체적 기관을 지닌다는 것〕은 영혼이 인간 육체의 형상이라는 데서 따라 나오는 것은 아니다. 왜냐하면[37] 가능지성은 육체와의 관계를 넘어서는 한에서 영혼에 속하는 어떤 능력이기 때문이다.

반론 19에 대한 대답: 영혼은 육체의 양태에 따라서 육체에 결합되지만, 그럼에도 불구하고 육체의 능력을 능가하는 영혼의 부분으로 인해 지적인 본성을 지닌다. 그렇기 때문에 그 안에 수용된 형상들은 질료적인 것이 아니라 가지적인 것들이다.

그러므로 〔반론 19에 대한 대답에 비추어〕 반론 20에 대한 해결책은 명백하다.

36) Aristoteles, *De anima*, III, 429a18-27.
〔역주〕 아리스토텔레스는 여기서 지성이 모든 것을 인식할 수 있는 것이기 위해 '섞이지 않는 것'이어야 한다고, 즉 신체적인 것이나 감각적인 것 등의 이질적인 것들과 섞이지 않은 순수한 것이어야 한다고 논증하고 있다.

37) 〔역주〕 원 텍스트인 Leonina판에는 본문에 'et'(그리고)가 사용되고 있으면서 그 선택적 대안으로 각주에 'quia'(왜냐하면)이 제시되어 있다. 이에 반해 참조본인 Marietti판의 본문에는 'quia'가 사용되고 있다. 여기서는 quia의 의미로 번역했다.

제3문

가능지성 혹은 지적 영혼은 모든 사람들 안에서 하나인가*

셋째 질문은, 가능지성(*intellectus possibilis*) 또는 지성혼(*anima intellectiva*)은 모든 인간들에게 〔공통된〕 하나인가 하는 것이다.

반론 1: 그렇다고 보인다. 완성은 완성될 수 있는 것에 비례/상응(*proportionata*)한다. 그런데 진리(*veritas*)는 지성의 완성(*perfectio intellectus*)이다. 왜냐하면 철학자가 《니코마코스윤리학》 제6권에서 말한 것처럼[1] 참(*verum*)은 지성의 선(*bonum intellectus*)이기 때문이다. 그러므로 모든 사람들이 이해하는 것인 진리는 〔이해하는 자에 따라 제각각이거나 여럿일 수 있는 것이 아니라〕 하나이기 때문에, 〔그것을 이해하는〕 가능지성은 모든 인간들에게 하나인 것으로 보인다.

반론 2: 그뿐 아니다. 아우구스티누스는 《영혼의 크기에 관하여》

* 병행문헌: *In I Sent.*, d. 8, q. 5, a. 2; *In II Sent.*, d. 17, q. 2, a. 1; *SCG.*, II, 59 & 73-75; *Comp. Theol.*, I, 85; *ST.*, I, q. 76, a. 2; *De Spir, Creat.*, a. 9; *In De Anima.*, III, lect. 2; lect. 7-8; *De Unit. Intellectus*, c. 4.

1) Aristoteles, *Eth. Nich.*, VI, 1139a27-30.

라는 책에서 〔다음과 같이〕 말한다.[2] "나는 영혼들의 수에 관해서 너에게 무어라 대답해야 할지 모른다. 만약 내가 영혼은 하나라고 말한다면 〔영혼이〕 누군가에게서는 행복하고 누군가에게서는 불행하다는 것이 너를 당황스럽게 할 것인데, 어떤 하나가 동시에 행복하기도 하고 불행하기도 할 수는 없기 때문이다. 만약 내가 〔영혼은〕 하나이면서 동시에 다수이기도 하다고 말한다면 너는 코웃음을 칠 것인데, 나로서는 너의 그 비웃음을 저지하기가 용이하지 않다. 만약 내가 〔영혼은〕 단지 다수일 뿐이라고 말한다면, 나 스스로가 나를 비웃게 될 것이고, 너에게 〔거슬리는 것〕 못지않게 나 자신에게 거슬리는 나를 참아야 할 것이다." 그러므로 많은 인간들에게 〔인간들의 수만큼〕 많은 영혼들이 있다는 것은 코웃음 칠 일이라고 보인다.

반론 3: 그뿐 아니다. 다른 것과 구별되는 모든 것들은 자신에게 있는 규정된 본성에 의해 〔다른 것과〕 구별된다. 그런데 가능지성은 모든 형상들에 대해 가능태에 있되 그 어떤 형상도 현실적으로 지니지 않는다. 그러므로 가능지성은 〔가능지성들끼리 서로〕 구별될 수 없다.[3] 따라서 서로 다른 인간들 안에 저마다의 것이 있을 수 있도록

---

2) Augustinus, *De quant. animae*, c. 32 (PL32, 1073).

3) 〔역주〕 형상은 규정성의 원리(*principle of determination*)이다. 즉, 모든 규정성은 형상을 그 원리로 한다. 반론 3은 바로 이 원리에 입각하여, 가능지성 자체는 아무 형상도 지니지 않는다는 것으로부터 가능지성 자체 안에 구별을 위한 규정된 본성이 없다는 의미로, 따라서 가능지성들 사이에는 구별을 위한 원리 자체가 없다는 논의로 나아간다. 이러한 논의방식은 가능지성이 가능지성인 이유가 그것을 가능지성이게 하는 형상의 규정성에 의한 것일 경우 유효하다.

그러나 적어도 토마스 아퀴나스에 의하면 가능지성은 가능지성을 가능지성이게 하는 형상에 대해 가능태에 있는 것은 아니다. 즉, 가능지성은 자신이 수용하는 형상에 의해 가능지성으로 규정되는 것이 아니다. 가능지성이

다수화될 수 없다.

반론 4: 그뿐 아니다. 가능지성 자체는 이해되는 것을 아무것도 갖고 있지 않다. 철학자가 《영혼론》 III권에서 말하듯이,[4] 이해하기(*intelligere*)〔를 실제로 수행하기〕 이전에는 그것은 〔그 자체만으로는〕 존재하는 것들 가운데 하나가 아니기 때문이다. 그런데 같은 곳에서 말하기를[5] 지성도 다른 〔가지적인〕 것들처럼 가지적이라고 말한다. 그러므로 〔지성〕 자체가 자기 자신을 갖고 있지 않은 〔텅 빈〕 것이며, 따라서 서로 다른 인간들 안에서 〔저마다의 것으로〕 다수화될 수 있는 것〔즉, 다수화를 가능케 하는 요인〕을 갖고 있지 않다.

반론 5: 그뿐 아니다. 구별되는 다수인 모든 것들 〔사이〕에는 공통점(*commune*)이 있다. 여러 〔각양의〕 인간들 사이에는 '인간'(*homo*)이 공통이고, 많은 〔다양한〕 동물들 사이에는 '동물'(*animal*)이 공통이다. 그런데 《영혼론》 III권에서 말하듯이,[6] 가능지성은 그 무엇과도 공

가능태에 있는 형상은 존재론적 규정성의 원리인 실체적 형상이나 우유적 형상이 아니라 가지적 형상(*species intelligibilis*)이기 때문이다. 이 점에서 가능지성은 "모든 형상에 대해 가능태에 있다"고 말할 수 있는 또 하나의 원리인 제1질료와 구별된다. 그러므로 가능지성이 하나인가 여럿인가의 문제 역시 제1질료의 경우와는 달리 '자체 안에 아무런 규정성의 원리를 지니지 않는다'는 이유에 의해 무차별적 동일성으로서의 단일성을 주장할 수는 없다.

토마스 아퀴나스에게 가능지성은 근본적으로 작용능력(*potentia operativa*)이므로, 그것의 그것 됨, 즉 가능지성이 가능지성인 이유와 그것의 다양성 여부, 즉 가능지성의 다수다양성 문제는 그것이 실제로 수행하는 작용 및 그 작용을 다른 작용과 구별되게 하는 형상적 대상(*objectum formale*), 그리고 그 실제 작용을 원인으로 하는 결과 등을 통해 규정된다. 요셉 드 프리스, "형상", 《스콜라철학의 기본개념》, 222~235쪽 참조.

4) Aristoteles, *De anima*, III, 429a24.

5) Aristoteles, *De anima*, III, 430a2-3.

통점을 지니지 않는다. 그러므로 가능지성은 서로 다른 인간들 안에서 〔저마다의 것으로〕 구별되고 다수화될 수 없다.

반론 6: 그뿐 아니다. 랍비 모세[7]가 말한 것처럼[8] 질료로부터 분리된 것들은 오직 원인과 원인지어진 것〔즉, 결과〕(*causa et causatum*)〔의 관계〕에 의해서만 다수화된다. 그런데 어느 한 사람의 지성 또는 영혼은 다른 사람의 지성 또는 영혼의 원인이 아니다. 그런데 《영혼론》 III권에서 말한 것처럼[9] 가능지성은 〔질료에서〕 분리된 것이며,

---

6) Aristoteles, *De anima*, III, 429b23-24; I, 405b20-21. Cf St. Thomas, *In De anima.*, III, 3.

7) 〔역주〕 모세스 벤 마이몬 또는 모세스 마이모니데스(Moses ben Maimon, Moses Maimonides, 1135~1204). 이슬람제국인 알모라비드 왕조가 지배하던 시기의 코르도바(지금의 스페인 남부지방)에서 출생하여 30세 이후의 성숙한 시기에는 주로 이집트의 카이로에서 활동했던 유대교 랍비이자 가장 중요한 중세 유대철학자이다. 애초에 아랍어로 쓰였다가 히브리어로 번역된 《당혹자들을 위한 안내서》(*Dalalat al-Ha'irin*, *The Guide of the Perplexed*)의 저자로 유명한데, 이 책은 유대철학 역사상 가장 중요한 저작으로 꼽힌다. 알베르투스 마그누스, 토마스 아퀴나스, 둔스 스코투스 등 중세 스콜라 학자들에게도 많은 영향을 미쳤다. 마이모니데스의 인물과 사상에 대한 일반적 소개로는 D. H. Frank and O. Leaman ed., *History of Jewish Philosophy*(Routledge, 1997) 중에서 제 11장 "Moses Maimonides"(by Howard Kreisel, pp. 245~280)을, 마이모니데스와 토마스 아퀴나스의 관계에 대해서는 같은 책 제 12장 "Maimonides and Aquinas"(by Alexander Broadie, pp. 281~293) 참조.

8) Moses Maimonides, *Dux seu director dubitantium aut perplexorum*, II, c. 1, prop. 16(ed. Justinianus, Parisiis 1520 f. 39r); cf. *The Guide of the Perplexed*, premise 16(ed. Pines p. 337).
〔역주〕 Cf. Idit Dobbs-Weinstein, *Maimonides and St. Thomas on the Limits of Reason*(Albany, SUNY Press, 1995), pp. 113~139 참조.

9) Aristoteles, *De anima*, III, 429b5.

따라서 가능지성은 서로 다른 인간들에게 다수일 수 없다.

반론 7: 그뿐 아니다. 철학자는 《영혼론》 III권에서[10] 지성과 이해되는 것은 같은 것(*idem est intellectus et quod intelligitur*)이라고 말한다. 그런데 이해되는 것은 모든 인간들 사이에서 동일하다. 그러므로 가능지성은 모든 인간들에게 〔공유되는〕 하나이다.

반론 8: 그뿐 아니다. 이해되는 것은 보편자, 즉 다수 안의 〔공통된〕 하나이다. 그런데 이해된 형상은 그 보편성을 〔자신을 형상으로 지니는〕 사물의 측면에서(*ex parte rei*) 취할 수 없다. 왜냐하면 인간의 형상은 서로 다른 인간들 안에서 〔그들 각각의 형상으로〕 개별화되고 다수화된 것이 아닌 한 〔자신을 형상으로 하는〕 사물들 〔즉, 인간들〕 안에 존재할 수 없기 때문이다. 그러므로 이것〔즉, 이해된 것의 보편성〕은 지성의 측면에서(*ex parte intellectus*) 취해진다. 따라서 지성은 모든 인간들에게 하나이다.

반론 9: 그뿐 아니다. 철학자는 《영혼론》 III권에서[11] 영혼은 형상들의 장소(*locus specierum*)라고 말한다. 그런데 장소란 그 장소에 〔모여〕 있는 다양한 많은 것들에 대해 공통적이다. 그러므로 영혼은 다양한 인간들에 의해 다수화되지 않는다.

반론 10: 그런데 한편에서는, 영혼이 형상들의 장소라고 일컫는 이유는 그것이 형상들을 수용할 수 있기 때문이라고들 말한다. — 하지만 그렇다고는 할 수 없다. 지성이 가지〔적 형〕상들(*specierum*

---

10) Aristoteles, *De anima*, III, 430a3-4; 430a19-20; 431a1.

11) Aristoteles, *De anima*, III, 429a27-28.

intelligibilium)을 수용할 수 있는 것처럼, 감각은 감각〔적 형〕상들(*specierum sensibilium*)을 수용할 수 있다. 그러므로 만약 지성이 형상들을 수용할 수 있기 때문에 형상들의 장소라고 말하는 것이라면, 같은 이유에 의해 감각도 형상들의 장소일 것이다. 이것은 철학자가 《영혼론》 III권에서[12] 영혼은 형상들의 장소이되 〔영혼〕 전체가 아니라 단지 지적〔인 부분의〕 영혼만 그렇다고 말한 것에 위배된다.

반론 11: 그뿐 아니다. 그 어떤 것도 자신이 거하는 장소가 아니고서는 작용하지 못한다. 그런데 가능지성은 모든 곳에서 작용한다. 왜냐하면 그것은 하늘에 있는 것들과 땅에 있는 것들 및 어느 곳이든 모든 곳에 있는 것들을 이해하기 때문이다. 그러므로 가능지성은 모든 곳에 있다. 그러므로 〔가능지성은〕 모든 인간들에게 하나이다.

반론 12: 그뿐 아니다. 특정한 어느 하나로 한정된 것은 규정된 질료(*materia determinata*)를 지닌다. 왜냐하면 개체화의 원리는 질료(*principium individuationis materia est*)이기 때문이다.[13] 그런데 《영혼

---

12) Aristoteles, *De anima*, III, 429a27-28.

13) 〔역주〕 개체화의 원리인 질료는 엄밀하게 말해서 양적으로 규정된 질료(*materia signata quantitate*)이다. 이에 반해 양적으로 규정되지 않은 질료(*materia non signata quantitate*)는 개별화의 원리가 아니라 종적 원리인 본질에 포함되는 질료다. 한편, 질료가 개별화의 원리라는 진술은 질료가 수적인 다수화(*multiplicatio*)의 원리라는 의미이지 각 개체가 지니는 개별성(*individualitas*)의 원리라는 의미는 아니다. 다시 말해 질료가 없으면 한 종 내에서의 다수화가 일어날 수 없으며, 이처럼 질료는 개별화 또는 수적 다수화의 가능조건이라는 의미에서만 개별화의 원리이다. 그러므로 질료가 개별화의 원리라고 해서 개별화와 개별성을 결과시키는 능동적 원리라는 의미는 아니다.

개체화 문제에 대한 토마스 아퀴나스의 독립된 저작으로는 《개체화 원리

론》 III권에서 증명된 것처럼[14] 가능지성은 질료〔적 한계 안으〕로 한정되지 않는다. 그러므로 〔가능지성은〕 특정한 어떤 것으로 한정되지 않으며, 따라서 모든 인간들에게 하나이다.

반론 13: 그런데 한편에서는, 가능지성은 〔가능지성이〕 그 안에 거하고 〔가능지성을〕 그러한 것으로 규정되게 하는 질료, 즉 인간 육체를 지닌다고 말하기도 한다. — 하지만 그렇다고는 할 수 없다. 개체화의 원리는 개체화되는 것의 본질에 속하는 것이어야만 한다. 그런데 육체는 가능지성의 본질에 속하지 않는다. 그러므로 〔가능지성은〕 육체를 통해 개체화될 수 없으며, 결과적으로, 다수화될 수도 없다.

론》(*De principio individuationis*)을 들 수 있지만, 그 진본성이 의심되고 있으며 위작일 가능성이 크다. 이 저작 이외에서는 개체화 문제가 독립된 주제로 다뤄지지 않는다. 개체화 문제에 대한 토마스 아퀴나스의 입장을 개괄하기 좋은 자료로는 Jorge J. E. Gracia(ed.), *Individuation in Scholasticism*(State University of New York Press, 1994), 이재룡·이재경 옮김, 《스콜라철학에서의 개체화》(가톨릭출판사, 2003)에 실려 있는 Joseph Owens의 "Thomas Aquinas"(영문판 173~194쪽; 한글판 303~340쪽)를 들 수 있다. 토마스 아퀴나스의 개체화 문제를 다룬 국내 연구논문으로는 이재룡, "토마스 아퀴나스의 개체화 원리," 〈신학과 사상〉 45호(가톨릭대출판부, 2003), 102~140쪽; 이경재, "토마스 아퀴나스의 개별화 문제," 〈철학연구〉 23(고려대 철학과, 2000), 75~98쪽. 중세의 개체화 문제에 대한 본격적 연구로는 Jorge J. E. Gracia, *Introduction to the Problem of Individuation in the Early Middle Ages*, Second revised edition(Philosophia Verlag München Wien, 1988)이 있고, 같은 저자가 편집한 앞의 책은 중세의 주요 사상가들 각각의 개체화 이론을 각 전문가들이 소개하는 논문집이며, 국내 연구로는 박우석, 《중세철학의 유혹》(철학과현실사, 1997)의 제4장 "개체화 문제: 중세인의 가슴앓이"가 있다.

14) Aristoteles, *De anima*, III, 429a18-27.

반론 14: 그뿐 아니다. 철학자는 《천지론》 I권에서[15] 만약 다수의 세상(*mundus*)이 존재한다면 제1천(*primus caelus*)도 다수가 있을 것이라고 말한다. 그런데 만약 다수의 제1천이 있다면 제1원동자(*primus motor*)도 다수일 것이다. 그래서 제1원동자들은 물질적(*materiales*)일 것이다.[16] 그러므로 마찬가지 이유에서, 만약 다수의 인간들 안에 다수의 가능지성이 있다면 가능지성은 물질적일 것인데, 이는 불가능하다.

반론 15[17]: 그뿐 아니다. 만약 가능지성이 인간들 안에서 〔인간들의 수만큼〕 다수라면, 육체가 소멸(*corruptio*)될 때에도 다수로 남아 있어야 한다. 그런데 그렇게 되면 그들〔즉, 가능지성들〕의 차이는 형상(*forma*)에 따르는 것일 수밖에 없기 때문에, 그들은 종(*species*)적으로 달라진다고 해야 마땅할 것이다. 그러므로 육체가 소멸되는 순간에 〔가능지성이〕 다른 종을 획득하는 것이 아니라면—그 무엇이든

---

15) Aristoteles, *De caelo*, I, 276a18-b25; 277b27-278b8; *Metaph.*, XII, 8, 1074a31-35. 이와 관련해서는 아베로에스의 다음 구절도 참고할 것. Averroes, *Super De anima*, III, 5(ed. Crawford pp. 403~404, u. 485-492) : "Et hec est intentio eius quod fuit dictum in primo de Celo et Mundo, scilicet quod, si esset alius mundus, esset aliud corpus celeste; et si hoc esset, tunc motor corporis celestis esset materialis et numeratus per numerationem corporum celestium." 또한 토마스 아퀴나스 자신의 *De spirit. creat.*, a. 9, s. c. 3와 Sigerus de Brabantia, *Q. in tertium De anima*, q. 9(ed. Bazan p. 26 u. 26-28); *De anima intellectiva*, c. 7(ed. Bazan p. 104 u. 82-85)도 참조할 것.

16) 〔역주〕 왜냐하면 수적 다수화(*numeric multiplication*)의 원리는 질료이기 때문이다. 이에 대해서는 바로 앞의 '반론 12'의 첫 번째 각주 참조.

17) 반론 15의 병행논증을 토마스 아퀴나스의 다음 저작들에서 찾아볼 수 있다. *In II Sent.*, d. 17, q. 2, a. 1, arg. 5; *SCG.*, II, c. 80; *Comp. Theol.*, I, c. 85; *ST.*, I, q. 76, a. 2, arg. 2.

간에 한 종에서 다른 종으로 변화되는 것은 오직 소멸에 의해서뿐이므로[18] — 육체의 소멸 이전에도 이미 〔가능지성들은〕 종적으로 다른 것이다. 그런데 인간을 종에 속하게 하는 것은 지성혼이다. 그러므로 서로 다른 다양한 인간들이 동일한 종에 속할 수 없〔다는 결론에 이르〕는데, 이것이 잘못이라는 것은 명백하다.

반론 16[19]: 그뿐 아니다. 육체에서 분리된 것은 육체에 의해 다수화될 수 없다. 그런데 철학자가 《영혼론》 III권에서 증명했듯이[20] 가능지성은 육체에서 분리된 것이다. 그러므로 그것은 육체를 통해 다수화되거나 구별될 수 없다. 따라서 다수의 인간들에게 다수의 가능지성이 있는 것이 아니다.

반론 17: 그뿐 아니다. 만약 가능지성이 각양의 인간들 안에서 다수화된다면, 가지상(*species intelligibilis*)들도 각양의 인간들 안에서 〔그것을 수용하는 가능지성이 다수화되는 데 따라〕 다수화되어야 마땅할 것이다. 그렇다면 그〔가지상〕들은 개별적 형상들이라는 결론이 따른다. 그런데 개별적 형상들은 오직 가능적으로만 이해된다(*formae*

18) Aristoteles, *Phys.*, V 225a17; St. Thomas, *In Phys.*, V, lect. 2, n. 7 참조.
〔역주〕 소멸(*corruptio*)은 곧 질료와 형상의 분리를 의미한다. 이것은 형상 쪽에서 볼 때 육체 혹은 질료와의 분리이지만, 질료 쪽에서 볼 때는 한 형상이 다른 형상으로 바뀌는 것이다. 이런 의미에서 소멸은 단적인 의미에서의 무화(*annihilation*)라기보다는 다른 종에 속하는 실체로 변하는 것, 즉 우유적 변화에 대비되는 실체적 변화(*mutatio substantialis*)를 의미하게 된다.

19) 반론 16의 병행논증을 토마스 아퀴나스의 다음 저작에서 찾아볼 수 있다. *In II Sent.*, d. 17, q. 2, a. 1, arg. 1.

20) Aristoteles, *De anima*, III, 429a24-27. 단 '분리된'(*separatus*)이라는 표현은 429b5에서 발견된다.

individuales non sunt intellectae nisi in potentia). 왜냐하면 적절한 의미에서 이해되는 것은 그것들〔즉, 개별적 형상들〕로부터 이끌어내어져야만 하는 〔또는 추상되어야만 하는〕 보편자(*universale*)이기 때문이다. 그러므로 〔전제에 따르면〕 지성 안에 있는 형상들은 단지 가능적으로만 가지적일 것이며, 그래서 가능지성은 이해를 실제로 수행할 수 없게 될 것인데, 이것은 말이 안 된다.

반론 18: 그뿐 아니다. 행위자와 피행위자(*agens et patiens*), 운동자와 피운동자(*movens et motum*)는 공통점(*aliquid commune*)을 지닌다. 그런데 우리 안에 있는 지성(*intellectus qui est in nobis*)에 대한 심상(*fantasma*)의 관계는 마치 피행위자에 대한 행위자의 관계나 피운동자에 대한 운동자의 관계와도 같다. 그러므로 우리 안에 있는 지성은 심상들과 공통점을 지닌다.[21] 그런데 《영혼론》 III권에서 말하는

---

21) 이것은 아베로에스의 입장이다. 여기서 말하는 '우리 안에 있는 지성'이란 아베로에스가 "가멸지성"(*intellectus passibilis*)이라고 부르는 것으로서, 상상력(*virtus imaginativus*) 이외에 다른 것이 아니다. 아베로에스는 바로 이 "가멸지성에 의해 인간이 다른 동물들과 구별된다"고 주장한다. Averroes, *Super De anima* III 20(ed. Crawford p. 454 u. 315-316)을 참조할 것. 아베로에스가 가멸지성(*intellectus passibilis*)과 상상력(*virtus imaginativus*) 사이의 동일성을 주장한다는 것에 대해서는 Bonaventura, *Super Sent*. II, d. 18, a. 2, q. 1, resp(ed. Quaracchi t. 2 p. 446b)에 생생하게 설명되어 있다. 수동지성(*intellectus passivus*)과 상위의 감각능력들 사이의 동일성에 대한 진술은 Themistius, *De anima* VI(ed. Verbeke pp. 229~230)에서 발견된다. 토마스 아퀴나스는 《영혼론》 430a23-25에서 말하는 수동지성(*intellectus passivus*)은 가멸적(*corruptibilis*)이기 때문에 지적 능력이 아니라 감각능력이어야 한다고 주장한다. 이에 대해서는 St. Thomas, *In De anima.*, III, 4(ed. Leon. t. XLV-1, p. 223)를 참조할 것.
〔역주〕 테미스티우스의 입장을 보기 위해서는 F. M. Schroeder, and Robert Todd(eds.), *Two Greek Aristotelian Commentators on the Intellect*.

것처럼[22] 가능지성은 그 어떤 것과도 아무런 공통점을 지니지 않는다. 그러므로 가능지성은 우리 안에 있는 지성과는 다르며,[23] 그래서 가능지성은 각양의 인간들 안에서 다수화되지 않는다.

반론 19: 그뿐 아니다. 〔존재하는 것은〕 그것이 무엇이든 간에 존재하는 한에서는 하나이다. 그러므로 그것의 존재(*esse*)는 다른 것에 의존하지 않으며, 그것의 단일성(*unitas*) 역시 다른 것에 의존하지 않는다. 그런데 가능지성의 존재는 육체에 의존하지 않는다. 그렇지 않다면 육체가 소멸될 때 가능지성도 소멸할 것이다. 그렇기 때문에 가능지성의 단일성 역시 육체에 의존하지 않으며, 결과적으로 그 다수성도 〔육체에 의존하지 않기는〕 마찬가지다. 따라서 가능지성은 서로 다른 육체들 안에서 다수화되지 않는다.

반론 20: 그뿐 아니다. 철학자는 《형이상학》 VIII권에서[24] 〔질료와 형상의 합성이 아니라〕 오직 형상이기만 한 것들에게서는 사물(*res*)과 〔본질 혹은〕 그것이 무엇인가 하는 것(*quod quid erat esse*), 즉 종적 본성(*natura speciei*)이 일치한다고 말한다.[25] 그런데 가능지성은 오

The De Intellectu Attributed to Alexander of Aphrodisias and Themistius' Paraphrase of Aristotle De Anima 3.4-8(Toronto: PIMS, 1990), pp. 31~44 참조.

22) Aristoteles, *De anima*, III, 429b23-24.

23) 가능지성과 '우리 안에 있는 지성'이 다르다는 것이 아베로에스가 자신의 *Super De anima*, III 20에서 내리는 결론이다 : "Hoc nomen igitur Intellectus secundum hoc dicitur in hoc libro quatuor modis. Dicitur enim de intellectu materiali, et de intellectu qui est in habitu, et de intellectu agenti, et de virtute ymaginativa."

24) Aristoteles, *Metaph.*, VIII, 1045a36-b7. 이와 관련해서 St. Thomas, *De spir. creat.*, a. 9, arg. 2도 참조할 것.

직 형상만이다. 만약 그것이 질료와 형상으로 이루어졌다면[26] 〔그러면서 동시에〕 다른 것의 형상일 수는 없기 때문이다. 그러므로 지성혼은 자신의 종적 본성 자체이다. 그러므로 만약 모든 지적 동물들〔즉, 인간들〕의 종적 본성이 하나〔의 공통된 것이〕라면, 지성혼은 서로 다른 인간들 안에서 다수화될 수 없다.

반론 21: 그뿐 아니다. 영혼은 육체와 결합되지 않고서는 육체에 의해 다수화되지 않는다. 그런데 가능지성은 〔영혼의 부분 가운데〕 육체와의 결합을 능가하는 부분에 해당한다.[27] 그러므로 가능지성은 인간들 안에서 다수화되지 않는다.

---

25) 〔역주〕 이 까다로운 표현의 해석문제에 관해서는: Cf. Carolus Boyer, *Cursus philosophicus*, vol. II, *Psychologia vitae sensitivae et intellectivae*, *Metaphysica cum Theologia naturalis*, *Ethica* (Paris: Desclee De Brouwer, 1965), pp. 264~265; Joseph Owens, *The Doctrine of Being in the Aristotelian Metaphysics* (Toronto, PIMS, 1963), pp. 180~188; 정의채, 《형이상학》(열린, 10쇄, 1997), 144쪽; 레오 엘더스, 박승찬 옮김, 《토마스 아퀴나스의 형이상학》(가톨릭출판사, 2003), 352쪽 본문 및 각주 6번 참조.

26) 가능지성은 질료와 형상의 합성이라고 하는 것은 보나벤투라의 견해다. Bonaventura, *Super Sent.*, II, d. 18, a. 2, q. 1, ad1: "non tamen eius individuatio est a corpore, sed a propriis principiis, materia scilicet et forma sua, quas de se habet, sicut in se subsistit."
〔역주〕 보나벤투라의 입장을 보기 위해서는 소피아 로비기, 이재룡 옮김, 《성 보나벤투라》(가톨릭대출판부, 2001), 76~90쪽 참조.

27) 이 입장은 앞서 제 1문에 제시된 다음 원리들, 즉 "영혼은 물질적 사물들을 초월하는 작용을 소유한다"(*anima …habet operationem materialia transcendentem*) (q. 1, c) 와 "인간 영혼은 질료에 의해 전체적으로 점거되는 형상은 아니다"(*anima non est forma totaliter a materia comprehensa*) (q. 1, ad 5) 는 원리들로부터의 귀결이다.

반론 22: 그뿐 아니다. 만약 육체들의 다양함에 따라 인간 영혼이 다수화된다면, 〔그러한〕 영혼의 다수화를 통해 가능지성도 〔다수화될 것이고〕, 가능지성이 다수화되면 〔그에 따라〕 가지상(*sepcies intelligibiles*)이 다수화되어야 한다는 것이 분명하므로, 결국 다수화의 제1원리는 **육체적 질료**(*materia corporalis*)라는 결말이 따를 것이다. 그런데 질료에 의해 다수화된 것은 **개별자**(*individuale*)이며, 〔개별자인 한〕 **현실적으로 가지적**(*intelligibile in actu*)인 것은 아니다. 그러므로 가능지성 안에 있는 형상(*species*)들이 〔질료에 의해 다수화된다면〕 현실적으로 가지적인 것은 아닌데, 이는 불합리하다. 그러므로 인간 영혼과 가능지성은 서로 다른 인간들 안에서 다수화되지 않는다.

이와는 반대로(*Set Contra*): 인간은 가능지성에 의해 이해한다. 《영혼론》 III권에서 말한 것처럼[28] 가능지성은 영혼이 이해하기를 수행하는 수단(*quo intelligit anima*)이기 때문이다. 그러므로 만약 모든 인간들에게 가능지성이 하나라면, 어느 한 사람이 이해하는 것을 다른 사람도 이해할 것인데, 이것은 분명히 잘못된 생각이다.

이와는 반대로 2: 그뿐 아니다. 지적 영혼과 육체의 관계는 형상과 질료, 그리고 운동자와 〔그가 사용하는〕 도구의 관계에 비견된다. 그런데 모든 형상은 〔질료 일반이 아니라〕 규정된 질료를 필요로 하며, 모든 운동자는 규정된 도구들을 〔예를 들어, 도끼 일반이 아니라 특정하게 규정된 이 또는 저 도끼를〕 필요로 한다. 그러므로 하나의 지적 영혼이 서로 다른 각양의 사람들에게 속한다는 것은 불가능하다.

28) Aristoteles, *De anima*, III, 429a23.

나의 대응: 이 문제는 앞의 문제〔즉, 제2문〕에 어느 정도 의존한다고 말해야 한다.[29] 만약 가능지성이 존재에서(*secundum esse*) 육체로부터 분리된 실체라면, 그것은 오직 하나여야 할 필요가 있다. 존재에서 육체로부터 분리된 것들은 육체들의 다수화에 의해서는 결코 다수화될 수 없기 때문이다. 그러나 그럼에도 불구하고 지성의 단일성(*unitas intellectus*)〔이라는 생각〕은 각별히 신중하게 고려될 필요가 있는데, 그 이유는 〔지성이 단일하다는 생각에〕 심각한 난점이 〔개입되어〕 있기 때문이다. 가능지성이 모든 인간에 대해 하나만인 것은 얼핏 보기에 불가능해 보인다는 것이 바로 그것이다. 실제로 가능지성과 지식의 성취(*perfectiones scientiarum*)의 관계는 1차적 완성(*perfectio prima*)과 2차적 완성(*perfectio secunda*)[30]의 관계에 견줄 수 있다는 것, 그리고 가능지성에 의해서 우리는 〔현실적으로가 아니라〕 가능적으로 아는 자(*in potentia scientes*)라는 것은 분명하다. 그렇기 때문에 가능지성〔의 존재〕를 인정해야만 하는 것이〔지 이 점을 인정하지 않는다면 가능지성의 존재를 인정할 필요가 없〕다. 그런데 다른 이들이 지니지 못한 지식을 소유한 사람들이 실제로 있는 것을 보면, 지식의 성취가 모든 사람들에게서 똑같을 수 없다는 것은 분명하다. 그런데 만약 모든 사람들에게 하나의 1차적 완성만이 존재한다면, 〔그와 연관된〕 2차적 완성이 하나가 아니라고 하는 것은 불합리할 뿐 아니라 불가능하다.[31] 이는 마치 하나의 주체가 동일한 형상에 대해 우선적으로 현실태이기도 하고 가능태이기도 한 것은 불가능한 것과 마찬가지다. 마치 어떤 표면이 가능적으로 흰색이면서 동시에 현실적으로 흰색인 것은 불가능한 것처럼 말이다.

---

29) 이외에도 *SCG*. II, c. 73; *De unit. intellectus*, c. 1. 참조.
30) Aristoteles, *De anima*, II, 412a10-12; Averroes, *Super De anima*, II, 2.
31) Averroes, *Super De anima*, III, 5 참조.

가능지성은 모든 인간에게 하나뿐이라고 주장하는 자들은 이러한 불합리를 피하기 위해 지식의 성취를 가져오는 가지상들(*species intelligibiles*)이 이중의 주체(*duplex subiectum*), 즉 앞에서도 언급된 바 있는 것처럼[32] 심상 자체와 가능지성을 〔주체로〕 지닌다는 점에 의거하려 한다. 심상은 모든 인간들에게서 똑같을 수 없기 때문에 〔주체가 심상이라는〕 이 측면에서는 가지상들 역시 모든 인간들에게서 동일할 수 없다. 그러나 〔주체가 가능지성이라는 측면, 즉〕 가능지성 안에 존재한다는 측면에서는 〔가지상들이〕 다수화되지 않는다. 이런 논의로부터, 누군가가 다른 사람에게는 없는 지식을 지니는 것은 〔가능지성의 다수성이 아니라〕 심상들의 다양성 때문이라고 설명된다. 하지만 앞서 언급된 것들에 비추어 볼 때 이것은 분명 궁색한 설명이다. 〔가지〕상들(*species*)은 심상들(*phantasmata*)에서 추상되어 가능지성 안에 존재하기까지는 아직 현실적으로 가지적(*intelligibiles actu*)이 아니기 때문이다. 그러므로 심상들의 다양성은 가지적인 것들에 대한 지식(*scientia intelligibilem*)에서 성립하는 〔지식의〕 성취의 단일성 혹은 다양성〔여부〕의 원인일 수 없다. 게다가 학적 인식에 대한 습성(*habitus scientiarum*)은 이들이 말하듯이 마치 주체에 귀속되는 것처럼 감각혼에 해당하는 영혼의 어떤 부분에 속하는 그런 것이 아니다.

---

32) 앞의 제2문, '나의 대응' 중에서 "이 입장의 추종자인 아베로에스는 … 바로 이 연속성 덕분이다" 문단. 이외에도 St. Thomas, *Super Sent*, II, d. 17, a. 2, a. 1, sol; *SCG*. II, c. 73; *Comp. theol.*, I, c. 84; *I Pars*, q. 76, a. 1, resp.; *De spir. creat.* a. 2, resp.; *De unit. intellectus*, c. 3 등을 참고할 것. 단, 이들 텍스트를 참고할 때 사변지성(*intellectus speculativus*)에 관한 아베로에스의 이해와 가지상(*species intelligibilis*)에 관한 토마스 아퀴나스의 이해가 동일하지 않다는 점을 염두에 두어야 한다. 이 차이에 관해서는 B. C. Bazan, "Intellectum speculativum: Averroes, Thomas Aquinas, Siger of Brabant on the Intelligible Object," *Journal of the History of Philosophy*, 19(1981), p. 433 참조.

그 밖에도, 모든 인간에게 가능지성이 하나만 있다고 주장하는 사람들에게는 보다 더 큰 난점이 뒤따른다. 감각작용(*operatio sentire*)은 감각능력(*potentia sensitiva*)에서 비롯되는 것과 마찬가지로, 이해하기(*intelligere*)라는 작용은 마치 제1원리 — 그것을 통해서 우리가 이해하는 — 로부터인 것처럼 가능지성에서 비롯되는 것이 명백하기 때문이다. 앞에서 입증되었듯이 만약 가능지성이 존재에서(*secundum esse*) 인간과 분리되었다면, 가능지성의 작용인 이해하기는 이 또는 저 사람의 작용일 수 없게 된다. 그럼에도 불구하고 검토를 위해 이 점〔즉, 가능지성이 모든 인간에게 하나라는 점〕을 인정해 볼 경우, 이 사람이든 저 사람이든 〔모두가〕 가능지성의 이해하기 자체를 통해 이해한다는 결과가 뒤따른다. 그런데 작용의 다수화는 오직 두 가지로만, 즉 〔작용이 관계하는〕 대상의 측면에서거나 아니면 〔작용을 수행하는〕 작용원리의 측면에서만 가능하다. 그렇기는 해도 여기에 제3의 방식, 즉 마치 어떤 작용이 〔간헐적으로 일어나는 경우 등과 같이〕 시간적 변조를 겪는 때가 있는 것처럼, 시간의 측면이라는 제3의 방식이 더해질 수 있다. 그러므로 가능지성의 작용인 이해하기 자체는 실제로 인간을 이해하는 것과 말을 이해하는 것이 다른 것처럼 대상에 의해 다수화될 수 있으며, 나아가 어제의 이해하기와 오늘의 이해하기는 연속된 작용이 아닌 한 수적으로 다른 〔작용인〕 것처럼 시간에 따라서도 다수화될 수 있다. 그런데 만약 가능지성이 오직 하나뿐이라면 작용원리의 측면에서는 다수화될 수 없다. 그러므로 가능지성의 이해하기 자체가 이 인간 또는 저 인간의 이해하기라면, 이 인간의 이해하기와 저 인간의 이해하기는 — 만약 그들이 다른 대상들을 이해한다면 — 실제로 다를 수 있으며, 이들이 주장하는 바처럼 심상들의 다양성이 그에 대한 이유일 수 있다. 그리고 〔동일한 것을〕 누군가는 오늘 이해하고 다른 사람은 내일 이해할 경우에도 마찬가지로 이해하기 자체가 다수화될 수 있다. 이는 심상들의 다양한 이용〔또는 이용의 다양성〕으로 설명될 수 있기 때문이다. 그런데 두 인간이 동시에 동일한 것을 이해하기 위해서는 그 둘의 이해하기가 수적으로 하나이면서 동일한 것이어야만 할 필요가 있는데, 이는 불가능하다는 것이 분명하다. 그러므로 가능지성 — 우리가 그것을 통해 형상적으로 이해하는 — 이 모든 인간에게 하나만이라는 것은 불가능하다.

그런데 만일 우리가 마치 어떤 능동적 원리 — 즉, 우리 안에 있는 어떤 이해원리로서 우리를 이해하는 자이게끔 만드는 원리 — 에 의해 이해하는 것처럼 가능지성에 의해 이해하는 그런 것이라면, 이는 훨씬 용인할 만한 입장일 것이다. 한 작용자가 다양한 다른 것들을 움직여서 작용하게 할 수는 있기 때문이다. 그러나 서로 다른 다양한 것들이 형상적으로 어떤 하나〔의 원리〕에 의해 움직인다는 것은 전적으로 불가능하다.[33)]

마찬가지로, 자연적 사물들의 형상과 종은 고유한 작용(*propria operatio*)[34)]을 통해서 알려진다. 그런데 인간인 한에서 인간의 적절한 작용은 이해하기(*intelligere*)와 이성 사용(*uti ratione*)이다. 그러므로 인간을 하나의 종으로 분류되게 하는 것(*illud quo homo speciem sortitur*)은 이 작용의 원리인 지성이지, 감각혼이나 혹은 감각혼에 속하는 어떤 작용에 의하는 것이 아니다. 그러므로 만약 가능지성이 — 마치 하

33) 서로 다른 다수의 것들이 형상적으로 하나에 의해 움직일 수 없다는 논증은 이외에도 *SCG.*, II, c. 73; *ST.*, I, q. 76, a. 2, c에서 찾아볼 수 있다.

34) 〔역주〕 어떤 존재자가 수행하는 모든 작용들 가운데 그것의 본질적 규정성에 따르는 작용. 본질적 작용(*operatio essentialis*)이라고도 할 수 있다. 보다 엄밀하게 좁은 의미로는, 그것을 그것이게끔 하는 작용이면서 동시에 그것을 다른 것과 구별하게 해주는 그것만의 고유하고 적절한 작용을 의미한다. 이런 의미에서의 고유한 작용은 정의에서 종차(*differentia specifica*)와 같은 위상을 지닌다.

나의 분리된 실체이기라도 하듯이 — 모든 인간에게 하나뿐이라면, 모든 인간들은 하나의 분리된 실체에 의해 종으로 분류된다는 결과가 뒤따르는데, 이는 이데아론과 유사한, 그리고 그와 동일한 난점을 지니는 입장이다.

그러므로 단적으로 말해서 가능지성은 모든 인간에게 하나만인 것이 아니며, 서로 다른 인간들에 따라 다수화된다. 그리고 그것은 인간 영혼에 속하는 힘(*vis*) 혹은 능력(*potentia*)이기 때문에 영혼의 실체 자체가 다수화되는 것처럼 다수화되는데, 이런 다수화〔에 대해서〕는 다음과 같이 생각될 수 있다. 만일 공통적인 어떤 형상성에 속하는 무엇인가가 질료적으로 〔즉, 질료에 의해 혹은 질료 때문에〕 다수화된다면, 그것은 종적으로는 동일하게 남아있되 수적으로 다수화되는 것이어야만 한다. 마치 살과 뼈는 동물의 형상성에 속하는 것이므로 이 또는 저 살에 따르는 동물의 구별은 종적인 구별이 아니라 수적인 구별을 만드는 것과 마찬가지다. 그런데 앞서 언급된 것으로부터 분명한 것은, 인간 육체와의 결합가능성이 인간 영혼의 형상성에 속한다는 점이다. 인간 영혼 그 자체만으로는 완성된 종(*species completa*)이 아니며, 종으로 〔완성되기 위한〕 보완은 〔인간 육체와의〕 결합 자체에 있기 때문이다. 그러므로 이 또는 저 육체와 결합할 수 있음에 의해 영혼은 수적으로 — 종적으로가 아니라 — 다수화된다. 마치 이 주체의 흼이냐 혹은 저 주체의 흼이냐에 따라 이 흼은 저 흼이 수적으로 구별되는 것과 마찬가지다. 그런데 인간 영혼은 자신의 존재(*esse suum*)를 육체에 의존하지 않는다는 점에서 다른 형상들과 구별된다. 그러므로 그것의 개별화된 존재(*esse individuatum eius*)도 육체에 의존하지 않는다. 왜냐하면 모든 것들은 그것이 하나(*unum*)인 한, 그 자체는 분리되지 않으면서 다른 것들과는 구별되기(*in se indivisum et ab aliis distinctum*) 때문이다.[35)]

반론 1에 대한 대답: 진리란 지성의 사물에로의 순응적 일치(*adaequatio intellectus ad rem*)다. 그러므로 여러 사람이 이해하는 진리가 〔여럿이 아니라〕 하나인 까닭은 〔그들의 지성이 하나이기 때문이 아니라〕 그들이 지닌 개념들이 하나의 동일한 사물에로 일치하기 때문이다.

반론 2에 대한 대답: 아우구스티누스가 스스로를 비웃으리라고 인정하는 경우는, 영혼이 다수라고 말하는 경우가 아니라, 〔모든 면에서〕 오로지 다수라고만 말하는 경우, 그래서 수적으로뿐만 아니라 종적으로도 다수라고 말할 경우다.

반론 3에 대한 대답: 가능지성이 서로 다른 인간들 안에서 다수화되는 것은 형상〔적 규정성〕의 차이에 의한 것이 아니라, 가능지성을 자신의 능력으로 지니는 영혼의 실체가 다수화되는 데 따르는 것이다.

반론 4에 대한 대답: 모든 지성이 자신이 이해하는 것을 결여해야 할 필요가 있는 것은 아니다. 단지 가능태에 있는 지성만이 — 마치 모든 수용자는 자신에게 수용되는 것의 본성을 지니지 않아야 하는 것과 마찬가지로 — 그럴 필요가 있다. 그러므로 만약 신적 지성(*intellectus divinus*)이 그런 것처럼 단지 현실태이기만 한 지성이 있다면, 그것은 자기 자신을 통해 자기 자신을 알 것이다.[36] 그런데 가능지성이 다른 가지적인 것들〔이 가지적이라고 일컫는 것〕과[37] 마찬가

35) 하나(*unum*)의 이러한 특성에 대해서는 Aristoteles, *Phys.*, III, 207b1; St. Thomas, *In Phys.*, III, lect. 12, n. 3 참조.

36) 신적 지성의 자기 자신에 대한 앎에 대해서는 Aristoteles, *Metaph.*, XII, 1074b33-34; St. Thomas, *In Metaph.*, XII, 8, 1074b29 참조.

지 방식으로 가지적이라고 말하는 이유는 가능지성 자체도 가지상—다른 가지적인 것들에 대한 가지상(*species intelligibilis intelligibilium aliorum*) 일망정 —을 통해 스스로에게 알려지기 때문이다. 다시 말해 〔가능지성은 자신의 작용이 관여하는〕 대상을 통해(*ex objecto*) 자신의 작용을 인식하고, 그 작용〔에 대한 인식〕을 통해 자기 자신에 대한 인식에 도달하게 된다.[38]

반론 5에 대한 대답: 가능지성은, 그로부터 자신이 이해하는 것〔즉, 가지상〕을 이끌어내는 〔출처인〕 감각적 본성들과는 아무 공통점도 지니지 않는다는 점이 주지되어야 한다. 그럼에도, 하나의 가능지성은 다른 가능지성들과 종(*species*)은 공유한다.

반론 6에 대한 대답: 존재에서(*secundum esse*) 질료로부터 분리된 것들에게는 오직 종적인 구별만이 있을 수 있다.[39] 그런데 서로 다른 종들은 〔존재의〕 서로 다른 등급을 구성한다.[40] 그러므로 그들은 하나를 더하거나 빼는 데 따라 종적으로 달라지는 수(*numerus*)와 비교될 수 있다. 따라서 낮은 등급의 존재는 높은 등급〔의 존재〕에 의해 원인지어진다고 말하는 입장에 따를 경우, 질료에서 분리된 것들에서의 다수화는 원인과 원인지어진 것〔의 관계〕에 따르는 것이 된다.[41] 그러나 신앙에 비추어 볼 때 이 입장은 유지될 수 없다. 또한

37) Aristoteles, *De anima*, III, 430a2-3 참조.

38) Aristoteles, *De anima*, I, 403a10-12 참조.

39) 토마스 아퀴나스의 *De ente et essentia*, c. 4; *De potentia*, q. 3, a. 10에 의하면 이 점은 아비첸나에 의해 증명되었다.

40) Aristoteles, *Metaph.*, VIII, 1043b33-1044a2 참조.

41) 행위자들의 질서에 따라 분리된 실체들을 구별하는 것은 아비첸나의 입장에서 비롯된다.

가능지성은 존재에서 질료에서 분리된 실체도 아니다. 그러므로 〔제시된〕 이유는 의도에 적합한 것이 아니다.

반론 7에 대한 대답: 비록 지성이 형상적으로 이해하는 가지상은 이 인간 또는 저 인간의 가능지성 안에 있으며, 따라서 가능지성은 다수이지만, 그럼에도 불구하고 만약 알려지는 사물의 관점에서 고려한다면, 그러한 가지상들을 통해 알려지는 것은 하나이다. 왜냐하면 둘 모두에 의해 이해되는 것인 보편자는 모든 것들에 대해 동일한 것이기 때문이다. 그리고 서로 다른 사람들 안에서 다수화된 가지상들을 통해 모든 것 안에서 하나인 것이 이해될 수 있는 것은 가지상—이것은 종적으로 하나인 본성이 여러 사람에게서 수적으로 다수이게 하는 것인 개별화의 질료적 조건(*materialis conditio individuans*)을 제외한 채 사물을 드러낸다—들의 비물질성 때문이다.

반론 8에 대한 대답: 플라톤주의자들에 따르면[42] 다수로부터 하나가 이해되는 이유는 지성 쪽에 있는 것이 아니라 사물 쪽에 있다. 지성이 어떤 것을 다수 안의 하나로 이해할 때, 만약 다수에 의해 참여된 하나인 어떤 사물(*res*)이 없다면, 지성은 자신〔이 이해한 것〕에 대응하는 것을 실재 안에 지니지 않는 공허한 것이 된다는 이유에서다. 이로부터 그들은 이데아—그에 대한 참여에 의해 자연적 사물들은

〔역주〕 아비첸나에 대해서는 H. 코르방, 김정위 옮김, 《이슬람철학사》(서광사, 1997), 225~235쪽; Patrick Lee, "St. Thomas and Avicenna on Intellect," in *The Thomist* 45(1981), pp. 41~61; Herbert Davidson, *Alfarabi, Avicenna, & Averroes, on Intellect*(New York: SUNY Press, 1992), pp. 74~219 참조.

42) 플라톤주의자들에 대한 이 언급은 Aristoteles, *Metaph.*, I, 987b1-4에서 비롯된다.

종을 획득하고 우리의 지성은 보편자를 이해하는—들을 상정할 수 밖에 없었다. 그러나 아리스토텔레스의 가르침(*sententia*)에 따르면,[43] 〔지성이〕 개별화의 원리들로부터 추상을 통해 다수 안의 하나를 이해하는 것은 〔다른 어떤 것 예를 들어 이데아에의 참여에 의한 것이 아니라〕 지성〔자체〕에 의한다. 비록 추상된 것이 〔그 자체만으로〕 실재세계 안에(*in rerum natura*) 존재하는 어떤 것은 아니지만, 그럼에도 지성은 헛되거나 잘못된 것은 아니다.[44] 왜냐하면 비록 함께 있는 것들 가운데 어느 하나가 다른 하나 없이 존재할 수 있다고 이해되거나 언급되는 것은 실제로 불가능하지만, 함께 있는 것들 가운데 어느 하나가 다른 하나에 대한 이해나 명명 없이도 이해되거나 명명되는 것은 실제로 가능하기 때문이다. 그러므로 어떤 개체 안에 있는 것이면서 종적 본성—이 때문에 다른 개체들과 유사한—에 속하는 것이, 그 〔개체〕 안에 있으면서 개체화 원리—그로 인해 다른 모든 것들과 구별되게 하는—인 것〔에 대한 고려〕 없이도 진실로 알려지거나 언급될 수 있다. 따라서 이런 식으로 지성은 자신의 추상작용에 의해 바로 그러한 보편자의 단일성(*unitas*)을 만들어 내는데,[45] 이는 그것〔즉, 지성〕이 모두 안에서 하나이기 때문이 아니라 비물질적이기 때문이다.

반론 9에 대한 대답: 지성이 형상들의 장소인 것은 그것이 형상들을 담아 두고 있기 때문이다. 이로부터 따라 나오는 것은, 가능지성

43) Aristoteles, *De anima*, III, 429b20-22; St. Thomas, *In De anima.*, I, 4; III, 2 참조.

44) *ST.*, I, q. 85, a. 1, ad 1; *In De anima.*, II, 12; III, 6 참조.

45) Aristoteles, *Metaph.*, I, 990b7-13 참조. '다수 안에서의 하나'(*unum in multis*)에 대해서는 *Anal. Post*, I, 77a6를, '다수에 대한 하나'(*unum de multis*)에 대해서는 Thomas, *In De anima.*, I, 1 참조.

이 모든 인간에 대해 하나라는 것이 아니라 모든 형상들에 대해 하나이자 공통적이라는 것이다.

반론 10에 대한 대답: 감각능력은 기관 없이는 형상을 수용하지 않는다. 그러므로 지성처럼 형상의 장소라고 일컫지는 않는다.[46]

반론 11에 대한 대답: 가능지성이 어디에서나 작용한다고 말할 수 있는 것은, 그 작용이 모든 곳에 있기 때문이 아니라, 모든 것에 대해서 일어나기 때문이다.

반론 12에 대한 대답: 가능지성은 규정된 질료를 지니지 않지만, 그럼에도 그것〔즉, 가능지성〕을 자신의 능력으로 지니는 영혼의 실체는 규정된 질료 — 그것으로부터 영혼이 비롯되는 것은 아니고, 단지 그 안에 영혼이 존재하는 그런 것으로서 — 를 지닌다.

반론 13에 대한 대답: 모든 형상들의 개별화 원리들이 그들의 본질에 속하는 것은 아니다. 단지 합성체들의 경우에만 해당한다.

반론 14에 대한 대답: 천상의 제1원동자는 존재에서마저 질료에서 전적으로 분리된다. 그러므로 그것은 어떤 식으로든 간에 결코 수적으로 다수화될 수 없다. 그러나 인간 영혼도 그런 것은 아니다.

반론 15에 대한 대답: 분리된 영혼은 이런 육체와 결합하느냐 아니면 저런 육체와 결합하느냐 하는 것으로부터 종적으로 구별되는 것이

---

46) Aristoteles, *De anima*, III, 429a24-27; Thomas, *In De anima.*, III, 1 참조.

아니라 수적으로 구별된다.

반론 16에 대한 대답: 가능지성은, 비록 작용하기 위한 한에서는 육체로부터 분리되지만, 그럼에도 〔여전히〕 육체의 현실태인 영혼의 능력이다.

반론 17에 대한 대답: 어떤 것이 가능적으로만 이해되는 이유는 그것이 개별적이라는 데서가 아니라 물질적이라는 데서 비롯된다.[47] 그러므로 지성에 비물질적으로 수용되는 가지상들은, 설령 개별화된 것이라 하더라도, 현실적으로 이해된 것이다. 뿐만 아니라, 가능지성이 하나라고 가정하는 사람들에게도 〔반론에서 제기된 것과〕 동일한 어려움이 따른다. 왜냐하면 만약 가능지성이 마치 어떤 분리된 실체와도 같이 하나라면, 그것은 아리스토텔레스가 플라톤의 이데아에 대해서 논증해 밝힌 것처럼[48] 개별적인 것이어야 하기 때문이다. 같은 이유에서 〔개별적이어야 마땅한 지성〕 그 자체 안의 가지상들은 개별화된 것이어야 하며, 다양한 분리된 지성 안에서도 여전히 다양해야 한다. 모든 지성체(*intelligentia*)들은 가지적 형상들로 가득 차 있기[49] 때문이다.

---

47) 이 점에 관한 또 다른 언급은 이 책의 제2문과 제17문도 참조. 그리고 *ST.*, I, q. 76, a. 2, ad3 : "individuatio intelligentis aut speciei per quam intelligit non excludit intelligentiam universalium … sed materialitas cognoscentis et speciei per quam cognoscitur, universalis cognitionem impedit"; De unit. intellectus, c. 5 : "Non enim singularitas repugnat intelligibilitari, sed materialitas."

48) Aristoteles, *Metaph.*, VII, 1039b30-32. 다음 토마스 아퀴나스 저작도 참고할 것. *ST.*, I, q. 76, a. 2, ad 3; *De unit. intellectus*, c. 5.

49) 이에 대해서는 *Liber De causis*, prop. 9 참조.

반론 18에 대한 대답: 감각상은 능동지성 — 가능태에 대한 현실태의 관계처럼 가능지성에 대해 〔현실태인 것으로〕 견줄 수 있는 — 의 능력에 의해 현실적으로 가지적인 것이 되는 한에서 〔가능〕지성을 움직인다. 그리고 그런 식으로 그것〔즉, 가능지성〕에 관계된다.

반론 19에 대한 대답: 비록 지적 영혼의 존재는 육체에 의존하지 않지만, 그럼에도 불구하고 본질적으로 육체에 대한 연관성(*habitudo*)을 지니는데,[50] 그것은 자신의 종의 완성을 위해서이다.

반론 20: 인간 영혼은 비록 질료를 자신의 부분으로 지니지는 않음에도 불구하고 육체의 형상(*forma corporis*)이다. 그러므로 그 자신의 본성(*quod quid erat esse*)은 육체와의 관계를 포함한다.[51]

반론 21: 비록 가능지성은 육체를 능가하지만, 그럼에도 불구하고 다양한 육체와의 연관성에 따라 다수화되는 영혼의 실체 전체를 능가하는 것은 아니다.

반론 22: 만약 육체가 마치 〔영혼의〕 본성과 능력 전체를 포괄하는 것처럼 영혼에 결합된다면 〔반론의〕 그 논증은 타당할 것이다. 그럴 경우 영혼 안에 있는 모든 것들은 그것이 무엇이든 간에 물체적이어야 마땅하기 때문이다. 그런데 위에서 명백하게 드러난 것처럼, 이는 그렇지가 않다. 그러므로 〔반론에서 제시된〕 논증은 적절하지 않다.

---

50) 육체에의 연관성에 대해서는 *Comp. Theol.* I, c. 81 참조.
51) 이에 대한 언급은 *Comp. Theol.* I, c. 85 참조.

제4문

능동지성을 상정할 필요가 있는가*

넷째 질문은, 능동지성(*intellectus agens*)을 상정할 필요가 있는가 하는 것이다.

반론 1: 그렇지 않다고 보인다. 자연에서는 하나에 의해 일어날 수 있는 것은 다수에 의해 일어나지 않는다. 그런데 인간은 하나의 지성, 즉 가능지성에 의해 충분히 이해하기를 할 수 있다. 그러므로 능동지성〔의 있음〕을 인정할 필요가 없다. 〔이 가운데 소전제, 즉〕 가운데 것에 대한 입증은 다음과 같다. 영혼이 지닌 하나의 본질에 근거를 둔 여러 능력들은 서로 간에 상호 영향을 미친다. 그래서 감각능력에 의해 수행되는 활동으로부터 상상력(*imaginatio*) 안에 무엇인가가 결과된다.[1] 《영혼론》 III권에서 말한 것처럼[2] 심상 떠올리기(*fantasia*)란 현실태에 있는 감각에 의해 일어난 운동이기 때문이다. 그러므로 앞에서[3] 언급한 것처럼 만약 가능지성이 분리된 실체가 아

---

* 병행문헌: *SCG.*, II, 76-78; *Comp. theol.*, I, c. 83; *ST.*, I, q. 54, a. 4; q. 79, a. 3~4; *In De anima.*, III, 4; *Quodl.*, VIII, q. 2, a. 1; *De spir. creat.* a. 9.

1) Aristoteles, *Metaph.*, I, 980b; *Anal. Post.* II, 99b36-37 참조.

2) Aristoteles, *De anima*, II 429a1-2.

니라 우리의 영혼 안에 있는 것이라면, 그것은 상상력과 함께 영혼의 동일한 본질 안에 있는 것이어야만 한다. 그러므로 상상력의 운동은 가능지성에까지 영향을 미치며, 따라서 심상(*fantasma*)들을 가능지성에 수용될 수 있는 것으로 만드는 능동지성〔의 역할〕을 인정해야 할 필요는 없게 된다.

반론 2: 그뿐 아니다. 촉각과 시각은 서로 다른 능력이다. 그러나 맹인에게서는 촉각에 의해 상상력 안에 일어난 운동으로부터 시각능력에 속하는 것들에 관한 어떤 상을 그리도록 상상력이 작동하는데, 이럴 수 있는 것은 시각과 촉각이 영혼의 하나의 본질에 근거하기 때문이다. 그러므로 만약 가능지성이 하나의 영혼의 능력이라면, 같은 이유에서, 상상력의 운동으로부터 가능지성 안에도 무언가가 결과될 것이다. 그러므로 능동지성〔의 있음〕을 상정할 필요는 없을 것이다.

반론 3: 그뿐 아니다. 능동지성은 가능적으로 가지적인 것을 현실적으로 가지적이게 만들기 위해 상정된다. 그런데 어떤 것이 현실적으로 가지적이 되는 것은 질료와 질료적 조건들로부터 추상되는 것에 의해서이다. 그러므로 능동지성이 상정된다면, 그것은 가지상이 질료에서 추상되도록 하기 위해서이다. 그런데 이것〔즉, 질료에서 가지상의 추상〕은 능동지성 없이도 일어날 수 있다. 가능지성은 비물질적이기 때문에 자신이 수용하는 것을 비물질적인 방식으로 수용하기 때문이다. 왜냐하면 수용되는 모든 것은 수용하는 자 안에서 수용하는 자의 양태에 따라 존재하기 때문이다(*omne receptum sit in recipiente per modum recipientis*).[4] 그러므로 능동지성을 상정해야 할 아무 필

3) 이 책 제3문 참조.

4) Dionysius, *De div. nom.* IV, 1; *De cael. hier.*, XII, 참조. 그리고 Thomas,

요성이 없다.

반론 4: 그뿐 아니다. 《영혼론》 III권에서[5] 아리스토텔레스는 능동지성을 빛에 비유한다. 그런데 투명매체(*diaphanum*)를 현실적으로 빛이 나게 만들려는 한에서가 아닌 한 봄/보기를 위해 빛이 필요하지는 않다. 왜냐하면 《영혼론》 II권에서 말하는 것처럼[6] 색은 본질적으로(*secundum se*) 가시적이며 현실적으로 빛나는 것을 움직이기 때문이다. 그런데 가능지성을 수용자이기에 적합하도록 만들기 위해 능동지성이 필요치는 않다. 왜냐하면 〔가능지성은〕 본질적으로(*secundum id quod est*) 가지적인 것에 대해 가능태에 있기 때문이다. 그러므로 능동지성〔의 존재〕를 상정할 필요가 없다.

반론 5: 그뿐 아니다. 지성이 가지적인 것에 대해 관계되는 것과 같은 식으로 감각은 감각성질들(*sensibilia*)에 관계된다. 그런데 감각성질들이 감각을 움직이기 위해 어떤 작용자가 필요한 것은 아니다. 비록 감각성질들은 《영혼론》 II권이 말하듯이[7] 질료 없이 감각성질들을 수용하는 것인[8] 감각 안에서뿐 아니라, 감각성질들의 형상을 비물질적인 방식으로 수용하는 것 — 이 점은, 예를 들어, 흼과 검음 같은 대립자들의 형상[9]이 매개체의 같은 부분 안에 수용된다는 것으로부터 분명히 알 수 있다 — 인 매개체(*medium*) 안에서도 비물질적으

In De anima., II, 12; *ST.*, I, q. 75, a. 5, c도 참조할 것.

5) Aristoteles, *De anima*, III, 430a15-16.

6) Aristoteles, *De anima*, II, 418a31-b1.

7) Aristoteles, *De anima*, II, 424a18-19.

8) 이 책 제1문 '나의 대응' 셋째 문단 참조.

9) 이에 대해서는 S. Thomas, *SCG.*, II, 76 참조. 이곳에서 토마스는 가지상을 다루면서 Aristoteles, *Metaph.*, VII, 1032b1-5를 참조하고 있다.

로 존재하지만(*secundum esse spirituale*)[10] 말이다. 그러므로 가지적인 것 역시 〔가능지성 외에〕 다른 어떤 작용자인 〔능동〕지성을 필요로 하지는 않는다.

반론 6: 그뿐 아니다. 자연적 사물들의 세계에서 가능태에 있는 어떤 것이 현실태로 환원되기 위해서는 〔가능태에 있는 것과〕 같은 종이면서 현실태에 있는 것만 있으면 된다.[11] 마치 불에 대해 가능태에 있는 어떤 질료로부터 실제로 불이 일어나는 것은 〔이미〕 현실태에 있는 불에 의해서인 것처럼 말이다. 그러므로 우리 안에서 지성이 가능태에서 〔즉, 알 수 있는 능력의 상태에서〕 현실태로 〔즉, 실제로 아는 상태로〕 되기 위해서는 현실태에 있는 지성〔즉, 실제로 앎을 성취한 지성〕 이외의 그 어떤 것도 요구되지 않는데, 이는 원리들에 대한 인식으로부터 결론에 대한 인식에 도달하는[12] 때와 마찬가지로 인식자 자신에 대한 것이든, 아니면 누군가가 스승으로부터[13] 더 배워 아는 경우처럼 다른 것에 대한 것이든 간에 마찬가지다. 그러므로 능동지성을 상정할 필요는 없다고 보인다.

반론 7: 그뿐 아니다. 능동지성은 마치 태양 빛이 색을 비추는 것처럼[14] 우리의 심상을 비추기 위한 목적에서 상정된다. 그런데 《요

10) '비물질적 존재방식'(*esse spirituale*)이라는 용어와 사상의 기원은 스토아에서 찾을 수 있는 것으로 보인다. 이에 대해서는 S. Thomas, *In De anima.*, I, 10; II, 26 참조.

11) Aristoteles, *Metaph.*, IX, 1049b24-25; *De gener. animalium*, II, 734b21-22 참조.

12) Aristoteles, *Anal. Post.*, I, 72a30-33; 72b17-24; II, 100b10-17 참조.

13) S. Thomas, *De verit.*, q. 11, a. 1, resp. 참조.

14) 태양 빛의 조명에 관한 이론은 플라톤의 *Republica*(517B)에서 비롯되며, 아

한복음》 1장에서 말하듯이[15] 우리를 비추는 데는 이 땅에 오는 모든 인간들을 비추는 신적 빛(*lux divina*)으로 충분하다. 그러므로 능동지성을 상정할 필요는 없다.

반론 8: 그뿐 아니다. 지성(*intellectus*)의 작용은 이해하기(*intelligere*)다. 그러므로 만약 두 지성, 즉 능동지성과 가능지성이 있다면, 한 인간에 의한 이해하기 작용이 둘일 것인데, 이는 적절하지 않다.

반론 9: 그뿐 아니다. 가지상은 지성의 완성이라고 할 수 있다.[16] 그러므로 만약 지성이 2개, 즉 능동지성과 가능지성이라면, 가지상도 이중적이어야 할 것인데, 이는 불필요한 과다이다.

이와는 반대로(*Set contra*): 아리스토텔레스는 《영혼론》 III권에서,[17] 모든 본성에는 작용자(*agens*)와 가능태에 있는 것(*id quod est in potentia*)이 있기 때문에, 영혼 안에도 그러한 것이 있어야 한다고 말하는데, 그 하나가 능동지성이고 다른 하나는 가능지성이다.

나의 대응: 능동지성을 상정해야 할 필요가 있다고 해야 한다. 이 점을 분명히 하기 위해, 가능지성이 가지적인 것들에 대해 가능태에 있는 한, 가지적인 것들이 가능지성을 움직이게 만들 필요가 있다는

우구스티누스는 이를 그리스도교 신앙에 입각하여 채택하고 있다. 이에 대한 아우구스티누스의 언급은 *Soliloq*. I, 6 참조.
〔역주〕 이외에도 원유동, "보나벤투라의 빛의 형이상학," 한남대 박사학위 논문, 2003, 37~66쪽 참조.

15) 《요한복음》 1장 9절.

16) *SCG.*, II, 76; II, 78 참조.

17) Aristoteles, *De anima*, III, 430a10-14.

것을[18] 명심해야 한다. 그런데 존재하지 않는 것이 무엇인가를 움직이게 할 수는 없다. 한편, 가능지성에 알려진 가지적인 것은 마치 가지적 실체인 양 그 자체로서 자연적 사물들의 세계 안에(*in rerum natura*) 존재하는 그런 어떤 것이 아니다.[19] 왜냐하면 우리의 가능지성은 어떤 것을 마치 다수 안에 있는 하나이자 다수에 대한 하나(*unum in multis et de multis*)인 것처럼[20] 이해하기 때문이다. 그런데 아리스토텔레스가 《형이상학》 VII권에서[21] 증명했듯이 그러한 것은 실재세계 안에 자립적으로 존재하는 것은 아니다. 그러므로 만약 가능지성이 가지적인 것에 의해 움직여야 한다면, 〔가능지성을 움직이는〕 그러한 가지적인 것은 지성에 의해 산출된 것이어야 한다. 그런데 무엇인가에 대해 가능태에 있는 것이 바로 그 무엇인가 자체를 산출하는 것일 수는 없기 때문에, 가능지성을 움직이는 가지적인 것들을 현실태로 〔즉, 실제로 가지적인 것으로 존재하게〕 만드는 능동지성을 가능지성과 별도로 상정해야만 한다.[22]

더욱이, 〔능동지성은〕 그것들〔즉, 가지적인 것들〕을 개별화의 원리들인 질료[23]와 질료적 조건으로부터의 추상(*abstractio a materia et a*

---

18) 〔역주〕 왜냐하면 오직 현실태에 있는 것만이 가능태에 있는 것을 현실화할 수 있기 때문이다.

19) Averroes, *Super De anima*, III, 5 참조: …illus per quod intellecta sunt unum entium in mundo, et istud est intellectus materialis.

20) '다수 안에 있는 하나'(*unum in multis*)에 대해서는 Aristoteles, *Metaph.*, I, 990b7; 991a2 참조. '다수에 대한 하나'(*unum de multis*)에 대해서는 Aristoteles, *Anal. Post.*, I, 77a6; 73b26-27 참조.

21) Aristoteles, *Metaph.*, VII, 1038b35. 이에 더해서 S. Thomas, *In De anima.*, II, 12 참조.

22) S. Thomas, *Super Sent.*, III, d. 14, a. 1, sol. 2, ad 2; *De verit.*, q. 10, a. 6 참조.

23) 질료가 개별화의 원리라는 것에 대해서는 Aristoteles, *Metaph.*, V, 1016b32;

materialibus conditionibus)을 통해 만든다. 그런데 종의 본성 — 그것이 그 자체로서 종에 속하는 것인 한 — 은 다양한 것들 안에서 다수화되게 하는 것을 지니지 않는다. 개별화 원리들은 어떤 것이 종인 이유/형상의 외부에(*praeter rationem ipsius*) 있다. 그러므로 지성은 개별화의 모든 조건들과 무관하게 그것〔즉, 종인 이유/형상〕을 수용할 수 있고, 그렇게 해서 그것을 〔다수에 공통된〕 하나인 것처럼 이해한다. 마찬가지 이유에서, 지성은 종차로부터의 추상에 의해 유(*genus*)의 본성을 마치 여러 종들 안에 있는 하나이자 여러 종들에 대해 〔공통된〕 하나인 것처럼 이해한다.

한편, 만약 플라톤주의자들이[24] 주장한 것처럼 보편자가 실재세계 안에 그 자체로서 자립적으로 존재한다면 능동지성〔의 존재〕를 상정해야 할 필요는 없을 것이다. 가지적인 사물들 자신이 스스로 가능지성을 움직이게 할 것이기 때문이다. 그런데 아리스토텔레스가 능동지성〔의 존재〕를 상정하는 데로 나아가는 것도 바로 이러한 필요에 의한 것으로 보인다. 왜냐하면 그는 이데아들의 〔존재론적〕 위상에 관한 플라톤주의자들의 견해에 동의하지 않기 때문이다.

그런데 그 자체로서 현실적으로 가지적인 어떤 것들이 실재세계 안에 자립적으로 존재하기도 한다. 비물질적 실체들이 바로 그런 것들이다. 그러나 가능지성은 그것들에 대한 〔직접적인〕 인식에 이르지는 못한다. 단지 물질적이고 감각되는 사물들로부터 추상해 낸 것들을 통해 그들에 대한 인식에 어느 정도 도달할 수 있을 뿐이다.[25]

VII, 1034a5-8; VII, 1035b30; X, 1054a33; X, 1058b5-8; XII, 1074a33-34 참조. 이외에도 Averroes, *Super De anima*, III, 5; S. Bonaventura, *Super Sent.*, II, d. 3, p. 1, a. 2, q. 3, resp; Albertus, *Super Sent.* I, d. 19, a. 17, sol; S. Thomas, *SCG.*, II, 49 등을 참조할 것.

24) Aristoteles, *Metaph.*, I, 987b1-8; VII, 1039a24-33 참조.

25) 이 책 제16문 참조.

반론 1에 대한 대답: 우리의 이해작용은 가능지성만에 의해서는 완결될 수 없다. 왜냐하면 가능지성은 가지적인 것에 의해 움직이지 않는 한 이해작용을 할 수 없는데, 그것〔즉, 가지적인 것〕은 실재세계 안에 미리 존재하는 것이 아니므로 능동지성에 의해 산출되어야만 하기 때문이다.[26] 그런데 영혼의 하나의 본성에 근거한[27] 두 능력들이 서로 영향을 주고받는다는 것은 참이다. 그리고 그러한 공감(*compassio*)은 두 가지로 이해될 수 있다. 하나의 능력이 강력하게 작동할 때 다른 능력은 자신의 활동을 방해받거나 완전히 못하는 경우인데,[28] 이것은 제시된 현안과는 무관하다. 다른 하나는 마치 상상력(*imaginatio*)이 〔외적〕 감각(*sensus*)에 의해 움직이듯이 한 능력이 다른 능력에 의해 움직이는 경우인데, 이런 경우가 실제로 가능할 수 있는 이유는 상상력과 외적 〔감각〕의 형상〔적 대상〕이 동일한 종에 속하기 때문, 즉 둘 다 개별적이기 때문이다. 그러므로 감각능력 안에 있는 형상들은 상상력을 움직이게 함으로써 상상력 안에 있는 형상들을 — 마치 자신과 유사한 것들인 양[29] — 각인할 수 있다. 그러나 상상력이 지닌 형상들은 개별적이기 때문에[30] 보편자인 가지적 형상들의 원인일

---

26) 그러므로 이해작용을 위해서는 다음 세 원리가 필요하다. 가능지성(*intellectus possibilis*)과 능동지성(*intellectus agens*) 그리고 심상들(*phantasmata*) 안에 담겨 있는 가지적 형상(*forma intelligibilis*)이 그것이다. 이들 가운데 그 어떤 것도 그 자체만으로는 이해작용의 충분한 원리가 아니다. 이에 대해서는 Averroes, *Super De anima*, III, 18(ed. Crawford, p. 438, v. 41-46); S. Thomas, *Super Sent*, II, d. 3, q. 3, a. 4, ad41; *In Boeth. De Trin.*, q. 6, a. 4 참조.

27) 이 책 제5문, '나의 대응', 다섯째 문단 첫 부분 참조.

28) 이 점에 대해서는 Avicenna, *De anima*, IV, 2; V, 3; V, 7; S. Thomas, *SCG.*, II, c. 58; *ST.*, I, q. 76, a. 3 참조.

29) Aristoteles, *De anima*, III, 428b14.

30) 상상력의 형상들이 개별적이라는 데 대해서는 Averroes, *Super De anima*,

수는 없다.

반론 2에 대한 대답: 만약 시각에 의해 기억이나 상상력의 보고에[31] 수용되어 보존된 형상들이 이미 존재하고 있지 않다면,[32] 촉각을 통해 상상력 안에 수용된 형상들(*species*)만으로부터 상상력이 시각에 속하는 형상(*forma*)들을 적절히 형성해 낼 수는 없다.[33] 그래서 날 때부터 맹인[34]은 어떤 다른 감각적 형상들을 통해 색을 상상할 수 없다.

반론 3에 대한 대답: 수용자의 조건(*conditio*)으로는 수용된 형상을 한 종〔에 속하는 것〕에서 다른 종〔에 속하는 것〕으로 전환시킬 수 없다. 그럼에도 불구하고 〔수용자는〕 수용된 형상을 종적으로는 동일하게 남되 일정한 존재양태에서는 다양화시킬 수 있다. 이에 비추어 볼 때, 보편적 형상과 특수한 형상은 유적으로 다르기 때문에[35] 가능지

III, 14(ed. Crawford, p. 432, v. 121-123).

31) 기억(*memoria*)과 상상력(*imaginatio*)을 이해되고 수용된 형상들의 종류(*genera formarum*)에 따라 구별하는 것은 아리스토텔레스 자신의 것도 아니고 그에 대한 희랍 주석가들의 입장도 아니다. 이러한 식의 구별은 아비첸나에게서 발견된다. 그는 상상력이 외적 감각에 지각된 형상(*forma*)들을 담고 있는 반면, 기억은 외적 감각에 의해 지각되지 않은 형상(*intentio*)들을 담고 있다고 함으로써 이들을 구별했다. 이에 대해서는 Avicenna, *De anima*, IV, 1(ed. Van Riet, p. 8, v. 2-p. 9, v. 12); Averroes, *Super De anima*, II, 63(ed. Crawford, pp. 225~226) 참조. 토마스 아퀴나스 자신도 *ST.*, I, q. 78, a. 4에서 이와 유사한 방식의 구별을 제시하고 있다.

32) Averroes, *Super De anima*, II, 153(ed. Crawford, p. 363, v. 27-29) 참조.

33) Aristoteles, *De anima*, III, 428b11-12 참조.

34) 이에 대해서는 Aristoteles, *Anal. Post.*, I, 81a38-39; S. Thomas, *In Anal. Post.*, I, 30; *De verit.*, q. 10, a. 6, set contra 참조.

35) 보편적 형상과 특수한 형상이 종적으로 다르다는 것에 대해서는 S. Thomas,

성의 처지만으로는 상상력 안에 있는 특수자인 형상들을 그 〔가능지성〕 안에서 보편자가 되도록 하기에 충분치 않으며, 이 작업을 수행하는 능동지성이 요구된다.

반론 4에 대한 대답: 주석가가 《영혼론》 II권에서[36] 말한 것처럼 빛에 관한 견해에는 두 가지가[37] 있다. 어떤 사람들[38]은 — 마치 색 그 자체는 가시적이 아니되 오직 빛 때문에만 가시적이 되는 것인 양 — 색에게 시각을 움직이게 하는 능력을 부여하는 것은 빛이므로 빛은 봄〔혹은 보기〕을 위해 필요하다고 말한다. 그러나 아리스토텔레스는 이〔런 견해〕를 거부하는 것처럼 보인다. 《영혼론》 II권에서[39] 그는 색이 그 자체로서 가시적이라고 말하는데, 만약 색이 오로지 빛에 의해서만 가시성을 지닌다면 그럴 수 없기 때문이다. 그러므로 다른 사람들[40]은 — 이게 훨씬 더 나은 입장인데 — 빛은 투명매체를 현실적

In De anima., II, 12; III, 1 참조.

36) Averroes, *Super De anima*, II, 67(ed. Crawford, pp. 230~234).

37) 토마스 아퀴나스도 *ST.*, I, q. 79, a. 3, ad 2에서 빛의 효능에 관한(*circa effectum luminis*) 두 가지 견해를 구분하고 있다.

38) 여기서 말하는 '어떤 사람들'의 견해는 아베로에스에 따르면 아벰파체(Avempace)의 입장을 의미한다.
〔역주〕 아벰파체(Avempace, 아랍 이름은 이븐 바자, Ibn Bajjah, 1139년 사망)는 알파라비 이후 스페인 무슬림 지역에서 발전한 이른바 서방 이슬람 사상의 초석을 놓은 사람이다. 서방 이슬람 사상의 절정을 이루는 저 유명한 아베로에스의 아버지와 할아버지가 모두 아벰파체의 제자였던 것으로 전해지고 있다. 아벰파체에 대한 개괄적이면서도 튼실한 소개로는 Lenn E. Goodman, "Ibn Bajjah", in *History of Islamic Philosophy*, Part I, ed. Seyyed Hossein Nasr & Oliver Leaman(Routledge, 1996), pp. 294~312; H. 코르방, 《이슬람철학사》, 307~314쪽 참조.

39) Aristoteles, *De anima*, II, 418a29-31.

40) 아베로에스에 따르면 여기서의 '다른 사람들'의 입장이란 아베로에스 자신의

으로 빛나게 함으로써 그것을 완성시키는 것인 한에서 봄〔혹은 보기〕을 위해 필요하다고 말한다. 그래서 철학자는 《영혼론》 II권에서[41] 말하기를, 색은 현실적으로 빛나는 것들을 움직이게 한다고 말하는 것이다. 이는 어두운 데 있는 사람에게는 빛 가운데 있는 것들이 보이지만, 그 역의 경우는 아니라는 것에도 반대되지 않는다. 이런 일은, 가시적 사물들을 둘러싸고 있는 투명매체들이 가시적인 것의 형상을 수용하기 위해서는 조명되어야만 한다는 데 따라 발생하는 것이기 때문이다. 그리고 비록 가까울수록 더 완전하고 멀수록 더 미약하게 조명하지만, 투명매체를 조명하는 빛의 활동이 미치는 한은 여전히 가시적이다. 그러므로 능동지성은 가능적으로 가지적인 것들을 현실적으로 가지적이게 만들기 위해 필요한 것이기 때문에,[42] 빛이 모든 면에서 능동지성에 비유되는 것은 아니다. 아리스토텔레스가 《영혼론》 III권에서[43] 능동지성은 어느 면에서는(*quoquo modo*) 빛과 같다고 말했을 때[44] 의미했던 것은 바로 이러한 것이다.

반론 5에 대한 대답: 감각성질들은 특수자이기 때문에 감각능력이나 매개물 모두에 다른 유에 속하는 형상을 각인시킬 수 없다. 왜냐하면 매개물이나 감각능력 안에는 특수자가 아닌 형상은 있을 수 없기 때문이다. 그런데 가능지성은 상상력 안에 있는 것과는 다른 유에 속하는 형상[45]을 수용한다. 왜냐하면 가능지성은 보편적 형상을 수

견해이다.

41) Aristoteles, *De anima*, II, 418a31-b1.

42) Averroes, *Super De anima*, III, 5 (ed. Crawford, p. 401, v. 408-410) 참조.

43) Aristoteles, *De anima*, III, 430a15-16.

44) 이에 대한 토마스 아퀴나스 자신의 언급은 *In De anima.*, II, 14 참조.

45) 상위의 종에 속하는 형상에 대한 토마스 아퀴나스의 언급은 De verit., q. 10, a. 6, ad 1; *SCG.*, II, c. 77 참조.

용하는 데 반해 상상력은 오직 특수자만을 포함하기 때문이다. 그러므로 우리는 가지적인 것들〔의 경우〕에는 능동지성을 필요로 한다. 하지만 감각성질들〔의 경우〕에는 그 어떤 능동적 능력을 필요로 하지 않는다. 오히려 모든 감각적 능력들(*potentiae sensitivae*)은 수동적 능력들이다.

반론 6에 대한 대답: 능동지성이 전제되지 않는 한, 가능지성의 현실태(*intellectus possibilis in actu*, 활동 중인 가능지성)만으로는 우리 안에 지식을 결과시키기에 충분하지 않다. 만약 우리가 배우는 중에 있는 사람의 지성의 현실태(*intellectus in actu*)에 대해 말한다고 해보자.[46] 그의 가능지성은 어떤 것들에 대해서는 가능태에 있고 〔즉, 가능적으로만 알고〕 다른 무엇인가에 대해서는 현실태에 있을 〔즉, 실제로 알고 있을〕 것이다. 그리고 이전에는 가능적으로만 알던[47] 결론을 현실적으로 아는 것은 원리들에 대한 현실적 앎에 의해서인 것처럼, 가능태에 있는 것〔즉, 가능적으로만 알던 것〕이라 할지라도 그것은 현실태에 있는 것〔즉, 이미 실제로 알고 있는 것〕을 통해서만 현실태로 이행〔즉, 실제로 알게〕될 수 있다. 그러나 여전히 가능지성은 능동지성 없이는 원리들에 대한 현실적 인식을 지닐 수 없다. 왜냐하면 《분석론 후서》의 마지막에 언급된 것처럼,[48] 원리들에 대한 인식은 감각성질들로부터 수용되기 때문이다. 그런데 능동지성에 의한 추상을 통하지 않고서는 감각성질들로부터 가지적인 것들이 수용될 수 없다. 그래서 원리들에 대해 지성이 현실태에 있다는 것만으로는 능동지성 없이 가능지성을 가능태에서 현실태로 이행시키기에 충분하지 않

46) S. Thomas, *De verit.*, q. 11, a. 1 참조.

47) S. Thomas, *ST.*, I, q. 117, a. 1; *In De anima.*, II, 11 참조.

48) Aristoteles, *Anal. Post.*, II, 100a9-11.

다[49]는 것이 분명하다. 이러한 이행에서 능동지성은 마치 장인(*artifex*) 같은 것이고 증명의 원리들은 그 도구 같은 것이다.[50] 〔한편〕 만약 우리가 가르치는 자의 지성의 현실태(*intellectus in actu*)에 대해 말한다고 해보자. 분명한 것은, 가르치는 자는 〔배우는 자의〕 내부 작용자로서가 아니라 외부 조력자로서 〔작용하여〕 배우는 자 안에 지식을 결과시킨다는 점이다. 마치 의사가 치료하는 것도 외부 조력자로서인 반면, 내부 작용자〔로서 치료하는 자〕는 본성인 것처럼[51] 말이다.

반론 7에 대한 대답: 신이 모든 것에 공통적인 제1능동인임에도 불구하고 모든 자연적 사물들 안에는 그 종이 무엇이든 간에 그에 적절한/본질적인 능동적 원리들이 있듯이,[52] 신은 모두를 공통적으로 비추는 제1의 빛임에도 불구하고 인간 안에는 그만의 적절한 지적인 빛이 있어야 한다.

반론 8에 대한 대답: 두 지성, 즉 가능지성과 능동지성의 활동은 〔하나가 아니라〕 둘이다. 왜냐하면 능동지성의 활동은 가지적인 것의 수용(*intelligibilia recipere*)이지만, 능동지성의 활동은 가지적인 것의 추상(*abstrahere intelligibilia*)이기[53] 때문이다. 그럼에도 불구하고 인

---

49) S. Thomas, *In Anal. Post.*, II, 20 참조.

50) Averroes, *Super De anima*, III, 36(ed. Crawford p. 497, v. 515-517); S. Thomas, *De verit.*, q. 11, a. 3, c 참조.

51) S. Thomas, *De verit.*, q. 11, a. 1; *ST* I, q. 117, a. 1, c et ad 1; *In De anima.*, II, 11 참조.

52) 이 진술은 Aristoteles, *Phjys.*, II, 194b13을 근거로 하고 있다.

53) Averroes, *Super De anima*, III, 18(ed. Crawford, p. 439, v. 76-78): "추상은 이해에 대해 가능태에 있던 심상화된 형상을 현실적으로 이해되도록 만드는 것 이외에 다른 것이 아니며, 이해는 그러한 형상을 수용하는 것 이

간 안에 두 가지 이해작용(*duplex intelligere*)이 있다는 것을 의미하는 것은 아니다. 이 두 활동이 합쳐져서 하나의 이해작용이 되기 때문이다.

반론 9에 대한 대답: 하나의 동일한 가지상이 능동지성과 가능지성 모두에 관계된다. 단, 가능지성에는 〔자신에 대한〕 수용자로서 관계되고, 능동지성에는 추상을 통해 그런 종류의 형상〔즉, 자신과 같은 가지상〕을 만들어내는 자로서 관계된다.

외에 다른 것이 아니다"(*Abstrahere enim nichil est aliud quam facere intentiones ymaginatas intellectas in actu postquam erant in potentia*; *intelligere autem nichil aliud est quam recipere has intentiones*). 참조. S. Thomas, *SCG.*, II, c. 76: "인간은 심상들로부터 추상하고, 현실태에 있는 가지적인 것들을 정신 안에 수용한다"(*homo enim abstrahit a phantasmatibus et recipit mente intelligibilia in actu*)도 참조. 이외에 S. Thomas, *ST.*, I, q. 87, a. 1, c; *In De anima.*, III, 4 등도 참조할 것.

제5문

능동지성은 하나이며 분리되어 있는가*

다섯째 질문은, 능동지성(*intellectus agens*)은 하나이며 〔육체에서〕 분리된 것인가 하는 것이다.

반론 1: 그렇다고 생각된다. 왜냐하면 철학자는《영혼론》III권에서[1] 능동지성은 때로는 이해하고 때로는 이해하지 않기도 하는 그런 것이 아니라고 〔즉, 항상 이해하는 것이라고〕 말하기 때문이다. 그런데 우리 〔인간들〕 안에 그런 것은 없다. 그러므로 능동지성은 〔육체에서〕 분리되어 있으며, 결과적으로 모든 사람들에 대해 하나이다.[2]

반론 2: 그뿐 아니다. 무엇인가가 하나의 동일한 것에 대해 동시에 가능태이기도 하고 현실태이기도 한 것은 불가능하다. 그런데 모든 가지적인 것들에 대해 가능지성은 가능태에 있지만, 능동지성은

---

* 병행문헌: *Super Sent.*, II, d. 17, q. 2, a. 1; *De verit.*, q. 10, a. 6; *SCG.*, II, c. 76-78; *Comp. theol.*, I c. 86; *ST.*, I, q. 79, aa. 4-5; *In De anima.*, III, 4; *De spir. creat.*, a. 10, arg. 3.

1) Aristoteles, *De anima*, III, 430a22.

2) 반론 1과 유사한 논의로는 *ST.*, I, q. 79, a. 4, arg. 2; *De spir. creat.*, a. 10, arg. 3 참조.

그것들에 대해 현실태에 있다. 〔능동지성은〕 가지적 형상들을 〔가지적 형상으로〕 현실화시키는 것이기 때문이다. 그러므로 가능지성과 능동지성이 모두 영혼의 본질에 근거하는 것은 불가능해 보인다. 그런데 앞서의 논의들로부터[3] 가능지성은 영혼의 본질에 근거한다는 것이 분명하므로, 능동지성은 분리된 것이어야 한다.[4]

반론 3: 그런데 한편에서는,[5] 가능지성은 가지적인 것들에 대해 가능태에 있고 능동지성은 같은 것들에 대해 〔가능지성과는〕 다른 존재양태에 따라 현실태에 있다고들 말한다. 하지만 그렇다고 할 수는 없다. 가능지성이 가지적인 것들을 소유하는 경우는 — 그럼으로써 이미 〔그에 대한 가능태가〕 현실화되는 것이기 때문에 — 그것들에 대해 〔더 이상〕 가능태에 있지 않다. 그러므로 가능지성이 가지상들에 대해 가능태에 있는 것은 그것들이 〔가능지성 안이 아니라〕 심상(*fantasmata*) 안에 있는 한에서이다. 그런데 심상 안에 있는 형상에 대해 능동지성은 현실태에 있다. 〔능동지성은〕 추상작용을 통해 그것들을 현실적으로 가지적이게 만들기 때문이다. 그러므로 능동지성이 가지적인 것들에 대해 그것들을 산출하는 자로서 관계되는 바로 그 존재양태에 따라 가능지성은 그것들〔즉, 가지적인 것들〕에 대해 가능태에 있다.

반론 4: 그뿐 아니다. 《영혼론》 III권에서[6] 철학자는, 이것〔즉,

---

3) 이 책의 제2문 '나의 대응'의 마지막 문단 "그러므로 그것〔가능지성〕은 인간 영혼이 지닌 어떤 힘 또는 능력이라고 해야만 한다" 이하 참조.

4) 반론 2와 유사한 논의로는 *ST.*, I, q. 79, a. 4, arg. 4; *Comp. theol.*, I, c. 88; *In De anima.*, III, 4; *De spir. creat.*, a. 10, arg. 4 참조.

5) 이 책의 제5문 '반론 2에 대한 대답' 부분 참조.

6) Aristoteles, *De anima*, III, 430a17과 23. 그리고 *ST.*, I, q. 79, a. 5,

능동지성]만이 영속적(*perpetuum*)이고 불가멸적(*incorruptibile*)이며 분리되었다(*separatum*)고 말함으로써 분리된 실체에게가 아니고서는 적합하다고 볼 수 없는 성질들을 능동지성에 부여한다. 그러므로 이 지성은 분리된 실체인 것으로 보인다.

반론 5: 그뿐 아니다. 지성은 육체의 결합·배열(*complexio corporalis*)에 의존하지 않는다.[7] 왜냐하면 그것은 물체적 기관에서 독립되어(*absolutus*) 있기 때문이다. 그런데 〔우리의〕 이해기관(*facultas intelligendi*)은 우리 안에서 다양한 결합·배열에 따라 다양화된다.[8] 그러므로 그러한 이해능력이 우리에게 귀속되는 것은 우리 안에 존재하는 지성 자체에 의해서일 수 없다. 오히려 능동지성은 분리된 것이라고 보인다.

반론 6: 그뿐 아니다. 행위를 위해서는 능동자(*agens*)와 수동자(*patiens*) 외에 다른 것이 필요하지 않다. 그러므로 앞에서[9] 보여준 바 있듯이 만약 이해작용에서 수동자인 가능지성이 우리의 영혼에 속하는 어떤 것이라면, 그리고 〔만약〕 능동지성도 역시 우리 영혼에 속하는 것이라면, 우리는 이해작용을 하기에 충분한 원리들을 우리 안에 갖게 된다고 보인다. 그러므로 이해작용을 위해서 우리에게는 그 이상의 다른 그 무엇도 필요하지 않게 될 것인데, 이는 틀린 것임이 분명하다. 왜냐하면 우리는 앎을 〔수행하기〕 위해 경험들(*experimenta*)[10]

---

arg. 1; *De spir. creat.*, a. 10, arg. 2 참조.

7) 이 점에 대해서는 Averroes, *Super De anima*, III, 6(ed. Crawford p. 414, v. 40-41), "intellectus materialis non est virtus attributa complexioni"; III, 5(pp. 397~398) 참조.

8) 이 논의는 Aristoteles, *De anima*, II, 421a25-26에 근거한 논의이다. 이와 관련해서 S. Thomas, *In De anima.*, II, 19 참조.

9) 이 책 제3문을 참고할 것.

을 취하는 원천인 감각들도 필요로 하기 때문이다. 그렇기에 어느 한 감각, 예를 들어 시각이 없는 사람은 한 종류의 앎, 즉 〔이 경우에는〕 색에 대한 앎이 없다.[11] 이에 더해 우리는 이해작용을 위해 스승에 의해 행해지는 교육[12]도 필요로 한다. 그리고 "참 빛 … 이 있었나니" 라는 《요한복음》 1장의 말처럼[13] 우리는 무엇보다도 우선적으로 신에 의해 주어지는 조명을 필요로 한다.[14]

반론 7: 그뿐 아니다. 《영혼론》 III권에서[15] 잘 보여주듯이, 능동지성과 가지적인 것의 관계는 빛과 가시적인 것의 관계와 비견된다. 그런데 분리된 하나의 빛,[16] 즉 태양의 빛만으로도 모든 것들을 현실적으로 가시적이게 만들기에 충분하다. 그러므로 모든 것들을 현실적으로 가지적이게 만드는 데에도 분리된 하나의 빛만으로 충분하다.

---

10) 경험들(*experimenta*)에 대해서는 Aristoteles, *Anal. Post.*, II, 100a3-4; *Metaph.*, I, 981a1-2와 이 부분들 각각에 대한 토마스의 주석인 S. Thomas, *In Anal. Post.*, II, 20; *In Metaph.*, I, 1 참조.

11) 이에 대해서는 Aristoteles, *Anal. Post.*, I, 81a38-39; S. Thomas, *De verit.*, q. 10, a. 6, set contra; *ST.*, I, q. 78, a. 4, arg. 4 참조.

12) 교육(*doctrina*)에 관해서는 Aristoteles, *Anal. Post.*, I, 71a1-2; S. Thomas, *De verit.*, q. 11, a. 2 resp. 참조.

13) 《요한복음》 1장 9절.

14) 반론 6과 유사한 논의로는 *ST.*, I, q. 79, a. 4, arg. 1과 arg. 3; *De spir. creat.*, a. 10, arg. 1 참조.

15) Aristoteles, *De anima*, III, 430a15-16.

16) 분리된 하나의 빛(*una lux separata*)에 대한 언급으로는 Themistius, *De anima*, VI(ed. Verbeke, p. 234, v. 96-98) 참조.
〔역주〕 F. M. Schroeder, "The Analogy of the Active Intellect to Light in the 'De Anima' of Alexander of Aphrodisias," *Hermes* 109(1981), pp. 215~225; ID., "Light and the Active Intellect in Alexander and Plotinus," *Hermes* 112(1984), pp. 239~248 참조.

그래서 우리 안에 능동지성을 상정해야 할 아무런 필요성도 없다.

반론 8: 그뿐 아니다. 《영혼론》 III권에서[17] 잘 보여주듯이, 능동지성은 기술(*ars*)과 유사한 것이다. 그런데 기술은 제작품과 분리되어 있는 원리다. 그러므로 능동지성도 분리된 원리이다.[18]

반론 9: 그뿐 아니다. 모든 본성의 완성은 자신을 만든 능동자(*suum agens*)를 닮는 것에 있다.[19] 왜냐하면 생성은 생성하는 자와의 닮음에 도달할 바로 그때에 완성되고, 제작품은 제작자〔의 생각〕 안에 있는 형상과의 닮음을 성취할 때 완성되기 때문이다. 그러므로 만약 능동지성이 우리 영혼에 속한 어떤 것이라면, 우리 영혼의 완성과 지복은 〔영혼〕 자신 안에 있는 것〔즉, 능동지성〕에 있게 될 것인데, 이는 잘못된 생각임이 분명하다. 그것은 자기 자신을 향유하는 것이 영혼〔의 완성과 지복〕이라는 것이기 때문이다. 그러므로 능동지성은 우리 안에 있는 어떤 것이 아니다.

반론 10: 그뿐 아니다. 《영혼론》 III권에서[20] 말하듯이, 능동자는 수동자보다 더 고귀하다. 그러므로 만약 가능지성이 어느 면에서 〔육체로부터〕 분리된 것이라면, 능동지성은 그보다 훨씬 더 분리된 것이어야만 한다. 그런데 〔능동지성이〕 전적으로 영혼의 실체 외부에 있다고 인정되지 않는 한, 그렇게 되는 것은 불가능해 보인다.

---

17) Aristoteles, *De anima*, III, 430a12-13.

18) *De spir. creat.*, a. 10, arg. 11 참조.

19) 이에 대해서는 Aristoteles, *De anima*, II, 415a26-b3 참조.

20) Aristoteles, *De anima*, III, 430a18-19. 이에 더해서 Averroes, *Super De anima*, III, 19(ed. Crawford, p. 440, v. 9-10) 참조.

이와는 반대로(*Set Contra*) : 《영혼론》 III권에서[21] 말하기를, 실제로 모든 본성들 안에는 질료와 같은 〔즉, 수동적인〕 어떤 것과 그와 달리 생산적인 〔즉, 능동적인〕 어떤 것이 있는 것처럼, 이러한 차이가 영혼 안에도 있는데, 이 가운데 하나에 가능지성이 속하고 능동지성은 다른 하나에 속한다고 한다. 그러므로 가능지성과 능동지성 둘 모두는 우리 안에 또는 영혼 안에 있는 어떤 것이다.

이와는 반대로 2: 그뿐 아니다. 능동지성의 작용은 심상들로부터 가지상들을 추상하는 것인데, 이것은 사실상 우리 안에서 항상 일어나는 작용은 아니다. 그런데 만약 능동지성이 분리된 실체라면, 〔능동지성의 작용인〕 이 추상작용이 우리가 아는 것처럼 때로는 일어나고 때로는 일어나지 않는지에 대한 이유가 없게 될 것이다. 그러므로 능동지성은 분리된 실체가 아니다.

나의 대응: 능동지성이 하나이자 분리되었다고 하는 것은 가능지성이 그러하다고 하는 것보다는 훨씬 합리적이라고 해야만 한다. 우리로 하여금 지적 존재〔즉, 알 수 있는 존재〕이게 하는 것인 가능지성은 단지 가능태에만 있을 때도 〔즉, 가능적으로만 알 때도〕 있고 현실태에 있을 때도 〔즉, 실제로 알 때도〕 있는 반면, 능동지성은 우리로 하여금 실제로 알게 만드는 것인데, 능동자는 자신이 현실화시키는 것들로부터 분리되지만, 어떤 것을 가능태에 있게 하는 것은 전적으로 그 사물 안에 내재되어 있다고 보이기 때문이다. 그러므로 많은 사람들은 능동지성이 분리된 실체인 반면에 가능지성은 우리 영혼 안에 있는 어떤 것이라고 주장했다. 이들은 또한 이 능동지성이 자신들이 지

21) Aristoteles, *De anima*, III, 430a10-14.

성체(*intelligentia*)라고 부르는 그런 〔종류의〕 분리된 실체이며, 우리의 영혼에 대해 그리고 능동과 수동의 전체 영역[22]에 대해 마치 이들이 지성체라고 부르는 보다 상위의 분리된 실체들이 〔그보다 하위인〕 천상물체(*corpus caeleste*) — 그들이 영혼을 부여받은 것이라고 말하는 — 들의 영혼 및 천상물체 자신들에 관계되는 것처럼 관계된다고 주장했다. 그러므로 마치 언급된 분리된 실체들로부터 천상물체들은 운동을, 천상물체들의 영혼은 가지적 완전성(*intelligibilis perfectio*)을 수용하는 것처럼, 분리된 능동지성으로부터 이 지상의 모든 하위물체(*corpus inferior*)들은 형상들과 적절한 운동을 수용하고, 우리의 영혼은 그것〔즉, 능동지성〕으로부터 가지적 완전성들을 수용한다. 그런데 가톨릭 신앙은 그 어떤 다른 분리된 실체가 아니라 오직 신만이 자연안에서와 우리 영혼 안에서 작용한다고 주장하기 때문에, 어떤 가톨릭신자들은 능동지성이 "참 빛 곧 이 세상에 존재하는 모든 인간들을 비추는 참 빛"(*lux vera quae illuminat omnem hominem venientem in hunc mundum*)인 신 자신이라고 주장했다.

그러나 신중하게 고려해 본다면, 이러한 입장은 적절해 보이지 않는다. 상위실체(*substantia superior*)들과 우리의 영혼의 관계는 마치 천상물체들과 하위물체들의 관계와도 같다는 이유에서다. 왜냐하면 마치 상위물체(*suprerius corpus*)의 능력들은 하위물체들에 대해 능동적이고 보편적인 원리인 것처럼, 신의 능력과 창조된 다른 상위실체들의 능력들은 — 만약 그것들로부터 어떤 영향이 우리 안에 일어난다면 — 능동적이고 보편적인 원리로서 우리의 영혼에 관계되기 때문이다. 그런데 천상물체들의 능력들인 능동적이고 보편적인 원리들(*principia activa universalia*) 이외에도, 하위물체들의 능력으로서 이

22) 〔역주〕 고대의 천문학에서 가장 하위에 위치한 지상계(*terrestrial sphere*)를 의미한다.

또는 저 사물의 적절한/본질적인 작용에만 국한된 능동적이면서 특수한 원리들(*principia activa particularia*)이 있어야만 한다. 이는 주로 완전한 등급의 동물들〔즉, 고등동물들〕의 경우에 요구된다. 왜냐하면 질료의 분해(*putrefactio*)로부터 생성된 동물들의[23] 경우에서 분명히 알 수 있듯이, 그들을 생성시키기 위해 천상물체들의 능력만으로 충분한 그런 불완전한 등급의 동물들〔즉, 하등동물들〕이 있기 때문이다. 하지만 완전한 등급의 동물들의 생성을 위해서는 천상물체들의 능력 이외에도 그 씨앗(*semen*) 안에 있는 특수한 능력이 요구된다. 그러므로 하위물체들의 질서 전체에서 가장 완전한 것은 지적 작용이기 때문에, 빛을 비추는 신이나 혹은 다른 어떤 분리된 실체들의 능력인 능동적이고 보편적인 원리들에 더해서 우리들로 하여금 실제로 이해작용을 하게끔 해주는 능동적이고 적절한 원리가 우리 안에 있어야만 한다. 이것이 바로 능동지성이다.

게다가, 만약 능동지성이 신 다음에 위치한(*post Deum*) 어떤 분리된 실체로 간주된다면, 그것은 우리 신앙과 상충하는 결과를 가져온다. 다시 말해 우리의 궁극적 완성과 행복이 "참 하나님을 아는 것이 곧 영생"[24]이라고 말하는 복음서의 가르침이 전하는 것처럼 어떤 식으로든 신과의 합일을 이루는 데 있는 것이 아니라, 〔신이 아닌〕 다른

23) S. Thomas, *In De anima.*, II, 7 참조.
〔역주〕 이 진술은 현대인들에게는 낯선, 하위에 속하는 동물들의 생성에 관한 전통적인 이론을 반영한 것이다. 이에 의하면 형상으로부터 분리된 질료 안에 생명이 나타나는 것은 천상물체들의 능력 덕분이라고 이해되었다. 그 자체로는 비활동적인 질료가 그 자체로 생명 혹은 삶을 산출할 수 없다는 것은 분명하기 때문이다. 이러한 불완전한 동물들이란 토마스 아퀴나스의 경우 아직 감각능력을 전체적으로 구비하지 못한 단계, 즉 외적인 감각과 내적인 감각 모두를 포함하지 못한 단계의 동물들을 의미하는 것으로 이해된다.
24) 《요한복음》 17장 3절.

어떤 분리된 실체와의 합일에 있게 된다. 왜냐하면 인간의 궁극적인 행복 혹은 지복은 자신이 수행하는 것 가운데 최상의 작용에 있다는 것이 분명한데, 이해(*intelligere*)가 바로 그것이고, 이 작용의 최종적인 완성은 우리의 〔가능〕지성이 그 작용의 능동적 원리와 합일하는 데 있기 때문 — 왜냐하면 수동적인 모든 것들은 자신의 완성의 원인이 되는 능동적이고 적절한 원리에 도달할 때 최고로 완성되기 때문에 — 이다. 그러므로 능동지성이 하나의 분리된 실체라고 주장하는 사람들은 모두 인간의 궁극적 행복이 능동지성을 알 수 있는지에 있다고들 말한다.

그러나 한 걸음 더 나아가 보다 신중하게 고려할 경우, 우리는 앞에서 가능지성도 그러하다는 〔즉, 분리된 실체인 것은 불가능하다는〕 것을 보여줄 때와 동일한 이유에서 능동지성이 분리된 실체인 것은 불가능하다는 것을 발견하게 된다. 가지적인 것들을 수용하는 것이 가능지성의 작용인 것처럼, 그것들〔즉, 가지적인 것들〕을 추상해 내는 것은 능동지성의 적절한 작용이다. 그렇게 함으로써 〔능동지성은〕 가지적인 것들을 현실적으로 가지적이게 만들기 때문이다. 그런데 우리는 이 두 작용 모두를 우리 자신 안에서 경험한다. 왜냐하면 우리는 가지적인 것들을 수용하기도 하고 그것들을 추상해 내기도 하기 때문이다. 그런데 작용하는 모든 것들 각각 안에는 형상적으로 작용하게 하는 〔즉, 그 작용의 방식을 규정하는〕 어떤 형상적 원리가 있어야만 한다. 왜냐하면 그 어떤 것도 존재에서 자신과 분리되어 있는 것에 의해서는 형상적으로 작용할 수 〔즉, 작용방식이 규정될 수〕 없기 때문이다. 비록 〔작용자와〕 분리된 것이 작용을 위한 운동원리〔즉, 능동인〕일지라도, 형상적으로 작용하게 하는 〔즉, 그 작용의 방식을 결정하는〕 내적인 어떤 것 — 그것이 형상이든 아니면 각인된 어떤 것(*impressio*)[25]이든 간에 — 이 있어야만 한다. 그러므로 우리로 하여금 가지적인 것들을 수용하게 하는 형상적 원리와 그것들을 추상하게 하는 형상적 원리가 각기 우리 안에 있어야만 한다. 그리고 이런 원리들이 가능지성과 능동지성이라고 일컫는다. 그러므로 이 둘 모두가 우리 안에 존재하는 어떤 것이다. 그런데 가지적인 것들을 추상해 내는 것인 능동지성의 작용이 바로 능동지성 자신에 의해 우리 안에 조명되어 있는 심상들(*phantasmata*)을 통해 우리 안에서 일어난다는 것은 충분한 설명이 못된다. 능동지성과 그것에 의해 조명된 심상의 관계는 기술(*ars*)과 그 제작품(*artificiatum*)의 관계와 같은 것이며, 제작품은 결코 제작자의 행위에 〔시간적으로〕 앞설 수 없기 때문이다.

그런데 모든 가지적인 것들에 대해 가능태에 있는 가능지성과 그것〔즉, 가지적인 것들〕을 만들어 내는 능동지성 둘 모두가 어떻게 동일한 영혼의 본질 안에서 발견될 수 있는지를 이해하는 것은 어렵지 않다. 왜냐하면 어떤 것이 무엇인가에 대해 가능태에 있으면서 〔동시에〕 같은 것에 대해 다른 관점에서는 현실태에 있는 것이 불가능하지 않기 때문이다. 그러므로 만약 우리가 심상들 자체를 인간 영혼과의 관계에서 고찰해 본다면, 그것들이 개별화의 조건들로부터 추상될 수 있음에도 불구하고 〔아직〕 추상되지는 않은 것인 한에서는 〔영혼에 대해〕 가능태에 있는 것으로서 발견되지만, 다른 한편으로 규정된 사물들에 대한 유사상들인 한에서는 〔심상들은〕 영혼에 대해 현실태에 있는 것으로 발견된다. 그러므로 〔심상이〕 규정된 사물들에 대한 표상/재현(*repraesentativa*)인 한에서는 심상에 대한 가능태가 영혼 안에서 발견되어야 하는데, 이것은 〔즉, 영혼에서 발견되는 가능태는〕 그 자체만으로 볼 때는 가지적인 모든 것들에 대해 가능태에 있지만 심상들로부터 추상된 형상에 의해서 이것 또는 저것으로 현실화되는 것

25) 〔역주〕 자연적이고 항구적인 형상에 대비되는 것으로서, 일시적 또는 잠정적으로 수용된 우유적 형상으로 이해될 수 있다.

인 가능지성에 속하는 것이다. 또한 심상들 자체를 질료적 조건들로부터 추상해 내는 어떤 능동적이고 비물질적인 능력이 영혼 안에서 발견되어야 하는데, 이것은 능동지성에 속하며, 따라서 능동지성은 마치 상위실체, 즉 신으로부터 분여된 능력과도 같은 것이다. 그래서 철학자는 능동지성이 마치 빛(*lumen*)과도 같이 획득된 어떤 습성(*habitus*) 같은 것이라고 말하고 있으며, 시편에서는 "주여, 당신의 얼굴빛이 우리 위에 새겨졌나이다"[26]라고 말하고 있다. 한밤에도 보는 동물들의 경우에서 이와 비슷한 것이 어느 정도 분명하게 드러나는데, 그들의 눈동자는 특정하게 규정된 그 어떤 색도 현실적으로 지니지 않는 한에서 모든 색에 대해 가능태에 있지만, 〔한편으로〕 타고난 어떤 빛을 통해서 색들을 어떤 식으로든 실제로 볼 수 있게끔 만든다.

사실 어떤 사람들은 능동지성이란 우리 안에 증명할 수 없는 원리들에 대한 습성(*habitus principiorum indemonstrabilium*) 이외에 다른 것이 아니라고 믿기도 했다. 그러나 그런 것은 불가능하다. 왜냐하면 철학자가 《분석론후서》의 마지막에서[27] 가르친 것처럼 우리는 증명할 수 없는 원리들 자체를 개별자들로부터의 추상에 의해 인식하기 때문이다. 그러므로 능동지성은 원리들의 습득보다 먼저 — 마치 그 원인인 것처럼 — 존재해야 마땅하다. 사실 원리들 자체는 능동지성에 대해 마치 그 하나의 도구인 것처럼 견주어볼 수 있다. 왜냐하면 〔능동지성은〕 그 원리들을 통해 다른 것들을 실제로 가지적이게 만들

---

26) 《시편》 4편 7절.

〔역주〕 라틴어 불가타 성경까지는 《시편》 4편 7절이 본문과 같은 내용이지만, 현대에 널리 사용되는 영어성경 및 한글성경에는 이와 정확히 일치하지는 않되 유사한 구절이 《시편》 4편 6절에 나올 뿐 4편 7절은 이와 다른 내용이다.

27) Aristoteles, *Anal. Post.* II, 100a15-100b5.

기 때문이다.

반론 1에 대한 대답: '때로는 이해하고 때로는 이해하지 않는 것이 아닌'[28] 이라는 철학자의 말은 능동지성(*intellectus agens*)에 대한 것이 아니라 지성의 현실태(*intellectus in actu*)[29]에 대한 것으로 이해되어야 한다. 가능지성과 능동지성에 대해 규정한 후에, 그는 지성의 현실태에 대해 규정할 필요가 있었다. 먼저 그는 지성의 현실태는 가능지성과 다르다는 것을 보여주는데, 가능지성과 알려진 사물은 같은 것이 아니지만 지성의 현실태 또는 앎의 현실태와 실제로 알려진 사물은 같은 것[30]이라는 점이 그 이유다. 감각에 대해 말하면서 감각(*sensus*)과 가능적으로 감각되는 것(*sensibile in potentia*)은 다르지만, 감각과 현실적으로 감각되는 것(*sensibile in actus*)은 하나의 동일한 것이라고 말했던 것과 같은 방식의 논의다.[31] 다음으로 그는 — 가능태에서 현실태로 이행하는 것들에 대해서는 누차 이런 식으로 말하곤 했던 것처럼 — 하나의 동일한 것 〔즉, 한 개체〕 안에서는 가능태에 있는 지성이 현실태에 있는 지성보다 시간적으로 앞서지만, 그럼에도 불구하고 단적으로(*simpliciter*) 〔즉, 어떤 조건에서든 혹은 무조건〕 그런 것은 아니라고 함으로써 가능지성과 지성의 현실태 사이의 질서(*ordo*)를 밝힌다.[32] 그런 후에 그는 언급된 위의 말을 하는데,[33] 여기서 보여주는 것은 가능지성과 지성의 현실태 사이의 차이이며, 가능지성은 이해할 때도 있고 그렇지 않을 때도 있지만 지성의 현실태

28) Aristoteles, *De anima*, III, 430a22.
29) 이에 대해서는 *In De anima.*, III, 4 참조.
30) Aristoteles, *De anima*, III, 430a19-20 참조.
31) Aristoteles, *De anima*, II, 425b26-27 참조.
32) Aristoteles, *Metaph.*, IX, 1048b10-25 참조.
33) Aristoteles, *De anima*, III, 430a22.

에 대해서는 그렇게 말할 수 없다는 것이 그 이유이다. 《자연학》 II권에서[34] 그는 가능태에 있는 원인들과 현실태에 있는 원인들 사이에도 이와 유사한 차이점이 있음을 보여주고 있다.

반론 2에 대한 대답: 영혼의 실체는 동일한 심상에 대해 현실태이기도 하고 가능태이기도 하다. 그러나 위에서 설명한 바와 같이 같은 관점에서 그런 것은 아니다.

반론 3에 대한 대답: 가지적인 것들이 심상 안에서 지니는 바로 그 존재양태의 관점에서 가능지성은 그것들에 대해 가능태에 있고, 능동지성은 그것들에 대해 현실태에 있다. 그러나 위에서 설명한 것처럼 동일한 이유에서 그런 것은 아니다.

반론 4에 대한 대답: 이것만이 영속적이고 불가멸적이며 분리되었다는 철학자의 말[35]은 능동지성에 적용되는 것이라고 이해될 수 없다. 왜냐하면 그는 또한 앞에서[36] 가능지성도 분리되었다고 말했기 때문이다. 오히려 이것들은 이미 말한 것처럼 위에서 인용된 문맥에 비추어 볼 때 지성의 현실태에 적용되는 것으로 이해되어야만 한다. 지성의 현실태는 가능지성과 능동지성 모두를 포함하기 때문이다.[37] 그리고 능동지성과 가능지성을 포함하는 영혼의 부분만이 분리되고 영속적이며 불멸적이다. 영혼의 다른 부분들은 육체 없이는 존재하

---

34) Aristoteles, *Phys.*, II, 195b1-6. 참조. 이에 더해서 S. Thomas, *In Phys.*, II, lect. 6, n. 5도 참조할 것.

35) Aristoteles, *De anima*, III, 430a17과 23.

36) Aristoteles, *De anima*, III, 430a17.

37) 이에 대해서는 *In De anima.*, III, 4; Averroes, *Super De anima*, III, 36 (Crawford, p. 489 v. 291-294) 참조.

지 않기 때문이다.

반론 5에 대한 대답: 〔물체적〕 결합·배열의 다양성이 이해능력의 더 혹은 덜 좋음의 원인인 이유는 지성이 추상할 때 동원되는 능력들 때문인데, 상상력이나 기억 등과 같이 육체적 기관들을 사용하는 모든 능력들이 바로 이것들이다.

반론 6에 대한 대답: 비록 우리의 영혼 안에는 능동지성과 가능지성이 있지만, 이해를 위해서는 그들 이외의 무엇인가가 여전히 요구된다. 무엇보다도 먼저, 예를 들어, 감각되는 것들(*sensibilia*)로부터 수용한 심상들이 요구되는데, 이것에 의해 규정된 사물들의 유사상(*similitudines*)이 지성 안에서도 현전하게(*representententur*) 된다. 왜냐하면 마치 색들이 현전하여 시각을 현실화하지 않는 한 빛은 색의 규정된 형상(*species*)에 따라 시각을 현실화할 수 없는 것과 마찬가지로, 능동지성은 모든 사물들의 규정된 형상들이 알려지기 위해 그 안에서 수용될 수 있는 그런 종류의 현실태가 아니기 때문이다.[38] 더욱이 우리는 능동지성이 일종의 빛인 것처럼 우리 영혼 안에 있는 분여된 능력이라고 주장했기 때문에, 능동지성에는 독립적이면서 그 빛이 분여되는 원인을 상정할 필요가 있다.[39] 이 원인을 우리는 신이라고 부르는데, 이러한 빛을 우리 영혼에 부어넣은 한 신은 우리의 내면 깊숙한 곳에서 우리를 가르치신다. 그리고 이런 종류의 자연적 빛(*lumen naturale*) 외에도 자신의 선하심으로부터 신은 관대하게도 다른 빛들을 허용함으로써 우리로 하여금 자연이성이 도달할 수 없는

38) 이에 대해서는 *In De anima.*, III, 4 참조.

39) 이에 대해서는 *In De anima.*, III, 4; ST., I, q. 84, a. 5; q. 88, a. 3, ad 1 참조.

것들을 알 수 있도록 했는데, 신앙의 빛(*lumen fidei*)[40]이나 예언의 빛(*lumen prophetiae*) 같은 것들이 바로 그것이다.[41]

반론 7에 대한 대답: 시각을 작동하게 하는 색은 영혼의 외부에 있지만, 가능지성을 작동하게 하는 심상은 우리 안에 있다. 그러므로 색을 실제로 가시적이게 만드는 데에는 외부의 것인 태양 빛이 적합하지만, 심상들을 실제로 가지적이게 만드는 데에는 내부의 빛이 요구되는데, 이것이 바로 능동지성의 빛이다. 게다가, 영혼의 지적 부분은 감각적 부분보다 더 완전하다. 그렇기 때문에 그것〔즉, 지적 부분〕의 적절한/본질적인 작용을 위해 요구되는 원리들도 보다 더 완전하게 현전할 필요가 있다. 이것이 바로 영혼의 지적인 부분에서 — 마치 우리가 지적 존재인 한 우리 안에 능동적 능력과 수동적 능력 둘 다가 있기라도 하듯이 — 가지적인 것들의 수용과 추상작용 둘 다가 일어나는 이유이다. 그런데 이것은 감각에서는 일어나지 않는다.

반론 8에 대한 대답: 비록 능동지성과 기술 사이에 유사성이 있기는 하지만, 그 유사성이 모든 면에 대한 것으로 확대될 필요는 없다.

반론 9에 대한 대답: 능동지성 그 자체만으로는 가능지성을 적절하게 현실화시킬 수 없다. 언급한 것처럼 모든 사물들의 규정된 형상/본성(*nature*)들이 그 안에 있는 것은 아니기 때문이다. 그러므로 궁극

---

40) 신앙의 빛에 대해서는 *ST.*, I, q. 1, a. 1, ad 2; I-II, q. 109, a. 1 참조. 예언의 빛에 대해서는 *De verit.*, q. 12, a. 1; a. 2, ad 3; *ST.*, I-II, q. 109, a. 1; II-II, q. 171, a. 2 등 참조.

41) *Super Sent.*, II, d. 9, q. 1, a. 2, ad 4; *De verit.*, q. 11, a. 1; *In Boet. De Trin.*, q. 1, a. 1; *SCG.*, II, 75; *ST.*, I, q. 117, a. 1 참조.

적 완성을 위해서 가능지성은 어떤 식으로든 간에 모든 사물들의 형상이 그 안에 들어있는 능동자, 즉 신과 결합될(*united*) 필요가 있다.

반론 10에 대한 대답: 능동적 능력이 수동적 능력보다 우월한(*nobler*) 것처럼 능동지성은 가능지성보다 우월하다. 그리고 가능지성보다 더 〔질료에서〕 분리되었다. 왜냐하면 가능지성보다 질료와의 유사성이 덜하기 때문이다. 그럼에도 불구하고 분리된 실체만큼 그런 것은 아니다.

영혼은 질료와 형상으로 합성되어 있는가*

여섯째 질문은, 영혼은 질료와 형상으로 합성되어 있는가 하는 것이다.

반론 1: 그렇다고 보인다. 왜냐하면 보에티우스가 《삼위일체론》에서[1] 단순한 형상은 주체일 수 없다(*forma simplex subiectum esse non potest*)고 말하기 때문이다. 그런데 영혼은 분명히 앎(*scientia*)의 주체이고 덕의 주체이다.[2] 그러므로 그것은 단순한 형상일 수 없다. 그러므로 그것은 질료와 형상의 합성이다.

---

* 병행문헌: *Super Sent.*, I, d. 8, q. 5, a. 2; II d. 3, q. 1, a. 1; II d. 17, q. 1, a. 2; *De ente et essentia*, c. 4; *Quodl.*, IX q. 4, a. 1; *SCG.*, II, c. 50; *In Boet. De Trin.*, q. 5, a. 4, ad 4; *De potentia* q. 6, a. 6, ad4; I, q. 50, a. 2; q. 75, a. 5; *De spir. creat.*, a. 1; a. 9 ad9; *Quodl.*, III q. 8; *De subst. separ.*, cc. 5-8.

1) Boethius, *De Trinitate*, II, PL 64:1250.
〔역주〕 보에티우스의 사상 전반에 관해서는 Ralph McInerny, *Boethius and Aquinas* (Washington, CUA Press, 1990) 참조.

2) 이 논증은 아비첸나와 아비체브론에게서 발전되어 나온 것이다. 아비첸나에 대해서는 그의 *De anima*, V, 1을, 아비체브론에 대해서는 그의 *Fons vitae*, I, 2를 참조할 것.

반론 2: 그뿐 아니다. 보에티우스는《실체의 선성에 관하여》(*De Hebdomadibus*)에서,[3] 존재하는 것(*id quod est*)은 무엇인가에 참여할 수 있지만, 존재 자체(*ipsum esse*)는 아무것에도 참여하지 않는다고 말한다. 비슷한 이유에서, 주체들은 〔무엇인가에〕 참여하지만 형상들은 〔아무것에도〕 참여하지 않는다. 마치 하얀 것(*album*)은 흼(*albedo*) 말고도 무엇인가에 참여할 수 있지만, 흼은 그럴 수 없는 것과 같다. 그런데 영혼은 무엇인가에, 즉 그에 의해 〔영혼에〕 형상이 부여되는 것에 참여한다. 그러므로 영혼은 형상만일 수 없다. 그러므로 그것은 질료와 형상의 합성이다.

반론 3: 만약 영혼이 형상만이라면, 그러면서도 만약 무엇인가에 대해 가능태에 있다면, 존재 자체가 바로 그것의 현실태여야만 하는 듯 보인다. 왜냐하면 영혼 자체는 자신의 존재(*suum esse*)가 아니기 때문이다. 그런데 하나의 단순한 〔즉, 합성되지 않은〕 가능태에게는 오직 하나의 현실태만이 있다. 그러므로 영혼은 존재 자체 이외의 다른 어떤 것에 대해서도 〔그것을 수용하는〕 주체(*subiectum*)일 수 없게 된다. 그런데 그것〔즉, 영혼〕이 다른 것들에 대해 주체인 것은 분명하다. 그러므로 영혼은 단순한 실체가 아니라 질료와 형상의 합성이다.

반론 4: 그뿐 아니다. 형상에서 비롯되는 속성들(*accidents*)은 그 종 전체에 대한 것이고, 질료에서 비롯되는 속성들은 이 또는 저 개체들에게만 속한다. 형상은 종의 원리인 데 반해, 질료는 개체화의 원리(*forma est principium speciei, materia vero est principium individuationis*)이기 때문이다. 그러므로 만약 영혼이 형상만이라면, 그로부터의 모든

---

3) Boethius, *De hebdomadibus*, PL 64:1311.

속성들은 종 전체에 속할 것이다. 그런데 이것은 잘못된 것임이 분명하다. 왜냐하면 음악가이거나 문법학자이거나 하는 등의 것들은 종 전체에 속하지 않기 때문이다. 그러므로 영혼은 형상만이 아니라 질료와 형상의 합성이다.

반론 5: 그뿐 아니다. 형상은 **행함의 원리**(*principium actionis*)인 반면, 질료는 **당함/겪음의 원리**(*principium patiendi*)다.[4] 그러므로 **행함**과 **당함/겪음**이 있는 곳에는 질료와 형상의 합성이 있어야 한다. 그런데 영혼 안에는 **행함**과 **당함/겪음**이 있다. 왜냐하면 가능지성의 작용은 행위를 겪는 데 — 철학자가[5] 이해는 일종의 겪기(*intelligere est quoddam pati*)라고 말한 이유가 바로 이 때문이다 — 있지만, 능동지성의 작용은 행위를 하는 데 — 《영혼론》 III권에서[6] 말한 것처럼 그것은 가능적으로 가지적인 것들을 실제로 가지적이게 만들기 때문이다 — 있기 때문이다. 그러므로 영혼 안에는 질료와 형상의 합성이 있다.

반론 6: 그뿐 아니다. 질료의 특성들이 발견되는 것들은 모두 질료와 결합되어 있어야만 한다.[7] 그런데 영혼 안에서는 질료의 특성들이 발견된다. 가능태에 있기(*esse in potentia*), 수용하기(*recipere*), 종속되기(*subici*) 등의 것들이 바로 그것이다.[8] 그러므로 영혼은 질료와 형상의 합성이다.

---

4) Aristoteles, *De gener. et corr.*, II, 335b29-31 참조.

5) Aristoteles, *De anima*, III, 429a13-15.

6) Aristoteles, *De anima*, III, 430a14-16.

7) Avicebron, *Fons vitae*, IV, 1 (ed. Baeumker p. 211, v. 10).

8) 이러한 질료적 특성들에 대한 언급으로는 Avicebron, *Fons vitae*, IV, 10 (ed. Baeumker, p. 231, v. 215 이하); S. Thomas, *Super Sent*, II, d. 3, a. 1, a. 1, arg. 3 참조.

반론 7: 그뿐 아니다. 《생성과 소멸에 관하여》 I권에서[9] 말하듯이, 행하는 자와 당하는 자 모두에 공통적인 질료가 있어야만 한다. 그러므로 물질적인 어떤 것에 의해 영향을 받는 모든 것들은 그 자체가 질료를 포함해야 한다. 그런데 영혼은 물질적인 것, 예를 들어 아우구스티누스가 《신국론》 XXI권에서[10] 입증했듯이 물체적 불인 지옥불에 의해 영향을 받을 수 있다. 그러므로 영혼은 그 자체 안에 질료를 지녀야만 한다.

반론 8: 그뿐 아니다. 《형이상학》 VII권에서[11] 입증되었듯이, 행위자의 행함은 형상에서가 아니라 형상과 질료의 합성에서 종결된다. 그런데 행위자인 신의 행함은 영혼에서 종결된다. 그러므로 영혼은 질료와 형상의 합성이다.

반론 9: 그뿐 아니다. 단지 형상만인 것은 동시에 존재자(*ens*)이고 하나(*unum*)이다. 철학자가 《형이상학》 VIII권에서[12] 말했듯이, 그것을 존재자이게 혹은 하나이게 만들기 위해 다른 것을 필요로 하지 않는다. 그런데 영혼은 자신을 존재자이게 하고 하나이게 만드는 것, 즉 창조하는 신을 필요로 한다. 그러므로 영혼은 형상만이 아니다.

반론 10: 그뿐 아니다. 어떤 것이 가능태에서 현실태로 이행(*reducere*)되기 위해서는 행위자가 필요하다. 그런데 가능태에서 현실태로의 이행은 질료와 형상이 그 안에 있는 존재자들에게만 해당한다. 그러

9) Aristoteles, *De Generatione et corruptione*, I, 7, 324a34-35.

10) Augustinus, *De Civ. Dei*, XXI, 10(PL41, 724-725).

11) Aristoteles, *Metaph.*, VII, 1033b16-19.

12) Aristoteles, *Metaph.*, VIII, 1045a36-b7.

므로 만약 영혼이 질료와 형상의 합성이 아니라면, 그것은 〔행위자인〕 능동인을 필요로 하지 않을 것인데, 이는 잘못된 것임이 분명하다.

반론 11: 그뿐 아니다. 《지성에 관하여》(*De intellectu*)에서 알렉산더는[13] 영혼이 물질지성(*intellectum ylealem*)을 지녔다고 말했다. 그런데 물질(*yle*)은 제1질료(*materia prima*)를 말한다. 그러므로 영혼에는 제1질료에서 비롯된 것이 있다.

반론 12: 그뿐 아니다. 존재하는 모든 것은 순수 현실이거나 순수 가능태이거나 아니면 가능태와 현실태의 합성이다. 그런데 영혼은 순수 현실태가 아니다. 그것은 오직 신에게만 해당하기 때문이다. 그렇다고 순수 가능태도 아닌데, 왜냐하면 그것〔즉, 순수 가능태〕은 제1질료와 다른 것이 아니기 때문이다. 그러므로 영혼은 가능태와 현실태의 합성이다. 그런데 형상은 현실태이기 때문에, 결과적으로 영혼은 형상만일 수 없다.

반론 13: 그뿐 아니다. 개체화되는 것은 모두 질료에 의해 개체화된다. 그런데 영혼은 영혼이 그 안에 있는 질료(*materia in qua*), 즉 육체에 의해 개체화되지 않는다. 왜냐하면 만약 그럴 경우 그 〔영혼

---

13) 〔역주〕 Cf. A. P. Fontis(ed.), *The De Anima of Alexander of Aphrodisias: A Translation and Commentary*(Washington, 1979); P. Thillet, "Materialisme et theorie de l'ame et de l'intellect chez Alexandre d'Aphrodisie," *Revue philosophique* 171(1981), pp. 5~24; F. M. Schroeder, and Robert Todd (eds.), *Two Greek Aristotelian Commentators on the Intellect. The De Intellectu Attributed to Alexander of Aphrodisias and Themistius' Paraphrase of Aristotle De Anima* 3. 4-8(Toronto, PIMS, 1990), pp. 1~31; 45~74 참조.

의〕 개체화는 육체가 소멸할 때 그칠 것이기 때문이다. 그러므로 영혼은 자신을 구성하는 질료(*materia ex qua*)에 의해 개체화된다. 그러므로 질료는 영혼의 부분이다.

반론 14: 그뿐 아니다. 《생성과 소멸에 관하여》 I권에서[14] 밝혀졌듯이, 행하는 자(*agens*)와 당하는/겪는 자(*patiens*) 모두에게 공통적인 무엇인가가 있어야만 한다. 그런데 영혼은 감각성질들(*sensibilia*)에 의해 영향을 받으며, 이것들은 물질적인 것들이다. 그리고 인간에게서 감각혼의 실체와 지성혼의 실체가 다르다고는 할 수 없다. 그러므로 영혼은 물질적인 것들과 공통적인 무엇인가를 지니며, 그래서 영혼은 자신 안에 질료를 지녀야 마땅하다.

반론 15: 그뿐 아니다. 영혼이 천사보다 더 단순한 것은 아니기 때문에, 〔영혼은〕 마치 하나의 종(*species*)인 것처럼 유(*genus*)에 속해야만 한다. 왜냐하면 천사도 그러하기 때문이다. 그런데 종으로서 유에 속하는 모든 것들〔즉, 유에 속하는 모든 종들〕은 질료와 형상의 합성으로 보인다. 왜냐하면 유는 질료와 같고, 종차는 형상과 같기 때문이다. 그러므로 영혼은 질료와 형상의 합성이다.

반론 16: 그뿐 아니다. 〔다수에〕 공통적인 형상은 그 다수 안에서 질료의 다양성에 의해 다양화된다. 그런데 지성성(*intellectualitas*)은 영혼들만이 아니라 천사들에게도 공통적인 형상이다. 그러므로 천사들과 영혼들 안에는 그 형상을 다수의 개체들 안으로 나뉘게 하는 〔원리인〕 어떤 질료가 있어야만 한다.

---

14) Aristoteles, *De gener. et corr*, I, 323b31-33.

반론 17: 그뿐 아니다. 움직이는 것은 모두 질료를 지닌다. 그런데 영혼은 움직인다. 왜냐하면 〔움직인다는 바로〕 이 점에 입각하여 아우구스티누스는 영혼이 변화에 종속되므로 신적 본성을 지닌 것은 아님을 보여주기 때문이다. 그러므로 영혼은 질료와 형상의 합성이다.

이와는 반대로(*Set Contra*): 질료와 형상의 합성인 모든 것은 형상을 지닌다. 그러므로 만약 영혼이 질료와 형상의 합성이라면, 영혼은 형상을 지닌다. 그런데 영혼이 형상이다. 그러므로 형상이 형상을 지니는데, 이는 불가능해 보인다. 왜냐하면 이런 식으로 무한소급될 것이기 때문이다.

나의 대응: 이 문제에 대해 사람들은 다양한 견해들을 보여준다. 혹자는 영혼이, 그리고 사실상 신 이외의 모든 실체들이 질료와 형상의 합성이라고 말한다. 이런 견해를 지지하는 입장을 처음 주장한 사람은 《생명의 샘》(*Fons Vitae*)의 저자인 아비체브론(Avicebron)이다.[15] 반론들에서도 언급되었던 이 입장의 근거는, 질료의 특성들이 그 안에서 발견되는 모든 존재자에게는 질료가 있어야만 한다는 것이다. 그러므로 영혼 안에서는 수용하기(*recipere*), 종속되기(*subici*), 가능태에 있기(*esse in potentia*) 및 이와 유사한 특성들이 발견되기 때문에 영혼 안에는 질료가 있어야 할 필요가 있다고 그는 생각했다.[16]

---

15) Avicebron, *Fons vitae*, I, c. 5; II, c. 24; IV, c. 1, c. 5; V, c. 12 참조.

16) 〔역주〕 Cf. James Weisheipl, "Albertus Magnus and Universal Hylomorphism: Avicebron," in F. Kovach and R. Shahan(eds.), *Albert the Great Commemorative Essays*(Norman: University of Oklahoma Press, 1980), pp. 239~260; Tamar Rudavsky, "Avicebrol(Ibn Gabirol)," in J. Gracia and T. Noone(eds.), *A Companion to Philosophy in the Middle Ages*(Malden (MA): Blackwell, 2003), pp. 174~181 참조.

그러나 이러한 추론은 어리석은 것이며, 이 입장은 불가능하다.

이 추론의 무기력함은 수용하기나 종속되기 등과 같은 그런 특성들이 영혼과 제1질료에 동일한 방식으로 속하는 것은 아니라는 사실로부터 분명하게 드러난다. 왜냐하면 제1질료는 변화와 운동을 통해 현실화를 수용하기 때문이다. 《자연학》 VIII권에서[17] 입증된 것처럼, 모든 변화와 운동은 마치 제1의 가장 보편적인 것으로 환원되듯이 장소적 운동(*motus localis*)으로 환원될 수 있기 때문에, 이로부터 질료는 오직 장소적 위치에 대해 가능태에 있는 것들에게서만 발견된다고 추론할 수 있다. 그런데 장소적 위치를 점유하는 이런 부류의 존재자들만이 물체들(*corporalia*)이다. 그러므로 철학자들이 질료에 대해 말해 온 것에 따르면—'질료'라는 용어를 다의적으로 사용하려고 하지 않는 한—질료는 오직 물체들에게서만 발견된다. 그런데 영혼은 운동과 변화를 통해서가 아니라 오히려, 《자연학》 VII권에 따르면,[18] 운동으로부터 그리고 운동하는 것들로부터 분리됨으로써 〔무엇인가를〕 수용하며, 정지해 있는 상태에서 인식하고 사려 깊게 된다. 그러므로 철학자는 《영혼론》 III권에서[19] 이해는 무엇인가를 겪는 것(*pati*)이라고 말하지만, 여기서 말하는 겪기(*passio*)란 물체들의 경우에 사용될 때와는 의미가 다르다. 그러므로 만약 누군가가 영혼이 무엇인가를 수용하거나 무언가를 겪는다는 이유에서 영혼이 질료와 형상의 합성이라는 결론을 이끌어내기 원한다면, 그는 다의성으로 인한 오류를 범하는 것이 분명하다. 그러므로 위에서 언급한 추

---

17) Aristoteles, *Phys.*, VIII, 260a27-261a27. 이에 더해서 S. Thomas, *In Phys.*, VIII, lect. 14 참조.

18) Aristoteles, *Phys.*, VII, 247b23-24. 이에 더해서 S. Thomas, *In De anima.*, I, 8 참조.

19) Aristoteles, *De anima*, III, 429a29-30.

론은 별 가치가 없다는 것이 분명하다.

나아가, 이 입장이 불가능하다는 것은 여러 가지 방식으로 드러낼 수 있다. 첫째, 질료에 더해지는 형상은 종을 구성한다. 그러므로 만약 영혼이 형상과 질료의 합성이라면, 영혼의 이러한 형상과 질료의 합성으로부터 실재 안에 하나의 종이 구성될 것이다. 그런데 그 자체만으로 종을 소유하는 것들은 그 자체 안의 어떤 하나가 어떤 식으로든 부패하지 않는 한, 종을 구성하기 위해 다른 것과 결합 — 마치 요소물질(*elementum*)들이 결합하여 혼합체(*mixtum*)의 종을 만들어내는 것처럼 — 하지 않는다. 그러므로 영혼은 인간 종을 구성하기 위해 육체와 결합하는 것이 아니며, 인간 종 전체는 오직 영혼 안에 자리하게 된다. 그런데 이는 분명히 잘못된 것이다. 만약 육체가 인간 종에 속하는 것이 아니라면, 육체가 영혼에 결합하는 것은 오직 우연일 것이기 때문이다. 그리고 이에 따르면 손은 온전한 종이 아니라 종의 부분이기 때문에 손은 질료와 형상의 합성이 아니라고 해야 할 것이지만, 그렇다고 말할 수는 없다. 손의 질료는 자신만의 형상에 의해 독립적으로 완성되는 것이 아니며, 전체 육체의 질료와 그 육체의 모든 부분들의 질료를 동시에 완성시키는 하나의 형상이 있다는 것은 분명하기 때문이다. 그런데 영혼이 만약 질료와 형상의 합성이라면 이러한 것이 영혼에 대해서는 주장될 수 없다. 왜냐하면 그 경우 자연의 질서는 영혼의 질료가 먼저 그 자신의 형상에 의해 완성되고, 그런 후에야 육체가 영혼에 의해 온전해야 할 것을 요구하기 때문이다. 아마도 누군가가 영혼의 질료는 물체적 질료의 부분이라고 — 이는 전적으로 불합리한 것인데 — 말하려 하지 않는 한에서 말이다.

마찬가지로, 질료와 형상의 합성으로 이뤄진 모든 것들에서 질료는 존재를 수용하는 것이지 어떤 것을 존재하게 하는 것 — 이것은 본질적으로 형상에 속하는 특성이다 — 은 아니라는 사실로부터 위에서 언급한 입장은 불가능하다는 것을 알 수 있다. 그러므로 만약 영혼이 질료와 형상의 합성이라면, 영혼 전체가 육체를 존재하게 하는 형상적 원리가 되는 것은 불가능하다. 그러므로 영혼이 아니라 영혼의 한 부분만이 육체의 형상일 것이다. 그런데 육체의 형상인 모든 것들이 바로 영혼이다. 그러므로 영혼은 그들이 상정하는 것처럼 〔그 자체가〕 질료와 형상의 합성이 아니라, 이렇게 〔즉, 질료와 형상으로〕 합성된 것의 형상만이다.

또 다른 이유 때문에 이 입장은 불가능하다는 것이 분명하다. 왜냐하면 만약 영혼이 질료와 형상의 합성이라면, 육체도 그러할 것이고, 둘 모두 그 자체만으로 자신의 단일성(*sua unitas*)을 지닐 것이다. 그래서 영혼으로 하여금 자신의 육체와 결합되게 하는 제3의 원리를 상정할 필요가 있는데, 사실상 위의 언급된 입장에 속하는 사람들 가운데 몇몇은 이〔제3의 원리〕를 인정한다. 왜냐하면 그들은 영혼이 빛을 매개로(*mediante luce*) 자신의 육체와 결합한다고 말하기 때문이다. 생장혼은 항성천(*caelum sydereum*)의 빛을, 감각혼은 수정천(*caelum cristallinum*)의 빛을, 그리고 이성혼은 최고천(*caelum empyreum*)의 빛을 매개로 한다는 것인데, 이 모두가 가공의 것이다. 왜냐하면 영혼은, 《형이상학》 VIII권에서[20] 분명히 드러났듯이, 현실태가 가능태에 결합하는 것처럼 직접 자신의 육체에 결합해야 할 필요가 있기 때문이다. 이로부터 영혼은 질료와 형상의 합성일 수 없다는 것이 분명하다. 그렇다고 해서 가능태와 현실태가 영혼 안에서 배제되는 것은 아니다. 철학자가 《형이상학》 IX권에서[21] 말한 것처럼, 질료는 오직 움직이는 사물들 안에서가 아니면 있을 수 없는 반면, 가능태와 현실태는 움직이는 사물 안에서만이 아니라 그보다 더 보편적으로 발견되

20) Aristoteles, *Metaph.*, VIII, 1045b7-22.

21) Aristoteles, *Metaph.*, 1048a25-30.

기 때문이다.

그런데 현실태와 가능태가 영혼 안에 존재하는 방식은 물질적 사물들로부터 비물질적 사물들로 나아가는 것에 의해 고려되어야 한다. 질료와 형상의 합성인 실체들에서 우리는 세 가지를 발견할 수 있다. 질료와 형상, 그리고 셋째는 존재(*esse*)인데, 사실상 이것의 원리는 바로 형상이다. 왜냐하면 질료는 형상을 수용함으로써 존재에 참여하기 때문이다. 그러므로 존재는 형상을 따른다. 그럼에도 불구하고 형상은 존재의 원리이기 때문에 자신의 존재〔와 동일한 것〕은 아니다. 그리고 비록 질료는 형상에 의해서가 아니고서는 존재를 얻을 수 없음에도 불구하고, 여전히 형상은 그것이 형상인 한 자신의 존재를 〔수용하기〕 위해 질료를 필요로 하지 않는다. 존재는 형상 자체를 따르기 때문이다. 그러나 그 자체로서 자립하지 않는 그런 형상들은 질료를 필요로 한다. 그러므로 질료와 분리된 형상이 자신만의 존재를 지니지 못할 이유는 없다. 그리고 이런 종류의 형상에서는 형상의 본질은 마치 가능태가 현실태에 관련되듯이 존재에 관련된다. 이렇게 존재 자체가 바로 자립하는 형상의 현실태인 한, 가능태와 현실태는 그 자체가 존재(*esse*)는 아니면서 자립하는(*subsistere*) 형상들에게서 발견된다. 그런데 만약 자기 자신의 존재인 어떤 사물이 있다면 — 이것은 신에게만 적절한 것인데 — 그 안에는 가능태와 현실태가 아니라, 순수 현실(*actus purus*)만 있을 것이다. 그리고 이 때문에 보에티우스는 《실체의 선성에 관하여》에서[22] 신 이외의 모든 사물들에서는 존재(*esse*)와 존재하는 것(*quod est*)이 다르다고, 또는 혹자가 말하듯이 존재하는 것(*quod est*)과 존재하게 하는 것(*quo est*)이 다르다고 말한다. 왜냐하면 달리기(*cursus*)는 누군가로 하여금 달리도록(*quo aliquis*

22) Boethius, *De hebdom*(PL 64. 1311b).

currit) 하는 것인 것과 마찬가지로 존재(*esse*) 자체는 그것에 의해 어떤 것이 존재하는 것(*quo aliquid est*)이기 때문이다. 결국, 영혼은 그 자체로서 자립할 수 있는 형상이기 때문에 그 안에는 가능태와 현실태의 합성, 즉 존재와 본질의 합성이 있지만, 그렇다고 질료와 형상의 합성이 있는 것은 아니다.

반론 1에 대한 대답: 보에티우스가 거기서 전적으로 단순한 형상, 다시 말해 신적 본질에 대해 말하는데, 그것은 아무런 가능태도 포함하지 않으며 순수 현실이기 때문에 〔다른 무엇인가에 대한〕 주체가 될 수 없다. 그러나 천사들과 영혼들이 그렇듯이 다른 단순한 형상들은 자립함에도 불구하고 그들로 하여금 무엇인가를 수용할 수 있도록 해주는 가능태를 지니는 한 주체일 수 있다.

반론 2에 대한 대답: 존재 자체는 모든 것들에 의해 참여할 수 있지만 그 자체는 그 어떤 것에도 참여하지 않는 가장 최고의 현실태이다. 그러므로 만약 자립하는 존재인 어떤 것—신이 바로 그런 것이라고 우리는 말하는데—이 있다면, 그것은 아무것에도 참여하지 않는다고 우리는 주장한다. 하지만 다른 자립적 형상들에 대해서도 같은 논증이 유효한 것은 아닌데, 이들은 필연적으로 존재에 참여해야 하고 또 가능태가 현실태에 관계되듯이 그것에 관계되어야 하기 때문이다. 이러한 형상들은 어떤 식으로든 가능태를 지니며, 〔자신이 아닌〕 다른 무엇인가에 참여할 수 있다.

반론 3에 대한 대답: 형상은 자신의 존재에 대해서만 가능태가 현실태에 관계되듯 관계되는 것은 아니다. 투명한 것이 빛에 대해, 그리고 축축한 것이 열에 대해 그런 것처럼, 한 형상이 다른 형상에 대해 현실태에 대한 가능태로서 관계되지 못하게 하는 것은 아무것도 없다. 그러므로 만약 투명함이 그 자체로서 자립하는 분리된 형상이라면, 그것은 존재 자체만이 아니라 빛도 수용할 것이다. 마찬가지로 천사들이나 영혼들 같은 자립적 형상들로 하여금 그들 자신의 존재뿐 아니라 다른 완전성들을 수용하지 못하도록 하는 것은 아무것도 없다. 그런데 보다 완전한 〔등급의〕 자립적 형상들일수록 — 그들의 본성이 본질적으로 더 큰 완전성을 지니는 한 — 보다 적은 수에 참여함으로써 자신의 완전성을 성취한다.

반론 4에 대한 대답: 비록 인간 영혼은 〔질료와의 합성이 아니라〕 형상뿐이지만, 그럼에도 불구하고 그들은 육체 안에서 개체화된 형상들이며, 육체가 다수화되는 데 따라 수적으로 다수화된 형상들이다. 그러므로 그들이 개체화되었기 때문에 따라붙는 것이되 종 전체에 속하지는 않는 속성들을 지니지 못하게 하는 것은 아무것도 없다.

반론 5에 대한 대답: 영혼 안에 있으면서 가능지성에 기인하는 열정(*passio*)은 질료에 기인하는 열정과 같은 부류에 속하지 않으며, 철학자가 《영혼론》 III권에서[23] 분명히 한 것처럼, 이 두 경우의 '열정'은 다의적 술어이다. 가능지성의 열정은 무엇인가를 비물질적 방식으로(*immaterialiter*) 수용하는 데 있기 때문이다. 이와 유사하게, 능동지성의 행위는 물질적 형상들의 행위와 같은 종류의 것이 아니다. 왜냐하면 능동지성의 행위는 형상들을 질료로부터 추상하는(*abstrahere*) 데 있는 반면, 물질적 행위자들의 행위는 질료에 형상을 각인하는(*imprimere*) 데 있기 때문이다. 그러므로 영혼에서 발견되는 그런 종

23) Aristoteles, *De anima*, III, 4, 430a6-9.

류의 행함(*actio*)과 당함(*passio*)으로부터는 영혼이 질료와 형상의 합성이라는 것이 따라 나오지 않는다.

반론 6에 대한 대답: 수용하기(*recipere*)와 종속되기(*subici*) 등과 같은 그런 특성들이 영혼에 속하는 방식은 그것들이 제1질료에 속하는 방식과 다르다. 그러므로 질료의 특성들이 영혼 안에서 발견된다고는 할 수 없다.

반론 7에 대한 대답: 영혼을 괴롭히는 지옥불이 비록 물질적이고 물체적인 것이기는 하지만, 영혼이 이런 불에 의해 육체들처럼 물질적인 방식으로 영향을 받는 것은 아니다. 그 대신 그 불이 신의 정의에 의해 가해진 판결의 도구인 한, 영혼은 〔그에 의해〕 영적 고통을 경험한다.

반론 8에 대한 대답: 생산하는 자의 행위는 질료와 형상의 합성에서 종료된다. 왜냐하면 자연적 생산자(*generans naturale*)는 질료로부터가 아니고서는 생산하지 못하기 때문이다. 그러나 창조하는 행위(*actio creantis*)는 질료로부터가 아니다.[24] 그러므로 창조행위는 질료와 형상의 합성에서 종료되어야만 하는 것은 아니다.

반론 9에 대한 대답: 자립적 형상인 것들은 하나이고 존재자이기 위해 형상인을 요구하지 않는다. 그들 자체가 바로 형상들이기 때문이다. 그럼에도 불구하고 그들에게 존재를 부여하는 외부의 능동인들은 있다.

---

24) 이에 대해서는 *De potentia*, q. 3, a. 1; *Contra Gent*, II, c. 16; *ST.*, I, q. 45, a. 2, ad 2.

반론 10에 대한 대답: 운동을 통해 작용하는 행위자는 무엇인가를 가능태에서 현실태로 이끈다. 그러나 운동이 없이 〔작용하는〕 행위자는 〔무엇인가를〕 가능태에서 현실태로 이끄는 것이 아니라, 본성상 존재에 대해 가능태에 있는[25] 것을 실제로 존재하게 만든다. 이런 방식의 행위자는 창조자이다.

반론 11에 대한 대답: 몇몇 저자들은 가능지성을 물질지성이라고 부르는데, 그 이유는 그것이 물질적 형상이어서가 아니다. 질료가 감각적 형상들에 대해 가능태에 있는 것처럼 그것〔즉, 가능지성〕이 가지적 형상들에 대해 가능태에 있는 한에서 그것은 질료와의 유사성을 지니기 때문이다.[26]

반론 12에 대한 대답: 비록 영혼은 순수 현실도 아니고 순수 가능태도 아니지만, 앞서 언급된 것에서 분명하듯이, 그렇다고 해서 질료와 형상의 합성인 것도 여전히 아니다.

반론 13에 대한 대답: 영혼은 그것〔즉, 영혼 자신〕을 구성하는 질료에 의해 개체화되는 것이 아니라, 오히려 영혼이 그 안에서 존재하는 질료와의 관계 때문에 개체화된다. 이것이 어떻게 가능한가 하는 것은 앞서의 문제들에서 명백히 보여주었다.

---

25) '존재에 대해 가능태에 있는'(*potentia ad esse*) 것은 '비존재에 대해 가능태에 있는'(*potentia ad non esse*) 것과 구별되어야 한다. 이에 대해서는 *ST.*, q. 75, a. 6, ad 2 참조.

26) 〔역주〕 Cf. F. M. Schroeder, "The Potential or Matterial Intellect and the Authorship of De Intellectu: A Reply to B. C. Bazan," *Symbolae Osloenses* 57(1982), pp. 115~125 참조.

반론 14에 대한 대답: 감각가능한 것들에 의해 영향을 받는 것은 감각혼이 아니라 〔영혼과 육체의〕 합성이다. 왜냐하면 무엇인가를 수용하는 것인 감각하기(*sentire*)[27]는 영혼만의 것이 아니라 영혼이 주어진 기관의 것이기 때문이다.

반론 15에 대한 대답: 영혼은 마치 〔영혼이〕 하나의 종인 것처럼 적절하게 유에 속하는 것이 아니라, 인간이라는 종의 부분으로서 그에 속한다. 그러므로 그것〔즉, 영혼〕이 질료와 형상의 합성이어야 한다는 결론은 따라 나오지는 않는다.

반론 16: 지성성은 마치 질료의 구분에 의해 많은 개체들에게 주어지는 하나의 단일한 종적 형상처럼 많은 개체들에게 속하는 것은 아니다. 왜냐하면 지성성은 비물질적 형상이기 때문이다. 오히려 지성성은 형상들의 다양성 때문에 다양화된다. 이 형상들이 인간과 천사의 경우가 그렇듯이 종적으로 다르든, 아니면 서로 다른 인간들의 영혼들끼리가 그런 것처럼 수적으로만 다르든 간에 말이다.

반론 17에 대한 대답: 선택에 의해[28] 변화될 수 있는 한 영혼과 천사들은 가변적 정신(*spiritus mutabiles*)이라고 일컬어질 수 있다. 이때의 변화는 작용에서 작용으로의(*de operatione in operationem*) 변화인데, 이러한 변화를 위해서는 질료가 요구되지 않는다. 〔질료가 요구되는 것은〕 형상에서 형상으로(*de forma ad formam*) 또는 장소에서

---

27) 감각이 무엇인가를 수용하는 작용이라는 데 대한 언급은 Aristoteles, *De anima*, II, 423b31-424a1; S. Thomas, *In De anima.*, II, 13; II, 25 참조.

28) 이에 대해서는 Aristoteles, *Eth. Nic.*, III, 1113a10; S. Thomas, *In Eth.*, III, 9; *Super Sent*, II, d.24, q.1, a.2, arg.4 참조.

장소로의(*de loco ad locum*) 변화인 자연적 변화(*mutatio naturalis*)를 위해서이다.

제7문

천사와 영혼은 종적으로 서로 다른가*

일곱째 질문은, 천사와 영혼은 종적으로 서로 다른가 하는 것이다.

반론 1: 그렇지 않다고 보인다. 동일한 적절하고 본성적인 작용(*operatio propria et naturalis*)을 지니는 것들은 같은 종에 속한다. 왜냐하면 사물의 본성은 그 작용을 통해 알려지기 때문이다. 그런데 영혼과 천사는 동일한 적절하고 본성적인 작용—즉, 이해(*intelligere*)—을 지닌다. 그러므로 영혼과 천사는 같은 종에 속한다.

반론 2: 그러나 한편에서는 말하기를, 영혼의 이해작용은 추론적(*cum discursu*)인 데 반해 천사의 이해작용은 비추론적(*sine discursu*)이며, 그래서 영혼과 천사의 작용은 종적으로 같지 않다고 한다. 그러나 그렇다고 할 수는 없다. 하나의 동일한 능력이 종적으로 다른 작용들의 원천일 수 없다. 하나의 동일한 능력, 즉 가능지성에 의해, 우리는 비추론적으로 어떤 진리들, 즉 제1원리들을 이해하는 한편, 추론적으로 다른 진리들, 즉 제1원리들로부터의 결론들은 이해한다.

* 병행문헌: *Super Sent.*, II, d.3, q.1, a.16; d.17, q.2, a.2, ad 5; *SCG.*, II, cc.94-95; *De Potentia* q.3, a.10, ad10; I, q.75, a.7(그리고 I, q.65, a.2도 참조).

그러므로 추론적으로 이해하는 것과 비추론적으로 이해하는 것은 종적으로 다르지 않다.

반론 3: 그뿐 아니다. 추론적 이해와 비추론적 이해〔의 차이〕는 마치 운동 중에 있음(*esse in motu*)과 정지해 있음(*esse in quiete*)의 차이처럼 보인다. 왜냐하면 추론(*discursus*)이란 지성이 하나에서 다른 하나로 움직이는 것이기 때문이다. 그런데 운동 중에 있음과 정지해 있음은 종적으로 다른 것이 아니다. 왜냐하면 주석가가 《자연학》 III권에서[1] 말하는 것처럼, 운동은 궁극적으로 그 운동의 종결이 발견되는 종에 속하기 때문이다. 그리고 철학자도 같은 저작에서, 얼마나 많은 존재자의 종(*species entis*) —즉, 운동이 그 안에서 종료되는— 이 있느냐에 따라 그만큼 운동의 종류(*species motus*)가 있다고 말한다. 그러므로 추론적 이해와 비추론 이해는 종적으로 다르지 않다.

반론 4: 그뿐 아니다. 천사들은 '말씀'(*Verbum*) 안에서 사물들을 이해하는 것처럼, 복자(福者)들의 영혼(*animae beatorum*)도 또한 그렇게 한다. 그런데 '말씀' 안에 있는 지식은 추론적이 아니다. 그렇기 때문에 아우구스티누스는 《삼위일체론》 XIV권에서,[2] 저 본향(*patria*)에서는 변화가능한 인식들이라는 것이 없다고 말한다. 그러므로 추론적 이해와 비추론적 이해〔사이의 차이〕에 의거하여 영혼을 천사와 다르다고 할 수는 없다.

반론 5: 그뿐 아니다. 많은 사람들이 주장하는 것처럼 모든 천사들이 종에서 일치하지는 않는다. 그러나 모든 천사들은 비추론적으

1) Averroes, *In Physics*, III, 4(ed. Venetiis, 1562, t. IV, f 87C-D).

2) Augustinus, *De Trin.*, XV, xvi, 26(PL 42. 1079).

로 이해한다. 그러므로 추론적 이해와 비추론적 이해는 지적 실체들 안에서 종을 다양화시키는 원인이 아니다.

반론 6: 그러나 한편에서는 말하기를, 천사들 가운데서도 어떤 천사들은 다른 천사들보다 더 완전하게 이해한다고 〔그렇기 때문에 종이 다르다고〕 주장한다. 하지만 〔정도의 차이, 즉〕 더함과 덜함(*magis et minus*)은 종의 다양성을 일으키지 않는다. 그런데 더 완전한 혹은 덜 완전한 이해는 더함과 덜함에 의한 차이다. 그러므로 천사들은 더 완전하게 혹은 덜 완전하게 이해한다는 이유에서 종적으로 구별되지는 않는다.

반론 7: 그뿐 아니다. 모든 인간 영혼은 동일한 종에 속한다. 그럼에도 불구하고 그들은 모두 동일한 정도로 이해하는 것은 아니다. 그러므로 지적 실체들에게서 종적 차이는 더 완전하게 혹은 덜 완전하게 이해한다는 것에서 비롯되지 않는다.

반론 8: 그뿐 아니다. 인간 영혼은 추론하기에 의해(*discurrendo*) 이해한다고 해야 한다. 결과를 통해 원인을 이해하고 또 그 반대로도 하기 때문이다. 그런데 이것은 천사들에게서도 해당한다. 왜냐하면 《원인론》(*Liber De Causis*)에서[3] 말하는 것처럼, 지성체(*intelligentia*)가 자신보다 상위의 것을 알 수 있는 것은 그것으로부터 원인지어졌기 때문이며, 자신보다 하위의 것을 알 수 있는 것은 〔자신이〕 그것의 원인이기 때문이다. 그러므로 이해가 추론적이냐 비추론적이냐에 의해서는 천사가 영혼과 구별되지 않는다.

---

3) *Liber De causis*, prop. 7.

반론 9: 그뿐 아니다. 동일한 완전성에 의해 완성되는 것들은 종적으로 같다고 보인다. 왜냐하면 본질적 작용은 그들의 본질적 능력에서 비롯되기 때문이다. 그런데 천사와 영혼은 동일한 완전성들, 즉 은총(*gratia*)과 영광(*gloria*)과 신적 사랑(*caritas*)에 의해 완성된다. 그러므로 그들은 같은 종에 속한다.

반론 10 : 그뿐 아니다. 목적을 같이하는 것들은 같은 종에 속한다고 보인다. 왜냐하면 어떤 것을 그 목적으로 질서지우는 것은 그것의 종의 원리이기도 한 형상이기 때문이다. 그런데 천사와 영혼은 목적이 같다. 영원한 행복(*beatitudo aeterna*)이 그것이다. 부활의 자녀들은 천국에서 천사와 같을 것이라는 《마태복음》 22장의 말이 이를 분명하게 해주며, 그레고리도 영혼은 〔거기서〕 천사와 같은 급으로 격상될 것이라고 말한다.[4] 그러므로 천사와 영혼은 같은 종에 속한다.

반론 11: 그뿐 아니다. 만약 천사와 영혼이 종적으로 다르다면, 천사는 자연의 질서에서 영혼보다 상위의 것이어야만 하고, 그 결과 〔천사는〕 신과 영혼 사이의 중간적 존재가 될 것이다. 그런데 아우구스티누스는 우리의 정신과 신 사이에 아무런 중간적 존재도 없다고 했다. 그러므로 천사와 영혼은 종적으로 다르지 않다.

반론 12: 그뿐 아니다. 같은 형상(*imago*)을 다양한 수용자들에게 각인하는 것은 종을 다양화시키지 않는다. 금에 찍힌 원의 형상과 은에 찍힌 원의 형상은 종적으로 같기 때문이다. 그런데 신의 형상(*imago Dei*)은 천사 안에도 영혼 안에도 있다. 그러므로 천사와 영혼은 종적

---

4) Gregorius M., *Hom. in Evang.*, II, 34(PL 76, 1252).
〔역주〕 여기서 말하는 그레고리우스는 교황 Gregorius(540~604)를 의미한다.

으로 다르지 않다.

반론 13: 그뿐 아니다. 정의(*definitio*)가 같은 것들은 종도 같다. 그런데 천사의 정의는 영혼에 적용될 수 있다. 예를 들어, 다마스케누스(Damascenus)는 "천사는 비물체적 실체(*substantia incorporea*)이고, 항상 자유의지(*liberum arbitrium*)에 의해 움직이며, 본성에 의해서가 아니라 은총에 의해서 신을 섬기며, 불멸성이 주어져 있다"고 말한다. 그런데 이 모든 특징들은 영혼에도 적용될 수 있다. 그러므로 영혼과 천사는 종적으로 동일하다.

반론 14: 그뿐 아니다. 궁극적 차이(*ultima differentia*)가 일치하는 것들은 같은 종에 속한다. 궁극적 차이가 종의 구성요인이기 때문이다. 그런데 천사와 영혼은 다음의 점에서, 즉 그들의 존재(*esse*)가 지적(*intellectuale*)이라는 점 — 이것은 궁극적 차이여야만 한다. 왜냐하면 영혼 혹은 천사의 본성 가운데 이보다 더 상위의 것은 없는데, 궁극적 차이는 항상 가장 완전한 것이어야 하기 때문이다 — 에서 그 궁극적 차이가 일치한다. 그러므로 천사와 영혼은 종적으로 다르지 않다.

반론 15: 그뿐 아니다. 종이 아닌 것〔즉, 종의 구성원인 개체가 아닌 것〕들은 종적으로 다를 수 없다. 그런데 영혼은 종이 아니라 종의 부분이다. 그러므로 그것은 천사와 종적으로 다를 수 없다.

반론 16: 그뿐 아니다. 적절한 의미에서 정의(*definitio*)란 종에 적용된다. 그러므로 정의될 수 없는 것들은 종에 속하지 않는다. 그런데 천사와 영혼은 위에서 보여주었듯이 질료와 형상의 합성이 아니기 때문에 정의될 수 없다. 왜냐하면 철학자가 《형이상학》 VIII권에서[5]

분명히 하듯이, 모든 정의에는 질료에 해당하는 것과 형상에 해당하는 것이 있어야만 하기 때문이다. 여기서 그는 사물의 종이 만약 플라톤이 가르친 것처럼 질료를 포함하지 않는다면, 그들은 정의될 수 없을 것이라고 말한다. 그러므로 천사와 영혼은 종적으로 다르다고는 말할 수—이 용어의 적절한 의미에서는—없다.

반론 17: 그뿐 아니다. 모든 종은 유와 종차로 구성된다. 그런데 유와 종차는 〔제각기〕 다양한 것들에 근거한다. 인간의 유(*genus*)인 동물(*animal*)은 감각적 본성에 근거하고, 인간의 종차인 '이성적'은 그의 지적 본성에 근거한다. 그런데 천사 안에는 그리고 영혼 안에는 유와 종차가 근거할 아무런 다양한 실재가 없다. 그들의 본질(*essentia*)은 단순형상(*forma simplex*)이며 그들의 존재(*esse*)는 유도 종차도 아니기 때문이다. 왜냐하면 철학자가 《형이상학》 III권에서[6] 증명한 것처럼 존재자(*ens*)는 유(*genus*)도 종차도 아니기 때문이다. 그러므로 천사와 영혼은 유와 종차를 지니지 않는다. 따라서 그들은 종적으로 다를 수 없다.

반론 18: 그뿐 아니다. 종적으로 구별되는 존재들은 대립되는 차이(*differentia contraria*)들 때문에 구별된다. 그런데 비물질적 실체들 안에는 대립(*contrarietas*)이 없다. 대립은 소멸(*corruptio*)의 원리이기 때문이다. 그러므로 천사와 영혼은 종적으로 구별되지 않는다.

반론 19 : 그뿐 아니다. 천사와 영혼은 특히 다음의 점에서, 즉 천사는 육체와 결합하지 않는 반면 영혼은 그렇게 한다는 점에서 구

---

5) Aristoteles, *Metaph.*, VIII, 1043b23-32.

6) Aristoteles, *Metaph.*, III, 998b22-27.

별된다고 보인다. 그런데 이러한 차이는 영혼으로 하여금 천사와 종적으로 다르게 만들지는 못한다. 왜냐하면 육체는 영혼의 질료로서 영혼에 연관되기 때문이다. 그런데 질료가 형상에 종을 부여하는 것이 아니라, 오히려 그 반대〔즉, 형상이 질료에 종을 부여한〕다. 그러므로 천사와 영혼이 종적으로 다를 수 있는 길은 전혀 없다.

이와는 반대로(*Set Contra*) : 종적으로가 아니라 단지 수적으로만 다른 것들은 질료 때문이 아니고서는 다르지 않다. 그런데 〔이 책의〕 앞 물음들에서 명백히 보여준 것처럼, 천사와 영혼은 모두 질료를 포함하지 않는다. 그러므로 만약 천사와 영혼이 종적으로 다르지 않다면, 그 경우 그들은 수적으로도 다르지 않을 것인데, 이는 분명히 잘못이다. 그러므로 그들은 종적으로 다르다.

나의 대응: 어떤 사람들은 인간 영혼과 천사는 동일한 종에 속한다고 주장한다. 이런 입장을 취한 최초의 인물은 오리게네스(Origenes)라고 보인다. 선과 악의 차이를 가르치면서 사물의 다양성을 다양한 원리들 탓으로 돌린 〔그러므로 선과 악의 원리는 다르다고 가르친〕 옛 이단자들의 오류를 피하기 원했던 그는 사물들 안의 모든 다양성이 자유의지(*liberum arbitrium*)에서 비롯된다고 주장했다. 실제로 그가 말한 바에 의하면, 처음에 신은 모든 이성적 피조물들을 동등하게 만들었는데, 그들 중 신을 가까이 한 것들은 신에게 가까이 한 만큼 더 좋게 된 반면, 자신의 자유에 의해 신에게서 돌아선 이들은 그들이 신을 버린 데 비례하여 그만큼 더 나빴다. 그래서 그들 중 어떤 것은 천상물체로, 다른 것들은 인간 육체로 구체화되었고, 그리고 몇몇은 악령의 사악함의 수준으로 타락했다. 비록 그들 모두가 자신을 창조한 원리〔즉, 신으〕로부터 비롯되는 바로 그 〔최초의〕 순간에는 모두가

동등할 수 있음에도 불구하고 말이다. 이러한 입장으로부터 알 수 있는 것은 오리게네스가 전체의 선에 대한 고려는 무시하는 반면에 개별적 피조물의 선에 주목한다는 점이다. 그런데 현명한 장인은 자기 작품의 부분들을 조직화하는 데에서 이 또는 저 부분의 선만을 고려하는 것이 아니라 전체의 선 역시 — 어쩌면 오히려 이것을 더 중요하게 — 고려한다. 그러므로 건축가는 집의 모든 부분들을 똑같이 귀중한 것으로 만들지 않고, 집의 좋은 구성과 어울리는 데 따라 더 혹은 덜 귀중하게 만든다. 마찬가지로, 동물의 육체에서도 모든 부분들이 눈이 지니는 것 같은 맑음을 지니지는 않는데, 그 경우 동물은 〔오히려〕 불완전할 것이기 때문이며, 오히려 동물의 각 부분들에 다양성이 있음으로써 동물은 완전할 수 있다. 그래서 신 또한 자신의 지혜를 따라 모든 사물들을 일률적으로 동등한 것으로 만들어내지는 않았다. 왜냐하면 그랬을 경우 존재의 많은 등급들을 결여할 우주는 불완전할 것이기 때문이다. 그러므로 신의 작용 안에서 왜 한 피조물을 다른 것보다 더 좋게 만들었냐고 묻는 것은 장인에게 왜 자신의 작품에서 다양한 부분들을 만들었냐고 묻는 것과 같다.

그러므로 〔이런 이유에서〕 오리게네스의 논증은 폐기되더라도, 다른 이유들 — 앞의 반론들에서 다뤄진 — 을 들어 모든 지적 실체들은 동일한 종에 속한다고 말함으로써 그의 입장을 개량하려는 사람들이 있다. 그러나 그 입장 자체가 불가능하다고 보인다. 왜냐하면 만약 천사와 영혼이 앞서의 문항〔즉, 이 책의 제6문〕에서 말한 것처럼 형상과 질료의 합성이 아니라 단지 형상만이라면, 천사들을 서로 간에 — 혹은 심지어 영혼과도 — 구별되도록 해주는 차이는 형상적 차이(*differentia formalis*)여야만 하기 때문이다. 단, 혹시라도 만약 천사들도 영혼처럼 육체와 결합되었다고 주장되고, 그래서 그들 안에 육체에 대한 관계성에서 비롯되는 질료적 차이가 — 앞에서 영혼들에 관해서 그렇다고 했던 것처럼 — 있을 수 있다고 주장되지는 않는다면 말이다. 그러나 이것은 통상적으로 주장되는 것이 아니며, 설령 주장된다 해도 이 입장으로까지 나아가지는 못한다. 왜냐하면 〔천사들이 결합하는〕 그러한 육체는 영혼이 결합하는 인간 육체와는 종적으로 다르기 때문이며, 종적으로 다른 육체들에게는 종적으로 다른 완전성이 속해야만 하기 때문이다. 그러므로 만약 천사들이 질료와 형상의 합성이 아니라면, 천사들은 육체의 형상이라는 것이 폐기될 것이고, 형상적 차이 이외에는 천사들 서로 간에 및 영혼과의 사이에 아무런 차이도 남지 않게 된다. 그런데 형상적 차이는 종을 다양화시킨다. 사물에 종을 부여하는 것은 형상이기 때문이다. 그러므로 천사들은 영혼과 종적으로 다를 뿐만 아니라, 나아가 서로 간에도 종적으로 다르다는 것이 남는다.

그런데 만약 누군가가 천사들과 영혼은 질료와 형상의 합성이라고 주장하더라도, 여전히 이 입장은 세워질 수 없다. 왜냐하면 마치 모든 하위 물체들의 질료가 하나이듯이 만약 영혼 안에 그리고 그에 못지않게 천사 안에 그 자체로는 하나인 질료 — 오직 형상에 의해서만 다양화되는 — 가 있다면, 그 하나이자 공통된 질료의 구분은 천사들 서로 간의 구별 및 천사와 영혼과의 구별의 원리이기도 해야 할 것이기 때문이다. 그런데 그 자체만으로는 모든 형상을 결여한 것이 바로 질료의 본성이기 때문에, 형상 — 질료의 구분에 따라서만 다수화되는 — 을 수용하기 이전의 질료의 구분은 오직 양적 차원(*dimensiones quantitativas*)에 의하는 것으로만 이해될 수 있다. 그래서 《자연학》 I 권에서[7] 철학자는 양(*quantitas*)이 제거되면 실체는 불가분적인 것으

7) Aristoteles, *Phys.*, I, 185a32-b5. 이에 더해서 *Phys.*, III, 204a8-12; Averroes, *In Phys.*, I, 15; S. Thomas, *Super Sent*, II, d. 3, q. 1, a. 4, sol; d. 30, q. 2, a. 1, sol; *In Boet. De Trinitate*, q. 4, a. 2, resp 참조.

로 남는다고 가르친다. 그런데 차원으로 규정된 질료로 구성된 것들은 〔그 자체가〕 육체들이지 단순히 육체와 결합하는 것만은 아니다. 그러므로 천사들과 영혼들도 이에 따라 육체가 되는데, 이는 건전한 정신을 지닌 사람이라면 아무도 말할 수 없는 것일 뿐 아니라, 특히 이해작용은 그 어떤 육체의 작용일 수 없다는 것이 증명된 마당에는 더욱 그렇다. 그러나 만약, 마치 천상물체와 하위물체에는 하나의 공통된 질료가 있는 것이 아니라고 주장하는 것처럼, 천사들과 영혼의 질료가 하나의 공통된 것이 아니라 〔각기〕 다른 질서들에 속하는 것이라면, 이는 〔각각의 질료가〕 각기 다른 형상들에게로 질서지어졌기 때문이 아니고서는 가능하지 않다. 그래서 그러한 질료의 차이는 종을 다양하게 만든다. 그러므로 천사와 영혼이 같은 종에 속하는 것은 불가능해 보인다.

이제 종이 어떤 조건에 따라 달라지는지를 고려해야 하는 일이 남아 있다. 그런데 우리는 물질적 실체들에 대한 고려를 통해서 지적 실체들에 대한 인식에 도달해야 한다. 물질적 실체들에서는 본성의 완전성의 다양한 등급이 종의 다양성을 구성한다. 사실 이 점은 물질적 실체들의 종류들(*genera*)을 생각해보면 손쉽게 분명해진다. 완전성의 질서에서 혼합물체(*corpus mixtum*)들은 요소물질(*elementum*)들보다 우월하고, 식물들은 무기물질들보다, 동물들은 식물들보다 우월하다는 것이 분명하기 때문이다. 그리고 하나의 유 안에서도 본성적 완전성의 등급에 따라 종의 다양성이 발견된다. 요소물질들에서는 흙이 가장 하위인 데 반해 불은 가장 고귀하기 때문이다.[8] 마찬

8) 〔역주〕 전통적 자연관에서는 4원소들 사이에 흙-물-공기-불의 순서로 하위에서 상위로 위계질서가 있다고 이해했다. Cf. Joseph Bobik, *Aquinas on Matter and Form and the Elements* (Notre Dame (Indiana), University of Notre Dame Press, 1998), pp. 245~315.

가지로 무기물질들 사이에서도 본성은 금(*aurum*)의 종에 도달하기까지 다양한 종들을 거쳐 단계적/점진적으로 나아가며, 식물들에서는 완전한 나무들의 종에 이르기까지, 그리고 동물들에서는 인간 종에 이르기까지 〔본성은 단계적/점진적으로 상승한다〕. 그럼에도 불구하고 단지 촉각만을 지닐 뿐 움직일 능력이 없는 것과 같은 어떤 동물들은 거의 식물과 유사하며, 마찬가지로 《식물에 관하여》에서[9] 철학자가 분명히 보여주듯이 어떤 식물들은 영혼이 없는 것〔즉, 무생명체〕들과 유사하다. 이 때문에 철학자는 《형이상학》 VIII권에서[10] 자연적 사물의 종은 마치 하나를 더하거나 빼는 데 따라 종이 달라지는 수들의 종(*species numerorum*)과 같다고 말하고 있다. 그러므로 비물질적 실체들에게서도 이와 같이 본성의 완전성의 다양한 등급이 종의 차이를 만든다.

하지만 어떤 면에서는 이것〔즉, 종의 다양화 방식〕이 비물질적 실체들에게서와 물질적 실체들에게서 다르다. 왜냐하면 등급들의 다양성이 있는 곳에서는 반드시 그 등급들이 어떤 하나의 원리에 대한 질서/계통(*ordo*)에 따라 고려되어야만 하기 때문이다. 그러므로 물질적 실체들에서 종을 다양화시키는 다양한 등급들은 제 1원리인 질료에 대한 질서/계통 안에서 얻어진다. 이로 인해 〔제 1원리에 가까운 순서로〕 첫째 종들은 가장 덜 완전하고, 반면에 처음의 종들에 더해지는 것들을 통해 존재하는 나중의 종들은 보다 더 완전하게 된다. 마치 합성물체들은 — 요소물질들이 지니는 모든 것과 그 밖의 더 많은 것들을 지니는 자인 한 — 요소물질들의 종보다 더 완전한 종을 지니는 것처럼 말이다. 그리고 무기물체에 대한 식물들의 관계나, 식물들에 대한 동물들의 관계도 이와 마찬가지다.

---

9) Nicolaus Damascenus, *De Plantis*, I, 18.

10) Aristoteles, *Metaph.*, VIII, 1043b33-1044a2.

반면에 비물질적 실체들에서는 다양한 종의 등급들의 질서가 질료 — 그들이 지니지도 않은 — 에 대한 관계에 따라서가 아니라 〔모든 것들 중에〕 가장 완전한 것이어야 마땅한 제 1작용자(*primus agens*)에 대한 관계에서 얻어진다. 그러므로 이들 〔즉, 비물질적 실체들〕 가운데 첫째 종들은 제 1작용자와 더 유사한 것인 한 둘째에 비해 더 완전하다. 그리고 둘째는 첫째의 완전성에 비해 〔완전성이〕 감소되며, 이렇게 마지막 것에 이르기까지 차례대로 〔완전성 감소가〕 계속된다. 그런데 제 1작용자가 지닌 최상의 완전성은 그가 모든 종류의 선함과 완전함을 단순한 하나 안에서(*in uno simplici*)[11] 소유한다는 데 있다. 그러므로 어떤 비물질적 실체가 제 1작용자에 가까우면 가까울수록, 그만큼 그는 자신의 단순한 본성 안에는 보다 많은 완전함과 선함을 지니며, 자신의 완성을 위해서는 보다 적은 〔수의〕 내재된 형상을 필요로 한다. 그리고 이러한 것은 실로 비물질적 실체들 가운데 최하위인 인간 영혼 — 마치 감각적 사물들의 영역에서는 제 1질료가 최하위이듯이 — 에 이르기까지 점진적/단계적으로 이어진다. 그러므로 영혼은 가지적 완전성들(*perfectiones intelligibiles*)을 자신의 본성 안에 지니지 않고, 마치 제 1질료가 감각적 형상들에 대해 가능태에 있듯이 가지적인 것들(*intelligibilia*)에 대해 가능태에 있다. 그러므로 자신의 적절한 작용〔의 수행〕을 위해 영혼은 자신의 감각능력들을 통해 외부 사물들로부터 가지적 형상들을 획득함으로써 가지적 형상들에 대해 현실태에 있게 될 필요가 있다. 그리고 감각작용은 육체적 기관들을 통해 일어나기 때문에, 육체와 결합해야 한다는 것과 그 자체로 온전

11) 〔역주〕 신의 단순성(*simplicitas*)에 대해서는 *ST.*, I, q. 3 전체를, 그 중에서도 특히 a. 7을 참조할 것. Cf. Christopher Hughes, *On a Complex Theory of a Simple God. An Investigation in Aquinas' Philosophical Theology* (Ithaca, Cornell University Press, 1989).

한 종을 지니는 것이 아니라 인간 종의 부분이어야 한다는 것은 〔다른 것 때문이 아니라 바로〕 자신의 본성이 지닌 이러한 조건 자체 때문에 영혼에게 적절하게 속한다.

반론 1에 대한 대답: 천사의 이해와 영혼의 이해는 같은 종에 속하지 않는다. 마치 뜨거움과 차가움의 차이에 따라 덥게 하기와 차게 하기가 다른 것처럼, 작용의 원리인 형상이 종적으로 다를 경우 그 작용 자체도 종적으로 달라야만 한다는 것이 분명하기 때문이다. 그런데 영혼으로 하여금 이해하게 하는 〔즉, 영혼의 이해작용의 도구·수단인〕 가지상(*species intelligibiles*)은 심상들(*phantasmata*)로부터 추상된다. 그래서 이것들은 천사들로 하여금 이해하게 하는 〔즉, 천사들의 이해수단인〕 가지상들 — 모든 지성체들은 형상들로 가득 차 있다는 《원인론》(*De causis*)의 말에 의하면[12] 생득적으로 주어져 있는 — 과 같은 성질의 것(*eiusdem rationes*)이 아니다. 그러므로 인간의 이해와 천사의 이해는 같은 종에 속하지 않는다. 이러한 차이 때문에 천사는 비추론적으로 이해하지만 영혼은 추론적으로 이해하는데, 이것〔즉, 추론적인 방식〕은 감각가능한 결과들로부터 원인들의 능력에 도달하기 위해, 그리고 감각가능한 속성들로부터 감각에 포착되지 않는 사물의 본질에 도달하기 위해서는 반드시 필요한 것이다.

반론 2에 대한 대답: 지적 영혼은 원리들과 결론들 〔모두를〕 심상들로부터 추상된 형상들을 통해 이해한다. 그렇기 때문에 이해(*intelligere*)는 종적으로 다르지 않다.

12) *Liber De causis*, prop. 9.

반론 3에 대한 대답: 동일한 형상이 운동 이전에는 단지 가능태에 있고, 운동 중에는 현실태와 가능태 사이에 있고, 운동이 종료되면 온전히 현실화되는 것인 한, 운동은 그 운동이 종료되는 것이 속하는 유와 종으로 환원된다. 그런데 영혼의 추론적 이해와 천사의 비추론적 이해는 종적으로 동일한 형상에 의한 것이 아니다. 그러므로 종적으로 동일해야만 하는 것은 아니다.

반론 4에 대한 대답: 사물의 형상은 〔그 사물이〕 다른 본성에 참여하기 때문에 지니는 작용을 통해서가 아니라 자신의 고유한 본성에 따라 지니는 작용을 통해 〔그 내용과 특성이〕 판단된다. 이는 마치 쇠의 형상은 그것이 불태워질 때 지니는 '타오름'에 의해 판단되지 않는 것과 마찬가지다. 만약 그럴 〔즉, '타오름'에 의해 판단될〕 경우 쇠의 형상과 나무 — 이 역시 불태워질 수 있다 — 의 형상은 같다고 해야 할 것이기 때문이다. 그러므로 '말씀 안에서 보기'(*videre in Verbo*)는 영혼과 천사의 본성을 능가하는 작용이며, 둘 모두에게는 영광의 빛을 통해 상위의 본성, 즉 신적 본성에 참여함으로써만 주어지는 작용이라고 나는 말한다. 하지만 이로부터 영혼과 천사가 같은 종에 속한다는 결론을 내릴 수는 없다.

반론 5에 대한 대답: 서로 다른 천사들 안에 있는 가지상들의 본성은 동일하지 않다. 왜냐하면 지적 실체가 보다 상위의 것일수록, 그리고 모든 것을 자신의 본성 하나만을 통해 이해하는 신에게 더욱 가까울수록, 그것이 지니는 가지적 형상은 보다 우월하고 능력적이어서 더 많은 것을 알 수 있는 것이기 때문이다. 그래서 《원인론》(*De causis*)에서는[13] 상위의 지성체일수록 훨씬 보편적인 형상들을 통해 이해한다고 말하며, 디오니시우스는 《천상의 위계》(*Celestis ierarchie*)

12장에서[14] 높은 등급의 천사들일수록 보다 보편적인 지식을 지닌다고 말하는 것이다. 그러므로 서로 다른 천사들의 이해는 비록 다른 것으로부터 수용한 형상이 아니라 생득적 형상에 의해 이해하기 때문에 모두 비추론적이라는 점에서는 동일함에도 불구하고 종적으로 같은 것은 아니다.

반론 6에 대한 대답: 더함과 덜함(*magis et minus*)〔을 말하는 방식〕은 두 가지다. 하나는 나무가 흼에 참여하는 경우처럼 동일한 형상에 대해 질료가 참여하는 방식의 다양성에 따르는 것인데, 이런 식의 더함과 덜함은 종을 다양화시키지는 않는다. 다른 하나는 형상들의 완전성의 다양한 등급에 따르는 것인데, 이러한 더함과 덜함은 종을 다양화시킨다. 예를 들어, 색은 빛에 더 혹은 덜 가까운가에 따라 종적으로 다른 것이다. 서로 다른 천사들에게서 발견되는 더함과 덜함은 바로 이런 〔방식의〕 것이다.

반론 7에 대한 대답: 모든 영혼이 같은 정도로 이해하는 것은 아니지만, 그럼에도 불구하고 모든 영혼은 동일한 본성의 형상, 즉 심상들로부터 이끌어내어진 형상들을 통해 이해한다. 그러므로 이들이 이해하는 정도가 다른 것은 형상들이 추상되어 나오는 출처인 감각능력의 다양성에서 비롯되며, 이는 육체의 다양한 성품(*dispositio*)에 따라 발생한다. 그러므로 이러한 더함과 덜함은 질료적 다양성에 의한 것이기 때문에 종을 다양화시키지 않는다는 것이 분명하다.

반론 8에 대한 대답: 어떤 것을 〔그것 이외의〕 다른 것을 통해 아는

---

13) *Liber De causis*, prop. 9.

14) Dionysius, *De cael. hier.* XII, 2.

것에는 두 가지가 있다. 하나는, 어느 하나에 대한 인식을 통해 다른 것에 대한 인식을 얻는, 그래서 각각의 인식이 별개인 경우이다. 예를 들어, 누군가가 〔원리와 결과〕 모두를 각각 별도로 고려하면서 원리를 통해 결과를 아는 경우처럼 말이다. 다른 하나는, 눈 안에 있는 돌의 형상을 통해 돌을 보는 것처럼, 인식의 수단인 형상을 통해 어떤 것이 알려지는 경우다. 첫째 방식, 즉 어느 하나를 그것 아닌 다른 것〔에 대한 인식〕을 통해 아는 방식은 추론을 구성하지만, 둘째 방식은 그렇지 않다. 그런데 천사의 본질 자체가 〔천사의〕 원인에 대한 유사성인 한, 그리고 〔천사는〕 자신이 〔산출하는〕 결과를 자신과 닮게 만드는 한, 천사가 결과를 통해 원인을 알고 원인을 통해 결과를 아는 것은 이 〔둘째〕 방식에 의해서이다.

반론 9에 대한 대답: 은총에 의한 완전성이 영혼과 천사에게 주어지는 것은 신적 본성에의 참여를 통해서이다. 그러므로 《베드로후서》 1장에서는 "신의 본성에 참여하리라는 가장 크고 귀한 선물을 우리에게 주신 이를 통하여"라고 말한다. 그러므로 바로 이러한 완전성을 공유한다는 데 근거하여 그들의 종이 같다고 결론내릴 수는 없다.

반론 10에 대한 대답: 가장 가깝고 자연적인 목적(*finis proximus et naturalis*)을 공유하는 것들은 종에서도 하나이다. 그런데 영원한 생명의 지복은 궁극적이고 초자연적인 목적(*finis ultimus et supernaturalis*)이다. 그러므로 〔반론에서 언급된〕 추론이 따라 나오지는 않는다.

반론 11에 대한 대답: 심지어는 한 영혼이 다른 영혼보다 더 고귀할 수도 있기 때문에, 아우구스티누스가 우리의 정신과 신 사이에 아무런 중간적인 것이 없다고 이해한 것은 존엄성과 본성의 등급의 관점에서가 아니다. 오히려 그것은 우리의 정신이 신에 의해 직접 정당화되고 신 안에서 〔직접〕 복되기 때문이다. 이는 마치, 만약 어떤 일개 군인이 왕에게 직접 종속된다고 말한다면, 그것은 왕에게 종속된 자 가운데 그보다 더 우월한 자가 없어서가 아니라 왕 이외의 그 누구도 그의 주인이 아니기 때문인 것과 마찬가지다.

반론 12에 대한 대답: 영혼도 천사도 온전한 신의 형상(*imago Dei*)은 아니다. 오직 성자(*Filius*)만이 그러하다. 그러므로 그들이 〔즉, 영혼과 천사가〕 같은 종에 속해야만 하는 것은 아니다.

반론 13에 대한 대답: 언급된 정의가 영혼에게 적용되는 방식은 〔그것이〕 천사에게 적용되는 방식과 동일하지 않다. 왜냐하면 천사가 비물체적 실체인 것은 그것이 육체도 아니고 육체와 결합하지도 않기 때문인데, 영혼은 그렇다고 말할 수 없기 때문이다.

반론 14에 대한 대답: 영혼과 천사가 종적으로 같다고 주장하는 사람들은 이 〔반론 14의〕 논증에 가장 큰 무게를 부여하고 있지만, 〔이 논증이〕 필연적으로 〔그들이 의도하는〕 결론에 도달하는 것은 아니다. 왜냐하면 궁극적 차이 — 이것은 마치 앞선 모든 것들에 대한 현실태와도 같은 것이기 때문에 — 는 본성의 고상함에서뿐만 아니라 〔본성의〕 규정성에서도 더 우월해야만 하기 때문이다. 그러므로 천사와 영혼에게서 가장 고상한 것은 '지적임'이 아니라 '이 또는 저 방식으로 지적임'이다. 이는 감각가능한 것들〔의 영역으〕로부터 분명히 알 수 있는데, 만약 그렇지 않다면 모든 짐승들은 동일한 종에 속할 것이기 때문이다.

반론 15에 대한 대답: 영혼은 종의 부분이지만, 그럼에도 불구하고 종을 부여하는 원리이며, 바로 이 관점에서 영혼의 종에 대해 물을 수 있다.

반론 16에 대한 대답: 정의될 수 있는 것은 오직 적절한 의미에서의 종뿐이지만, 그럼에도 불구하고 모든 종이 정의될 수 있어야만 하는 것은 아니다. 비물질적 사물들의 종은, 사변학에서 무엇인가가 인식되는 것처럼 정의나 증명을 통해서가 아니라, 그들 자체에 대한 단순직관(*simplex intuitus*)을 통해 인식되기 때문이다. 그러므로 천사는—우리는 그들의 '무엇임'(*quid est*)을 알지 못하기 때문에—적절하게 정의될 수 없지만, 어떤 부정들을 통해 〔즉, 소극적이고 부정적인 방식으로〕 알려질 수는 있다. 나아가 영혼은 육체의 형상(*corporis forma*)으로 정의될 수 있다.

반론 17에 대한 대답: 유와 종은 두 가지로 이해될 수 있다. 하나는 형이상학과 자연학에서 고려되는 것처럼 실재적으로 고려하는 것(*secundum considerationem realem*)인데, 이 경우 유와 종은 다양한 여러 본성들에 근거한다. 이런 방식에서는, 정신적 실체 안에 유나 종차가 없다거나, 그들은 단지 형상일 뿐이라거나, 단순한 〔합성되지 않은〕 종이라고 말하지 못하게 하는 것은 아무것도 없다. 다른 하나는, 논리적으로 고려하는 것(*secundum considerationem logicam*)인데, 여기서 유와 종은 다양한 본성들이 아니라 고유한 어떤 것〔즉, 종차에 해당하는 것〕과 공통적인 어떤 〔즉, 유에 해당하는 것〕이 그 안에서 고려될 수 있는 하나의 본성에만 근거한다. 이런 방식에서는 정신적 실체 안에 유와 종차가 상정되지 못하게 하는 것은 아무것도 없다.

반론 18에 대한 대답: 유와 종차에 대해 자연적·실재적으로 말하자면 종차들은 대립(*contraria*)적이어야만 한다. 유의 본성이 근거하는 질료는 대립되는 형상들을 수용하는 것이기 때문이다. 그러나 논리적으로 고려할 경우, 수들의 차이—대립은 아닌—에서 분명히 드러나는 것처럼 차이(*differentia*) 안에 어떤 종류든 간에 반대(*oppositio*)가 있는 것만으로 충분하다. 그리고 정신적 실체들의 경우에도 이와 비슷하다.

반론 19에 대한 대답: 질료는 종을 부여하지 않지만, 그럼에도 불구하고 질료가 형상에 대해 지니는 연관성으로부터 형상의 본성은 고려된다.

제8문

지적 영혼은 인간의 육체 같은 그러한 육체와 결합해야만 하는가*

여덟째 문제는, 지적 영혼은 인간의 육체 같은 그러한 육체와 결합해야 마땅한가 하는 것이다.

반론 1: 그렇지 않아 보인다. 왜냐하면 지적 영혼(*anima rationalis*)은 육체와 결합한 형상들 중에 가장 현묘한(*subtillissima*)[1] 것이기 때문이다. 그런데 흙(*terra*)은 육체(*corpus*)들 가운데 가장 하위이다. 그러므로 흙으로 된 육체와 결합하는 것은 적합하지 않다.

반론 2: 그런데 한편에서는, 흙으로 된 이 육체는 균등한 복합(*equalitas complxionis*)으로 된 것이기 때문에, 전적으로 그 어떤 대립자들도 없는 하늘(*caelum*)과 유사성을 지니며, 그래서 지적 영혼이 그에 적절하게 결합할 수 있을 만큼 고귀해졌다고 말하기도 한다.— 하지만 그렇다고는 할 수 없다. 만약 인간 육체의 고귀함이 천상물체

---

* 병행문헌: *In II Sent.*, d.I, q.2, a.5; , II, c.90; *ST.*, I, q.76, a.5; q.91, a.1 et 3; *In De anima.*, I, 8; *De malo*, q.5, a.5.

1) 영혼이 '가장 현묘하다'는 표현의 또 다른 출처로는 *In De anima.*, I, 6: "sine dubio anima incorporalissima et subtilissima est"가 있다.

(*corpus caelestus*)와 유사해지는 데서 성립한다면, 이로부터 천상물체가 〔인간 육체보다〕 더 고귀하다는 결론이 나온다. 그런데 지적 영혼은 자신이 지닌 지성의 능력에 의해 모든 육체를 능가하기 때문에 그 어떤 육체보다도 고귀하다. 그러므로 지적 영혼은 오히려 천상물체와 결합해야 마땅하다.

반론 3: 그런데 한편에서는, 천상물체가 지적 영혼보다 완전성에서 더 고귀하다고 주장하기도 한다.—하지만 그렇다고는 할 수 없다. 만약 천상물체의 완전성이 지적 영혼〔의 완전성〕보다 더 고귀하다면, 그것은 지적인 것이어야 마땅하다. 왜냐하면 지적인 것은 그것이 어떤 것이든 간에 지적이지 않은 모든 것보다 더 고귀하기 때문이다. 그러므로 만약 천상물체가 그 어떤 지적 실체에 의해 완성된다면, 그 〔지적 실체〕는 단지 〔천상물체의〕 원동자(*motor*)이거나 아니면 형상이기까지 할 것이다. 만약 단지 원동자에 불과하다면, 인간의 육체가 천상물체보다 더 고귀한 방식으로 완성된 것이라는 점은 여전히 남는다. 왜냐하면 형상은 그것을 형상으로 하는 것에게 종(*species*)을 부여하지만 원동자는 그렇지 않기 때문이다. 이렇게 볼 때 그 자신의 본성에 따라서는 전혀 중요하지 않은 어떤 것이 가장 고귀한 작용자의 도구가 되지 못하게 하는 것은 아무것도 없다. 그런데 만약 지적 실체가 천상물체의 형상이기까지 하다면, 그러한 실체는 오직 지성만을 지닌 것이거나 아니면 지성과 더불어 감각과 다른 능력들을 지녔을 것이다. 만약 그것이 감각과 다른 능력들을 지녔다면, 그러한 능력들은 반드시 기관들—〔그 능력들이〕 작용하기 위해 요구되는—의 행위여야 할 필요가 있기 때문에, 천상물체들은 유기적 육체여야 한다는 결론이 뒤따르는데, 이는 그 자신의 단순함과 균일함에 상충된다. 반면에 만약 그것이 지성만을 지닌 것이며 감각에 의해서는 아무것도 수용하지 않는다면, 그러한 실체는 결코 육체와의 결합을 필요로 하지 않을 것이다. 지성의 작용은 육체적 기관을 통하지 않기 때문이다. 따라서 육체와 영혼의 결합은 육체 때문이 아니라 영혼 때문—왜냐하면 질료가 형상 때문에 있는 것이지 그 반대가 아니기 때문—이므로, 지적 실체가 천상물체에 그것의 형상으로서 결합하지는 않는다는 결론이 나온다.

반론 4: 그뿐 아니다. 창조된 모든 지적 실체들은 자신의 본성에 따라 죄를 지을 가능성을 지닌다. 왜냐하면 그것은 최고선인 신으로부터 돌아설 수 있기 때문이다. 그러므로 만약 어떤 지적 실체들이 천상물체들에게 〔그것들의〕 형상으로서 결합된다면, 그것들은 죄를 지을 수 있는 것들이라는 결론이 된다. 그런데 죄에 대한 삯은 사망(*pena peccati est mors*), 즉 육체로부터 영혼의 분리(*separatio animae a corpore*)이며 지옥에서 받을 죄인들의 고통이다. 그러므로 천상물체들이 영혼과의 분리에 의해 살해당하는 일과 영혼들이 지옥에 던져지는 일이 일어날 수 있게 된다.

반론 5: 그뿐 아니다. 모든 지적 실체들은 지복(*beatitudo*)을 성취할 수 있다. 그러므로 만약 천상물체가 지적 영혼에 의해 생기가 불어넣어진 것이라면, 그러한 영혼은 지복을 달성할 수 있는 것이다. 이와 같은 영원한 지복 안에는 천사들과 인간들만 있는 것이 아니라, 그 중간적 본성〔을 지닌 것〕들도 있다. 비록 거룩한 교사(*doctores sancti*)들은 성인/신자들의 공동체(*societas sanctorum*)가 인간들과 천사들로 구성된다고 가르침에도 불구하고 말이다.

반론 6: 그뿐 아니다. 아담의 육체는 지적 영혼〔과의 결합〕에 적합한 것이었다. 그런데 우리의 육체는 그의 육체와 유사하지가 않다. 왜냐하면 원죄 이전의 그의 육체는 불사(*immortale*)이고 불가해/불고통(*impassibile*)한 것인 데 반해, 이 성질들을 우리의 육체는 지니지 못했기 때문이다. 그러므로 우리가 지닌 것 같은 그런 성질의 육체는 지적 영혼〔과의 결합〕에 적합한 것이 아니다.

반론 7: 그뿐 아니다. 가장 고귀한 원동자에게는 그 작용을 위해 가장 잘 정비되고 복종하는 도구가 주어져야 마땅하다. 그런데 지적 영혼은 하위〔자연〕의 원동자들 가운데서는 고귀하다. 그러므로 자신의 작용을 위해 가장 잘 말을 듣는 육체를 받아 마땅하다. 그런데 그것은 우리가 가지고 있는 그런 육체가 아니다. 왜냐하면 육신은 정신에 저항하고, 영혼은 욕망과의 싸움으로 인해 이리저리로 분산되기 때문이다. 그러므로 지적 영혼이 이와 같은 육체와 결합해야만 하는 것은 아니다.

반론 8: 그뿐 아니다. 지적 영혼에게는 〔자신에 의해〕 완성될 수 있는 육체 안에서 풍부한 생기(*spiritus*)들〔을 지니는 것〕이[2] 적합하다. 그러므로 인간의 심장은 생기를 생산해 내는 능력인 한 다른 모든 동물들에 비해 최고로 뜨거운데, 열과 생기의 산출능력에서 비롯된 인간 육체 자체의 직립이 바로 이 점을 드러낸다. 그러므로 지적 영혼은 영적 육체와 결합되는 것이 전적으로 어울린다.

---

2) 〔역주〕《영혼에 관한 토론문제》의 영역본 가운데 하나인 John Patrick Rowan, *The Soul*(Herder Book co., 1949), p. 95, fn. 4에서는 이 구절에 대해 "고대인들은 심장이 그 자연적 열에 의해 육체를 관통하면서 이른바 생명작용의 대부분을 수행하는 '생기'(*animal spirits*)를 산출한다고 믿었는데, 이 구절은 이를 암시한다"고 설명하고 있다.

반론 9: 그뿐 아니다. 영혼은 불가멸적 실체(*substantia incorruptibilis*)이다. 그런데 우리의 육체는 가멸적이다. 그러므로 그러한 육체에 지적 영혼이 결합하는 것은 어울리지 않는다.

반론 10: 그뿐 아니다. 지적 영혼은 인간의 종을 구성하기 위해 육체와 결합한다. 그런데 인간 종은 영혼과 결합하는 육체가 불가멸적일 경우에 더 잘 보존된다. 왜냐하면 종의 보존을 위해 생성에 의할 필요가 있기보다는, 수적으로 동일한 것들 안에서 보존될 수 있을 것이기 때문이다. 그러므로 인간 영혼은 불가멸적 육체와 결합해야 마땅하다.

반론 11: 그뿐 아니다. 인간의 육체는 하위 육체들 가운데 가장 고귀한 것이기 위해서라도 모든 육체들 가운데 가장 고귀한 천상물체와의 유사성을 지녀야만 한다. 그런데 천상물체에게는 대립성(*contrarietas*)이 전적으로 결여되어 있다. 그러므로 인간 육체도 대립성에 관한 한 최소한(*minimum de contrarietate*)만을 지녀야 한다. 그런데 우리 육체는 최소한의 대립성만을 지닌 것이 아니다. 왜냐하면 돌이나 나무 같은 다른 육체들이 〔인간의 육체보다〕 훨씬 더 지속적이기 때문, 그리고 대립성은 〔지속을 파괴하는〕 분리소멸(*dissolutio*)의 원리이기 때문이다. 그러므로 지적 영혼은 우리들이 가진 것과 같은 그러한 육체와 결합하는 것이 마땅하지 않다.

반론 12: 그뿐 아니다. 영혼은 단순한 형상(*forma simplex*)이다. 그런데 단순한 형상은 단순한 질료(*materia simplex*)와 어울린다. 그러므로 지적 영혼은 불이나 공기 혹은 그 비슷한 부류와 같은 어떤 단순한 육체와 결합해야 마땅하다.

반론 13: 그뿐 아니다. 인간 영혼은 원리들과 공통점을 지닌 것처럼 보인다. 그렇기 때문에 《영혼론》 I권에서 나타나듯이[3] 옛 철학자들은 영혼이 자연의 원리들로 이뤄져 있다고 주장했던 것이다. 그런데 육체의 원리들은 요소물질(*elementum*)들이다. 그러므로 비록 영혼은 요소물질도 아니고 요소물질들로 이뤄진 것도 아닐지언정, 최소한 그것은 불이나 공기 또는 그와 같은 어떤 요소물질로 이뤄진 육체와 결합해야 한다.

반론 14: 그뿐 아니다. 유사한 부분들로 이뤄진 육체들은 유사하지 않은 부분들로 이뤄진 육체에 비해 단순함으로부터 훨씬 덜 멀어져 〔즉, 단순함에 가까이〕 있다 . 그러므로 영혼은 단순한 형상이기 때문에 유사하지 않은 부분들로 이뤄진 육체보다는 유사한 부분들로 이뤄진 육체와 결합해야 마땅하다.

반론 15: 그뿐 아니다. 영혼은 형상으로서 그리고 운동자로서 육체와 결합한다. 그러므로 형상들 가운데 가장 고귀한 것인 지적 영혼은 운동을 위해서도 가장 민첩한(*agillimo*) 육체와 결합해야 마땅했다. 하지만 그 반대인 것처럼 보인다. 왜냐하면 새의 육체가 인간의 육체보다 운동에 더 민첩하며, 많은 다른 동물들의 육체도 역시 마찬가지이기 때문이다.

반론 16: 그뿐 아니다. 플라톤은 형상의 부여자가 질료의 마땅함(*merita materiae*)에 따라 형상을 부여한다고 말하는데, 이를 사람들은 질료의 성품(*dispositiones materiae*)이라고 부른다. 그런데 인간 육체

3) Aristoteles, *De anima*, I, 403b31-405b30. 이에 더해서 St. Thomas, *In De anima.*, I, 3-5 참조.

는 보다시피 형상의 그러한 고귀함에 해당하는 성품을 지니지 않는다. 왜냐하면 그것은 둔탁하고 가멸적이기 때문이다. 그러므로 영혼이 그러한 육체와 결합하는 것은 마땅하지 않다.

반론 17: 그뿐 아니다. 상위의 지적 실체들〔안의 가지적 형상들〕과 비교해 볼 때 인간 영혼 안에는 훨씬 더 특수한 가지적 형상(*forma intelligibilis*)들이 있다. 그런데 그러한 형상들은 이 특수한 것들의 생성과 소멸의 원인인 천상물체의 작용에 어울린다.

반론 18: 그뿐 아니다. 어떤 것이 자연적인 방식으로 움직이는 것은 자기 자신의 〔본성에 따라 있어야 마땅한〕 장소에(*in suo ubi*) 있는 동안이 아니라 오직 고유한 장소 밖에(*extra proprium ubi*) 있을 때 만이다. 그런데 하늘(*caelum*)은 자기 자신의 장소에 존재하는 동안에도 움직인다. 그러므로 그것은 자연적 방식으로 움직이는 것이 아니다. 그러므로 그것은 영혼에 의해 움직이며, 그래서 자기 자신에게 결합되어 있는 영혼을 갖고 있다.

반론 19: 그뿐 아니다. 선포하기(*enarrare*)는 지적 실체의 행위이다. 그런데 시편에서 말하듯이 "하늘들은 신의 영광을 선포한다." 그러므로 하늘은 지적 존재이며, 따라서 그들은 지적 영혼을 지녔다.

반론 20: 그뿐 아니다. 영혼은 형상들 가운데 가장 완전한 것이다. 그러므로 그것은 완전한 육체와 결합해야 마땅하다. 그런데 인간 육체는 가장 불완전하다. 왜냐하면 그것은 방어하거나 공격하기 위한 아무런 도구도 갖지 않았고, 위장〔을 위한 수단〕도 갖지 않았으며, 자연이 다른 동물들의 육체들에 부여한 그 어떤 그런 종류의 것도 지니지 않았기 때문이다. 그러므로 그러한 영혼이 그와 같은 육체에 결합하는 것은 마땅치 않다.

이와는 반대로(*Set Contra*): 《집회서》 17장에서는[4] 신이 사람을 흙에서 창조하시고 자신의 형상에 따라 만드셨다(*Deus de terra creavit hominem et secundum imaginem suam fecit illum*)고 말한다. 그런데 신의 작품들은 모두 적합하고 적절하다. 왜냐하면 《창세기》 1장에서[5] "신이 만들어진 모든 것을 보니 그 모든 것이 좋았더라"고 말하기 때문이다. 그러므로 신의 형상이 그 안에 있는 지적 영혼이 흙으로 된 육체와 결합되는 것은 적합하다.

나의 대응: 질료가 형상 때문에 있는 것이지 그 반대가 아니기 때문에, 〔영혼이〕 어떤 종류의 육체와 결합해야 하는지에 대한 이유는 영혼 쪽에서 취해야 한다. 그렇기 때문에 《영혼론》 II권에서는 영혼은 육체의 형상이자 원동자일 뿐 아니라, 목적이기도 하다고 말하는 것이다. 그런데 앞서의 토론문제들로부터 인간 영혼이 육체와 결합하는 것은 자연스러운 것임이 분명히 드러났다. 왜냐하면 감각가능한 사물들의 질서에서 제1질료(*prima materia*)가 가장 하위이듯이 지적 실체들의 질서에서는 〔인간 영혼이〕 가장 하위이기 때문에, 인간 영혼은 자신의 고유한 작용인 이해하기(*intelligere*)를 수행할 수 있도록 해주는 수단인 가지상(*species intelligibilis*)들을 자신에게 생득적인(*naturaliter inditas*) 것으로 지니지 않는다. 보다 상위의 지적 실체들

---

4) 《집회서》 17장 1-3절.
〔역주〕 앞에 소개된 번역 대본의 각주와는 달리 Robertus Weber가 편집하여 Deutsche Bibelgesellschaft에서 발행한 *Vulgata*(1964년 초판, 1994년 4판)에는 인용된 성서구절이 《집회서》 17장 1절에 모두 나와 있다.

5) 《창세기》 1장 31절.

은 그런 것들〔즉, 생득적인 가지적 형상들〕을 지니는 데 비해서 말이다. 그러나 《영혼론》 III권에서 말하듯이 〔인간 영혼은〕 그 안에 아무것도 쓰여 있지 않은 백지(*tabula*)와 같은 것이기 때문에, 그것〔즉, 가지상〕들에 대해 가능태에 있다. 그러므로 〔인간 영혼은〕 외부의 사물들로부터 가지상들을 감각능력들을 매개로 하여 수용해야 하는데, 이들〔감각능력들〕은 육체적 기관이 없이는 그 고유한 작용들을 수행할 수 없다. 그러므로 인간 영혼은 육체와 결합해야 할 필요가 있다.

그러므로 만약 이런 이유 때문에 인간 영혼이 육체와 결합해야 하는 것이라면, 그것은 감각을 매개로 사물들로부터 가지상들을 수용해야 하기 때문에, 지적 영혼이 결합하는 육체는 그것으로부터 지성 안에 가지상이 결과될 〔출처가 되는〕 감각상(*species sensibilis*)을 〔지성에게〕 제시/표현(*repraesentare*)하기 위해 가장 적합할 수 있는 그런 것이어야 할 필요가 있다. 그러므로 지적 영혼이 결합하는 육체는 감각작용을 위해 최고 성품(*dispositio*)을 지닌 것이어야만 한다.

그런데 감각은 비록 〔하나가 아니라〕 여럿이지만, 그럼에도 불구하고 하나〔의 감각〕, 즉 촉각(*tactus*)이 다른 것들의 근거(*fundamentum*)이며, 감각의 본성 전체가 주로 그에 의존한다. 그렇기 때문에 《영혼론》 II권에서는[6] 애초에 '동물'(*animal*)이라고 불린 것은 바로 이 감각 때문이라고 말한다. 잠잘 때 그런 것처럼 이 감각이 활동하지 않을 경우에 다른 감각들도 모두가 움직이지 않는 것은 바로 그 때문이다. 또한 다른 모든 감각들은 시각이 너무 밝은 사물에 의해, 그리고 청각은 너무 큰 소리에 의해 그렇게 되듯이 〔각각에게〕 고유한 감각성질들의 〔과도한〕 탁월함에 의해 작동하지 못할 뿐 아니라, 나아가 강력한 더위나 추위처럼 촉각에 따르는 감각성질들의 탁월함에 의해

6) Aristoteles, *De anima*, II, 413b2-5.

서마저도 그렇게 된다. 그러므로 지적 영혼이 결합하는 육체가 감각 작용의 본성을 위한 최고 성품의 것이기 위해서는, 촉각에 가장 적합한 기관이어야 할 필요가 있다. 이런 이유 때문에 《영혼론》 II권에서는[7] 〔다른 감각능력들과는 달리〕 이 감각〔즉, 촉각〕의 경우에는 다른 모든 동물들의 것보다 우리〔인간〕들이 가진 것이 훨씬 더 정확하다고 말하며, 심지어는 어느 한 인간이 다른 인간보다 지적인 작용을 위해 더 적합한 이유가 바로 이 감각이 좋기 때문이라고까지 말한다. 왜냐하면 우리는 촉각에 더 뛰어난 유연한 육체들이 정신적으로도 더 적합하다는 것을 보기 때문이다.[8]

그런데 어떤 감각이든 간에 그것의 기관은 그 감각이 지각할 수 있는 그 어떤 대립물들도 현실적으로 지녀서는 안 되며, 도리어 그것들을 수용할 수 있기 위해 그들에 대해 가능태에 있어야 하기 때문에 — 왜냐하면 수용되는 것은 수용하는 자에게 〔원래는〕 없는 것이어야 하므로 — 촉각의 기관 안에 있는 것과 다른 감각들의 기관 안에 있는 것은 달라야 할 필요가 있다. 왜냐하면 시각의 기관인 눈동자(*pupilla*)는 흼과 검정을 전적으로 결여하고 있으며, 보편적으로 모든 종류의 색을 결여하고 있고, 청각이나 후각의 경우도 이와 비슷하기 때문이다. 그러나 촉각의 경우에는 그럴 수가 없다. 왜냐하면 촉각은 그것들로부터 동물의 육체가 구성되어야 할 필요가 있는 것들, 즉 더움과 참, 습함과 건조함[9]에 대해 인식하는 것이기 때문이다. 그러므로 촉

---

7) Aristoteles, *De anima*, II, 421a20-26. 이에 더해서 Nemesius, *De natura hominis*, c. 7도 참조할 것.
〔역주〕 아리스토텔레스는 《영혼론》의 이 부분에서 다른 감각은 인간이 동물들보다 뒤처지지만, 촉각에서만은 인간이 다른 동물들보다 더 정확하며, 그렇기 때문에 인간이 동물들 가운데 가장 이해를 잘한다고 말하고 있다.

8) *ST.*, I, q. 85, a. 7, c 참조.

9) 〔역주〕 이 네 가지 성질은 각기 4요소 물질 하나하나의 고유한 성질이기도

각의 기관이 자신의 감각대상이 되는 부류의 것을 전적으로 결여하는 것은 불가능하며, 차라리 〔대립자들 사이에서〕 중간(중립/중용)적인 것(*medium*)으로 환원되어야 마땅한데, 왜냐하면 그렇게 해서 대립자들에 대해 가능태에 있기 때문이다. 그러므로 지적 영혼이 결합하는 육체는 촉각에 가장 적합한 것이어야 할 필요가 있기 때문에, 〔그것을 구성하는 요소들과 성질들의〕 균등한 복합(*equalitas complexionis*)에 의해 가능한 한 최고로 중간(중립/중용)적인 것이어야만 한다.

이로부터 분명한 것은 하위자연의 작용 전체가 마치 가장 완전한 것에서 끝나는 것처럼 인간에게서 끝난다는 것이다. 왜냐하면 우리는 자연의 작용들이 단순한 요소물질들에서 시작하여 그것들을 혼합함으로써 혼합의 가장 완전한 양태 — 이 양태는 바로 인간의 육체에서 발견된다 — 에 이르기까지 점진적으로 진행하는 것을 보기 때문이다. 그러므로 지적 영혼이 결합하는 육체의 성품은 공통적으로 이러한 것, 즉 가장 잘 조화를 이루는 복합이어야 한다.

그런데 만약 인간 육체의 특수한 성품까지도 고려해보기 원하는 누군가가 있다면, 그는 〔인간 육체가〕 인간이 최상의 감각을 지니게끔 질서지어져 있다는 것을 발견할 것이다. 내적 감각능력들[10] — 예를 들어 구상력(*imaginatio*), 기억(*memoria*), 그리고 감각적 인식능력(*cogitativa virtus*) — 의 좋은 조건을 위해서는 뇌의 좋은 성품을 필요로 하기 때문에, 인간은 다른 모든 동물들보다 자신의 양적 크기〔즉, 몸집〕에 비해 더 큰 뇌를 갖도록 만들어졌다. 그리고 그의 작용이 보다 자유롭기 위해 머리는 위쪽에 위치한다. 왜냐하면 다른 동물들은

하다. 즉, 더움은 불의, 참은 물의, 그리고 습함은 공기의, 건조함은 흙의 고유한 성질이다.

10) 〔역주〕 내적 감각능력은 모두 4개이며, 본문에 언급된 것 이외에 공통감각(*sensus communis*)이 있다.

등이 굽은 채 다니는 데 반해, 오직 인간만이 직립동물이기 때문이다. 그리고 이 직립을 소유하고 보존하기 위해서는 심장에 열—많은 생기(*spiritus*)들이 생성될 수 있도록 해주는—이 많이 있어야만 하며, 그럼으로써 그 풍부한 열과 생기에 의해 육체는 직립 자세를 유지할 수 있는 것이다.[11] 그리고 이런 방식에 의해 인간의 육체가 지닌 성품의 의미/본성(*ratio*)이 그것이 인간의 고유한 특성 각각에 관한 것인 한 규정될 수(*assignanda*) 있다.

그럼에도 불구하고 질료로 구성된 이러한 것들 안에는 바로 그것 때문에 그러한 질료가 이 형상을 위해 선택된 이유가 되는 어떤 성품들이 질료 자체 안에 있다는 것, 그리고 〔그 질료를 선택한〕 작용자의 선택에서 비롯된 것이 아니라 질료의 필연성〔즉, 질료 자체에 필연적으로 속하는 성품〕으로부터 결과되는 또 다른 〔성품들〕도 있다는 점이 고려되어야만 한다. 예컨대 톱을 만들기 위해서 장인(*artifex*)은 그 톱이 자르는 데 사용될 수 있도록 하기 위해 〔다른 금속이 아니라〕 철의 단단함을 선택한다. 그런데 〔단단함 때문에 선택된 철이라는〕 질료의 필연성으로부터 톱날이 무뎌지거나 녹슬어버리는 일도 일어날 수 있다. 왜냐하면 장인은 만약 구할 수만 있다면 〔녹이 슬거나 무뎌지는〕 이런 일이 일어나지 않는 질료를 더 선호할 것이겠지만, 그런 것은 구할 수 없는 마당에, 내재된 그러한 결함 때문에 〔그 점 외에는 여전히〕 적합한 재료를 가지고 작품 만들기를 외면하지는 않을 것이기 때문이다. 이는, 그러므로 인간 육체의 경우에도 마찬가지다. 왜냐하면 〔인간 육체가〕 감각작용을 위해 최적이 되도록 이런 식으로 혼합되

11) 〔역주〕 Marietti판에는 다음 문장이 더해져 있다. "열은 〔나이가 들수록〕 자연적으로 줄어들기 때문에, 인간이 노년에는 등이 휜다는 것이 이에 대한 표식이다"(*Cuius signum est quod in senio incurvatur homo, cum calor naturalis debilitatur*).

고 부분들이 배열된 것은 이런 질료 안에서 인간을 만든 자(*factor*)가 선택한 것이다. 그런데 이런 육체가 가멸적(*corruptibile*)이거나, 쉽게 피곤해지거나(*fatigabile*), 이와 비슷한 종류의 결함을 지니는 것은 〔만든 자가 선택한 것이 아니라〕 질료의 필연성에서 생기는 것이다. 왜냐하면 이렇게 대립자들로부터 혼합된 육체는 그러한 종류의 결함에 필연적으로 종속되기 때문이다. 신은 그와 다른 식으로 만들 수도 있었을 것이라고 함으로써 이를 반박할 수는 없다. 왜냐하면 아우구스티누스의 《창세기 축자강해》에 의하면,[12] **자연 만들기**(*institutio naturae*)에서 질문의 대상이 되는 것은 '신이 무엇을 할 수 있는가'(*quid Deus facere possit*)가 아니라 '자연계가 만들어질 때 지니는 것은 무엇인가'〔즉, 자연계가 가진 성질은 무엇인가〕(*quid habeat rerum natura ut fiat*) 하는 것이기 때문이다.

그럼에도 불구하고 이런 결함들에 대한 치유책으로서, 신은 〔인간을〕 만들면서 원의의 도움(*auxilium iustitiae originalis*)을 인간에게 선사했으며, 이에 의해 영혼이 신에게 복종하는 한 육체가 전적으로 영혼에 복종하도록 했다는 것을, 그래서 영혼이 먼저 신에게서 이탈하지 않는 한 인간에게는 죽음도 일어날 수 없고 그 어떤 고난(*passio*)이나 결함(*defectus*)도 일어나지 않도록 했다는 것을 알아야만 한다. 그러나 죄로 인해 영혼이 신에게서 돌아섰을 때 인간은 이 특권을 빼앗겼고, 질료의 본성이 요구하는 결함들에 종속되었다.

반론 1에 대한 대답: 비록 영혼은 지적인 존재인 만큼은 가장 현묘

---

12) Augustinus, *De Gen./ ad litt.* II, 1: "nunc enim, quemadmodum deus instituerit naturas rerum, secundum scripturas eius nos convenit quaerere, non, quid in eis vel ex eis ad miraculum potentiae suae velit operari."

한 형상이지만, 그럼에도 불구하고 지적인 형상들의 유 가운데서는 (*in genere formarum intelligibilium*) 가장 열등한 것이므로, 감각을 통해 가지상을 수용할 수 있기 위해서는 〔요소들의〕 중용적 복합(*mediae complexionis*)으로 된 육체와의 결합이 요구되며, 따라서 영혼이 결합되는 육체는 무거운 요소물질들, 즉 흙과 물을 양적으로 〔불이나 공기보다〕 더 많이 가질 필요가 있다. 왜냐하면 불은 작용에서 훨씬 더 효율적인 능력이기 때문에 하위 요소물질들〔인 흙이나 물〕이 양적으로 매우 많지 않은 한 혼합, 특히나 〔모든 요소들이 균형을 이루는〕 중간적인 것(*medium*)으로의 혼합은 이뤄질 수 없다. 불은 다른 요소물질들을 태워버리기 때문이다. 그러므로 《영혼론》 II권에서[13] 철학자는, 혼합물체(*corpus mixtum*)들에게는 본성적으로 흙과 물이 더 많이 보유된다고 말한다.

반론 2에 대한 대답: 지적 영혼이 그러한 육체와 결합되어야 하는 것은 그것이 하늘(*caelum*)과 닮았기 때문이 아니라 그것이 균등한 복합으로 된 것이기 때문이다. 물론 〔육체의〕 이러한 점에는 대립자들〔의 갈등으〕로부터 자유롭다는 점에서 하늘과 어느 정도의 유사성이 동반된다. 하지만 그럼에도 불구하고, 아비첸나의 견해에 의하면[14] 〔지적 영혼이〕 그러한 육체와 결합하는 이유는 하늘과의 유사성 때문이다. 왜냐하면 〔아비첸나〕 자신은 보다 상위의 것에 의해 하위의 것이 원인지어지기를, 그렇기 때문에 결과적으로 하위 육체가 천상물체에 의해 원인지어지기를 희망하기 때문이다. 그리고 그것〔즉, 하위육체〕들이 균등한 복합에 의해 천상물체들과의 유사성에 도달하였을 때, 그것들은 〔아비첸나가〕 영혼이 부여된 것이라고 말하는 천상물체

13) Aristoteles, *De gener. et corr.* II, 334b31-335a5.

14) Avicenna, *Metaph.* IX, 4(ed. Van Riet pp. 476~488).

들의 형상과 비슷한 형상〔을 지닌 것〕으로 분류되는 것이다.

반론 3에 대한 대답: 천상물체가 영혼을 지녔는가에 대해서는 철학자들 사이에서뿐 아니라 신앙의 교사(*doctor fidei*)들 사이에서도 다양한 견해들이 있다. 철학자들 가운데 아낙사고라스는 만물을 다스리는 지성은 전적으로 비혼합되고(*immixtum*) 분리된(*separatum*) 것이며, 천상물체에는 영혼이 없다고 주장했다. 아우구스티누스가 《신국론》에서 말하는 바에 의하면,[15] 그는 태양이 마치 불타는 돌과 같은 것이라고 말했다는 이유로 심지어 죽음을 선고받았다고 말한다. 반면에 다른 철학자들은 천상물체들이 영혼을 지녔다고 주장했다. 그들 중 어떤 이들은[16] 신이 하늘의 영혼(*anima caeli*)이라고 말했는데, 이〔러한 신념〕은 우상숭배의 이유가 되어 하늘과 천상물체들에게 신적 숭배가 제공되게끔 하는 결과를 가져왔다. 한편 플라톤과 아리스토텔레스 같은 또 다른 사람들은, 비록 천상물체들이 영혼을 지녔다고 주장하기는 하지만, 그럼에도 불구하고 신은 하늘의 영혼보다 우월한 어떤 것이자 전적으로 분리된 것이라고 주장했다. 신앙의 교사(*doctor fidei*)들 가운데서도 오리게네스와 그의 추종자들은 천상물체가 영혼을 지녔다고 주장했다. 반면에 다마스케누스가[17] 그랬듯이 혹자들은 그것이 영혼이 없다고 주장했는데, 오늘날의 신학자들 사이에서는 이러한 입장이 보다 널리 취해지고 있다. 아우구스티누스는 《창세기 축자강해》 II권과 《엔키리디온》(*Enchiridion*)에서[18] 〔이

---

15) Augustinus, *De civit. Dei*, XVIII, 41.

16) 디오게네스 라에르티우스의 *Vitae Philosophorum* VII, 137의 자료에 의해 볼 때 여기서 '이들'은 스토아학파 사람들, 특히 제논(Zeno)과 크리시푸스(Chrysippus)를 말한다.

17) Damascenus, *De fide orth.* II, 6.

18) Augustinus, *De Gen. ad litt.* II, 18(SCEL 28-1, p. 62, v. 4-17; PL. 34,

문제를〕 미해결인 채로(*sub dubio*) 남겨 두었다. 그러므로 천상물체는 어떤 지성에 의해 — 적어도 분리된 어떤 것에 의해 — 움직인다는 점을 확실한 것으로(*pro firmo*) 받아들이면서, 〔제시된〕 논증 때문에 〔위의〕 두 입장 모두를 취하면서, 우리는 어떤 지적 실체(*substantia intellectualis*)가 〔천상물체의〕 형상으로서 천상물체의 완성이라고 말한다. 그런데 이〔지적 실체〕는, 비록 아비첸나가 하늘의 영혼은 지성과 더불어 구상력(*imaginatio*)까지도 지닌다고 주장함에도 불구하고, 사실상 아리스토텔레스가 《영혼론》 II권과 《형이상학》 XI권에서[19] 수용하는 구절에서 보는 것처럼 오직 지적 능력만을 지녔을 뿐 감각능력은 지니지 않는 것이다. 그런데 만약 그것이 지성만을 지니면서 그럼에도 불구하고 형상으로서 육체에 결합된다면, 〔그 결합의 이유는〕 지성의 작용〔을 위해 필요하기〕 때문이 아니라, 천체(*caelum*)의 운동(에 인과성을 행사함)을 통해 인과성을 행사하는 데 있어서 신적 유사성을 획득할 수 있도록 하는 어떤 능동적 능력의 수행을 위해서일 것[20]이다.

반론 4에 대한 대답: 비록 창조된 모든 지적 실체들은 그 자신의 본성에 따라서는 죄를 범할 수 있지만, 그럼에도 불구하고 신의 선택과 예정으로부터 은총의 도움을 통해 많은 것들이 죄를 범하지 않도록 보존되었는데, 천상물체의 영혼이 이들에 속한다고 주장하는 사람도 있을 수 있다. 다마스케누스가 그랬듯이[21] 죄를 범한 악령들

279-280); *Enchridion*, XV, 58(CCSL 46, p. 81; PL 40, 259-260).

19) Aristoteles, *De anima*, II, 414b17-19. 여기에 더해서 III, 434a27-28; 434b4-8; 435a11-b4 부분도 참조; *Metaph.*, XI, 1072a20-b1.

20) 이 견해는 토마스 자신의 입장은 아닌 것으로 보이는데, 이 점은 *De potentia*, q. 5, a. 5, resp.에서 확인해 볼 수 있다. 그리고 *SCG.*, IV, c. 97에서도 이러한 입장에 대해 설명하고 있다.

(*demones*) 은 〔원래의 천상질서가 아니라〕 하위 질서에 속한다고 주장하는 경우가 특히 그러하다.

반론 5에 대한 대답: 만약 천상물체에 영혼이 있다면, 그들의 영혼은 천사들의 무리에 속할 것이다. 왜냐하면 아우구스티누스가 《엔키리디온》에서,[22] "나는 사실 태양과 달과 온 별들이 그들〔과 같은 무리에 속하는지〕, 즉 천사들과 같은 무리에 속하는지의 여부에 대해서 확신이 없다. 비록 몇몇 사람들에게는 그것들이 감각과 지성은 지니지 않은, 〔그저〕 반짝이는 물체처럼 보임에도 불구하고 말이다"라고 말하기 때문이다.

반론 6에 대한 대답: 아담의 육체는 언급한 바와 같이 본성이 요구하는 바에 따라서뿐 아니라 은총이 베푸는 바에 따라서도 인간 영혼〔과의 결합〕에 적합했었다. 우리는 〔원죄로 인해〕 그 은총을 사실상 박탈당했지만, 본성은 동일하게 남아있다.

반론 7에 대한 대답: 대립되는 욕망에서 비롯되는 인간 내면의 갈등은 심지어 질료의 필연성으로부터도 발생할 수 있다. 만약 인간이 감각능력을 지닌다면, 즐거움을 주는 것들을 감각하고 그러한 것들에 대한 욕구가 일어나는 것이 인간에게 필연적인데,[23] 이런 것들의

---

21) Damascenus, *De fide orth.* II, 4.

22) Augustinus, *Enchiridion*, XV, 58(CCSL 46, p. 81, v. 62-65; PL 40, 260). 그리고 이에 대한 토마스 아퀴나스의 언급으로는 *SCG.*, II, c. 70; *De spir. creat.* a. 6, ad 3 참조.

23) 여기서 토마스 아퀴나스가 언급하는 욕구는 아리스토텔레스가 《니코마코스 윤리학》 III권 1118b8-10에서 '공통적'이라고 규정한 욕구들이다. 이와 관련해서 다음을 참조할 것. Aristoteles, *De anima*, III, 432b5-6; Nemesius,

대부분은 이성(*ratio*)과는 상충되기 때문이다. 그런데 원죄 이전 상태의 인간에게는 이〔러한 욕구〕에 대한 치유책이 은총을 통해 주어졌었다. 다시 말해 하위의 힘들〔즉, 감각능력들〕은 결코 〔상위능력인〕 이성에 반하여 움직일 수 없었다. 하지만 죄지음으로 말미암아 인간은 이것을 상실했다.[24]

반론 8에 대한 대답: 영(*spiritus*)들은 비록 능력들의 전달자(*vehiculum virtutum*)이지만, 그럼에도 불구하고 감각능력들의 기관일 수는 없다. 그러므로 인간의 육체는 오직 영들로만 이뤄진 것일 수는 없다.

반론 9에 대한 대답: 가멸성(*corruptibilitas*)[25]은 질료의 필연성 때문에 인간 육체에 수반되는 결함에서 비롯되는데, 이는 은총의 도움을 제거해버리게 한 원죄 이후에 특히 더 그러하다.

반론 10에 대한 대답: 보다 더 좋은 것은 질료의 필연성으로부터 결과되는 것들 안에서가 아니라 목적을 위해 있는 것들 안에서 찾아야 한다.[26] 왜냐하면 만약 동물의 형상이 요구하는 종류의 질료가

De natura hominis, c. 16; Damascenus, *De fide orth.*, II, 12.

24) 원죄 이전의 상태에 대한 이러한 입장에 대해서는 다음을 참조할 것. Hieronymus, *In Ephes*. III, super IV, 30(PL 26, 546); Augustinus, *De civitate Dei*, XIII, 13(CCSL 48, p. 395; PL 41, 386); *De pecc. remiss. et bapt. paru*. I, 16(CSEL 60, p. 20, v. 25-p. 21, v. 2; PL 44, 120).

25) 가멸성에 대해서는 *Comp. theol*. I, c. 152 참조.

26) 이 구절은 아리스토텔레스의 다음 두 원리가 합쳐서 나온 것이다. ⓐ "왜냐하면 '더 좋다'는 것은 그런 식, 즉 무조건적으로가 아니라 각각의 실체에 대한 것이기 때문이다"(*Phys.*, II, 198b8). ⓑ "개체의 속성들에게서 탐구되는 것은 목적인이 아니라 단지 질료인일 뿐이다"(*De gener. animalium*, V, 778a29-b10).

본성적으로 그러한 것〔즉, 불가멸적인 것〕임이 분명할 경우에만 동물의 육체는 불가멸적인 것이 〔그렇지 않은 것보다〕 더 좋을 것이기 때문[27]이다.

반론 11에 대한 대답: 돌이나 쇠붙이처럼 요소물질들에 가장 근접한 것들이면서 또한 매우 큰 대립성을 지닌 것들이 훨씬 더 지속적이다. 왜냐하면 그들 안에는 〔복합의〕 조화(*harmonia*)가 적으며, 그래서 그것들은—보다 섬세하게 균형을 이룬 것들의 조화일수록 쉽게 깨지기 때문에—쉽사리 분해되지 않기 때문이다. 그럼에도 불구하고 습기(*humidum*)는 쉽게 말라버리거나 얼어붙지 않고[28] 열(*calidum*)도 역시 쉽게 꺼지지 않는다는[29] 점이 동물들의 생명이 〔깨지기 쉬운 섬세한 조화를 이루고 있음에도 불구하고〕 길게 이어지는 원인이다. 생명은 열과 습기 안에서 존립하기 때문이다.[30] 그런데 이런 것이 인간에게서는 〔육체를〕 중간적인 것(*medium*)이게 하는 복합을 위해 요구되는 어떤 기준에 따라 있게 된다. 그러므로 인간의 경우 어떤 복합은 더 지속적이고, 어떤 복합은 덜 지속적이다.[31]

---

27) 〔역주〕 다시 말해 그 자체로만 볼 때는 본성상 불가멸적인 육체가 가멸적인 육체보다 더 좋다고 할 수 있다. 그러나 육체가 형상을 위해 형상과 결합한다는 관점에서 고려할 때, 육체가 가멸적이어야 하느냐 아니냐는 형상이 어떤 육체를 요구하느냐에 의해 결정되는 것이지 그 자체만으로 판단될 수 있는 것은 아니다. 만약 형상이 불가멸적 육체가 아니라 가멸적 육체를 요구한다면, 그럼에도 불구하고 육체가 불가멸적인 것은 육체의 목적인 형상의 관점에서 볼 때 좋음이기보다 나쁨일 수 있다. 그 자체만 볼 때 생명력에서 탁월한 암세포가 전체로서의 개인에게는 좋음이기보다 나쁨인 것이 이의 구체적인 예이다.

28) Aristoteles, *De long. et brev. vitae*, V, 466a30-32 참조.

29) Aristoteles, *De iuv. et senectute*, IV, 469b19-20 참조.

30) Aristoteles, *De long. et brev. vitae*, V, 466a18-20 참조.

반론 12에 대한 대답: 인간의 육체는 단순 육체(*corpus simplex*)일 수 없고, 천상물체일 수도 없다. 왜냐하면 〔만약 그런 것일 경우 인간의 육체는〕 감각의 기관 특히 촉각의 기관이 되는 것이 불가능하기 때문이다. 또한 단순한 요소물질일 수도 없다. 왜냐하면 요소물질 안에는 대립이 현실적으로 있는 데 반해, 인간 육체는 〔모든 대립이 균형과 조화로 승화된〕 중간적인 것이 되어야 마땅하기 때문이다.

반론 13에 대한 대답: 옛 자연〔철〕학자들은 모든 것을 아는 영혼은 모든 것과 현실적으로 유사해야 마땅하다고 판단했다. 그러므로 그들은 그것〔즉, 영혼〕이 요소물질 — 그것으로부터 모든 사물들이 구성된다고 일컫는 원리라고 자신들이 주장한 — 의 본성을 지닌다고, 그렇기 때문에 영혼은 모든 것들과 유사하고 또한 모든 것들을 아는 것이라고 주장했다. 그런데 아리스토텔레스는[32] 곧이어 영혼은 모든 것에 대해 가능적으로 — 현실적으로가 아니라 — 유사한 한에서(*in quantum est similis omnibus in potentia, non in actu*) 모든 것을 안다는 것을 보여주었다. 그러므로 〔영혼이〕 결합되는 육체는 〔최상위인 불이나 최하위인 흙처럼〕 극단에(*in extremo*) 있는 것이기보다는 중간에(*in medio*) 있는 것이어야 하며, 그래서 대립들에 대해 가능태에 있어야만 한다.

반론 14에 대한 대답: 비록 영혼은 그 본질에서는 단순하지만, 그럼에도 불구하고 그 능력에서는 다각적(*multiplex*)이며, 〔능력이〕 많

31) 〔역주〕 Marietti판에는 다음 문장이 더해져 있다. "et secundum hoc quidam homines durabiliores sunt aliis"(그리고 이에 따라 어떤 인간들은 다른 사람들보다 더 오래 산다).

32) Aristoteles, *De anima*, III, 429a18-24. 이외에도 III, 429b29-430a2; Thomas, *In De anima.*, III, 1 참조.

으면 많을수록 〔영혼은〕 그만큼 더 완성될 것이다. 그렇기 때문에 유사하지 않은 부분들로 이뤄진 유기적 육체가 요구된다.[33]

반론 15에 대한 대답: 영혼이 육체와 결합하는 것이 장소이동〔이라는 운동〕[34]을 위해서가 아니라, 오히려 인간이 수행하는 장소이동이—다른 동물들의 경우와 마찬가지로—영혼과 결합된 육체를 보존하기 위해서이다. 영혼이 육체와 결합하는 것은 그것의 고유하고 주요한 작용인 이해하기(*intelligere*)를 위해서이다. 그러므로 지적 영혼(*anima rationalis*)에 결합된 육체는 〔영혼의 작용인〕 이해하기를 위해 필요한 것들(*necessaria ad intelligendum*)을 영혼에게 공급하기 위한 목적에 최고로 적합하도록 배열된 것일 필요가 있다. 그리고 민첩함 등과 같은 특징은 이러한 성품(*dispositio*)이 허용하는 만큼만 지닌다.

반론 16에 대한 대답: 플라톤은 주장하기를,[35] 사물의 형상들은 그 자체로서 자립하는(*subsistens*) 것들이며, 질료가 형상들에 참여하는 것은 질료 때문, 즉 질료가 완성되기 위해서이지 그 자체로서 자립하는 형상들 때문인 것은 아니라고 했다. 그러므로 이로부터 형상들이 질료에 주어지는 것은 〔형상이 지닌 이유에 따라서가 아니라〕 질료가 지닌 근거에 따라서라는 결론이 뒤따른다. 그런데 아리스토텔레스의 진술에 의하면[36] 자연적 형상은 그 자체로서 자립하지 않으며, 따라서 형상이 질료에 결합하는 것은 질료 때문이 아니라 형상

---

33) *SCG.*, II, c. 86 참조.

34) 장소운동 혹은 장소이동(*motus localis*)에 대해서는 Aristoteles, *De anima*, II, 414b17 참조.

35) Platon, *Timaeus*, 50B-51C; Aristoteles, *Metaph.*, I, 987b1-14. 그리고 이에 더해서 Alggazel, *Metaph.*, II, tr. IV, 5 부분도 참조.

36) Aristoteles, *Metaph.*, I, 990b 이하.

때문이다.[37] 그러므로 질료가 이러저러하게 배열된 것이기 때문에 〔그에 어울리는〕 그러한 형상이 그〔질료〕에게 주어지는 것이 아니라, 형상이 그러한 것이기 때문에 질료가 이러저러하게 배열되어야 마땅한 것이다. 그래서 앞에서[38] 말하기를, 인간의 육체는 〔인간의 영혼과 같은〕 그러한 형상에 어울리도록 배열된다고 한 것이다.

반론 17에 대한 대답: 천상물체가 비록 생성되고 소멸되는 특수한 것(*particularis*)들의 원인이기는 하지만, 그럼에도 불구하고 천상물체는 오직 그들의 공통작용자(*agens commune*)로서만 그것들의 원인이다. 그렇기 때문에 그것 〔즉, 천상물체〕 밑에 각각의 규정된 종들을 위한 규정된 작용자들이 있을 필요가 있다. 그러므로 천상물체를 움직이는 자는 그것이 영혼이든 아니면 분리된 원동자이든 간에 특수한 형상들이 아니라 보편적 형상들을 지녀야만 한다. 그럼에도 불구하고 아비첸나는 하늘의 영혼(*anima caeli*)은 특수한 것들을 이해할 수 있게끔 해주는 구상력을 지녀야 마땅하다고 주장했다. 왜냐하면 하늘의 영혼은 하늘 운동의 원인이기 때문에, 그리고 그 운동에 의해 하늘이 이곳저곳(*in hoc ubi et in illo*) 새로워지는 것이므로, 운동의 원인인 하늘의 영혼은 '지금 여기'(*hic et nunc*)〔즉, 시공간〕를 알 수 있어야만 하며, 그래서 어떤 감각능력을 지녀야만 한다는 것이다. 하지만 이것은 필연적인 것은 아니다. 무엇보다도 먼저 하늘의 운동은 항상 한결같이 고르며 방해받지 않기 때문이다. 그러므로 그러한 운동을 원인짓기 위해서는 보편적 개념만으로 충분하다(왜냐하면 영혼의 운동에서 특수한 개념은 발생할 수도 있는 운동의 불규칙성과 방해물들

37) 이 책 제8문 '나의 대응'의 첫째 문단 첫째 문장 참조. "질료가 형상 때문에 있는 것이지 그 반대가 아니기 때문에 … ."

38) 이 책 제8문의 '나의 대응'의 2-6문단.

때문에 필요한 것이기 때문이다).[39] 다음으로, 다른 곳에서[40] 보여준 것처럼, 보다 상위의 지적 실체들은 감각능력 없이도 특수한 것들을 인식할 수 있기 때문이다.

반론 18에 대한 대답: 하늘의 운동은 그 운동의 수동적(*passivum*)[41] 혹은 수용적(*receptivum*) 원리 때문에 자연적이다.[42] 왜냐하면 그러한 〔즉, 천체 같은〕 물체에게는 그러한 〔즉, 하늘의 운동 같은〕 운동이 자연적으로 어울리기 때문이다. 하지만 이 운동의 능동적 원리는 어떤 지적 실체이다.[43] 그런데 자기 자신의 장소에 존재하는 그 어떤 육체도 자연적으로는 운동하지 않는다는 말은 직선운동을 하는 물체에 대한 것으로 이해되는데, 이런 것은 전체적으로, 즉 이해의 관점에서(*ratione*) 뿐만이 아니라 주체의 측면에서(*subjecto*)도 장소를 바꾼다.[44] 그러나 원순환적으로 운동하는 물체는 주체의 측면에서 〔사물〕 전체가 실제로 장소를 바꾸는 것이 아니라 단지 이해의 관점에서

---

39) 〔역주〕 번역의 대본인 Leonina판에는 본문처럼 이 문장이 괄호를 사용하여 처리되는 반면에, Marietti판에는 괄호 없이 본문으로 처리되어 있다.

40) *In II Sent.*, d. 3, q. 3, a. 3; *De verit.*, q. 8, a. 11; *SCG.*, II, c. 96. 그리고 *ST.*, I, q. 57, a. 2도 참조.

41) 수동적 원리 때문이라는 것에 대해서는 *ST.*, I, q. 70, a. 3, ad 4; *In De caelo*, II, 3, n. 2; *De spir. creat.*, a. 6, ad 7.

42) 하늘의 운동은 자연적이라는 주장에 대해서는 Aristoteles, *De caelo*, I, 269a32(*ST.*, I, q. 70, a. 3, arg 4에서 언급); Averroes, *Super De caelo*, I, 12-14(*In II Sent.*, d. 14, q. 1, a. 3, ad 1에서 언급) 참조.

43) 이 책 제8문 '반론 3에 대한 대답' 참조.

44) 〔역주〕 위치나 장소가 바뀌었다고 이해될 뿐만 아니라 실제로 사물 자체가 자신이 존재하는 위치를 바꾼다는 의미이다. 이에 반해 이어지는 원순환적 운동의 경우는, 운동 중에 있는 사물의 위치가 계속해서 바뀐다고 이해되지만, 사실상 그 사물 자체가 자신이 존재하는 위치를 바꾸는 것은 아니다.

만 그렇게 되는 것이며, 따라서 그것은 결코 자기 자신의 장소 바깥에 있는 것이 아니다.

반론 19에 대한 대답: 그 증명은, 비록 모세 마이모니데스가 그것을 제시하기는 했지만,[45] 별반 가치가 없다. 만약 '하늘들이 신의 영광을 선포한다'고 말할 때의 선포하기(*enarrare*)를 그 고유한 의미로 받아들인다면, 하늘은 지성뿐 아니라 언어도 가져야만 한다. 그러므로 하늘들이 신의 영광을 선포한다고 말하는 것은, 축어적으로 설명하자면, 신의 영광이 그것들〔즉, 하늘들〕을 통해 인간들에게 드러나는 한에서인데, 이런 방식으로는 감각능력이 없는 피조물들조차도 신을 찬양한다고 말할 수 있다.

반론 20에 대한 대답: 다른 동물들은 확실하게 정해진 어떤 것들로〔향하도록〕 결정되어 있는 본성적 판단능력(*aestimativa naturalis*)을 지녔다. 그러므로 이들에게는 확실한 도움들이 본성에 의해 충분히 제공될 수 있다. 그러나 이성 덕분에 무제한의 개념들을 지닐 수 있는 인간에게는 그렇지가 않다. 그러므로 다른 동물들이 본성적으로 지니는 모든 도움들의 자리〔=대신〕에 인간은 모든 형상들을 수용하는 형상(*species specierum*)인 지성(*intellectus*)과 모든 기관들의 기관(*organum organorum*)으로서 필요한 모든 것들을 그것을 통해 준비할 수 있게 해주는 손(*manus*)[46]을 지닌다.

---

45) Moses Maimonides, *Dux seu director dubitantium aut perplexorum*, II, c. 6. 이에 더해서 *De spir. creat.*, a. 6, ad 14 참조.

46) 손의 이러한 특성에 대해서는 Aristoteles, *De anima*, III, 432a1-2; *In De anima.*, III, 7; *ST.*, I, q. 76, a. 5, ad 4 참조.

제9문

영혼은 매개를 통해 육체적 질료에 결합해야 하는가*

아홉째 문제는, 영혼은 매개물(*medium*)을 통해 육체적 질료에 결합해야 하는가 하는 것이다.

반론 1: 그렇다고 보인다. 왜냐하면 《정신과 영혼에 관하여》(*De spiritu et anima*)라는 책에서[1] 영혼은 육체와 섞일 수 있게 하는 힘들(*vires*)을 가졌다고 말하기 때문이다. 그런데 영혼의 힘들은 그것의 본질(*essentia*)과는 다르다. 그러므로 영혼은 어떤 매개물을 통해 육체와 결합된다.[2]

---

* 병행문헌: *In II Sent.*, d. 1, q. 2, a. 4, ad 3; *SCG.*, II, c. 71; *ST.*, I, q. 76, aa. 6 et 7; *In De anima.*, II, 1; *De spir. creaturis*, a. 3; *In Metaph.*, VIII, 7; *Quodl.*, I, q. 4, a. 1; *Quodl.*, XII, q. 7, a. un.

1) Ps.-Augustinus, *De spiritu et anima*, c. 20 (PL40, 794). 아우구스티누스 위작으로 알려져 있는 이 책의 위작 여부에 관해서는 다음 글들을 참조할 것. G. Racitti, "L'autore del 'De spiritu et anima'," *RFNS* 53 (1961), pp. 385~401; L. Norpoth, *Der pseudo-augustinische Traktat 'De spiritu et anima'* (Philosophische Dissertation, München, 1924), Köln-Bochum, 1971; G. Thery, "L'authenticite de 'De spiritu et anima' dans S. Thomas et Albert le Grand," *RSPT* 10 (1921), pp. 373~377.

2) 이와 관련해서는 다음을 참조. *ST.*, I, q. 76, a. 6, arg. 3; *De spir. creaturis*, a. 3, arg. 6 (여기서 토마스는 *De spiritu et anima*, c. 14를 언급하

반론 2: 그런데 한편에서는, 영혼이 〔육체의〕 원동자(*motor*)인 한에서는 매개능력들(*mediantbus potentiis*)에 의해 육체와 결합하지만, 〔육체의〕 형상인 한에서는 그렇지 않다고 말하기도 한다.[3] — 하지만 그렇다고는 할 수 없다. 영혼이 육체의 형상인 것은 그것이 현실태(*actus*)인 한에서지만, 영혼이 원동자인 것은 작용의 원리(*principium operationis*)인 한에서이다. 그런데 모든 것은 현실태에 있는 만큼 작용하기 때문에(*unumquodque agit secundum quod actu est*),[4] 사실상 영혼이 작용의 원리인 것은 그것이 현실태인 한에서이다. 그러므로 같은 원리에 의해 영혼은 육체의 형상이기도 하고 원동자이기도 하다. 따라서 그것이 형상인가 아니면 육체의 원동자인가에 따라 영혼을 구별해서는 안 된다.

반론 3: 그뿐 아니다. 육체의 원동자로서의 영혼이 육체와 결합하는 것은 우유적(*per accidens*)일 수 없다. 그런 식으로는 영혼과 육체〔의 결합으〕로부터 실체적으로 하나인 것(*unum per se*)〔즉, 하나의 실체〕이 될 수 없기 때문이다. 그러므로 영혼은 육체에 실체적으로(*per se*) 결합된다. 그런데 그 자신이 다른 것에 실체적으로 결합되는 것은 매개물 없이 그것에 결합된다. 그러므로 육체의 원동자인 한 영혼은 매개물을 통해 육체에 결합되는 것이 아니다.

반론 4: 그뿐 아니다. 영혼은 작용의 원리인 한에서 원동자로서 육체에 결합된다. 그런데 《영혼론》 I권에서[5] 말한 것처럼, 영혼의

고 있다). Albertus Magnus, *De anima*, III, tr. 2, c. 12.

3) *In II Sent.*, d. 31, q. 2, a. 1, ad 1; *SCG.*, II, c. 71.

4) *In De sensu et sensato*, I, 9.

5) Aristoteles, *De anima*, I, 408b11-15.

작용들은 영혼만의 것이 아니라 〔영혼과 육체의〕 복합체〔에 의해 수행되는〕 것이다. 그래서 작용과 관련해서인 한 영혼과 육체 사이에는 아무 매개물도 없다. 그러므로 원동자인 한 영혼은 매개물을 통해 육체에 결합되는 것이 아니다.

반론 5: 그뿐 아니다. 형상인 한에서 영혼은 매개물을 통해 육체에 결합된다. 형상은 〔자신에게〕 적절한(*propria*) 질료에만 결합되지 아무 질료에나 결합되지는 않기 때문이다.[6] 그런데 질료가 이 형상 혹은 저 형상에 적합한 것은, 마치 열과 건조함이 불의 고유한 속성들인 것처럼,[7] 사물의 고유한 속성들인 고유한 성품들[8]을 통해서(*per dispositiones proprias*)이다. 그러므로 형상은 고유한 속성들을 매개물로 해서 질료에 결합된다. 그런데 영혼을 지닌 것들의 고유한 속성들은 바로 영혼의 능력(*potentia animae*)들이다. 그러므로 형상으로서의 영혼은 능력을 매개물로[9] 해서 육체에 결합된다.

반론 6: 그뿐 아니다. 영혼은 자기 자신을 움직이게 한다〔즉, 스스

6) Aristoteles, *Metaphysica*, VIII, 1044a27; *Physica*, II, 194b9; *De anima*, I, 407b13-16; II, 414a25-27; Averroes, *In Metaph.*, VIII, 11(ed. Venetiis 1562, t. VIII, f. 219G); *In Phys.*, VIII, 46(ed. Venetiis 1562, t. IV, f. 387F); *Super De anima*, I, 53(ed. Crawford, pp. 74~75, v. 14-16); ST. Thomas, *In De anima.*, I, 8.

7) 열과 건조함이 불의 속성이라는 데 대해서는 Aristoteles, *De gener. et corr.*, II 330a30-330b5.

8) Philippus Cancellarius, *Summa de bono*, "De bono naturae," IV, q. 8; Albertus magnus, *Ser Sent.*, I, d. 8, F, a. 26 sol.; Bonaventura, *De natura et potentiis animae*(Assisi 186, f. 98rb).

9) 영혼이 능력을 매개물로 육체에 결합된다는 입장은 알 파라비(Al-Farabi)에서 유래된다.

로 움직인다〕. 그런데 《자연학》 VIII권에서[10] 증명하듯이, 스스로 움직이는 것은 두 부분으로 나뉘는데, 하나는 움직이게 하는 부분이고 다른 하나는 움직이는 부분이다. 여기서 움직이게 하는 것은 영혼이다. 그런데 움직이는 부분이 질료〔로만 된 것〕뿐일 수는 없다. 왜냐하면 《자연학》 V권에서[11] 말한 것처럼 오직 가능태에만 있는 것은 움직이지 않기 때문이다. 그러므로 무겁고 가벼운 〔즉, 무게만 있지 생명은 없는〕 물체들은[12] 비록 자기 자신 안에 운동을 지니지만, 그럼에도 불구하고 자기 자신을 움직이게 하는 것〔즉, 스스로 움직이는 것〕이 아니다. 왜냐하면 그것들은 오직 질료와 형상으로만 나뉘는데, 이것들〔각각〕은 움직일 수 없는 것들이기 때문이다. 그러므로 〔스스로 움직이는〕 동물은 〔그것의 한 부분인〕 영혼과, 〔그 자체가 또한〕 질료와 형상의 복합으로 이뤄지는 다른 어떤 부분으로 나뉘어야 한다는 것만 남는다. 그래서 영혼은 어떤 형상을 매개물로 해서[13] 육체적 질료에 결합되는 것이다.

반론 7: 그뿐 아니다.[14] 어떤 형상이든 간에 그 형상에 적절한 질료(*materia propria*)는 그 형상에 대한 정의 안에 포함된다. 그런데 《영혼론》 II권에서 분명히 나타나듯이, 형상인 한에서 영혼의 정의

---

10) Aristoteles, *Phys.*, VIII, 257a33-258b9. 이에 더해서 St. Thomas, *In De anima.*, I, 11 참조.

11) Aristoteles, *Phys.*, V, 225a20-23.

12) 가볍고 무거운 물체들 및 그들의 자연적 운동에 대해서는 Aristoteles, *De caelo*, I, 269b19 이하 참조.

13) 이 주장에서 매개물로서의 형상에 의해 염두에 두는 것은 아마도 아비첸나가 말하는 것과 같은 육체성의 형상(*forma corporeitatis*), 즉 제1질료와 형상들 사이에 위치하면서 육체를 육체이게 하는 형상 같은 것일 수 있다.

14) 반론 7의 병행으로서 St. Thomas, *De spir. creat.*, a. 3, arg. 2도 참조.

에는 '가능적으로 생명을 지닌, 자연의 유기적〔=기관을 지닌〕 육체' (*corpus physicum organicum, potentia vitam habens*)[15]가 포함된다. 그러므로 영혼은 자신에게 적절한 질료에 결합되듯이 그러한 종류의 육체에 결합된다. 그런데 이러한 것, 즉 어떤 육체가 가능적으로 생명을 지닌 유기적 육체인 것은 어떤 형상에 의해서가 아니고서는 가능하지 않다. 그러므로 영혼은 우선 질료를 완성시키는 어떤 형상[16]을 매개물로 해서 육체에 결합된다.

반론 8: 그뿐 아니다. 《창세기》 1장에서는[17] "신이 땅의 진흙으로 인간을 만들고 그의 얼굴에 생명의 호흡을 불어넣었다"고 말한다. 그런데 생명의 호흡(*spiraculum vitae*)은 영혼이다. 그러므로 영혼과 결합하는 질료 안에는 어떤 형상이 〔영혼과의 결합에 앞서〕 먼저 존재한다. 그래서 영혼은 다른 형상을 매개로 육체적 질료와 결합된다.

반론 9: 그뿐 아니다. 형상들이 질료에 결합되는 것은 질료가 형상들에 대해 가능태에 있다는 데 따르는 것이다. 그런데 질료는 다른 형

15) Aristoteles, *De anima*, II, 412a27-28; 412b5-6. 반론 7의 이 구절은 사실상 영혼에 관한 아리스토텔레스의 두 정의가 하나로 합해져 있는 것이다. 그런데 토마스에 의하면, '유기적 육체'(*corpus organicum*)라는 규정은 '가능적으로 생명을 지닌'(*potentia vitam habens*)이라는 규정에 더해져서 하나로 합해져서는 안 된다. 이 점에 대해서는 St. Thomas, *In De anima.*, II, 1 참조.

16) St. Thomas, *In De anima.*, II, 1에서 언급되듯이, 이러한 입장의 출처는 아비체브론(Avicebron)이다.

17) 《창세기》 2장 7절.
〔역주〕 가톨릭 성경에는 "주 하느님께서 흙의 먼지로 사람을 빚으시고, 그 코에 생명의 숨을 불어 넣으시니"로, 개신교 성경에는 "하나님이 흙으로 사람을 지으시고 생기를 그 코에 불어 넣으시니"로 되어 있다.

상들에 대해서 〔가능태이기〕에 앞서 우선적으로 먼저 요소물질들의 형상에 대해 가능태에 있다.[18] 그러므로 영혼과 다른 형상들은 요소물질들의 형상에 의해 매개되지 않고서는[19] 질료와 결합되지 않는다.

반론 10: 그뿐 아니다. 인간의 육체 및 모든 동물의 육체는 혼합육〔물〕체(*corpus mixtum*)이다. 그런데 **혼합육〔물〕체에서는** 요소물질들의 형상들이 〔각각의〕 **본질대로**(*secundum essentiam*) 남아 있어야만 한다.[20] 그렇지 않으면 그것은 요소물질들의 혼합(*mixtio*)이 아니라 소멸(*corruptio*)일 것이다. 그러므로 영혼은 다른 형상들의 매개에 의해 질료와 결합된다.

---

18) Aristoteles, *De gener. et corr.*, II, 329a25-35 참조.

19) 요소물질의 형상에 의해 매개된다는 입장에 대해서는 다음을 참조. Iohannes de Rupella, *Summa de anima*, I, c. 39; *Summa fratris Alexandri*, II-1, n. 347, sol; Albertus Magnus, *In De caelo*, III, tr. 2, c. 1.

20) 요소물질이 혼합물체에서 가능적으로 남아 있는가 아니면 현실적으로 남아 있는가 하는 문제는 아리스토텔레스에게서는 아직 미결정인 상태로 남아 있다. 이에 대해서는 Aristoteles, *De caelo*, III, 302a16-17 참조. 이에 대한 아비첸나(Avicenna)의 입장에 대해서는 Avicenna, *Sufficientia*, tr. 1, c. 6; *Metaphysica*, VIII, 2 참조. 아베로에스(Averroes)의 입장은 Averroes, *Super De caelo*, III, 67(ed. Venetiis 1562, t. V, f. 227r) 참조. 토마스 아퀴나스 자신은 초기 저작들에서 주로 아비첸나의 입장을 수용하고(*In II Sent.*, d. 12, q. 1, a. 4, sol; *In IV Sent.*, d. 44, a. 1, a. 1, qc. 1, ad 4; *De potentia*, q. 5, a. 7 참조), *In Boetium De Trinitate*, q. 4, a. 3, ad 6에서는 아베로에스의 입장을 수용하기도 하지만, 그 후에는 *ST.*, I, q. 76, a. 4, ad 4; *Quodl.*, I, q. 4, a. 1, ad 3 등에서는 두 입장 모두를 비판하면서 요소물질들의 형상은 오직 '능력적으로'(*virtute*)만 남는다고 주장한다. 이 마지막 입장은 아리스토텔레스의 *De gener. et corr.*, I, 327b29-31에 근거하고 있다.

반론 11: 그뿐 아니다. 지적 영혼은 그것이 지적인 한에서 형상이다. 그런데 이해하기(*intelligere*)는 다른 능력들을 매개로 한다. 그러므로 영혼은 다른 능력들을 매개로 하여[21] 육체에 그것의 형상으로서 결합된다.

반론 12: 그뿐 아니다. 영혼은 아무 육체에나 결합되는 것이 아니라 자신과 **조화를 이루는**(*proportionatua*) 육체에만 결합된다. 그러므로 영혼과 육체 사이에는 **조화**(*proportio*)가 있어야만 한다. 그래서 영혼은 **조화**를 매개로[22] 육체에 결합된다.

반론 13: 그뿐 아니다. 모든 것은 자신과 가장 유사한 것을 통해서 먼 것들 안에서 작용한다. 그런데 영혼의 힘들은 심장을 통해(*per cor*) 육체 전체에 미친다. 그러므로 심장은 육체의 다른 부분들보다 영혼에 더 가깝다. 그래서 영혼은 심장을 매개로[23] 육체에 결합된다.

반론 14: 그뿐 아니다. 육체의 부분들에서는 차이와 서로 간의 질서가 발견된다. 그런데 영혼은 본질적으로 단순하다(*simplex secundum suam essentiam*). 그러므로 — 형상은 자신과 조화를 이루면서 〔자신에 의해〕 완성될 수 있는 질료와 결합하기 때문에 — 영혼은 먼저 육체의 한 부분과 결합하고, 그것을 매개물로 다른 부분들과 결합한다고 생

21) Iohannes de Rupella, *Summa de anima*, II, c. 62.

22) 이 입장은 토마스 아퀴나스가 *In II Sent.*, d. 1, a. 2, a. 4, ad 3 등에서 적극 옹호하면서 지지하는 "질료는 형상과 조화를 이루어야만 한다"(*materia debet esse proportionata formae*)는 취지의 논증을 극단적으로 전개시킨 것이다. 형상과 질료, 영혼과 육체 사이의 조화와 어울림을 말하는 공리의 기원은 Aristoteles, *De anima*, II, 414a25-27에서 찾을 수 있다.

23) Avicenna, *De anima*, V, 8; *De motu cordis*, c. 3 참조.

각된다.

반론 15: 그뿐 아니다. 영혼은 육체보다 상위이다. 하지만 영혼의 하위 힘들은 육체의 상위 힘들과 연결된다. 왜냐하면 지성은 그것으로부터 〔가지상을〕 수용하는 구상력과 감각능력 때문이 아니고서는 육체를 필요로 하지 않기 때문이다. 그러므로 역으로 육체는 숨(*spiritus*)이나 수분(*humor*) 같이 〔자신 안에서〕 가장 최상의 것이자 단순한 것을 통해 영혼과 결합된다.

반론 16: 그뿐 아니다. 그것이 제거될 경우 결합되어 있는 어떤 것들의 결합이 해체된다면, 그것은 결합되어 있는 것들 사이의 〔결합의〕 매개물이다. 그런데 호흡이 멈추거나, 자연적인 열〔즉, 체온〕이 사라지거나, 자연적인 습기가 완전히 말라버린다면,[24] 영혼과 육체의 결합은 해체된다. 그러므로 언급된 것〔즉, 호흡과 열과 습기〕들은 영혼과 육체 사이의 매개물이다.

반론 17: 그뿐 아니다. 영혼은 본성적으로 육체에 결합된다. 그래서 이 〔또는 저〕 영혼은 이 〔또는 저〕 육체에 결합된다. 그런데 이 육체가 〔다른 것이 아니라 바로〕 이 육체인 것은 〔그것이 지닌〕 규정된 차원(*dimensiones terminata*) 때문이다.[25] 그러므로 영혼은 규정된 차원

---

24) 숨과 자연적 열이 영혼과 육체 사이의 매개물이라는 것은 Phillipus Cancellarius가 제시한 입장이다. 위 "제 9문 반론 5"의 각주 참조. 이외에도 Iohannes de Rupella, *Summa de anima*, I, c. 39; Petrus Hispanus, *Scientia libri de anima*, tr. I, c. 5; tr. IX, c. 5; Albertus Magnus, *Summa theol.*, P. II, tr. 13, q. 77, membr. 2 참조.

25) 규정된 차원에 대한 언급으로는, St. Thomas, *De ente et essentia*, c. 2; *In I Sent.*, d. 25, q. 1, a. 1, ad 2.

을 매개로 육체에 결합된다.

반론 18: 그뿐 아니다. 간격(*distantia*)은 매개물에 의해서가 아니면 연결되지 않는다. 그런데 영혼과 육체는 그 간격이 가장 크다고[26] 생각된다. 왜냐하면 그 중 하나는 비육체적이고 단순한 반면 다른 하나는 육체적이고 가장 복합적이기 때문이다. 그러므로 영혼은 매개를 통해서가 아닌 한 육체에 결합되지 않는다.

반론 19: 그뿐 아니다. 인간 영혼은 그 지적 본성에서 천상물체를 움직이는 분리된 실체와 유사하다.[27] 그런데 원동자들과 피동자들의 관계는 〔그것이 영혼과 육체의 경우이든, 분리된 실체와 천상물체의 경우이든, 아니면 다른 어떤 경우이든 간에 모두〕 동일하다고들 말한다. 그러므로 영혼에 의해 움직이는 것인 인간 육체는 자신 안에 천상물체의 본성에 속하는 무언가[28]를 가지며, 이것을 매개로 영혼은 그것〔즉, 인간 육체〕에 결합된다.

이와는 반대로(*Set Contra*): 철학자는 《형이상학》 VIII권에서[29] 형

---

26) 영혼과 육체의 거리에 대해서는 Philippus Cancellarius, *Summa de bono*, "De bono naturae," IV, q. 8.

27) 〔역주〕 번역의 대본인 Leonina판에는 "similis in natura intellectualibus substantiis separatis"로 되어 있는 반면, Marietti판에는 복수 5격인 'intellectualibus' 대신에 단수 5격인 'intellectuali'가 사용되어 있다. Leonina판을 그대로 따를 경우 번역은 "그 본성에서 분리된 지적 실체와 유사하다"로 될 것이지만, 이 책에서는 문맥상의 이유로 이 구절에 관한 한 Marietti판을 따라 "그 지적인 본성에서 분리된 실체와 유사하다"로 번역하였다.

28) Philippus Cancellarius, *Summa de bono*, "De bono naturae," IV, q. 8. 이에 더해서 Iohannes de Rupella, *Summa de anima*, I, c. 39 참조.

29) Aristoteles, *Metaphysica*, VIII, 1045b17-22.

상은 질료에 직접 〔즉, 아무 매개 없이〕(*immediate*) 결합된다고 말한다. 그런데 영혼은 〔다른 것이 아니라 바로 육체의〕 형상으로서 육체에 결합된다. 그러므로 영혼은 자신의 육체에 〔아무 매개 없이〕 직접 결합된다.

나의 대응: 《원인론》에서[30] 말하듯이, 모든 것들 가운데서 사물들에게 가장 직접적이고 친밀하게 주어지는 것이 바로 존재(*esse*)이다. 그러므로 질료가 실제로 존재를 지니는 것은 형상을 통해서이기 때문에, 질료에 존재를 부여하는 형상은 다른 모든 것들에 앞서서 질료와 결합되는 것으로, 그리고 다른 모든 것들보다 더 직접적으로 〔결합된 것〕 자신 안에 내재하는(*inesse*) 것으로 이해되어야 한다. 그런데 질료에 단적인 존재(*esse simpliciter*)를 부여하는 것은 실체적 형상에게 고유하게 속하는 것이다. 왜냐하면 사물들을 존재하는 것 자체이게 하는 것(*per quam res est hoc ipsum quod est*)이 바로 실체적 형상 자체이기 때문이다. 그런데 우유적 형상(*forma accidentalis*)을 통해서는 단적인 존재(*esse simpliciter*)를 지니는 것이 아니라 예를 들어, 크거나(*esse magnum*), 〔이러저러한〕 색이거나(*esse coloratum*) 하는 식과 같이 조건적 존재(*esse secundum quid*)만을 지니게 된다. 그러므로 만약 어떤 형상이 질료에 단적인 존재를 부여하는 것이 아니라, 다른 형상에 의해 이미 현실적으로 존재하는 질료에 더해지는 것인 한, 그것은 실체적 형상은 아니다.[31]

---

30) *Liber De causis*, prop. 4.

31) 실체적 형상은 오직 하나뿐이라는 토마스 아퀴나스의 견해를 점진적으로 드러내는 부분이다. 이외에도 *In I Sent.*, d. 8, q. 5, a. 2, sol. ; d. 17, q. 1, a. 2, sol. ; d. 15, q. 5, a. 3, sol. ; *In II Sent.*, d. 18, q. 1, al2, sol. ;p *SCG.*, II, c. 58; *ST.*, I, q. 76, a. 6; *In De anima.*, II, 1; *Comp. theol.*, I, c. 90; *De spir. creat.*, a. 3 참조.

이로부터 분명해지는 것은 혹자들이 〔주장하기를〕 원하는 것처럼[32] 실체적 형상과 질료 사이에 이들을 매개하는 다른 어떤 실체적 형상이 있을 수는 없다는 것이다. 이 사람들은 마치, 예를 들어, 질료가 어떤 한 형상에 의해 현실적인 실체(*substantia*)이고, 그와는 다른 형상에 의해 육체(*corpus*)이며, 다시 다른 형상에 의해 생명체(*animatum corpus*)인 식으로 계속된다고 말하기라도 하는 것처럼, 하나가 다른 것 아래로 〔즉, 위계적으로〕 질서지어진 유(*genus*)들의 질서에 따라 질료 안에 상이한 형상들의 질서가 있다고 주장한다. 그러나 이 입장을 취할 경우, 오직 실체를 현실적으로 존재하게 만드는 첫 번째 형상만이 실체적인 것이고, 반면에 다른 형상들은 모두 우유적인 것이 된다. 왜냐하면 이미 언급한 바 있는 것처럼[33] 실체적 형상이란 이 어떤 것(*hoc aliquid*)[34]을 만드는 것이기 때문이다. 그러므로 수적으로 동일한 〔즉, 여러 개가 아니라 하나의〕 형상에 의해 사물은 실체(*substantia*)이기도 하고, 가장 특수하게 규정된 최종적인 종(*ultima species specialissima*)[35]에 속하기도 하고, 다른 모든 중간적 유에 속하기도 하는 것이라고 해야만 한다.

그러므로 질료로 하여금 다양한 종을 이루게끔 하는 자연적 형상들의 다양성은 어느 하나가 다른 하나〔가 지닌 완전성〕에 한 가지 완전성을 더하는 데서 비롯되는 것으로 이해해야만 한다.[36] 왜냐하면

---

32) 이 책 제9문 '반론 6' 마지막 문장과 '반론 7' 마지막 문장 참조. 그리고 이 외에도 Iohannes de Rupella, *Summa de anima*, I, c. 39; Bonaventura, *In Hexaemeron*, coll. IV, n. 10 참조.

33) 바로 직전 문단, 즉 제9문 '나의 대응'의 첫째 문단 참조.

34) '이 어떤 것'(*hoc aliquid*)에 대해서는 이 책 제1문 전체, 그리고 제1문 첫째 문장의 역주 참조.

35) Avicenna, *Metaphysica*, V, 4 참조.

36) 이에 대해서는 *Comp. theol.*, I, c. 92 참조.

《형이상학》 VIII권에서[37] 말하듯이 자연적 사물들의 형상은 마치 수(*numerus*)와도 같은 것이어서 하나를 더하거나 빼는 데 따라 종의 다양성이 성립하는 그런 것이기 때문이다. 그렇기 때문에, 예를 들어 어떤 한 형상이 오직 물체로서의 존재만을 구성한다면(이것은 물질적 형상(*forma materialis*)들의 최하위 등급이다. 왜냐하면 질료는 물질적 형상에 대해서가 아닌 한 도무지 가능태에 있지 않기 때문인데, 그 이유는 앞에서 보여준 것처럼[38] **비물체적**(*incorporea*)인 것은 **비물질적/비질료적**(*immaterialia*)이기 때문이다),[39] 보다 완전한 다른 형상은 질료를 물체로서의 존재로 구성하고 그에 더해서 그것에게 생명적 존재(*esse vitale*)를 준다. 그리고 또 다른 형상은 질료에 물체적 존재와 생명적 존재를 주고 그것에 감각적 존재(*esse ssensitivum*)를 더해주고, 또 다른 형상 역시 그런 식으로 계속된다.

그러므로 보다 완전한 형상도, 질료를 하위 등급의 완전성에 속하는 존재로 구성하는 〔것으로 고려되는〕 한, 동시에 그 질료와 복합된 것으로서[40] 보다 상위의 완전성에 대해서는 질료적인 것[41]으로 이해된다. 그리고 보다 더 상위의 것으로도 이런 식으로 계속된다. 그래

37) Aristoteles, *Metaphysica*, VIII, 1043b33-1044a2. 이외에도 St. Thomas, *In De anima.*, II, 5; *ST.*, I, q. 47, a. 2; *De spir. creat.*, a. 3, resp; *Quodl.*, I, q. 4, a. 1 참조.

38) 이 책 제6문 '나의 대응'의 둘째 문단 참조.

39) 〔역주〕 괄호는 원문의 텍스트에 있는 것임.

40) 〔역주〕 Marietti판에는 "보다 완전한 형상은 동시에 질료와 복합되어 하위 등급의 완전성을 구성하는 한에서는 보다 상위의 완전성에 대해 질료적인 것으로 이해되어야만 한다"(*oportet ergo intelligere quod forma perfectior secundum quod simul cum materia compositum constituit in perfectione inferioris gradus, intelligatur ut materiale respectu ulterioris perfectionis, et sic ulterius procedendo*)로 되어 있다.

41) Aristoteles, *Metaphysica*, VIII, 1044a21-22.

서 제 1질료는 — 그것이 이미 육체적 존재를 구성하는 것으로 이해되는 한에서 — 생명(*vita*)이라는 보다 상위의 완전성에 대한 질료이다. 이에 따라 볼 때, '육체'는 '생명체'들에 대한 유(*genus*)인 반면, '영혼을 지닌'(*animatum*) 혹은 '살아있는'(*vivens*)은 종차(*differentia*)이다. 왜냐하면 유는 질료에서, 그리고 종차는 형상에서 취해지기 때문이다.[42] 그러므로 어느 의미에서는 하나의 동일한 형상이 형상 자신 — 질료를 보다 상위 등급의 존재로 현실화시키는 한에서의 형상 — 과 그 질료 사이의 매개물 — 질료를 보다 하위 등급의 존재로 현실화시키는 형상인 한에서 — 이기도 하다.

그런데 하위 등급의 완전성에 따라 실체적 존재를 구성하는 것으로 이해된 질료는 결과적으로(*per consequens*) 속성들(*accidentia*)을 수용하는 주체로 이해될 수 있다. 왜냐하면 완전성의 그러한 하위 등급에 따라 고려된 실체는 그에 내재하는(*inesse*) 고유한 속성들(*accidentia propria*)을 가져야만 할 필요가 있기 때문이다. 예를 들어, 질료는 형상에 의해 육체적 존재를 이루게 된다는 것으로부터, 질료 안에는 차원들(*dimensiones*) — 질료는 다양한 부분들로 구분될 수 있는 것이며, 그 다양한 부분들에 따라서 다양한 형상들을 수용할 수 있는 것임을 이해하게 해주는 원리인 — 이 있다는 결론이 즉각 따라 나온다. 또한, 질료는 실체적 존재를 구성한다고 이해된다는 것으로부터, 질료는 그것들을 통해 보다 상위의 완전성에 속하는 속성들을 수용할 수 있는 것으로, 그리고 그럼으로써 질료는 보다 높은 완전성을 수용하기에 적절한 것으로 이해될 수 있다. 그런데 이러한 성품들(*dispositiones*)은 — 비록 어떤 속성들은 형상에 고유한 것이기 때문에 형상 자체에 의해 질료 안에 원인지어지지 않는 한 존재하지 않는 것임에도 불구

---

42) *De ente et essentia*, c. 2 참조.

하고 — 〔형상이 아니라〕 작용자에 의해 질료 안에 초래되기라도 하는 것처럼 형상에 앞서 이해된다. 그러므로 이 속성들이 마치 〔질료에 고유한〕 성품들인 것처럼 형상에 앞서 이해되기보다는, 오히려 원인이 결과에 앞서 이해되는 것처럼 형상이 그것들에 앞서 이해되어야 한다.

그러므로 영혼은 인간을 일정한 종에 속하는 실체로 만드는 것이기 때문에 실체적 형상이며, 따라서 영혼과 제1질료 사이를 매개하는 다른 어떤 실체적 형상은 없다. 오히려 인간이 자신의 지적 영혼에 의해 다양한 등급의 완전성으로 완성되며, 그 결과 육체(*corpus*)이기도 하고, 생명체(*animatum corpus*)이기도 하며, 지적 동물(*animal rationale*)이기도 한 것이다.[43] 그런데 질료가 가령 육체로의, 생명체로의, 그리고 동물로의 완성 같은 하위 등급의 완전성을 지적 영혼 자체로부터 수용하는 것으로 이해되는 한, 질료는 궁극적 완전성을 부여하는 원리인 지적 영혼〔의 수용〕에 적합한 질료인 것으로, 동시에 그에 적합한 성품을 지닌 것으로 이해되어야만 한다. 그러므로 영혼은, 존재(*esse*)를 부여하는 형상인 한, 자신과 제1질료 사이에 다른 어떤 매개물을 허용하지 않는다.

그런데 질료에 존재(*esse*)를 부여하는 바로 그 형상이 또한 작용의 원리이기도 하기 때문에 — 왜냐하면 모든 것은 현실태인 만큼 작용하기 때문이다 — 영혼 역시 다른 모든 형상과 마찬가지로 작용의 원리일 필요가 있다.[44] 그런데 작용은 현실적으로 존재하는 것에 속하는〔=수행되는〕 것이기 때문에, 작용능력에서 형상들의 등급도 존재의

---

43) *De potentia*, q. 3, a. 11, ad 2; *ST.*, I, q. 76, a. 6, ad 1; *In De anima.*, II, 1; *De spir. creat.*, a. 3, resp.

44) Averroes, *Super De anima*, III, 18(ed. Crawford, p. 440, v. 84); St. Thomas, *Comp. theol.*, I, c. 96; *SCG.*, II, c. 20; III, c. 88 참조.

완전성에서 형상들의 등급에 따른다는 점을 염두에 두어야만 한다. 그러므로 어떤 형상이 존재를 부여하는 데에서 보다 더 완전한 형상일수록, 그만큼 그것은 작용에서도 더 큰 능력을 지닌 형상이다. 그러므로 더 완전한 형상들은 덜 완전한 형상들보다 많은 수의 작용들과 다양성을 지닌다. 그렇기 때문에 덜 완전한 사물들에게서는 작용의 다양성을 〔실현하기〕 위해 속성들의 다양성만으로도 충분하지만, 그러나 더 완전한 사물들 안에서는 그것 〔즉, 속성들의 다양성〕 외에도 부분들의 다양성(*diversitas partium*)이 요구되며, 이러한 다양성은 형상이 더 완전한 것일수록 더 크게 요구된다. 왜냐하면 예를 들어 가벼움 때문에 위로 올라가고, 열 때문에 덥게 만드는 등과 같은 식으로 우리는 불이 자신의 다양한 속성들에 따라서 다양한 작용들을 하는 것을 보지만, 그럼에도 불구하고 이런 작용들 각각은 불의 어떤 부분 때문에 불의 작용으로서 적합한 것이다. 반면에 보다 고귀한 형상들을 지닌 것인 생명체(*corpus animatum*)들에게서는 다양한 부분들이 다양한 작용에게 지정된다. 예를 들어, 식물의 경우 뿌리(*radix*)와 줄기(*stipes*)와 가지(*ramus*)의 작용은 각기 다르다. 그리고 더 완전한 생명체일수록, 그들의 더 큰 완전성 때문에 그들에게서 발견되는 부분들의 다양성 역시 더 커야만 할 필요가 있다.[45] 그러므로 인간에게서는 〔그들이 수행해야 하는〕 작용들의 다양성으로 인한 부분들의 구별이 최고로 많아야만 한다. 지적 영혼은 물질적 형상들 가운데 가장 완전한 것이기 때문이다. 그리고 영혼은 그 부분들 하나하나에게 그 각각의 작용에 적합한 방식에 따르는 실체적 존재(*esse substantiale*)를 부여한다. 영혼이 제거될 경우 다의적 의미로(*equivoce*)가 아닌 한 살도 〔더 이상 살이 아니고〕 눈도 〔더 이상 눈으로〕 남지 않는다는 사실

45) *In De anima.*, I, 14 참조.

이[46] 바로 이에 대한 증거(*signum*)이다.

그런데 〔작용을 위한〕 도구들의 질서는 작용의 질서에 일치해야 하기 때문에, 게다가 영혼에서 비롯되는 다양한 작용들은 그 중 하나가 자연적으로 다른 하나에 선행하〔는 질서가 성립하〕기 때문에, 〔작용의 도구인〕 육체의 한 부분은 자신의 작용을 수행하도록 하기 위해 〔다른 작용의 도구인〕 다른 부분에 의해서 움직여진다. 그러므로 작용의 원리이자 원동자인 한에서의 영혼과 그것의 육체 전체 사이에는 어떤 매개물이 있게 된다. 왜냐하면 예를 들어 심장을 매개로[47] 다른 지체들을 움직여 생명작용들(*operationes vitales*)을 수행하게 하는 것처럼, 〔영혼은 자신이 움직이게 한〕 최초의 어떤 부분을 매개로[48] 다른 부분들을 움직여서 각각 자신의 작용을 수행하도록 하기 때문이다. 그러나 육체에 존재를 부여하는 것에 관한 한, 〔영혼은〕 육체의 모든 부분들에게 실체적이고 종적인 존재(*esse substantiale et specificum*)를 직접 부여한다. 그래서 많은 사람들은,[49] 영혼은 형상으로서는 매개물 없이 육체에 결합되지만, 원동자로서는 매개물을 통해 육체에 결합된다고들 말한다. 그리고 이런 견해는 영혼이 육체의 실체적 형상이라고 주장한 아리스토텔레스의 진술에 따라 개진된 것이다. 그런데 어떤 사람들은 〔아리스토텔레스보다는〕 플라톤의 견해를 따라,[50] 영혼이 육체에 결합되는 것은 마치 하나의 실체가 다른 실체에 결합

46) *SCG.*, II, c. 69; *ST.*, I, q. 76, a. 8; III, q. 50, a. 5, ad 1; *In De anima.*, II, 1 참조.

47) 이 책 제9문 '반론 13' 참조. 이외에도 *In De anima.*, II, 18 참조.

48) *In De anima.*, II, 1 참조.

49) 이 책 제9문 '반론 2' 참조. 이외에도 *SCG.*, II, c. 71; *De spir. creat.*, a. 3; *In De anima.*, II, 1 참조.

50) *In II Sent.*, d. 1, q. 2, a. 4, ad 3에서 토마스 아퀴나스는 닛사의 그레고리우스가 이 입장을 말하는 것으로 언급하고 있다.

되는 것과 같은 것이라고 주장하면서, 영혼과 육체를 결합시키는 매개물을 상정해야만 할 필요가 있다고 한다. 왜냐하면 다양하고 서로 구별되는 실체들은, 그들을 결합시키는 무엇인가가 있지 않는 한, 하나로 합쳐지지 않기 때문이다. 그래서 어떤 이들은 영혼과 육체 사이의 매개물이 숨(*spiritus*)이나 수분(*humor*)이라고 주장하고,[51] 어떤 이들은 빛이라고,[52] 그리고 어떤 이들은 영혼의 능력들이나[53] 혹은 그와 같은 종류의 것이라고 주장한다. 그러나 만약 영혼이 육체의 형상이라면, 이런 것들 가운데 그 어떤 것도 필요하지 않다.[54] 왜냐하면 모든 것 각각은 그것이 존재(*ens*)인 방식에 따라 하나(*unum*)이기 때문이다. 그러므로 형상은 그 자신의 본질에 따라(*secundum se ipsam*) 질료에 존재(*esse*)를 부여하기 때문에 그 자신의 본질에 따라 〔자신에게〕 적절한 질료와 결합하는 것이지 다른 어떤 연결 끈[55]에 의해 결합되는 것은 아니다.

반론 1에 대한 대답: 영혼의 힘들은 영혼으로 하여금 작용하게 만드는 영혼의 성질들이다. 그러므로 영혼의 이 힘들은 영혼이 육체를

---

51) 이들 가운데 Philippus Cancellarius, Iohannes de Rupella, Petrus Hispanus, 그리고 몇몇 인문학 교수들이 있다. 이에 대해서는 *De malo*, q. 16, a. 1, ad 5 참조.

52) Augustinus, *De Gen. ad litt.*, VII, 15(CSEL 28-1, p. 213, v. 14-27; PL 34, 363) 참조. 이외에도 이런 견해를 취한 사상가로는 Robertus Grosseteste, Rolandus de Cremona, Bonaventura 등이 있다. 단, 토마스 아퀴나스가 이 구절에 쓰면서 직접 염두에 두고 있었던 것은 Iohannes de Rupella의 *Summa de anima*, I, c. 40이다.

53) 이 견해를 취한 사상사로는 Al-Farabi, Alexander de Hales, Iohannes de Rupella, Albertus Magnus 등이 있다.

54) *In II Sent.*, d. 1, q. 2, a. 4, sol; *ST.*, q. 76, a. 7 참조.

55) Averroes, *Super De anima*, II, 7(ed. Crawford, p. 139, v. 39-42) 참조.

움직이는 것인 한에서는 영혼과 육체 사이의 매개물에 해당하지만, 영혼이 육체에 존재를 부여하는 것인 한에서는 그렇지 않다. 그런데 《정신과 영혼에 관하여》라는 제목의 책은 아우구스티누스의 것이 아니며,[56] 그 책의 저자는 〔영혼의〕 능력이 바로 영혼 〔자신〕이라고 추측한다는 점을 반드시 알아야만 한다. 그러므로 반론은 전적으로 아무런 효력이 없다.

반론 2에 대한 대답: 영혼은 비록 현실태인 한에서 형상이지만, 원동자인 한에서도 마찬가지〔로 형상이〕다. 그래서 동일한 것에 의해 형상이기도 하고 원동자이기도 하다. 그럼에도 불구하고 영혼이 형상인데 따르는 결과와 그것이 원동자인데 따르는 결과는 동일하지 않다. 바로 이 점 때문에 〔형상으로서의 영혼과 원동자로서의 영혼의〕 구별은 소용이 닿는다.

반론 3에 대한 대답: 원동자와 피동자로부터는 — 그들이 그러한 것들〔즉, 원동자와 피동자〕인 한 — 그 자체로서 〔즉, 실체적으로〕 하나인 것이 생겨나지 않는다. 그런데 영혼이 육체의 형상인 한에서는, 영혼인 이 원동자와 육체인 이 피동자로부터는 그 자체로서 하나인 것이 생겨난다.

반론 4에 대한 대답: 복합체에 의해 수행되는 영혼의 작용에 관한 한, 영혼과 육체의 모든 부분 각각 사이에는 아무런 매개물도 개입되지 않는다. 하지만 영혼으로 하여금 최초에 그 작용을 수행할 수 있도록 해주는 육체의 어떤 한 부분 — 그 작용의 원리인 한에서의 영혼

56) *De spir. creat.*, a. 4, ad 6; a. 11, ad 2 참조.

과 그 작용에 참여하는 육체의 다른 모든 부분들 사이의 매개물에 해당하는 — 은 있다.

반론 5에 대한 대답: 질료를 특정한 형상에 적합한 것이게 만드는 속성적 성품들(*dispositiones accidentales*)은 형상과 질료 사이의 전체적이고 전적인 매개물이 아니라, 단지 궁극적인 완전성을 부여하는 것으로서의 형상과 이미 하위 등급의 완전성에 따라 완성된 것으로서의 질료 사이에서만 〔매개물〕이다. 왜냐하면 질료는 그 자신 자체만으로 볼 때(*secundum se ipsam*) 육체의 실체적 존재(*esse substantiale corporis*)에 대해 가능태에 있는 것이기 때문에, 그 자신 자체만으로 볼 때 질료는 최하위 등급의 완전성에 대해 적절한 것이며,[57] 이를 위해서는 다른 어떤 성품들을 필요로 하지 않는다. 하지만 질료 안에 이 〔최하위 등급의〕 완전성이 이미 전제되어 있을 경우, 보다 상위의 완전성을 〔실현하기〕 위해서는 〔다른 어떤〕 성품들이 요구된다. 한편, 영혼의 능력들이란 영혼 없이는 존재할 수 없는 영혼의 고유한 〔본질적〕 속성들(*accidentai propria*)[58]이라는 점도 알아야만 한다. 그렇기 때문에, 마치 식물적 영혼의 능력들이 동물적 영혼에 대해서 그렇다고 말하듯이 영혼의 하위 부분들의 능력들이 상위 부분들에 대한 성품들(*dispositiones*)이라고 불리는 그런 의미에서가 아닌 한, 〔영혼의 능력들은〕 영혼의 능력들로 고려되는 한에서는 — 앞서 언급된 것으로부터도[59] 알 수 있듯이 — 영혼에 대한 〔매개물로서의〕 성품이라고 할 이

57) 질료에 대한 이러한 이해는 Aristoteles, *Physica*, II, 193a29-30; *De gener. et corr.*, II, 329a33-35에서 유래되어 발전된 것이다. 이에 더해서 St. Thomas, *Phys.*, I, lect. 15, n. 3 참조.

58) *In I Sent.*, d. 3, a. 4, a. 2, sol; *ST.*, I, q. 29, a. 1, ad 3 참조.

59) 이 책 제9문 '나의 대응'의 다섯 번째 문단 참조.

유가 없다.

반론 6에 대한 대답: 이 논증은 동물이 두 부분, 즉 피동적 육체인 부분과 원동자인 다른 부분으로 구분된다는[60] 결론을 내리는데, 이것은 실제로 참이다. 여기서 영혼은 이해(*apprehensio*)와 욕구(*appetitus*)에 따라서 육체를 움직이게 한다는 점을[61] 이해해야만 한다. 그런데 인간에게서 이해와 욕구는 이중적이다. 하나는 육체적 기관에 의하지 않는 영혼 자체만의 것으로서 영혼의 지적 부분에 속하는 것이고, 다른 하나는 〔영혼과 육체의〕 복합의 것으로서 감각적 부분에 속하는 것이다.[62] 그런데 지적인 부분에 속하는 것은 감각적 부분에 속하는 것에 의해 매개되지 않고서는 육체를 움직이지 않는다. 왜냐하면 운동은 어떤 개별적인 것에 대한 것이기 때문에, 지성에 속하는 것인 보편적 이해는 감각에 속하는 것인 특수한 것을 매개로 하지 않는 한 운동을 일으키지 않기 때문이다. 그래서 인간이나 동물의 경우, 움직이게 하는 부분과 움직이는 부분으로 구분될 때, 이 구분은 단지 영혼과 육체 사이의 구별이 아니라, 영혼을 지닌 육체의 한 부분과 다른 부분 사이의 구분이다. 왜냐하면 영혼을 지닌 육체의 바로 그 부분—그것의 작용이 바로 이해하기(*intelligere*)와 욕구하기(*appetere*)인—이 육체 전체를 움직이게 하기 때문이다. 그런데 만약 지적인 부분이 직접 운동을 일으킨다고, 그래서 인간에게서 원동자인 부분은 오직 영혼뿐이라고 가정될 경우에도, 위에서 도달된 데 따르는 대답은 여전히 유효할 것이다. 왜냐하면 인간 영혼은 자신 안에서 최상인 것에

60) Aristoteles, *Phys.*, VIII, 257a33-258a5; St. Thomas, *In De anima.*, I, 6 참조.

61) Aristoteles, *De anima*, I, 406b24-25 참조.

62) *In De anima.*, I, 10; II, 5; III, 8; III, 9 참조.

따라서, 다시 말해 지적인 부분에 따라서 운동을 일으킬 것인데, 이때 움직이는 것은 단지 순전한 제1질료(*materia prima tantum*)가 아니라 육체적이고 생명적인 존재를 구성 — 그것도 다른 형상에 의해서가 아니라 동일한 영혼에 의해서 — 하는 한에서의 제1질료이기 때문이다. 그러므로 영혼과 제1질료 사이에 매개물로서의 실체적 형상을 상정할 필요는 없을 것이다.

그런데 동물에게는 이해와 욕구에 의한 것이 아닌 어떤 운동, 즉 심장의 운동이나, 심지어 육체 전체에서 전반적으로 일어나는 성장운동 및 영양생식운동 — 이 운동들은 식물들에게도 공통적으로 속한다 — 들도 있기 때문에, 이러한 운동들에 관한 한, 이미 언급된 것으로도 알 수 있듯이, 영혼은 동물에게 〔동물적 영혼으로서의〕 자신에게 고유한 것뿐만 아니라 하위 형상들〔즉, 식물적 영혼〕에게 속하는 것까지도 부여하기 때문에, 마치 자연적 물체 안에서 자연적 운동의 원리는 하위의 형상들인 것처럼, 동물의 육체에서는 영혼이 그렇다고 〔즉, 그러한 운동들의 원리이기도 하다고〕 말해야만 한다. 그러므로 철학자는《영혼론》II권에서[63] 영혼은 그러한 육체의 본성(*anima est natura talis corporis*)이라고 말한다. 그리고 이 때문에 영혼의 작용들은 동물적 작용들과 자연적 작용들로 구별되며, 그 결과 〔영혼〕 자신에게 고유하게 속하는 것으로서 영혼에 의해 수행되는 작용들은 동물적이라고 일컫고, 반면에 하위의 자연적 형상들에게 속하는 결과를 산출하는 것으로서 영혼에 의해 수행되는 작용들은 자연적이라고 일컫는다. 그러므로 이에 따라서, 예를 들어 불은 자신의 자연적 형상에 의해 위로 향해가는 자연적 운동을 지니는 것처럼, 영혼을 지닌 육체의 어떤 부분 — 거기서는 이해에 의하지 않는 운동이 처음에 발

63) Aristoteles, *De anima*, II, 414a25-28. 이외에도 *De part. animalium*, I, 641a25-27 참조.

견되는—은 본성적으로 이 운동〔즉, 자연적 운동〕을 영혼을 통해 수행하게 된다. 왜냐하면 마치 불은 자연적으로 위로 움직이는 것처럼, 그렇게 피도 자연적으로 자신의 고유하고 정해진 장소로 움직인다. 마찬가지로 심장은[64] 자신의 고유한 운동에 의해 자연적으로 움직인다.[65] 아리스토텔레스가 들숨과 날숨에 대해 다룰 때 말한 것처럼,[66] 비록 이 운동을 위해서는 그것에 의해 심장이 팽창과 수축을 하는, 피로부터 만들어진 숨들의 이완(*resolutio spirituum*)과 협력해야 하지만 말이다. 그러므로 그러한 운동이 그 안에서 발견되는 최초의 부분은 자기 자신을 움직이게 하는 것이기보다는 불이 그런 것처럼 자연적으로 움직이는 것이다. 그런데 바로 그 부분이 다른 부분들을 움직이게 만든다.[67] 그렇기에 전체로서의 동물은 자기 자신을 움직이게 한다. 그것의 한 부분은 원동자이고 다른 부분은 피동자이기 때문이다.

반론 7에 대한 대답: 자연의 유기적 육체(*corpus physicum organicumn*)와 영혼의 관계는 마치 질료와 형상의 관계에 비견된다. 즉, 육체는 다른 어떤 형상을 통해 그러한 〔즉, 유기적인〕 것으로 되는 것이 아니라, 앞에서[68] 보여준 것처럼 영혼을 통해 그런 것이게 된다.

반론 8에 대한 대답: 반론 8에 대해서도 비슷하게 대답해야 한다.

---

64) *In De anima.*, III, 9 참조.

65) Alfredus de Sareshel, *De motu cordis*, c. 9, n. 6 참조.

66) Aristoteles, *De respiratione*, 499b26 이하; *De partibus animalium*, I, 642a31-b3.

67) *De motu cordis* (ed. Leon. t. XLIII, p. 129, v. 174-179).

68) 이 책 제9문 '나의 대응'의 네 번째 문단 참조. 이외에도 Aristoteles, *De anima*, II, 412b25-26 참조.

왜냐하면 《창세기》에서[69] 말하는 "신이 땅의 진흙으로 인간을 만들고"라는 구절은 이어지는 "그의 얼굴에 생명의 호흡을 불어넣었다"에 시간적으로 앞서는 것이 아니라 단지 본성의 질서(*ordo naturae*)에서만 앞서기 때문이다.

반론 9에 대한 대답: 질료는 질서에 따라(*secundum ordinem*) 형상에 대해 가능태에 있는데, 〔여기서 질서에 따른다는 말의 의미는〕 질료가 다양한 여러 실체적 형상들을 질서정연하게 〔차례대로〕 수용한다는 의미가 아니라, 이미 설명한 것처럼[70] 더 완전한 형상에 고유한 것은 하위 형상에 고유한 것을 매개로 하지 않는 한 수용되지 않는다는 의미이다. 〔질료가〕 요소물질들의 형상을 매개로 다른 형상들을 수용한다는 것은 이런 식으로 이해될 수 있다.

반론 10에 대한 대답: 요소물질들의 형상들은 — 비록 아비첸나가 이렇게 주장하기는 했지만 — 혼합체 안에서 자신의 본질대로 현실화되어 있는 것이 아니다. 하나의 동일한 질료의 부분 안에 그것들이 〔모두 함께〕 있을 수는 없기 때문이다. 반면에 만약 그것들이 각기 다른 부분들 안에 있다면, 그것은 참된 의미의 혼합인 전적이고 전체적인 혼합(*mixtio secundum totum*)이 아니라, 최소한의 혼합(*mixtio minima*), 즉 감각에만 혼합인 것처럼 보이는 그런 것일 뿐이다. 게다가 아베로에스가 말하는 것처럼 요소물질들의 형상들이 〔완전성을〕 더 혹은 덜 수용한다고 말하는 것도 어리석은 일이다.[71] 왜냐하면 그것들은 실체적 형상들이어서, 〔자신의 완전성을〕 더 혹은 덜 수용하는 것 자체

69) 《창세기》 2장 7절.

70) 이 책 제9문 '나의 대응'의 네 번째 문단 참조.

71) *In Boet. De Trinitate*, q. 4, a. 3, ad 6 참조.

가 불가능하기 때문이다. 또한 그 〔즉, 아베로에스〕 자신이 생각하는 것처럼 실체와 속성 사이에 어떤 매개물이 있는 것도 아니다. 그러면서도 또한 아리스토텔레스가 말한 것처럼[72] 그것들은 〔혼합을 이루면서〕 완전히 변해 없어지는 것이 아니라 〔그 혼합체 안에서〕 능력적으로(*virtute*)[73] 〔즉, 실제로 어떤 효력을 미치는 것으로서〕 유지되는데, 이는 요소물질의 능력이 그 안에서 여전히 효력을 발휘하는 요소물질의 고유한 속성들(*accidentia propria elementorum*)이 어떤 방식으로든 그 안에 남아 있는 한에서 그런 것이다.

반론 11에 대한 대답: 〔인간〕 영혼은 지적 영혼〔인 자신〕의 본질에 따라 육체의 형상이지만, 그럼에도 불구하고 지적 작용을 위해 〔육체의 형상인 것은〕 아니다.

반론 12에 대한 대답: 영혼과 육체 사이의 조화(*proportio*)는 조화되는 것들 자체 안에 있다. 그러므로 영혼과 육체 사이의 매개물인 어떤 사물이 있어야만 하는 것은 아니다.

반론 13에 대한 대답: 심장은[74] 그것을 통해 영혼이 육체의 다른 부분들을 움직이게 하는 첫째 도구이다. 그러므로 원동자로서의 영혼은 이것〔즉, 심장〕을 매개로 나머지 부분들과 결합된다.[75] 비록 형상으로서는 그 자체로서 그리고 직접적으로 육체의 각 부분과 결합함에도 불구하고 말이다.

---

72) Aristoteles, *De gener. et corr.*, I, 327b29-31.

73) 〔역주〕 '능력적으로'(*virtute*).

74) Aristoteles, *De iuventute et senectute*, 469a24 이하 참조.

75) 이 책 제9문 '반론 6에 대한 대답' 마지막 부분 참조.

반론 14에 대한 대답: 영혼이 비록 그 본질에서는 단순한 형상이지만, 그럼에도 불구하고 다양한 작용들의 원리인 한 그 능력에서는 다양하다. 그리고 형상은 질료를 존재하도록 완성시킬 뿐 아니라 작용할 수 있도록 완성시키기 때문에,[76] 영혼은 비록 하나의 형상임에도 불구하고, 바로 그 영혼에 의해 육체의 부분들이 다양한 방식으로, 그리고 〔그 부분들〕 각각은 각자의 작용에 적합하도록 완성된다고 말해야만 한다. 그렇기 때문에 앞서 언급한 것처럼 〔육체의〕 부분들 사이에는 작용의 질서에 따르는 질서가 있어야만 한다. 그런데 이 질서야말로 바로 원동자로서의 영혼에 대한 육체의 관계에 근거한 것이다.

반론 15에 대한 대답: 작용에 관한 한, 다시 말해 상위 힘들이 육체에 의해 수행되는 하위 작용들을 필요로 하는 것같이, 영혼의 하위 힘들은 육체의 상위 힘들과 연결되는 것으로 이해될 수 있다. 동일한 방식으로 작용과 운동에서 육체는 자신의 상위 부분들을 통해 영혼과 연결된다.

반론 16에 대한 대답: 형상이 육체에 주어지는 것은 오직 〔육체가〕 마땅한 성품(*dispositio debita*)들을 통해 적절한 것이 된다는 조건하에서이다. 그렇기에 마땅히 있어야 할 그 성품들이 더 이상 존재하지 않으면 형상은 질료 안에 남아 있을 수 없게 된다. 그래서 이런 방식, 즉 자연적인 열이나 습기나 그와 같은 어떤 것들—이것들은 육체가 영혼을 수용할 수 있도록 준비시키는 것들이다—이 제거될 경우[77] 영혼과 육체의 결합은 해체된다. 그러므로 이런 것들이 성품으

---

76) Aristoteles, *De anima*, II, 415b7-12 참조.

77) Aristoteles, *De longitudine et brev. vitae*, V, 466a18-466b2; *De iuventute et senectute*, 469b6-20; *De vita et morte*, 478b31-33 참조.

로서 영혼과 육체 사이의 매개물이 된다. 어떻게 그렇게 되는지에 대해서는 이미[78] 말한 바 있다.

반론 17에 대한 대답: 질료 안에서 차원들(*dimensiones*)이 알려질 수 있는 것은 오직 질료가 실체적 형상에 의해 육체의 실체적 존재를 구성하는 것으로 이해되는 한에서뿐이다. 그런데 언급된 것처럼 인간에게서는 영혼 이외의 다른 어떤 형상에 의해 이런 일〔즉, 육체의 실체적 존재의 구성〕이 일어날 수 없다. 그러므로 이러한 차원들은 전적으로 영혼에 앞서 질료 안에 먼저 있다고 이해되는 것이 아니라, 위에서 설명한 것처럼,[79] 단지 보다 상위 등급의 완전성과 관련해서만 그렇다고 〔즉, 상위 완전성보다 먼저 질료 안에 있다고〕 이해된다.

반론 18에 대한 대답: 영혼과 육체의 간격은 마치 유나 종이 서로 다른 사물들의 간격 같은 그런 것이 아니다. 왜냐하면 앞서의 물음에서[80] 논의된 것처럼, 오직 이 둘로부터 이루어진 복합체만 그럴 뿐 〔즉, 유와 종에 속할 뿐〕, 둘 가운데 어느 것도 유나 종에 속하지는 않기 때문이다. 그런데 영혼은 그 자체로서 육체에게 존재(*esse*)를 부여하는 육체의 형상이다. 그러므로 〔영혼은〕 그 자체로서 그리고 직접적으로 육체에 결합된다.

반론 19에 대한 대답: 인간 육체는 천상물체와 공유하는 어떤 것을 가지고 있는데, 이는 빛과 같이 천상물체에 속하는 어떤 것이 영혼과 육체 사이의 매개물로 끼어든다는 그런 의미에서가 아니라, 앞에서

---

78) 이 책 제9문 '반론 5에 대한 대답'.

79) 이 책 제9문 '나의 대응' 다섯 번째 문단 전반부 참조.

80) 이 책 제1문.

설명된 것처럼[81] 〔인간 육체는〕 대립에서 벗어난 어떤 균등한 복합(*equalitas complexionis*)으로 구성된다는 그런 의미에서다.

81) 이 책 제8문 '반론 2' 및 '나의 대응'의 다섯 번째 문단 마지막 부분 참조.

제 10 문

영혼은 육체 전체 안에 그리고 그 부분들 각각 안에 있는가*

열 번째 문제는, 영혼은 육체 전체 안에 그리고 그 부분들 각각 안에[1] 있는가 하는 것이다.

반론 1: 그렇지 않아 보인다. 왜냐하면 영혼은 마치 완성이 완성될 수 있는 것 안에 있듯이 육체 안에 있기 때문이다. 그런데 영혼에 의해 완성될 수 있는 것은 유기적 육체이다. 왜냐하면 《영혼론》 II권에서[2] 말하듯이 영혼은 가능적으로 생명을 지닌, 자연의 유기적 육체의 현실태(*actus corporis physici organici, potentia vitam habentis*)이기

* 병행문헌: *In I Sent.*, d. 8, q. 5, a. 3; *SCG.*, II, c. 72; *ST.*, I, q. 76, a. 8; *In De anima.*, I, 14; *De spir. creat.*, a. 4.

1) '전체 안에 그리고 그 부분들 각각 안에'라는 표현은 Augustinus, *De Trinitate*, VI, VI 8: "전체 안에 영혼 전체가 있으며, 그 부분들 각각 안에도 영혼 전체가 있다"(*in toto tota anima est, et in qualibet eius parte tota est*)에서 유래된다. 그리고 이 표현은 Petrus Lombardus, *Sent.*, I, d. 8, c. 4; Bonaventura, *Super Sent.*, I, d. 8, P. 2, q. 3, resp. 등에서 적극적으로 수용된다. 이외에도 Aristoteles, *De anima*, I, 411a26-b4; St. Thomas, *In De anima.*, I, 14 참조.

2) Aristoteles, *De anima*, II, 412a27-28.

때문이다. 그러므로 영혼은 유기적 육체 안에서가 아니면 존재하지 않는다. 그런데 육체의 부분 각각이 모두 유기적 육체인 것은 아니다. 그러므로 영혼은 육체의 부분들 각각 안에 있는 것은 아니다.

반론 2: 그뿐 아니다. 형상은 질료에 상응한다. 그런데 영혼은 육체의 형상인 한에서는 단순한 본질(*essentia simplex*)이다.[3] 그러므로 그것은 다중복합 질료(*materia multiplex*)에는 호응하지 않는다. 그런데 육체의 여러 부분들은, 그것이 인간의 것이든 동물의 것이든 간에, 다중복합 질료와도 같다. 그들 서로 간에는 매우 큰 차이가 있기 때문이다. 그러므로 영혼은 육체의 부분들 각각의 형상이 아니며, 그래서 영혼은 육체의 부분들 각각 안에 있지 않다.

반론 3: 그뿐 아니다. 그 어떤 것도 〔그것이 속하는〕 전체 밖에서는 취해질 수 없다. 그러므로 만약 영혼 전체가 육체의 어떤 한 부분 안에 있다면, 영혼에 속하는 그 무엇도 바로 그 부분의 바깥에는 있을 수 없게 된다.[4] 그러므로 영혼 전체가 육체의 부분들 각각 안에 존재하는 것은 불가능하다.

반론 4: 그뿐 아니다. 철학자는 《동물들의 운동의 원인에 대하여》라는 책에서[5] 다음과 같이 말했다. "동물은 법에 의해 잘 다스려

3) 단순한 본질(*essentia simplex*)에 대해서는 이 책 제6문 '반론 1에 대한 대답' 참조.

4) 이에 대해서는 Ioh. de Rupella, *Summa de anima*, I, c.42 참조.

5) Aristoteles, *De motu animalium*, X, 703a29-b2. 아리스토텔레스의 이 저작에 대해서는 위작 여부에 대한 논란이 있다. 이에 대해서는 Martha Craven Nussbaum, *Aristotle's De motu animalium*(Princeton: University Press, 1978)을 참조할 것.

지는 국가(*civitas*)와도 같은 것으로 이해되어야 한다. 국가에서는 일단 질서가 굳건하게 확립되면, 〔그 질서로부터〕 분리된 군주는 유용하지 않게 된다. 〔이제는〕 발생하는 일들 하나하나 때문에 군주가 존재해야만 하지는 않게[6] 된 것이다. 모든 것 각자는 마치 명령되기라도 한 것처럼 자신에게 귀속한 일들을 하며, 관습에 따라 일들은 차례대로 일어날 것이다. 그런데 동물들에게서도 본성 때문에 이와 똑같은 일이 일어난다. 〔동물의〕 각 부분은 본성상(*natum est*) 각자에게 고유한 과제를 수행하도록 그렇게 만들어졌기 때문에, 결국[7] 그 각각의 부분 안에 영혼이 존재할 필요는 없으며, 단지 육체의 어떤 원리 안에 존재한다. 그리고 다른 부분들이 생명활동을 하는 것은 그렇게 태어났기 〔즉, 본성상 그렇게 만들어졌기〕 때문이며, 본성 때문에 자신에게 고유한 과제를 수행한다." 그러므로 영혼은 육체의 부분들 각각 안에 있는 것이 아니라, 단지 〔그 가운데〕 하나 안에만 있다.

반론 5: 그뿐 아니다. 철학자는 《자연학》 VIII권에서[8] 하늘의 원

---

6) "존재해야만 하지는 않게"(*non oportet esse*) 부분은 판본에 따라서는 "존재해야만 하는"(*oporteat adesse*)으로 읽을 수도 있다.
〔역주〕 번역의 대본인 Leonina판뿐 아니라 대조본인 Marietti판 역시 'non oportet esse'로 되어 있어서 위와 같이 번역했다. Leonina판의 각주에서 밝히는 것처럼 'oporteat adesse'로 읽을 경우, 번역은 "발생하는 일 하나하나를 위해 있어야만 하는 〔그런〕 군주"로 하여 앞 문장의 '군주'를 수식하는 어구로 삼는 것이 바람직하다고 보인다.

7) 본문의 인용문 가운데 '결국' 이하 마지막까지의 내용에 대해서는 *SCG.*, II, c. 72; *ST.*, I, q. 76, a. 8, arg. 1; *De spir. creat.*, a. 4, arg. 1 참조.

8) Aristoteles, *Phys.*, VIII, 267b6-9. 이에 더해서 St. Thomas, *In Phys.*, VIII, lect. 23, n. 5 참조. 한편 천상물체의 운동을 규정하기 위해서는 수학적 방법이 적용되어야 한다. 이에 대해서는 *In Boet. De Trinitate*, q. 5, a. 3, ad 5; *In Physc.*, II, lect. 3, n. 8 참조.

동자는 원의 중심에 있든지 아니면 원둘레의 어떤 지점에 있든지 해야만 한다고 말한다. 왜냐하면 이 두 가지가 원순환 운동의 원리이기 때문이다. 그리고 그는 그것이 원의 중심이 아니라 둘레에 있다는 것을 보여준다. 왜냐하면 어떤 것이 원둘레에 가깝고 원 중심에서 멀수록, 그만큼 그것의 운동도 빨라지기 때문이다. 그러므로 비슷한 이유에서, 동물의 원동자는 동물의 부분들 가운데 운동이 특히 현저하게 나타나는 부분 안에 있어야만 한다. 그런데 이것은 바로 심장이다. 그러므로 영혼은 오직 심장 안에만 있다.[9]

반론 6: 그뿐 아니다. 철학자가 《젊은이들과 늙은이들에 대하여》(*De iuventute et senectute*)라는 책에서,[10] 식물들은 상위부분과 하위부분의 중간적인 위치에 영양공급 원리(*principium nutritivum*)를 지닌다고 말한다. 그런데 식물에서 상위부분과 하위부분이 있는 것처럼 동물들에서도 윗부분과 아랫부분, 왼쪽 부분과 오른쪽 부분, 그리고 앞부분과 뒷부분이 있다. 그러므로 생명의 원리인 영혼은 동물 안에서 이러한 특수한 부분들의 중간적인 것 안에 존재해야만 한다. 그런데 그것은 바로 심장이다. 그러므로 영혼은 오직 심장 안에만 존재한다.

반론 7[11]: 그뿐 아니다. 어떤 것 전체 안에 있으면서 동시에 그

---

9) Aristoteles, *De motu animalium*, X, 703a5-16; Nemesius, *De natura hominis*, c. 23(ed. Verbeke-Moncho p. 107, v. 20-21); Avicenna, *De anima*, V, 8(ed. Van Riet, p. 176, v. 76-77; v. 172) 참조. 영혼이 주로 심장 안에 있는 이유에 대한 논의에 대해서는 *De iuventute et senectute*, I, 467b13-17.

10) Aristoteles, *De iuventute et sencectute*, II, 467b30-468a5. 그리고 동물들의 심장의 위치에 대해서는 *De iuventute et senectute*, II, 468b16 이하 참조.

11) 이와 비슷한 논증들로는 다음의 것들이 있다. Iohannes de Rupella, *Summa*

부분들 각각 안에 있는 모든 형상은 그것 전체와 그것의 각 부분들 모두의 명칭이 된다. 이 점은 불의 형상에서 분명히 알 수 있다. 불의 모든 부분들이 불이기 때문이다. 그런데 동물의 각 부분들 모두가 동물인 것은 아니다. 그러므로 영혼은 육체의 모든 부분들 각각 안에 있는 것이 아니다.

반론 8[12]: 그뿐 아니다. 이해하기(*intelligere*)는 영혼의 한 부분에 속한다. 하지만 이해하기는 육체의 어떤 부분 안에도 있지 않다. 그러므로 영혼 전체가 육체의 모든 부분 각각 안에 있는 것은 아니다.

반론 9: 그뿐 아니다. 철학자는 《영혼론》 II권에서,[13] 영혼이 육체에 대하여 있는 것같이 영혼의 부분은 육체의 부분들에 대하여 있다고 말한다. 그러므로 만약 영혼이 육체 전체 안에 있다면, 육체의 부분들 각각 안에는 영혼의 전체가 아니라 그 부분만이 있을 것이다.

---

de anima, I, c. 42; *Summa fratris Alexandri*, II-1, n. 321, arg. 'c'; Albertus Magnus, *Super Sent.*, I, d. 8, F, a. 26, arg. 3; Bonaventura, *Super Sent.*, I, d. 8, P. 2, q. 3, s. c. 1. 그리고 이에 더해서 Anon., *Lectura in librum De anima*, II, 8; St. Thomas, *De spir. Creat.*, a. 4, arg. 2 참조.

12) Averroes, *Super De anima*, I, 92(ed. Crawford, p. 123, v. 24-25); Iohannes de Rupella, *Summa de anima*, I, c. 42; *Summa fratris Alexandri*, II-1, n. 348, arg. 1 & 2; Albertus Magnus, *Super Sent.*, I, d. 8, f, a. 26, q. 2, arg. un; Bonaventura, *Super Sent.*, I, d. 8, p. 2, q. 3, s. c. 3 참조.

13) Aristoteles, *De anima*, II, 412b22-25. 이에 더해서 *Anan. Lectura in librum De anima*, II, 8; Bonaventura, *Super Sent.*, I, d. 8, p. 2, a. 3, s. c. 4; St. Thomas, *ST.*, I, q. 76, a. 8, arg. 3 참조.

반론 10: 그런데 한편에서는,[14] 철학자가 영혼과 그 부분들에 대해 말할 때 그것은 형상인 한에서의 영혼이 아니라 원동자인 한에서의 영혼에 대한 것이라고들 말하기도 한다. — 하지만 그렇다고는 할 수 없다. 철학자는 같은 책에서,[15] 만약 눈(*oculus*)이 〔그 자체만으로 하나의〕 동물이라면 시각(*visus*)이 그것의 영혼일 것이라고 말하기 때문이다. 그런데 영혼은 동물의 형상(*forma animalis*)이다. 그러므로 영혼의 부분은 육체 안에 단지 원동자로서만이 아니라 형상으로서 존재한다.

반론 11[16]: 그뿐 아니다. 영혼은 동물 안에 있는 생명의 원리(*principium vitae*)이다. 그러므로 만약 영혼이 육체의 각 부분 안에 있다면, 육체의 각 부분들은 영혼으로부터 생명을 직접 수용할 것이며, 그래서 영혼의 한 부분은 생명을 위해 〔즉, 생명을 지닌 것이기 위해〕 다른 부분들에 의존하지 않게 될 것인데, 이는 분명히 잘못된 생각이다. 왜냐하면 다른 모든 부분들은 생명을 위해 심장에 의존하기 때문이다.

반론 12[17]: 그뿐 아니다. 영혼은 자신이 그 안에 존재하는 육체의 운동에 따라서 우유적으로(*per accidens*) 움직인다.[18] 그리고 마찬가지로 자신이 그 안에 거하는 육체가 정지하는 데 따라 우유적으로 정지한다. 그런데 육체의 한 부분은 정지해 있으면서 다른 부분은 움직

14) 이 책 제10문, '반론 9에 대한 대답' 참조.

15) Aristoteles, *De anima*, II, 412b18-19.

16) Bonaventura, *Super Sent.*, I, d.8, p.2, q.3, s.c.7; St. Thomas, *ST.*, I, q.76, a.8, arg.5; *De spir. creat.*, a.4, arg.8 참조.

17) *De spir. creat.*, a.4, arg.7 참조.

18) Aristoteles, *De anima*, I, 407b5-10; 408a30-33 참조.

이는 일이 일어난다. 그러므로 만약 영혼이 육체의 각 부분들 모두 안에 있다면, 영혼은 동시에 움직이기도 하면서 정지해 있기도 해야 하는데, 이는 불가능하다는 것이 분명하다.

반론 13[19]: 그뿐 아니다. 영혼의 모든 능력들은 영혼의 본질에 그 뿌리를 두고[20] 있다. 그러므로 만약 영혼의 본질이 육체의 각 부분들 안에 있다면, 영혼의 각 능력들 역시 육체의 각 부분들 안에 있어야만 할 것인데, 이것이 잘못된 것임이 분명하다. 왜냐하면 청각은 눈에는 없고 오직 귀에만 있으며, 다른 것들도 이런 식이기 때문이다.

반론 14[21]: 그뿐 아니다. 다른 어떤 것 안에 있는 모든 것들이 그 어떤 것 안에서 존재하는 방식은 바로 자신이 그 안에 있는 바로 그 어떤 것의 양태에 따른다.[22] 그러므로 만약 영혼이 육체 안에 있다면 그것은 육체의 양태에 따라서 육체 안에 있어야만 한다. 그런데 〔전체의〕 어느 한 부분이 있는 곳에는 다른 것이 있을 수 없는 것이 육체의 양태이다. 따라서 영혼의 한 부분이 있는 곳에는 〔영혼의〕 다른 부분이 있을 수 없다. 그래서 육체의 부분 각각에 영혼 전체가 있는 것은 아니다.

반론 15: 그뿐 아니다. 〔지렁이나 거머리같이〕 환충류라고 불리는

---

19) Anon., *Lectura in librum De anima*, II, 8; St. Thomas, *ST.*, q. 76, a. 8, arg. 4; *De spir. creat.*, a. 4, arg. 3 참조.

20) *De spir. creat.*, a. 4, ad 3 참조.

21) Anon., *Lectura in librum De anima*, II, 8; Albertus Magnus, *Super Sent.*, I, d. 8, F, a. 26, q. 1, arg. un 참조.

22) 〔역주〕 "다른 것 안에 존재하는 모든 것들은 바로 자신을 포함하는 〔전체인〕 그것의 존재양태에 따라 그것 안에 존재한다"로 번역할 수도 있다.

어떤 불완전한 〔하등의〕 동물들은[23] 몸이 잘린 후에도 계속 사는데, 그 까닭은 절단 이후에도 영혼이 육체의 각 부분에 남아 있기 때문이다. 그런데 인간이나 다른 완전한 동물들은 몸이 잘리면 살지 못한다. 그러므로 이들에게서는 영혼이 육체의 부분들 각각 안에 있는 것이 아니다.

반론 16: 그뿐 아니다. 인간과 동물은 서로 다른 다양한 부분들로 구성된 전체와도 같은 것처럼, 집도 역시 그렇다. 그런데 집의 형상은 집의 각 부분들마다에 있는 것이 아니라 집 전체에만 있다. 그러므로 동물의 형상인 영혼 전체는 육체의 부분들 각각 안에 있는 것이 아니라, 단지 육체 전체 안에만[24] 있다.

반론 17: 그뿐 아니다. 영혼은 육체의 형상인 한에서 육체에게 존재(*esse*)를 부여한다. 그런데 영혼은 자신의 본질에 따라서 육체의 형상이며, 이 〔영혼의〕 본질은 단순하다. 그러므로 영혼은 자신의 단순한 본질에 따라서 육체에게 존재를 부여한다. 그런데 하나가 아닌 것 〔즉, 서로 다른 다양한 것들〕이 하나에 의해 자연적으로 존재할 수는 없다.[25] 그러므로 만약 영혼이 육체의 각 부분 안에 〔그 각 부분의〕 형상인 것처럼 존재한다면, 그것은 곧 영혼이 육체의 부분들 각각에게 일률적으로 〔동일한〕 존재를 부여한다는 결과가[26] 된다.

---

23) Aristoteles, *De anima*, I, 411b19-22; II, 413b20; Averroes, *Super De anima*, I, 93; II, 20 Ied. Crawford, p. 124, v. 155 이하; p. 158, v. 205 이하.

24) Anon., *Lectura in librum De anima*, II, 8 참조.

25) Avicenna, *Metaphysica*, IX, 4 (ed. Van Riet, p. 481, v. 50-51); Averroes, *In Metaph.*, XII, 44 (ed. Venetis, 1562, t. VIII, f. 327, I).

26) 〔역주〕 다시 말해서 육체의 부분들은 모두 동일한 것이어야만 한다.

반론 18: 그뿐 아니다. 형상과 질료가 결합하는 것은 한 장소에 배치된 사물과 그 배치된 장소가 결합되는 것보다 훨씬 더 밀접하다. 그런데 배치된 어떤 하나의 사물은 여러 장소에 동시에 있을 수는 없다.[27] 심지어 그것이 영적 실체라 할지라도 이는 마찬가지인데, 이는 천사가 동시에 여러 장소에 있다는 것을 신학교사(*magister*)들이 인정하지 않기 때문이다.[28] 그러므로 영혼 역시 육체의 다양한 여러 부분들 안에 있을 수는 없다.

이와는 반대로(*Set Contra*): 아우구스티누스는 《삼위일체론》 VI권에서[29] 영혼 전체가 육체 전체 안에 있으며, 육체의 부분들 각각 안에 있다고 말했다.

이와는 반대로 2: 그뿐 아니다. 영혼은 자신이 결합되지 않는 한은 육체에 존재를 부여하지 않는다. 그런데 영혼은 육체 전체에, 그리고 육체의 각 부분에 존재를 부여한다. 그러므로 영혼은 육체 전체 안에, 그리고 육체의 각 부분 안에 있다.

이와는 반대로 3: 그뿐 아니다. 영혼은 자신이 있는 곳에서만 작용한다. 그런데 영혼의 작용은 육체의 부분들 각각 안에서 나타난다. 그러므로 영혼은 육체의 각 부분 안에 있다.

---

27) Albertus Magnus, *Super Sent.*, d. 8, F, a. 26, q. 3, arg. 2 참조.

28) Koh. Damascenus, *De fide orthodoxa*, I, 13; *Summa fratris Alexandri*, II-1, n. 179; Bonaventura, *Super Sent.*, II, d. 2, P. 2, a. 2, a. 2, resp.; St. Thomas, *In I Sent.*, d. 37, q. 3, a. 2; *ST.*, I, q. 52, a. 2.

29) Augustinus, *De Trinitate*, VI, VI, 8.

나의 대응: 이 문제에 대한 진리는 앞서의 논의들에 의존한다.[30] 왜냐하면 육체의 형상인 한에서의 영혼은 육체 전체에 그것의 어떤 부분을 매개로 결합되는 것이 아니라, 육체 전체에 아무 매개 없이 직접 결합된다는 것을 — 왜냐하면 〔영혼은〕 육체 전체의 형상이기도 하고 육체의 부분들 각각의 형상이기도 하기 때문에 — 보여주었기 때문이다.[31] 그리고 이 점은 주장될 필요가 있다. 왜냐하면 — 인간이나 혹은 어떤 다른 동물들의 육체는 자연적 전체(*totum naturale*)[32]이기 때문에 — 그것이 '하나'라고 불리는 이유는 그것이 하나의 형상을 지녔다는 데서[33] 비롯되기 때문이며, 그 하나의 형상에 의해 그것〔즉, 인간이나 동물의 육체〕은 집이나 혹은 그런 종류의 다른 것들의 경우에서처럼 집적(*aggregatio*)이나 결합(*compositio*)에 의한 것 이상으로 완성된다. 그러므로 인간과 동물의 각 부분은 존재(*esse*)와 종〔적 본성〕(*species*)을 마치 〔각각의〕 고유한 형상으로부터 받는 것처럼 영혼으로부터 받는다. 그러므로 영혼이 〔육체에서〕 떠나면, 눈도 살도 그 어떤 부분도 — 다의적 의미로 취해지지 않는 한 — 남지 않는다고 철학자는[34] 말한다. 그런데 어떤 것이 존재와 종〔적 본성〕을 〔자신과〕 분리되어 있는 어떤 것으로부터 — 마치 형상으로부터인 것처럼 — 받는 것은 불가능하다(그렇지만 플라톤의 입장은[35] 이와 비슷한 것이었

30) *De spiritualibus creaturis*, a. 4, resp 참조.

31) 이 책 제9문, '나의 대응'의 일곱 번째 문단 후반부; '반론 16에 대한 대답' 전반부 참조.

32) Aristoteles, *Metaph.*, V, 1023b25-32 참조.

33) Aristoteles, *Metaph.*, V, 1016b12-14; VII, 1041b5-28 참조.

34) Aristoteles, *De anima*, II, 412b19-22; *Metaph.*, VII, 1035b24-25; *De part. animalium*, I, 640b34-35; *Meteor.*, IV, 389b21.

35) 이러한 플라톤의 입장에 대한 언급은 Aristoteles, *Metaph.*, I, 987b1-8; 991a20-b3; VII, 1033b19-1034a8; XII, 1071a17-30 참조.

다. 그는 이러한 감각적 존재들이 분리된 형상들에 대한 참여를 통해 존재와 종〔적 본질〕을 수용한다고 주장했다). 도리어 형상은 자신이 존재를 부여해주는 것의[36] 형상이어야만 한다. 왜냐하면 형상과 질료는 사물의 본질을 구성하는 내적[37] 원리들이기 때문이다.[38] 그러므로 만약 아리스토텔레스의 말처럼[39] 영혼이 형상으로서 육체의 각 부분들에게 존재와 종〔적 본질〕을 부여한다면, 그것은 육체의 각 부분들 안에 있어야만 한다. 그리고 바로 이런 이유에 의해 우리는 영혼이 〔육체의〕 전체 안에 있다고 말한다. 왜냐하면 〔영혼은〕 전체의 형상(*forma totius*)이기 때문이다. 그러므로 만약 영혼이 각 부분들의 형상이라면, 그것은 오직 전제 안에만도 아니고 오직 어느 한 부분 안에만도 아니라 각 부분들 모두 안에 있어야만 한다. 그리고 이 점은 '영혼은 유기적 육체의 현실태'(*est enim anima actus corporis organici*) 라는 영혼의 정의[40] 도 보여준다. 그런데 유기적 육체(*corpus organicum*) 란 서로 다른 여러 기관들로부터 이뤄진다.[41] 그러므로 만약 영혼이 형상으로서 오직 한 부분 안에만 있다면, 영혼은 유기적 육체의 현실태가 아니라 오직 한 기관—예를 들어 심장이나 혹은 다른 어떤 것이든—의 현실태(*actus unius organi tantum*) 일 것이며, 나머지 부분들은 다른 형상들에 의해 완성될 것이다. 그래서 육체 전체는 자연적인 〔즉, 유기적인〕 하나가 아니라 단지 〔부분들의〕 결합에 의한 하나에 불과할 것이다. 그러므로 남은 것은 영혼이 육체 전체 안에, 그리고 육체의 부분들 각각 안에 있다는 것뿐이다.

---

36) 〔역주〕 "자신이 존재를 부여해주는 것의" = "자신으로부터 존재를 받는 것의."
37) *In De causis*, prop. 5; Sigerus Brabantis, *De anima intellectiva*, III 참조.
38) 형상과 질료의 이러한 성격에 대해서는 *De ente et essentia*, c. 2 참조.
39) Aristoteles, *De anima*, II, 412b17-25.
40) Aristoteles, *De anima*, II, 412b4-6 참조.
41) *In De anima.*, II, 1 참조.

그런데 〔육체〕 전체 안에 그리고 그 부분들 각각 안에 있는 것이 〔영혼〕 전체인가의 여부도 탐구의 대상이기 때문에,[42] 이것이 어떻게 말해질 수 있는지를 생각해 보아야만 한다. 그런데 어떤 것이 부분들을 갖는 것은 세 가지 방식으로 일어나는 한, 전체성도 세 가지 방식으로[43] 형상에게 속할 수 있다. 한 가지 방식은 어떤 것이 양적인 분리 — 즉, 수나 크기가 나뉘는 것과 같은 — 의 결과로서(*secundum divisionem quantitatis*) 부분들을 지니는 것이다. 하지만 혹시라도 우유적인 방식이라면 모를까, 수의 전체나 크기의 전체가 하나의 형상에 속하지는 않는다. 마치 '흼'(*albedo, whiteness*)이 〔그것이 구현된〕 표면의 분리에 의해 분리되는 것처럼, 연속체의 분리에 의해 우유적으로 분리되는 형상들을 이 〔첫째 방식의〕 예로 들 수 있다. 다른 방식은, 마치 질료와 형상은 복합체의 부분들이라고 말하고, 유(*genus*)와 종차(*differentia*)는 어느 의미에서는 종(*species*)의 부분들이라고 말하는 것처럼, 종의 본질적 부분들과의 관계에서 어떤 것이 전체(*totum*)라고 불리는 것이다. 그리고 이러한 방식의 전체성은 심지어는 단순한 본질들에게도 — 이들의 완전성 때문에 — 부여된다. 왜냐하면 마치 복합체들이 본질적 원리들의 결합으로부터 완성된 종(*perfecta species*)[44]을 지니는 것처럼, 실체들과 단순한 형상들은 그 자신 스스로 완성된 종을 지니기 때문이다. 셋째 방식은 어떤 것이 능력(*virtus*) 혹은 권능(*potestas*)의 부분들과의 관계에서 전체라고 불리는 것인데,

---

42) Anon., *Lectura in librum De anima*, II, 8; *Summa duacensis*, c. 7, q. 5; *Summa fratris Alexandri*, II-1, n. 348; Iohannes de Rupella, *Summa de anima*, I, c. 42; Albertus Magnus, *Super Sent.*, I, d. 8, F, a. 26; Bonaventura, *Super Sent.*, I, d. 8, P. 2, q. 3 참조.

43) *ST.*, I, q. 8, a. 2, ad 3; q. 76, a. 8; *De spir. creaturis*, a. 4; *SCG.*, II, c. 72 참조.

44) 〔역주〕 '완성된 종' = '종적 완전성' 또는 '종으로서의 완성.'

그 부분들은 사실상 작용들의 분리에 따라서 파악된 것이다.

그러므로 만약 형상이 〔첫째 방식처럼〕 연속체의 분리를 통해 나뉘는 것으로 이해되면서 그런 형상 전체가 육체의 각 부분 안에 있는지에 대해 묻는다면, 그래서 예를 들어 표면의 각 부분들 안에 '흼'의 전체가 있는지의 여부를 물을 때 그 '전체'가 양적인 부분들과의 관계에서 고려된 전체로 이해된다면—이러한 전체는 '흼'에 단지 우유적으로만 속하므로—형상 전체는 부분들 각각 안에 있지 않고, 전체 안에는 전체가 그리고 부분들 안에는 부분이 있게 된다.

그런데 만약 종(*species*)에 속하는 전체성에 대한 문제라면, 그러한 전체는 각 부분들 안에 있다. 왜냐하면 '흼'의 정도는 전체에서나 각 부분에서나 마찬가지로 동일하기 때문이다. 하지만 능력의 관점에서 고려할 경우에는 각 부분 안에 형상 전체가 있지는 않다는 것이[45] 참이다. 왜냐하면 열을 내는 데 있어서 작은 불꽃 안에 있는 열이 큰 불길 안에 있는 열과 같을 수 없는 것처럼, 빛을 발하는 데 있어서 표면의 부분 안의 '흼'은 표면의 전체의 '흼'과 같을 수 없기 때문이다.

그런데 일단 잠정적으로 인간의 육체 안에는 오직 하나의 영혼만이 있다고 가정한다면(왜냐하면 이 점에 대해서는 나중에[46] 논의할 것이기 때문이다), 그것〔즉, 영혼〕은 수의 경우에 해당하는[47] 양적인 분리에 의해 나뉘지 않는다. 영혼이 연속체의 분리에 의해 나뉘지 않는다는

45) *ST.*, I, q. 76, a. 8 참조. 하지만 이와 달리 해석될 수 있는 경우가 *De spir. creat.*, a. 4, resp.에서 발견되기도 한다.

46) 이는 뒤의 '제 11문'에서 다루게 될 문제이다.

47) 〔역주〕 양(*quantitas*)에는 두 가지가 있다. 하나는 연장성이고, 다른 하나는 수이다. 전자는 연속적인 양이고 후자는 비연속적인 양이다. 본문에서는 곧바로 이어지는 '연속체의 분리', 즉 전자의 의미에서의 양과 대비시켜 후자의 경우를 염두에 두면서 이렇게 말하는 것이다. 양의 이러한 구별에 대해서는 St. Thomas, *In V Metaph.*, l. 15, n. 978 참조.

것[48] 역시 분명한데, 이는 특히 분리될 경우 살아남지 못하는 완전한 동물〔즉, 고등동물〕들의 영혼의 경우에는 더욱 분명하다. 환충류 같은 동물들 — 철학자가 가르치는 것처럼[49] 그 안에서 하나의 영혼은 현실화되어 있는 반면 다른 많은 영혼들은 가능적으로만 있는 — 의 영혼의 경우에는 혹시라도 이와 다를 수 있지만 말이다. 그러므로 인간과 다른 완전한 동물들의 영혼의 경우에는 종의 완전성에 따라서, 그리고 힘 혹은 능력에 따라서가 아닌 한 전체성을 말할 수 없게 된다.

그러므로 종의 완전성이 영혼에 속하는 것은 그 자신〔즉, 영혼〕의 본질에 따라서이기 때문에, 그런데 영혼은 자신의 본질에 따라 육체의 형상이기 때문에, 그리고 앞서 보여준 것처럼[50] 〔영혼이〕 육체의 형상인 한 그것은 육체의 각 부분들 안에 있으므로, 결과적으로 종의 완전성 전체에 따라서는 영혼 전체가 육체의 부분들 각각 안에 있다고 해야만 한다.[51]

그런데 만약 전체성을 능력(*virtus*)이나 권능(*potestas*)의 관점에서 고려한다면, 그러면서 인간의 영혼에 대해 말하자면, 영혼 전체는 육체의 각 부분들 안에 있지 않으며,[52] 심지어는 영혼 전체가 육체 전체 안에 있는 것도 아니다. 왜냐하면 앞서의 문제들에서[53] 보여준

48) *Summa fratris Alexandri*, II-1, n. 335; Albertus Magnus, *Super Sent.*, I, d. 8, p. 2, a. 3, ad 1-2 참조. 한편, 이와는 다른 견해가 Anon., *Lectura in librum De anima*, II, 8에서 발견된다.

49) Aristoteles, *De anima*, II, 413b16-22. 이에 더해서 St. Thomas, *In I Sent.*, d. 8, q. 5, a. 3, ad 2; *SCG.*, II, c. 86; *De potentia*, q. 3, a. 12, ad 5; *In De anima.*, II, 14 참조.

50) 이 책 제10문 '나의 대응'의 첫째 문단 처음 1/3부분 참조.

51) *Summa fratris Alexandri*, II-1, n. 331 ad 2 참조.

52) *Summa fratris Alexandri*, II-1, n. 331, ad 2; Albertus Magnus, *Super Sent.*, I, d. 8, F, a. 26 참조. 한편, 이와 다른 견해가 Bonaventura, *Super Sent.*, I, d. 8, P. 2, q. 3, resp에서 발견된다.

것처럼 인간 영혼은 육체의 능력을 능가하기 때문에, 인간 영혼에는 육체와 주고받는 것 없이도(*sine communicatione*) 어떤 작용—이해하기(*intelligere*)와 욕구하기(*velle*) 같은—을 수행할 수 있는 능력(*virtus*)이 남아 있기 때문이다. 그러므로 지성(*intellectus*)과 의지(*voluntas*)는 어떤 육체적 기관들에 의한 행위가 아니다. 그러나 육체적 기관들에 의해 수행되는 다른 작용들에 관한 한, 그 능력과 권능 전체가 육체 전체 안에는 있지만 육체의 각 부분 안에 있는 것은 아니다. 왜냐하면 육체의 다양한 여러 부분들은 영혼의 다양한 여러 작용들에 〔각각〕 대응하기 때문이다.[54] 그러므로 영혼은 〔자신의〕 어떤 한 능력—오직 육체의 특정 부분을 통해 수행되는 작용과 관련되는—에 따라서는 〔육체의〕 바로 그 특정한 어떤 부분 안에만 있다.

반론 1에 대한 대답: 질료는 형상을 위해 있는 것이기 때문에,[55] 그런데 형상은 고유한 작용으로 질서지어져 있기 때문에, 각 형상의 질료는 그 형상의 작용에 적합한 그런 것이어야만 한다. 마치 톱의 질료는 그것의 단단함 때문에 톱의 작용—즉, 톱질—을 위해 적합한 것인 철이어야 하는 것처럼 말이다.[56] 따라서 영혼은 자신이 지닌 능력의 완전함으로 인해 다양한 작용들을 수행할 수 있는 것이기 때문에, 그 질료 역시 영혼의 여러 능력들에 적합한 부분들—기관(*organ*)이라고 불리는—로 구성된 육체이어야 할 필요가 있으며,[57] 이 때문에 〔다른 관점에서가 아니라〕 형상으로서의 영혼에 주로 상응

53) 이 책 제1문, '나의 대응'의 여섯 번째 문단 끝부분; 제2문, '나의 대응'의 열 번째 문단(마지막 문단) 전반부 참조.
54) Averroes, *Super De anima*, I, 93; St. Thomas, *In De anima.*, I, 14 참조.
55) 이 책 제8문, '나의 대응'의 첫 문장 참조.
56) 이 책 제8문, '나의 대응'의 일곱 번째 문단 전반부 참조.
57) *SCG.*, II, c.72; *In De anima.*, I, 14 참조.

하는 육체는 유기적인 것(*organicum*)이다. 그런데 부분들은 전체를 위해 있는 것이다. 그러므로 육체의 부분은 〔영혼에〕 고유한 것이자 〔영혼에 의해〕 우선적으로 완성되는 것으로서가 아니라, 〔바로 그러한 것인 육체〕 전체로 질서지어진 한에서 영혼에 상응한다. 그러므로 비록 영혼이 그것〔즉, 육체의 각 부분〕의 형상일지라도, 육체의 부분 각각이 유기적 육체이어야만 하는 것은 아니다.

반론 2에 대한 대답: 질료는 형상을 위해 있는 것이기 때문에, 형상은 자신의 작용에 적합한 그런 방식으로만 질료에게 존재와 종〔적 본성〕을 부여한다. 그리고 영혼에 의해 완성될 수 있는 육체는 영혼의 다양한 작용에 적합한 것이 되기 위해서 다양한 부분들을 필요로 한다. 그러므로 영혼은 비록 자신의 본질에 따라서는 단일하고 단순하지만(*una et simplex*), 다양한 방식으로 육체의 부분들을 완성시킨다.

반론 3에 대한 대답: 영혼은 언급된 그러한 방식에 따라 육체의 한 부분 안에 있기 때문에, 영혼에 속하는 그 어떤 것도 육체의 이 부분 안에 있는 영혼 바깥에 있을 수는 없다. 그럼에도 불구하고 이로부터 영혼에 속하는 모든 것이 육체의 이 부분 바깥에 있을 수 없는 것은 아니다. 하지만 〔영혼이〕 일차적으로 완성시키는 것인 육체 전체의 바깥에는 있을 수 없다.

반론 4에 대한 대답: 철학자가 그 책에서 말한 것은 원동능력(*potentia motiva*)[58]인 한에서의 영혼에 대해서이다. 왜냐하면 육체의 운동 원리는 육체의 어떤 부분 안에, 다시 말해 심장 안에[59] 있으며, 그 부

58) *In De anima.*, II, 18; *ST.*, I, q. 76, a. 8, ad 1 참조.
59) 이 책 제10문 '반론 5' 및 '반론 6' 참조.

분에 의해 육체 전체가 움직이기 때문이다. 이 점은 통치자에 관해 그가 제시한 예를 볼 때 분명하다.

반론 5에 대한 대답: 하늘의 원동자는 자신의 실체에서는(*secundum suam substantiam*) 장소적으로 제한되지 않는다.[60] 다만 철학자는 그것이 운동의 원리인 한에서 어디에 위치하는지를 보여주려고 의도한 것이다. 그리고 이런 식으로 영혼은, 운동의 원리인 한에서,[61] 심장 안에[62] 있다.

반론 6에 대한 대답: 어떤 작용들의 원리인 한에서는, 영혼은 식물들에게서조차 상위부분과 하위부분의 중간적인 위치에 있다고 말한다. 이는 동물들에게서도 마찬가지다.

반론 7에 대한 대답: 그러므로 마치 불의 각 부분이 불인 것처럼 동물들의 부분 각각이 동물인 것은 아니다. 왜냐하면 불의 모든 작용들은 불의 모든 부분 각각 안에서 고스란히 보존되지만, 이에 반해 동물—특히 완전한 동물인 경우에는 더더욱—의 모든 작용들은 그 각 부분 안에 그대로 보존되지 않기 때문이다.

반론 8에 대한 대답: 그러한 〔반론의〕 논의는 능력에 관한 한 영혼 전체가 육체의 부분들 안에 있는 것은 아니라고 결론짓는데, 이것은 참이라고 말한 바[63] 있다.

---

60) Aristoteles, *Phys.*, VIII, 266a10-12; 267b17-18; *De caelo*, II, 288b1-6; St. Thomas, *In Phys.*, VII, lect. 23, n. 6 참조.

61) Pseudo-Augustinus, *De apiritu et anima*, 18(PL 40, 794) 참조.

62) *De potentia*, q. 3, a. 18, ad 10 참조.

반론 9에 대한 대답: 영혼의 부분이 철학자에 의해 고려되는 것은 그것이 영혼의 본질인 한에서가 아니라 그 능력인 한에서이다.[64] 그렇기 때문에 마치 영혼이 육체 전체 안에 있는 것처럼 영혼의 부분은 육체의 부분 안에 있다고 그는 말하는 것이다. 왜냐하면 마치 유기적 육체 전체는 육체를 통해 수행되는 영혼의 모든 작용들에 봉사하기 위해 있는 것처럼, 하나의 기관은 어떤 정해진 작용을 위해 있기 때문이다.

반론 10에 대한 대답: 영혼의 능력은 본질에 근거한다. 그러므로 영혼의 능력이 있는 곳이라면 어디든지 거기에는 영혼의 본질이 있다. 그러므로 만약 눈(*oculus*)이 동물이라면 시각이 그것의 영혼일 것이라는 철학자의 말은[65] 영혼의 본질은 없이 영혼의 능력에 대한 것만으로 이해되지는 않는다. 이는 마치 감각적 영혼이 육체 전체의 형상이라고 말하는 것은 그 자신의 본질 때문이지 〔자신이 지닌〕 감각적 능력 때문은 아닌 것과 마찬가지다.

반론 11에 대한 대답: 영혼은 〔자신이 움직이는〕 첫 번째 어느 하나를 통해서 육체의 다른 부분들 안에서 작용하기 때문에, 그런데 육체는 아리스토텔레스가 《영혼론》 II권에서[66] 말한 것처럼 육체의 능동인인 영혼의 작용을 통해 영혼에 적합한 것이 되도록 배열되기 때문에, 다른 부분들의 배열은 영혼이 이들 다른 부분들을 완성시키는 수

---

63) 이 책 제10문 '나의 대응'의 여섯 번째(마지막) 문단 참조.

64) 이와 관련된 논의로는 Aristoteles, *De anima*, 402b1-2; 411b14-19; 413a7-8; 429a10-12 참조.

65) Arfistoteles, *De anima*, II, 412b18-19; St. Thomas, *In De anima.*, II, 2 참조.

66) Aristoteles, *De anima*, II, 415b8-12 참조.

단이 되는 그 첫 번째 한 부분, 다시 말해 심장에 의존한다. 그리고 그만큼은 다른 부분들의 생명이 심장에 의존한다. 왜냐하면 〔어떤 부분에〕 있어야만 하는 배열이 그 부분 안에서 존재하기를 그치게 된 후에는, 영혼이 더 이상 그것에 형상으로서 결합되지 않기 때문이다. 그러나 이 때문에 영혼이 직접 육체의 각 부분들의 형상일 수 없는 것은 아니다.

반론 12에 대한 대답: 영혼은 우유적인 방식으로(*per accidens*)가 아닌 한[67] 육체의 운동이나 정지에 의해 운동하거나 정지하지 않는다〔즉, 오직 우유적인 방식으로만 육체의 운동과 정지에 의해 운동하거나 정지한다〕. 그런데 만약 어떤 것이 우유적인 방식으로 동시에 운동하기도 하고 정지하기도 한다고 해서 그것이 불합리한 것은 아니다. 예를 들어 배 안에 있는 누군가가 배의 방향과 반대 방향으로 이동하는 경우처럼, 어떤 것이 대립자의 운동에 의해 우유적인 방식으로 움직이는 것이 불합리한 것은 아닌 것과 마찬가지다.

반론 13에 대한 대답: 비록 영혼의 모든 능력들이 영혼의 본질에 뿌리를 두기는 하지만, 그럼에도 불구하고 육체의 〔각〕 부분은 자기 자신의 양태에 맞게(*secundum suum modum*) 영혼을 수용한다. 그러므로 〔영혼은 자신의〕 다양한 능력들에 걸맞게 〔육체의〕 여러 다양한 부분들 안에 존재하는 것이지, 〔육체의〕 각 부분마다에 〔영혼의〕 모든 능력이 있어야만 하는 것은 아니다.

반론 14에 대한 대답: 〔다른 어떤 것 안에 있는〕 모든 것들은 자신이 그 안에 있는 바로 그 어떤 것의 양태에 따라 그 어떤 것 안에 존재

67) Aristoteles, *De anima*, 406a12-b15.

한다(*unumquodque esse in alio secundum modum eius in quo est*)[68] 고 할 때, 이 말은 어떤 것의 본성에 관한 것이 아니라 그 능력의 양태에 관한 것으로 이해되어야 한다. 왜냐하면 어떤 것 안에 있는 것이라고 해서 자신이 그 안에 있는 그 어떤 것의 본성과 본질적 특성(*proprietas*)을 지녀야만 하는 것은 아니지만, 그 어떤 것의 능력에 맞게 〔그 어떤 것 안으로〕 수용되기 때문이다. 왜냐하면 물은 〔그것을 담는〕 물주전자의 본성을 지니지 않는다는 것이 분명하기 때문이다. 그러므로 한 부분이 있는 곳에 다른 부분은 있을 수 없는 육체의 그러한 본성을 영혼이 지녀야만 하는 것은 아니다.

반론 15에 대한 대답: 몸이 잘린 환충류가 〔죽지 않고〕 사는 이유는 육체의 각 부분 안에 영혼이 있기 때문만이 아니라, 그들의 영혼은 불완전하고 또 적은 작용만을 하기 때문에 〔육체의〕 부분들에 대해서는 매우 작은 다양성 — 심지어 잘렸지만 살아있는 부분에서마저 발견되는 그런 정도의 다양성 — 만을 요구하기 때문이기도 하다.[69] 그러므로 그것을 통해 육체 전체가 영혼에 의해 완성될 수 있는 그런 배열이 〔육체의 그 부분 안에서〕 유지되는 한, 영혼은 그 〔육체〕 안에 남는다. 그러나 완전한 동물들의 경우에는 그렇지가 않다.

반론 16에 대한 대답: 집의 형상은 다른 인조물들의 형상과 마찬가지로 우유적 형상(*forma accidentalis*)이다. 그러므로 그것은 〔집〕 전체

---

68) *In De anima.*, II, 12 참조.

69) Arisoteles, *De anima*, I, 411b19; *Hostoria animalium*, I, 487a32; *De iuventute et senectute*, II, 468b9-12; St. Thomas, *De potentia*, q. 3, a. 12, ad 5; *In I Sent.*, d. 8, q. 5, a. 3, ad 2; *In II Sent*, d. 18, q. 2, a. 3; *In De anima.*, I, 14 참조.

와 그 각 부분 모두에게 존재와 종〔적 본질〕을 부여하지는 않는다. 또한 집 전체는 단적으로(*simpliciter*) 하나가 아니라 집적에 의해서(*aggregatioe*) 하나이다. 이에 반해 영혼은 〔육체〕 전체와 그 부분들에게 존재와 종〔적 본성〕을 부여하는 육체의 실체적 형상(*forma substantialis corporis*)이다. 그리고 부분들로부터 구성된 〔육체〕 전체는 단적으로 하나이다. 그러므로 〔이 둘은〕 같지 않다.

반론 17에 대한 대답: 비록 영혼은 그 본질에서 하나이고 단순(*una et simplex*)하지만, 그럼에도 불구하고 다양한 작용들을 〔수행하기〕 위한 능력을 가지고 있다. 그리고 자신의 본질에 의해(*secundum essentiam*) 육체의 형상인 한 영혼은 자연적으로(*naturaliter*) 자신에 의해 완성될 수 있는 것〔즉, 육체〕에게 존재와 종〔적 본성〕을 부여하기 때문에 — 그런데 자연적으로 일어나는 것은 항상 목적을 위한 것이기 때문에 — 영혼은 다양한 작용들〔을 수행하기 위한 목적〕에 적합한 다양한 부분들을 육체 안에서 구성해야만 한다. 이러한 다양성은 형상〔즉, 영혼 자체〕에서만이 아니라 목적〔즉, 영혼이 수행하는 작용〕으로부터 요구되는 것이므로, 자연이 목적 때문에 작용한다는 점은[70] 하나의 형상이 그에 의해 완성될 수 있는 것들을 일률적으로 완성시키는 다른 〔생명이 없는〕 자연적 사물들의 경우에서보다 생명체를 구성하는 경우에 훨씬 분명하게 드러나는 것이 사실이다.

반론 18에 대한 대답: 영혼과 천사의 단순성은 점(*punctum*)의 단순성 — 연장적 공간 안에서 정해진 위치를 갖는, 따라서 단순한 것〔즉, 하나의 위치만 지니는 것〕은 공간 안의 여러 위치 안에 동시에 있

70) Aristoteles, *Phys.*, II, 198b23; 199b33 참조.

을 수는 없는 그런 단순성 — 이 고려되는 방식으로 평가되어서는 안 된다. 천사와 영혼이 단순하다고 일컫는 것은 그들에게는 전적으로 양(*quantitas*)이 없기 때문이며, 따라서 능력에 의한 접촉을 통해서가 아니고서는 연장적 공간에 관련되지 않는다.71) 그러므로 능력에 의해 접촉되는 것 전체는, 그것에 형상으로 결합되지는 않는 천사에게는 〔접촉이 이뤄지는〕 한 장소로서 대응하고, 그것에 형상으로서 결합되는 것인 영혼에게는 〔영혼에 의해〕 완성될 수 있는 어떤 하나〔의 육체〕로 대응된다. 그리고 마치 천사가 자신이 있는 곳의 각 부분들 모두 안에 전체적으로 있는 것처럼, 영혼은 자신이 완성시킬 수 있는 육체의 각 부분들 모두 안에 전체적으로 있다.

---

71) Nemesius, *natura hominis*, c. 3 참조.

제11문

인간에게 이성혼과 감각혼과 생장혼은 하나의 실체인가*

열한 번째 문제는, 인간에게서 이성혼(*anima rationalis*)과 감각혼(*anima sensibilis*), 그리고 생장혼(*anima vegetabilis*)은 하나의 실체인가 하는 것이다.[1)]

반론 1: 그렇지 않아 보인다. 영혼의 활동(*actus animae*)이 있는 곳이라면 그곳이 어디든 거기에는 영혼이 있다. 그런데 배아(*embryo*) 안에서는 생장혼의 활동은 감각혼의 활동보다 앞서 일어나며, 감각혼의 활동은 이성혼의 활동에 앞서 일어난다. 그러므로 태아 안에는 생장혼이 감각혼보다 먼저 있고,[2)] 감각혼은 이성혼보다 먼저 있다.

---

* 병행문헌: *Quodl.*, IX, q. 5, a. 1; *SCT.*, II, c. 58; *De potentia*, q. 3, a. 9, ad 9; *ST.*, I, q. 76, a. 3; q. 118, a. 2, ad 2; *Comp. theol.*, I, c. 90-92.

1) 이 문제에 대해서는 Averroes, *Super De anima*, I, 92(ed. Crawford, p. 123, v. 26-31); Philippus Cancellarius, *Summa de bono*, "De bono naturae," IV, q. 3; Bonaventura, *Super Sent.*, II, d. 31, a. 1, q. 1, resp; Anon., *Lectura in librum De anima*, II, 6; Anon., *Quaestiones in tres libros De anima*, II, q. 31 참조.

2) Aristoteles, *De gener. animalium*, II, 736a35-b5. 이에 더해서 *Summa*

그래서 이들은 그 실체에서 동일하지 않다.

반론 2: 그런데 한편에서는,[3] 배아 안에 식물혼의 활동과 감각혼의 활동이 있는 것은 배아 안에 있는 영혼에 의한 것이 아니라 부모의 영혼에 의해 배아 안에 존재하는 능력에 의한 것이라고 말하기도 한다.—하지만 그렇다고는 할 수 없다. 던지기 운동에서 분명히 나타나듯이, 유한한 행위자는 정해진 거리 내에서만 자신의 능력에 의해 활동한다.[4] 왜냐하면 던지는 자는 자신의 능력의 양태에 따라서 제한된 거리까지만 던지기 때문이다. 그런데 배아 안에서는 부모—여전히 유한한 능력을 지닌—가 얼마나 멀리 떨어져 있든지 간에 상관없이 영혼의 운동과 작용이 분명하게 나타나난다. 그러므로 영혼의 작용들이 배아 안에 있는 것은 부모의 영혼의 능력에 의한 것이 아니다.

반론 3: 그뿐 아니다. 철학자는 《동물발생론》에서[5] 배아는 인간

---

fratris Alexandri, II-1, n. 332, contra 1; Anon., *Lectura in librum De anima*, II, 6; St. Thomas, *De potentia*, q. 3, a. 9, arg. 14; *Comp. theol.*, I, c. 91 참조.

3) Petrus Hispanus, *In de animalibus* (ex ms. Madris, 1977; ed. J. M. Da Cruz Pontes, *Pedro Hispoano Portugalense* … (1964), p. 256, v. 22-30); Albertus Magnus, *De animalibus*, XVI, tr. 1, c. 8.

4) Aristoteles, *Phys.*, VIII, 266a24-30; 266b25-267a12.

5) Aristoteles, *De gener. animalium*, II, 736a35-b5. 이에 더해서 Guillelmus Alvernus, *De anima*, c. 4, part. 1; Philippus Cancellarius, *Summa de bono*, "De bono naturae," IV, q. 3; Iohannes de Rupella, *Summa de anima*, I, c. 26; bonaventura, *Super Sent.*, II, d. 31, a. 1, q. 1, arg. 4; Albertus Magnus, *Summa de homine*, tr. 1, q. 7, a. 1, s. c. 5; Anon., *Lectura in librum De anima*, II, 6; Anon., *questiones in tres libros de*

이기 이전에 먼저 동물이라고 말한다. 그런데 감각혼을 지니지 않으면 동물이 아닌 반면, 인간은 이성혼에 의해서만 인간이다. 그러므로 감각혼 자체가 이성혼보다 먼저 배아 안에 있는 것이지, 단지 감각혼의 능력만이 먼저 있는 것은 아니다.

반론 4: 그뿐 아니다. 살기(*vivere*)와 감각하기(*sentire*)는 내적 원리에 의해서가[6] 아닌 한 있을 수 없는 작용들이다. 그런데 이것들은 영혼의 활동들이다. 그러므로 배아는 이성혼을 지니기 이전에 살기와 감각하기를 하기 때문에, 그 살기와 감각하기는 외부에 있는 부모들의 영혼에 의한 것이 아니라 〔배아의〕 내부에 존재하는 영혼에[7] 의한 것이다.

반론 5: 그뿐 아니다. 철학자는 《영혼론》 II권에서[8] 영혼은 형상인으로서만이 아니라 능동인과 목적인으로서 생명체(*corpus vivens*)의 원인이라고 말한다. 그런데 어떤 것이 육체의 능동인이기 위해서는 그 육체가 형성될 때 그것에 주어져야 한다. 그런데 육체는 이성혼이 주입되기 전에 형성된다. 그러므로 이성혼이 주입되기 이전에도 배아 안에는 단지 영혼의 능력만 있는 것이 아니라 영혼 자체가 있다.

반론 6: 그런데 한편에서는, 육체가 형성[9]되는 것은 배아 안에 있

---

anima, II, q. 31; St. Thomas, *De potentia*, q. 3, a. 9, arg. 12; *ST.*, I, q. 76, a. 3, arg. 3 등 참조.

6) "내적 원리에 의해서"에 대해서는 St. Thomas, *In De anima.*, II, 5 참조.

7) "내부에 존재하는 영혼"에 대해서는 Rogerus Bacon, *Liber primus communium naturalium*, P. IV, d. 3, c. 1 참조.

8) Aristoteles, *De anima*, II, 415b7-12.

9) "형성"(*formatio*)과 관련해서는 이 책 제11문 '반론 1에 대한 대답'의 첫 부

는 영혼에 의한 것이 아니라 부모의 영혼에 의한다고 말하기도 한다.— 하지만 그렇다고 말할 수는 없다. 생명체(*corpus vivens*)들은 자신의 고유한 운동에 따라 스스로 움직인다. 그런데 생명체의 생성(*generatio*)은 그 적절한 원리가 생식능력(*potentia generativa*)이기 때문에 생명체의 고유한 운동이다.[10] 그러므로 이와 같은 운동에 의해 생명체는 스스로 움직이는 것이다. 그런데 《자연학》 VIII권에서[11] 증명된 것처럼, 스스로 움직이는 것은 원동부분과 피동부분으로 구성된다. 그러므로 〔원동부, 즉〕 생명체를 형성하는 생성의 원리인 영혼은 배아 안에 있는 것이어야 한다.

반론 7: 그뿐 아니다. 배아가 자라난다는 것은 분명하다. 그런데 《자연학》 IV권에서[12] 말하는 것처럼 자라나는 것은 공간에 따르는 운동이다. 그러므로 동물은 공간에 따라 스스로 움직이기 때문에, 자라나는 식으로도 스스로 움직이는 것이다. 그래서 배아 안에는 그러한 운동의 원리가 있어야 마땅하며, 외부의 영혼에 의해 이 운동을 하는 것은 아니다.

반론 8: 그뿐 아니다. 철학자는 《동물발생론》에서[13] 배아 안에 영혼이 없다고 말할 수는 없다고 단호하게 말한다. 그리고 거기〔즉, 배아 안〕에는 먼저 생장혼(*anima cibativa*)이, 그 후에 감각혼이 존재한다.

분 참조.

10) 생성이 하나의 운동이라는 것과 관련해서는 Aristoteles, *Phys.*, V, 225a35-36. 이에 더해서 St. Thomas, *In De anima.*, I, 6 참조.

11) Aristoteles, *Phys.*, VIII, 257b12.

12) Aristoteles, *Phys.*, IV, 211a14-17.

13) Aristoteles, *De gener. animalium*, II, 736a32-35.

반론 9: 그런데 한편에서는, 철학자가 말한 것은 배아 안에 영혼이 현실적으로 존재한다는 것이 아니라 가능적으로만 존재한다는 것이라고들 말하기도 한다.—하지만 그렇다고 말할 수는 없다. 그 어떤 것도 현실태에 있는 한에서가 아니면 행위하지 않는다(*Nihil agit nisi in quantum est actu*).[14] 그런데 배아 안에는 영혼의 행위들이 〔실제로〕 존재한다. 그러므로 거기에는 현실태에 있는 영혼이 존재하며, 그렇기 때문에 오직 하나의 실체는 아니라는 결론만 남는다.

반론 10: 그뿐 아니다. 동일한 것이 외부의 것과 내부의 것 모두에서 비롯되는 것은 불가능하다.[15] 그런데 철학자가 《동물발생론》에서[16] 분명히 하고 있듯이, 인간 안에 있는 이성혼은 외부에서 비롯된 것인 반면 생장혼과 감각혼은 내부에서, 즉 종자(*semen*)에서 비롯된 것이다. 그러므로 인간에게서 생장혼과 감각혼과 이성혼은 그 실체에서 동일한 것이 아니다.

반론 11: 그뿐 아니다. 어느 하나 안에서 실체인 것이 다른 것 안에서 속성인 것은 불가능하다. 이 이유에서 주석가는 《형이상학》 VIII권에서[17] 열(*calor*)은 다른 것들 안에서는 속성들이기 때문에 불의 실체적 형상인 것은 아니라고 말한다. 그런데 감각혼은 짐승(*animal brutum*)들에게서는 실체이다. 그러므로 인간 안에서도 〔감각혼의〕 능력만이 있을 수는 없다. 능력들은 영혼의 본질적 특성이자 속성들이

---

14) St. Thomas, *In De sensu*, I, 9 참조.

15) Anon., *Lectura in librum De anima*, II, 6; Anon., *Questiones in tres libris De anima*, II, q. 31 참조.

16) Aristoteles, *De gener. animalium*, II, 736b21-29.

17) Averroes, *In Metaph.*, VIII, 5; *De gen. et. corr.*, II, 331a1-5; St. Thomas, *In Metaph.*, XI, 12, ao68a10.

기 때문이다.

반론 12: 그뿐 아니다. 인간은 짐승들보다 더 고귀한 동물이다. 그런데 어떤 것이 동물이라고 일컫는 것은 감각혼 때문이다. 그러므로 인간 안에 있는 감각혼은 짐승들 안의 감각혼보다 더 고귀하다.[18] 그런데 그것〔즉, 감각혼〕은 짐승들 안에서 어떤 실체이지 단순히 영혼의 능력만은 아니다. 그러므로 인간 안에서는 더욱더 그 자체로서 하나의 실체이다.

반론 13: 그뿐 아니다. 하나의 동일한 것이 그 실체에서 가멸적이기도 하고 불가멸적이기도 한 것은 불가능하다.[19] 그런데 이성혼은 불가멸적이지만, 반면에 감각혼과 생장혼은 가멸적이다. 그러므로 이성혼과 감각혼과 생장혼이 그 실체에서 동일한 것일 수는 없다.

반론 14: 그런데 한편에서는,[20] 인간 안의 감각혼은 불가멸적이라고 말하기도 한다. — 그러나 그렇다고는 할 수 없다. 철학자가 《형이상학》 X권에서 말한 것처럼,[21] 가멸적인 것과 불멸적인 것은 유적

---

18) 이 주장은 아리스토텔레스를 출처로 하여 그에서 비롯되었다. Aristoteles, *De anima*, II, 421a19-23; *De sensu et sensato*, 441a2; Averroes, *Super De anima*, II, 63(ed. Crawford, p. 225, v. 50-53) 참조.

19) Philippus Cancellarius, *Summa de bono*, "De bono naturae," IV, q. 3; *Summa fratris Alexandri*, II-1, n. 332, contra 2; Anon., *Lectura in librum De anima*, II, 6; Anon., *Questiones in tres libros de anima*, II, q. 31; St. Thomas, *ST.*, I, q. 76, a. 3, arg. 1; *Comp. theol.*, I, c. 91.

20) 이 책 제11문, '반론 13에 대한 대답' 참조. 그리고 St. Thomas, *ST.*, I, q. 76, a. 3, arg. 2 참조.

21) Aristoteles, *Metaph.*, 1058b26-29; 1059a10. 이에 더해서 St. Thomas, *SCG.*, II, c. 89 참조.

으로(*secundum genus*) 다르다. 그런데 짐승들 안의 감각혼은 가멸적이다. 그러므로 만약 인간 안의 감각혼이 불가멸적이라면, 인간의 감각혼과 말의 감각혼은 동일한 유에 속하지 않을 것이다. 그래서 인간과 말은 '동물'이라고 하는 하나의 유에 속하지 않을 것인데 — 왜냐하면 어떤 것이 동물이라고 불리는 것은 감각혼 덕분이기 때문이다 — 이는 잘못된 것임이 분명하다.

반론 15: 그뿐 아니다. 하나의 동일한 것이 그 실체에서 이성적이기도 하고 비이성적이기도 하는 것은 불가능하다. 왜냐하면 서로 모순된 것이 동일한 것에 대해 〔동시에〕 참일 수는 없기 때문이다.[22] 그런데 감각혼과 생장혼은 비이성적이다. 그러므로 이것들은 그 실체에서 이성혼과 동일할 수 없다.

반론 16: 그뿐 아니다. 육체는 영혼에 상응한다. 그런데 육체 안에는 영혼의 작용들의 다양한 여러 원리들 — 주요 지체들(*membra principalia*)이라고 불리는 — 이 있다.[23] 그러므로 하나의 영혼만이 있는 것이 아니라 복수의 여러 영혼들이 있다.

반론 17: 그뿐 아니다. 영혼의 능력은 영혼의 본질에서 자연적으로 흘러나온다.[24] 그런데 하나로부터는 〔여럿이 아니라〕 오직 하나만이 흘러나온다.[25] 그러므로 만약 인간 안에 영혼이 단지 하나뿐이라면, 그것으로부터 육체적 기관과 반드시 함께 작용하는 힘들과 그렇

22) Aristoteles, *Peryermenias*, 17a33-34.

23) Averroes, *Super De anima*, I, 89(ed. Crawford, p. 119, v. 25-27) 참조.

24) 이 책 제12문, '반론 17' 참조.

25) 이 책 제10문 '반론 17' 참조.

지 않은 힘들 모두가 비롯될 수는 없다.

반론 18: 그뿐 아니다. 유는 질료로부터 취하는 반면, 종차는 형상에서 취한다.[26] 그런데 인간의 유는 '동물'(*animal*)이고, 그 종차는 '이성적'(*rationale*)이다. 그런데 동물이 동물이라고 일컫는 것은 감각혼 때문이므로, 육체뿐만 아니라 감각혼도 이성혼에 대해 질료로서 관계된다고 보인다.[27] 그러므로 이성혼과 감각혼은 그 실체에서 동일하지 않다.

반론 19: 그뿐 아니다. 인간과 말은 동물이라는 점에서 일치한다. 그런데 동물이 동물이라고 불리는 것은 감각혼 때문이다.[28] 그러므로 이들〔즉, 인간과 말〕은 감각혼에서 일치한다. 그런데 말의 감각혼은 이성적인 것이 아니다. 그러므로 인간의 경우에도 마찬가지여야 한다.

반론 20: 그뿐 아니다. 만약 이성혼과 감각혼과 생장혼이 인간 안에서 실체적으로 동일한 하나라면, 그 가운데 어느 하나가 발견되는 부분에서는 항상 다른 것들 역시 있어야만 한다. 그런데 이것은 참이 아니다. 왜냐하면 뼈에는 영양공급과 성장을 하는 것으로 보아 생장

---

26) Avicenna, *Metaph.*, V, 5(ed. Van Riet, p. 270, v. 66-69); St. Thomas, *In II Sent.*, d. 3, a. 1, a. 5, arg. 4; *De ente et essentia*, c. 2; *ST.*, I, q. 76, a. 3, arg. 4; *In Metaph.*, V, 33; *Comp. theol.*, I, c. 91 참조.

27) Philippus Cancellarius, *Summa de bono*, "De bono naturae," IV, q. 3 참조. 한편 Iohannes de Rupella처럼 감각혼이 질료는 아니지만 '마치 질료인 것처럼' 영혼에 관계된다고 말하는 사람들도 있다. Iohannes de Rupella, *Summa de anima*, I, c. 26.

28) Aristoteles, *De anima*, II, 413b2 참조.

혼이 있지만, 감각은 없는 것으로 볼 때 감각혼은 없기 때문이다.[29] 그러므로 이들은 그 실체에서 동일한 것이 아니다.

이와는 반대로(*Set Contra*): 《교회의 가르침에 대하여》(*De ecclesiaticis dogmatibus*)라는 책에서는[30] 다음과 같이 말한다. "야코비[31]와 다른 시리아인들이 말한 것처럼, 우리는 한 인간 안에 두 영혼—하나는 육체를 생명체이게 하는 동물혼이고 다른 하나는 이성으로 기능하는 이성혼—이 있다고 말할 수는 없다. 오히려 우리는 하나의 동일한 영혼이 인간 안에서 자신과의 결합에 의해 육체에 생기를 부여하고 자신의 이성에 따라 자기 자신을 배열시킨다고 말해야 한다."

나의 대응: 이 문제에 대해서는 다양한 견해들이 있는데, 여기에는 오늘날의 견해들뿐만 아니라 옛 사상가들의 견해도 있다. 플라톤은[32] 육체 안에 다양한 여러 영혼들이 있다고 주장했는데, 이것은 실제로 그 자신의 원리들과 일치하는 것이었다. 왜냐하면 플라톤은 영

---

29) Aristoteles, *De anima*, I, 410a30-b1; III, 435a24-25; Anon., *Lectura in librum De anima*, II, 6 참조.

30) Gennadius of Marseilles, *De ecclesiasticis dogmatibus*, c. 15(PL 42, 1216). 이에 더해서 Iohannes de Rupella, *Summa de anima*, I, c. 26 & c. 45; *Summa fratris Alexandri*, II-1, n. 332, arg. 'f' & n. 489, contra 'b'; Ricardus Fishacre, *Super Sent.*, II, d. 25; Bonaventura, *Ser Sent.*, II, d. 31, a. 1, q. 1, resp.; St. Thomas, *De potentia*, q. 3, a. 9, ad 9; *SCG.*, II, c. 58; *ST.*, I, q. 76, a. 3 참조. Gennadius의 위 저작은 토마스 아퀴나스 등에 의해 종종 아우구스티누스의 저작으로 오인되곤 했다.

31) 〔역주〕 7세기에 활동했던 저명한 시리아 저술가인 James of Edessa(AD. 633~708)를 말한다.

32) Platon, *Timaeus*, 69E-70A; *Republ.*, IX, 580D-581C; St. Thomas, *SCG.*, II, 58 참조.

혼이 육체 안에 있는 것은 마치 선원이 배 안에 있는 것과도 같다고 말하면서, 영혼은 형상으로서가 아니라 단지 원동자로서만 육체에 결합한다고 주장했기 때문이다.[33] 그런데 〔플라톤에 의하면〕 그 종류에서(*secundum genus*) 다양한 여러 행위들이 나타나는 곳에는 다양한 여러 원동자들이 있어야만 한다. 마치 배 안에서 키를 잡는 사람과 노를 젓는 사람이 다른 것과도 같다. 그런데 이들이 다수라는 사실이 배의 통일성과 상충되지는 않는다. 왜냐하면 행위들이 서로 질서지어져 있는 것처럼, 그렇게 배 안에 있는 원동자들도 하나가 다른 하나 아래로 질서지어져 있기 때문이다. 이와 마찬가지로, 만약 하나의 육체 안에 다수의 영혼이 있다 해도 그것이 인간이나 동물의 단일성과 상충되는 것으로 보이지는 않는다. 원동자들은 영혼의 작용들의 〔위계적〕 질서에 따라 서로 종속적으로 질서지어지기 때문이다.

그런데 이러한 견해에 따르면, 원동자와 피동체로부터 단적으로 그리고 그 자체로서(*simpliciter et per se*)[34] 하나인 것은 결과될 수 없기 때문에,[35] 인간은 단적으로 그리고 그 자체로서 하나인 것이 아닐 것이며, 동물 역시 마찬가지일 것이다. 또한 육체가 영혼을 수용하거나 혹은 상실한다고 해서 단적인 의미의 생성이나 소멸이 발생하는 것이라고는 할 수 없게 된다. 그러므로 영혼은 단지 원동자로서만이 아니라 형상으로서도 육체에 결합하는 것이라고 말해야만 한다. 이는 앞서의 논의들을[36] 보아도 분명하다.

---

33) St. Thomas, *In De anima.*, II, 2 참조. 이와 관련해서 이 책 제9문 '반론 2'도 참조할 것.

34) 〔역주〕 '단적으로'(*simpliciter*)는 '아무 조건이나 제한 없이'라는 의미로, '그 자체로'(*per se*)는 자기 자신 이외의 다른 어떤 것에 의존하지 않는다는(*non per aliud*) 의미로서 '본질적으로'의 의미로 취해질 수 있다.

35) Aristoteles, *Phys.*, VIII, 254b30-33; 256a2-3; 257b6-13 참조.

36) 이 책 제1문, '나의 대응'의 다섯 번째 문단; 제9문, '반론 2에 대한 대답',

그런데 이렇게 주장되더라도, 여전히 플라톤의 원리에 따라서 인간과 동물 안에는 다수의 영혼이 있다고 하는 것이 합리적일 수 있다. 왜냐하면 플라톤주의자들은[37] 주장하기를, 보편자란 감각가능물체(*sensibilia*)들에 의해 참여되는 만큼 그 〔참여하는〕 감각가능물체들에게 술어화되는 분리된 형상들이라고, 그래서 예를 들어 소크라테스는[38] 동물의 이데아에 참여하는 만큼 동물이고 인간의 이데아에 참여하는 만큼 인간인 것이라고 주장하기 때문이다. 이에 따라서 소크라테스를 동물이라고 일컫는 형상과 그를 인간이라고 일컫는 형상은 그 본질에서 다르고, 이로부터 또한 인간 안의 감각혼과 이성혼은 그 실체에서 다르다는 것이다.

그런데 이런 견해는 지지될 수 없다. 왜냐하면 만약 어떤 주체에 어떤 식으로든 〔여러 술어들이〕 여러 형상들에 따라 술어화된다면, 그들 중 하나는 다른 것에 우유적으로 술어화[39]된다.[40] 마치 소크라테스에게 '흼'에 따라서 '하얀'이, 그리고 '음악'에 따라서 '음악적'이 술어화되는 것으로부터, '음악적'이 우유적으로 '백인'〔즉, 소크라테스〕에게[41] 술어화되는 것처럼 말이다. 그러므로 만약 소크라테스가 '인

'반론 3에 대한 대답', '반론 6에 대한 대답' 참조.

37) Aristoteles, *Metaph.*, I, 987b1-14; VII, 1040b30-34; St. Thomas, *In II Sent.*, d. 18, q. 2, a. 3; *ST.*, I, q. 76, a. 3 참조.

38) 〔역주〕 번역의 대본인 Leonina판에는 'Sortes'로 되어 있지만, 참조본인 Marietti판에는 'Socrates'로 되어 있다.

39) 우유적 술어화 및 우유적 존재에 관해서는 St. Thomas, *In Metaph.*, V, lect. 9, n. 885-886 참조.

40) 토마스 아퀴나스는 아비체브론(Avicebron)에 대응하여 이와 비슷한 논의를 제시하기도 한다. *In De anima.*, II, 1; *SCG.*, II, 58; *ST.*, I, q. 76, a. 3, 참조.

41) Aristoteles, *Anal. Post.*, 83a1-11; *Metaph.*, V, 1017a7-20; St. Thomas, *In Anal. Post.*, I, 33 참조.

간'이라고, 그리고 '동물'이라고 불리는 것이 각기 서로 다른 형상들에 따라서인 것이라면, "인간은 동물이다"에서의 술어화는 우유적인 것이 될 것이며, 인간은 사실상 동물인 것(*id quod est animal*) 〔즉, 동물의 본질〕은 아닐 것이다. 그럼에도 불구하고[42] 〔여러 형상들이〕 서로 질서를 지니는 경우에는 〔이들〕 여러 형상들에 따라 본질적인 술어(*praedicatio per se*)[43]가 만들어지는 일이 생기는데, 이는 예를 들어 '표면이 있는 것에는 색이 있다'고 말하는 그런 경우이다. 왜냐하면 색은 표면을 매개로 해서만 실체 안에 있기 때문이다. 그러나 이런 방식의 술어화는 술어가 주어의 정의 안에 있기 때문에 본질적(*per se*)인 그런 것이 아니라, 오히려 그와는 반대[44] 〔인 경우〕이다. 왜냐하면 수(*numerus*)가 '같음'(*par*)의 정의 안에 포함되어 있듯이, 표면은 색의 정의 안에 포함되어 있기 때문이다. 그러므로 만약 이런 방식으로 '인간'이라는 그리고 '동물'이라는 본질적인 술어가 있다면, 감각혼은 마치 질료처럼 이성혼에게—이들이 서로 다른 형상이라고 가정할 경우—질서지어지기 때문에, '동물'은 '인간'에 대해 본질적으로 술어화되지 못하고, 오히려 그 반대가 〔즉, '인간'이 '동물'에게 본질적으로 술어화되게〕 된다.

〔위 플라톤의 견해에는〕 다른 난점도 따라 나온다.[45] 현실적으로 존

---

42) '그럼에도 불구하고' 이후 이 문단 마지막까지의 내용과 관련해서는 St. Thomas, *SCG.*, II, 58 참조.

43) 본질적인 술어(*praedicatio per se*)와 관련해서 Aristoteles, *Anal. Post.*, 73a34 이하; *Metaph.*, V, 1022a24-36; VII, 1034b20 이하; St. Thomas, *In Anal. Post.*, I, 10; *In De anima.*, II, 14 참조.

44) 이런 방식의 술어화에 대해서는 St. Thomas, *In Anal. Post.*, I, 10 참조.

45) 이 문단 전체의 비판의 출처는 Aristoteles, *Metaph.*, VII, 1039a3-6; *De anima*, I, 411b6-14에서 찾을 수 있다. 이에 더해서 Averroes, *Super De anima*, I, 90(ed. Crawford, p.121); Anon., *Lectura in librum De anima*, II, 6; Anon., *Questiones in tres libros De anima*, II, q.31; St.

재하는 다수의 것들로부터는 그들을 하나로 결합시켜 어떤 식으로든 서로 매이게[46] 하는 어떤 것이 있지 않는 한, 단적으로 하나인 것이 나오지 않기 때문이다. 그러므로 만약 소크라테스가 '동물'이고 '이성적'인 것이 서로 다른 형상들 각각에 의한 것이라면, 이 둘이 합쳐져서 단적으로 하나가 되게 하기 위해서는 이 두 형상을 하나로 만드는 어떤 것이 필요하게 된다. 그런데 이러한 어떤 것은 할당되지 않기 때문에, 인간은 단적으로는(*simpliciter*) 다수이되 조건적으로만(*secundum quid*) 하나인 더미〔혹은 무더기〕처럼 단지 집합적으로만 하나라는 결론만 남고, 그래서 인간은 단적인 의미에서의 존재(*ens simpliciter*)도 아니다. 왜냐하면 모든 것은 오직 '하나'(*unum*)인 한에서만 '존재'(*ens*)이기(*unumquodque in tantum est ens, in quantum est unum*)[47] 때문이다.

나아가 〔플라톤의 견해에는〕 또 다른 어려움도 따른다. 유(*genus*)는 실체적 술어이기 때문에,[48] 각 개별적 실체들로 하여금 〔바로 그러한〕 유로서의 술어를 수용하게끔 만드는 형상은 실체적 형상이어야만 한다. 그렇기에 소크라테스로 하여금 '동물'이라고 일컫게 하는 감각혼은 그 안에 있는 실체적 형상이어야만 하며, 그래서 〔감각혼은〕 육체에 단적으로 존재(*esse*)를 부여하고 그것을 '이 어떤 것'(*hoc aliquid*)이게 만드는 것일 필요가 있다. 그러므로 만약 〔이성혼이〕 그 실체에서 〔감각혼과〕 다른 것이라면, 이성혼은 '이 어떤 것'이게 만들거나 단적으로 존재(*esse*)를 부여하는 것이 아니라, 단지 어떤 조건적인 존재(*esse aliquid*)만을 부여하는 것이 된다. 왜냐하면 그것〔즉, 이성혼〕은

Thomas, *SCG.*, II, 58; *ST.*, I, q. 76, a. 3 참조.

46) Averroes, *Super De anima*, II, 7(ed. Crawford, p. 139, v. 36-42) 참조.

47) Aristoteles, *Metaph.*, IV, 1003b30-35; VIII, 1045b2-5; X, 1054a18-19; XI, 1061a15-17 참조.

48) St. Thomas, *SCG.*, II, 58; *Quodl.*, XI, q. 5, a. un. 참조.

이미 존재하는 사물에 더해지는 것이기 때문이다. 그러므로 그것은 실체적 형상이 아니라 우유적 형상일 것이며, 따라서 소크라테스에게 종(*species*)을 부여하는 것일 수도 없게 된다. 왜냐하면 종 역시 실체적 술어이기 때문이다.

그러므로 이제 남은 것은, 인간 안에는 그 실체에서 오직 하나인, 그러면서 이성적이기도 하고 감각적이기도 하며 생장적이기도 한 하나의 영혼만이 있다는 것이다.[49] 이것은 앞서의 논의들에서[50] 실체적 형상들의 질서에 관해 우리가 보여준 것, 즉 그 어떤 실체적 형상도 다른 실체적 형상들을 매개로 질료에 결합하지는 않는다는 것과, 보다 완전한 형상들은 하위 형상들이 질료에 부여하는 모든 것들과 그에 더하여 그 이상의 것들을 질료에 부여한다는 것에도 부합한다. 그러므로 이성혼은 생장혼이 식물에게 주는 모든 것과 감각혼이 동물에게 주는 모든 것, 그리고 그 이상의 어떤 것을 인간 육체에 부여한다.[51] 그리고 그렇기 때문에 인간의 영혼은 그 자체가 생장혼이며 감각혼이면서 이성혼이다. 〔이 세 측면 가운데〕 하나의 능력의 작용이

---

49) *Summa fratris Alexandri*, II-1, n. 453, sol.; Iphannes de Rupella, *Summa de anima*, I, c. 26; Albertus Magnus, *In De div. nominibus*, c. 4; *Summa de homine*, tr. I, q. 7, a. 1; Anon., *Lectura in librum De anima*, II, 6; Anon., *Questiones in tres libros De anima*, II, q. 31; Philippus Cancellarius, *Summa de bono*, "De bono naturae," IV, q. 3; Bonaventura, *Super Sent.*, II, d. 31, a. 1, q. 1, resp.; Avicenna, *De anima*, V, 7; Averroes, *Super De anima*, I, 93(ed. Crawford, p. 125, v. 35) 참조.

50) 이 책 제9문 '나의 대응'의 2-4문단 참조. 이에 더해서 Boethius, *De consolatione*, V, prosa 4 참조.

51) 이 논증의 원천은 Aristoteles, *De anima*, II, 414b28-32에서 찾을 수 있다. 이에 더해서 St. Thomas, *In De anima.*, II, 1 and 5; *ST.*, I, q. 76, a. 3; *De spir. creat.*, a. 3 참조. 그리고 이 책 제2문, '반론 8에 대한 대답'도 참조.

강하면 다른 작용이 방해를 받거나,[52] 심지어 한 능력이 다른 능력을 완전히 압도하기도 하는데, 이것은 이 능력들 모두가 하나의 동일한 영혼의 본질에 근거[53]하지 않는 한 있을 수 없는 일이라는 점도 역시 이를 증거한다.

반론 1에 대한 대답: 인간 육체 안에 영혼의 실체가 오직 하나뿐이라고 가정하더라도, 이 논증에 대해서는 여러 사람들에 의해 여러 방식으로 대답될 수 있다. 어떤 이들은 배아 안에 이성혼이 있기 이전에는 아무 영혼도 없으며, 다만 부모의 영혼에서 유래된 어떤 능력들—형성능력(*virtus formativa*)[54]이라고 부르는—이 있어서,[55] 배아 안

---

52) Philippum Cancellarium, *Summa de bono*, "De bono naturae," IV, q. 3; Iohannes de Rupella, *Summa de anima*, I, c. 26; *Summa fratris Alezandri*, II-1, n. 332, arg. 'b'; Bonaventura, *Super Sent.*, II, d. 31, a. 1, q. 1, s. c. 6; St. Thomas, *SCG.*, II, 58; *ST.*, I, q. 76, a. 3 참조.

53) 이 책 제10문, '반론 13'의 첫 문장 참조.

54) 형성능력에 대한 논의의 기원은 Aristoteles, *De gener. animalium*, II, 733b31-734a16; 736a32-b27; 740b24-741a2 등을 들 수 있다. 이에 더해서 Anon., *Questiones in tres libros De anima*, II, q. 31; Gelenus, *De naturalibus facultatibus*, I, c. 6; Avicenna, *Canon medicinae*, lib. I, fen. I, doctr. 6, c. 2 (ed. Venetiis, 1564, p. 76); *De animalibus*, IX, c. 3; XV, c. 2; *De anima*, V, c. 7; Averroes, *In De gener. animalium*, II, c. 3 (ed. Venetiis, 1562, t. VI-2, f. 75K); *Super De anima*, I, 32 (ed. Crawford, p. 43, v. 54-55); Petrus de Abano, *Concil.*, diff. 48, 3; Guillelmus de Conches, *De philosophia mundi*, IV, c. 13, §20 & c. 28, §51; *Summa fratris Alexandri*, II-1, n. 489, ad 4; Albertus magnus, *De animalibus*, XVI, tr. 1, c. 8; *De natura et origine animae*, tr. I, c. 5; Bonaventura, *Super Sent.*, II, d. 20, a. un., q. 6, resp.; St. Thomas, *In II Sent.*, d. 18, a. 1, a. 2, sol.; d. 18, q. 2, a. 3, sol.; *SCG.*, II, c. 89; *De potentia*, q. 3, a. 9, ad 9; *ST.*, I, q. 118, a. 1 참조.

55) *Summa fratris Alexandri*, II-1, n. 489, resp.; Bonaventura, *Super Sent.*,

에서 나타나는 작용들은 이 능력들에 의한 것이라고 말한다. 그러나 이것은 전적으로 참일 수 없다. 왜냐하면 배아 안에서 나타나는 것은 언급된 능력에 의한 것으로 돌릴 수 있는 육체의 형성뿐 아니라, 성장이나 감각 등과 같이 영혼에 의한 것으로밖에는 돌릴 수 없는 다른 작용들도 있기 때문이다. 그럼에도 불구하고 만약 배아 안에 있는 언급된 〔즉, 성장이나 감각 등의〕 행위의 원리가, 마치 배아가 완전한 동물은 아니듯이 그 역시 아직 완전한 영혼은 아니라는 이유에서 임시로나마(*pro tanto*) 영혼이 아니라 영혼의 능력이라고 불린다면, 이 입장은 유지될 수 있다. 하지만 그럴 경우 똑같은 난점들이 여전히 남아 있게[56] 된다. 그러므로 어떤 이들은[57] 비록 배아 안에는 감각혼보다 생장혼이 먼저, 그리고 이성혼보다 감각혼이 먼저 있지만, 그럼에도 불구하고 이들이 서로 각기 다른 영혼인 것은 아니라고, 그렇기보다는 우선 종자(*semen*) 안에 있는 능동적 원리에 의해 종자가 생장혼으로 현실화되고, 이 영혼이 생성의 과정을 통해 시간의 흐름 속에서 더욱더 큰 완전성으로 이끌려져서 바로 그 자신이 감각혼이 되고, 이것이 다시금 외부의 원리에 의해 보다 더 큰 완전성으로 이끌려서 이성혼이 되는 것이라고 말한다. 그런데 이 입장에 따르면, 비록 어떤 탁월한 완전성이 외부 원리에 의해서 그것에게 생기기는 하지만, 이성혼의 실체 자체는 종자 안에 있는 능동적 원리에서 유래되

II, d. 31, a. 1, q. 1, resp.; St. Thomas, *De potentia*, q. 3, a. 11, arg. 5 참조.

56) St. Thomas, *De potentia*, q. 3, a. 9, ad 9 참조.

57) 이어지는 첫째 문단의 마지막까지의 논의와 관련해서는, Albertus Magnus, *De animalibus*, XVI, tr1, c. 11; *Summa de homine*, tr., q. 17, a. 3; *Dwe natura et origine animae*, tr. 1, c. 4; Anon., *Lectura in librum De anima*, II, 6; St. Thomas, *SCG.*, II, c. 89; *De potentia*, q. 3, a. 9, ad 9; *ST.*, I, q. 118, a. 2, ad 2 참조.

는 것이 된다. 그래서 이성혼은 그 자신의 실체에서 가멸적인 것이라는 결론이 따르게 된다. 왜냐하면 종자 안에 있는 능력에 의해 원인지어진 것이 불가멸적일 수는 없기 때문이다.

그러므로 다른 식으로, 즉 동물의 생성은 단순한 하나의 생성에 불과한 것이 아니라[58] 많은 생성과 소멸들이 서로 잇따라 이어져 나가는 것이라고 말해야만 한다. 마치 처음에는 종자의 형상을 지니다가 다음에는 피의 형상을 지니며, 이런 식으로 생성이 완성될 때까지 계속되는 것처럼 말이다. 그러므로 — 생성과 소멸은 형상을 잃거나[59] 더하는 것 없이는 일어나지 않기 때문에 — 먼저 그 〔즉, 배아〕 안에 있던 불완전한 형상은 물러나고 보다 완전한 형상이 들어오며, 이러한 것은 태아가 완전한 형상을 지닐 때까지〔계속 반복된〕다. 그러므로 종자 안에는 제일 먼저 있는 것은 생장혼이지만, 생성의 과정 속에서 그것은 물러나고 생장혼일 뿐 아니라 감각혼이기도 한 다른 것이 그것의 뒤를 이어 들어오며, 또 다시 이것 역시 물러나면서 생장혼인 동시에 감각혼이자 이성혼이기도 한 다른 영혼이 그에 부여되는 것이다.

반론 2에 대한 대답: 아버지에서 비롯되어 종자 안에 있는[60] 능력은 외부에서 유입된 능력이 아니라 내부에서 유래되어 지속되는 능력이다. 마치 던져진 것 안에 있는 운동능력처럼 말이다. 그러므로 장소적으로 아버지가 얼마나 멀리 떨어져 있든지 간에 종자 안에 있는 능력은 작동한다(비록 이렇게 주장하는 사람들도 있기는 하지만, 사실상

---

58) St. Thomas, *In II Sent.*, d. 18, a. 2, a. 3, ad 4' *SCG.*, II, c. 89; *De potentia*, q. 3, a. 9, ad 9; *ST.*, I, q. 118, a. 2, ad 2; *Comp. theol.*, I, c. 92; *De spir. creat.* a. 3, ad 13; Anon., *Questiones in tres libros De anima*, II, q. 31 참조.

59) St. Thomas, *In De anima.*, II, 11 참조.

60) St. Thomas, *In De anima.*, II, 9 참조.

종자 안에 있는 능동적 능력은 어머니에서 유래될 수 없다.[61] 여성은 생성에서 능동적 원리가 아니라 수동적 원리이기 때문이다). 그러나 그럼에도 불구하고 여기에는 어떤 유사성이 있다. 던지는 자의 능력이 유한하기는 하지만 정해진 거리의 장소에 이르기까지는 장소적 운동을 일으킬 수 있는 것처럼, 생성시키는 자〔즉, 아버지〕의 능력은 일정한 형상에 이르기까지는 생성의 운동이 일어나게 하기 때문이다.

반론 3에 대한 대답: 언급된 것처럼, 그 능력은 영혼의 형상성(*ratio animae*)을 가진다. 그러므로 그것에 의해서 배아는 동물이라고 일컫는다.

반론 4~8에 대한 대답: 반론 4, 5, 6, 7 그리고 8에 대해서도 유사한 방식으로 대답할 수 있다. 〔즉, 반론의 내용이 긍정될 수 있다.〕

반론 9에 대한 대답: 영혼은 배아 안에 현실적으로 있지만 완전하게 있는 것은 아닌 것처럼, 그것은 작용은 하되 그 작용은 불완전한 작용이다.

반론 10에 대한 대답: 비록 짐승 안에 있는 감각혼은 내부에서 비롯된 것이지만, 그럼에도 불구하고 생장혼이면서 동시에 감각혼이자 이성혼인 인간 안의 영혼의 실체는 이미 언급한 것처럼[62] 외부에서

---

61) Aristoteles, *De gener. animalium*, II, 733b32-33; Albertus Magnus, *De animalibus*, XVI, tr. 1, c. 2; St. Thomas, *In II Sent.*, d. 18, a. 2, a. 3; *De potentia*, q. 3, a. 9, ad 9; *SCG.*, II, 89; *ST.*, I, q. 118, a. 2, ad 2; *De spir. creat.*, a. 3, ad 13 참조.

62) 이 책 제11문 '반론 1에 대한 대답' 마지막 문장 참조.

비롯된 것이다.

반론 11에 대한 대답: 인간 안의 감각혼은 속성이 아니라 실체이다. 왜냐하면 그것은 그 실체에서 이성혼과 동일한 것이기 때문이다. 하지만 인간 안에 있는 감각적 능력(*potentia sensitiva*)은 속성인데,[63] 이는 다른 동물들의 경우에서도 마찬가지이다.

반론 12에 대한 대답: 인간 안의 감각혼은 다른 것 안의 감각혼보다 더 고귀하다.[64] 왜냐하면 인간 안에서 그것은 단지 감각적인 것만이 아니라 이성적인 것이기도 하기 때문[65]이다.

반론 13에 대한 대답: 인간 안의 감각혼은 그 실체에서 불가멸적이다.[66] 왜냐하면 그것의 실체는 동시에 이성혼의 실체이기 때문이다. 비록 혹자들이 직시했듯이 감각적 능력들은 육체에 의한 행위의 능력이기 때문에 육체〔와의 분리〕 이후에는 남아 있지 않을지라도 말이다.

반론 14에 대한 대답: 만약 짐승들 안의 감각혼과 인간 안의 감각혼이 〔그것이 결합하여 이루는 복합체의 관점에서가 아니라〕 그 자체만에 따라(*secundum se*) 유와 종에 배치된다면, 혹시라도 이들에게 공통적인 어떤 의미에 따르는 논리적 표현상으로라면 몰라도 그렇지 않

---

63) 이 책 제12문 '나의 대응'의 네 번째 문단, 마지막 부분 참조.

64) St. Thomas, *De potentia*, q. 3, a. 11, ad 1; *Quodl.*, XI, q. 5, a. un., ad 4; *ST.*, I, q. 76, a. 5; *In De sensu et sensato*, I, 8 참조.

65) Bonaventura, *Super Sent.*, II, d. 31, a. 1, q. 1, ad 5 참조.

66) Iohannes de Rupella, *Summa de anima*, I, c. 26; *Summa fratris Alexandri*, II-1, n. 332, ad 2; St. Thomas, *ST.*, I, q. 76, a. 3, ad 1; *Comp. theol.*, I, c. 92 참조.

는 한 이들은 하나의 동일한 유에 속하지 않는다.[67] 그런데 유와 종에 적절하게 속하는 것은 〔영혼만이 아니라〕 복합체이며, 이것은 〔인간과 짐승〕 두 경우 모두에서 가멸적이다.

반론 15에 대한 대답: 인간 안의 감각혼은 비이성혼(*anima irrationalis*)이 아니라, 오히려 감각혼이면서 동시에 이성혼이다.[68] 그런데 감각혼의 어떤 능력들은 그 자체만으로는 실제로 비이성적이되, 이성에 순종하는 한에서 이성에 참여한다는[69] 것이 사실이다. 그러나 생장혼의 능력들은 전적으로 비이성적이다. 왜냐하면 《니코마코스윤리학》 I권에서의[70] 철학자를 통해 분명히 드러나듯이, 그것은 이성에 복종하지 않기 때문이다.

반론 16에 대한 대답: 비록 육체 안에는 영혼의 어떤 작용들의 원리들이 그 안에서 분명하게 나타나는 다수의 주요 지체들이 있지만, 그럼에도 불구하고 그 모든 것은 심장에 — 그것이 마치 육체적 제1원리(*primum principium corporale*)인 것처럼 — 의존한다.[71]

---

67) 이 논의와 관련해서는, 이 책 제1문 '반론 13에 대한 대답'; St. Thomas, *ST.*, I, q. 76, a. 3, ad 4 참조. 한편, *Summa fratris Alexandri*, II-1, n. 332, ad 2에서는 인간의 감각혼과 동물의 감각혼이 유에서는 일치하지만 종에서 다르다는 입장을 취하기도 한다.

68) 이러한 견해의 기원은 Aristoteles, *De anima*, II, 414b28-32에서 찾을 수 있다. 이에 더해서 위 제2문 '반론 8에 대한 대답'; *SCG.*, II, c. 89; *De potentia*, q. 3, a. 11, ad 2; *ST.*, I, q. 76, a. 3 참조.

69) '이성에 참여한다'(*participat rationem*)는 표현에 대해서는 St. Thomas, *In De anima.*, III, 4; *In Eth.*, I, 20 참조.

70) Aristoteles, *Eth. Nic.*, I, 1102b28-1103a3.

71) '심장에 의존한다'는 것과 관련해서는 이 책 제9문 '반론 13' 참조.

반론 17에 대한 대답: 인간 영혼이 육체에 결합되는 한에서는 그것으로부터 육체적 기관과 반드시 함께 작용하는 힘들이 흘러나온다. 반면에 인간 영혼이 자신의 능력에서 육체의 역량을 능가하는 한에서는, 그로부터 그렇지 않은 힘들이 흘러나온다.[72)]

반론 18에 대한 대답: 위의 문제들로부터[73)] 분명해진 것처럼, 하나의 동일한 형상으로부터 질료는 다양한 등급의 완전성들을 수용한다. 그리고 질료가 하위 등급의 완전성으로 완성되는 한은, 여전히 보다 상위 등급의 완전성에 대해 질료적인 것으로 남게 된다. 그래서 육체가 인간 영혼에 의해 감각적 존재에서 완성되는 한, 그것은 여전히 보다 우월한 완전성에 대해서 질료적인 것으로[74)] 남게 된다. 그리고 이에 따라서 유(*genus*)인 '동물'은 질료로부터 취하며, 종차인 '이성적'은 형상에서 취한다.

반론 19에 대한 대답: 동물이 동물인 한에서는 이성적인 것도 아니고 비이성적인 것도 아니지만,[75)] 이성적인 동물은 인간인 반면 비이성적 동물은 짐승인 것과 마찬가지로, 감각혼은 바로 그러한 것〔즉,

---

72) Albertus Magnus, *In De div. nom.*, c. 4; Avicenna, *De anima*, V, 1; St. Thomas, 이 책 제 2문, '나의 대응'의 마지막인 열 번째 문단; *De spir. creat.*, a. 11, ad 12; *Comp. theol.*, I, c. 92 참조.

73) 이 책 제 9문 '나의 대응'의 네 번째 문단, 이에 더해서 St. Thomas, *Comp. theol.*, I, c. 92 참조.

74) 보다 상위의 완전성에 대해 질료적인 것이라는 데 대한 토마스 아퀴나스의 입장에 대해서는 이 책 제 9문 '나의 대응'의 네 번째 문단, St. Thomas, *In De anima.*, II, 1 등 참조. 이에 대한 토마스 아퀴나스의 입장은 R. Fishacre, *Super Sent.*, II, d. 25에서 상술되는 입장 등과는 그 용어 및 표현상의 유사성에도 불구하고 엄밀하게 구별되어야 한다.

75) Sritoteles, *Metaph.*, VII, 1037b18-20 참조.

감각혼)인 한 이성적인 것도 아니고 비이성적인 것도 아니지만, 인간 안에 있는 감각혼은 이성적인 것인 반면 짐승 안에 있는 감각혼은 비이성적인 것이다.

반론 20에 대한 대답: 비록 〔인간 안에서〕 감각혼과 생장혼이 하나의 동일한 것이기는 하지만, 그럼에도 불구하고 〔그 가운데〕 하나에 속하는 작용이 나타나는 곳 어디에서나 다른 것에 속하는 작용까지 나타나야만 하는 것은 아닌데, 그 이유는 그 부분들의 다양한 성품(*dispositio*)들 때문[76]이다. 이와 같은 이유에서, 감각혼의 모든 작용들은 하나의 부분에 의해 수행되는 것이 아니라, 시각은 눈에 의해, 청각은 귀에 의해, 그리고 다른 작용들 역시 이런 식으로 〔즉, 특정 부분에 의해〕 수행되는 것이다.

76) 이 책 제10문 '나의 대응'의 마지막 여섯 번째 문단 참조.

제12문

영혼은 자기 자신의 능력인가*

열두 번째 문제는, 영혼은 자기 자신의 능력인가 하는 것이다.

반론 1: 그렇다고 보인다. 왜냐하면 《정신과 영혼에 관하여》라는 책에서는[1] "영혼은 자신의 본성적 능력들(*sua naturalia*)을 지녔고, 〔나아가 그 스스로가〕 그것들 전체이기도 하다. 왜냐하면 그것〔즉, 영혼〕의 능력들과 힘들은 그것 자신과 동일하기 때문이다. 영혼은 속성들도 지녔지만, 영혼이 속성들인 것은 아니다. 그것은 자신의 힘들(*vires*)이지만, 그렇다고 덕들(*virtutes*)은 아니다. 왜냐하면 영혼은 영혼의 사려(*prudentia*)도 아니고 절제(*temperantia*)나 정의(*iustitia*),

---

* 병행문헌: *In I Sent.*, d.3, q.4, a.2; *Quodl.*, VII, q.1, a.4; *Quodl.*, X, q.3, a.1; *ST.*, I, q.54, a.3; q.77, a.1; q.79, a.1; *De spir. creat.*, a.11; *Comp. theol.*, I, c.89.

1) Ps-Augustinus, *De spiritu et anima*, c.13. 다음 저작들도 이 저작의 동일한 내용을 언급하고 있다. Kohannes de Rupella, *Summa de anima*, II, c.60; *Summa fratris Alexandri*, II-1, n.349, arg.2; Robert Kilwardly, *Imago Trinitatis*, II, 1; Albertus Magnus, *Super Sent.*, I, d.3, a.34, contra 2; Bonaventura, *Super Sent.*, I, d.3, P.2, a.1, q.3, arg.2; St. Thomas, *Quodl.*, X, q.3, a.1, arg.1; *De spir. creat.*, a.11, arg. 2 등.

용기(*fortitudo*)도 아니기 때문이다"라고 말하기 때문이다. 이러한 표현들로부터는 영혼이 곧 자신의 능력들이라고 이해되는 듯 보인다.

반론 2: 그뿐 아니다. 같은 책에서[2] 다음과 같이 말한다. "영혼은 자신이 하는 일의 기능에 따라서 다양한 이름으로 불린다. 왜냐하면 생장작용을 할 때는 영혼(*anima*)이라고 불리며, 감각작용을 할 때는 감각(*sensus*), 정서적으로 느끼는(*sapere*) 때는 마음(*animus*), 지적 이해(*intelligere*)를 할 때는 정신(*mens*), 분별할 때는 이성(*ratio*), 회상할 때는 기억(*memoria*), 그리고 욕구할 때는 의지(*voluntas*)라고 불리기 때문이다. 그럼에도 불구하고 이것들은 그 이름에서 다른 것처럼 그 실체에서까지 다른 것은 아니다. 왜냐하면 이들 모두가 하나의 영혼이기 때문이다." 이로부터 앞의 것〔즉, 반론 1〕과 동일한 결론을 내릴 수 있다.

반론 3: 그뿐 아니다. 베르나르두스(Bernardus)[3]는 "내가 영혼 안

2) Ps-Augustinus, *De spiritu et anima*, c. 13. 같은 내용을 다음 저작들도 언급하고 있다. Iohannes de Ruppella, *Summa de anima*, I, c. 26; *Summa fratris Alexandri*, II-1, n. 349, arg. 1; 이 책 제12문 '나의 대응'의 첫째 문단 등.

3) 〔역주〕 끌레르보의 베르나르두스(Bernardus Claravalensis, 1090~1153), 프랑스 시토회 수도사로서, 1115년에 끌레르보에 대수도원을 세우고 원장이 되었다. 요셉 피퍼에 의하면, 그의 사상 및 인생관은 한마디로 '말씀, 즉 그리스도를 추구하는 영혼'(*anima quaerens Verbum*)으로 요약된다. 이 '말씀'은 이성적 방식에 의해서가 아니라, 오직 탈혼상태(*exstasis*) 속에서만 주어지며, 이때 얻어진 것들은 인간의 언어로는 전달될 수 없는 것이라고 함으로써 신비주의 경향을 나타낸다. 전체적으로 이성이나 변증보다 내면적 성찰과 영성을, '지적 이해'보다는 '사는 법', 즉 실천적이고 실존적인 구원의 문제에 관심을 두었다. 아벨라르두스에 대한 이단선언에 앞장서기도 했던 그는 사변과 변증을 비판한 것으로 유명하지만, 그러한 비판은 단순히 인식 비판 혹은

에서 고려하는 것은 세 가지, 즉 기억과 지성과 의지인데, 이 셋은 하나의 영혼이다"라고 말한다.[4] 그런데 동일한 논리가 영혼의 다른 능력들에 대해서도 적용된다. 그러므로 영혼은 자신의 능력들이다.

반론 4: 그뿐 아니다. 아우구스티누스는《삼위일체론》IX권에서 말하기를,[5] 기억과 지성과 의지는 하나의 삶이고 하나의 본질이라고 말한다. 그러므로 영혼의 능력들은 그것의 본질과 같다.

반론 5: 그뿐 아니다. 그 어떤 속성도 자신의 주체를 넘어서 나아가지 못한다. 그런데 기억과 지성과 의지는 영혼을 넘어선다. 왜냐하면 영혼은 자신을 기억하고, 이해하고 또 의지할 뿐 아니라, 다른 것들까지도 그렇게 하기 때문이다.[6] 그렇기 때문에 이 셋은 영혼의 속성들일 수 없다. 그러므로 이들은 영혼의 본질과 같으며, 동일한 이유에서 다른 능력들도 마찬가지다.

반론 6: 그뿐 아니다. 영혼 안에 삼위일체의 모상(*imago Trinitatis*)이 있다고 주목되는 이유는 이 세 능력〔즉, 기억, 지성, 의지〕에 따라서이다.[7] 그런데 영혼은 그 자신 자체에 의해 삼위일체의 모상인 것

부정신학적 관점에서의 이성비판이기보다는 전인적이고 실천적인 관점에서의 이성비판임이 주목되어야 한다. 그러나 사유의 공허한 형식주의를 경계하는 그의 이러한 태도는 무자비한 고행이나 격렬한 열성, 정치적 영역 등에서의 폭력성 등 그 반대 극단으로 치닫는 극단성을 내보이기도 했다.

4) Bernardus, *Sermones in Cantica canticorum*, sermo 11, n. 5.

5) Augustinus, *De Trinitate*, X, XI, 18(CCSL, 50, p. 330-331, v. 29-32, 37-38; PL, 43, 983), 같은 책 IX, IV, 7에서 아우구스티누스는 '정신(*mens*)과 사랑(*amor*)과 의식(*notitia*)'들 역시 '하나의 본질이며 따라서 동일한 본질'이라고 말하기도 한다.

6) Augustinus, *De Trin.*, IX, IV 5 참조.

이지, 단순히 그것이 지닌 어떤 속성에 의해서 그런 것은 아니다. 그러므로 언급된 능력들은 영혼의 속성들이 아니다. 그러므로 그것들은 영혼의 본질에 속한다.

반론 7: 그뿐 아니다. 속성은 주체의 소멸을 일으키지 않으면서 더해지거나 제거될 수 있는 그런 것이다.[8] 그런데 영혼의 능력들은 영혼으로부터 제거될 수 있는 것이 아니다. 그러므로 그것들은 영혼의 속성들이 아니다. 그래서 앞서와 같은 결론이 된다.

반론 8: 그뿐 아니다. 그 어떤 속성도 실체적 차이의 원리가 아니다.[9] 왜냐하면 차이〔또는 종차〕는 사물의 정의를 완성시키는데, 정의는 그 사물이 무엇인지를 〔즉, 본질을〕 의미하는 것[10]이기 때문이다. 그런데 영혼의 능력들은 실체적 차이의 원리들이다.[11] 왜냐하면 어떤 것이 '감각적'이라고 불리는 이유는 감각능력〔을 지녔기〕 때문이

---

7) Augustinus, *De Trin.*, XV, III 5 참조. 이에 더해서 Rabanus Maurus, *In Eccli.*, IV, 5; Petrus Lombardus, *Sent.*, I, d. 3, c. 2; Robertus Kilwardby, *Imago Trinitatis*, II, 1; Kohannes de Rupella, *Summa de anima*, II, c. 60; Albertus Magnus, *Super Sent.*, I, d. 3, a. 34-36 참조.

8) Petrus Lombardus, *Sent.*, I, d. 3, c. 2; Aelredus de Rivaulx, *Dialogus de anima*, I, 32; Kohannes de Rupella, *Summa de anima*, II, c. 60; Albertus magnus, *Summa de homine*, tr. 1, q. 8, a. 2, ad 4; St. Thomas, *SCG.*, I, c. 23 참조.

9) Aristoteles, *Metaph.*, V, 1025a30-32; X, 1058b1-5 참조.

10) Aristoteles, *Anal. Post.*, II, 90b30; St. Thomas, *In Anal. Post.*, II, 2 참조.

11) Robertus Kilwardby, *Imago Trinitatis*, II, 1; Bonaventura, *Super Sent.*, I, d. 3, P. 2, a. 1, q. 3, arg. 6; St. Thomas, *ST.*, I, q. 77, a. 1, arg. 7; *De spir. creat.*, a. 11, arg. 3 참조.

고, '이성적'이라고 불리는 것은 이성능력에 따라서이기 때문이다. 그러므로 능력들은 영혼의 속성들이기보다는 오히려 육체의 형상인 영혼 자체이다. 왜냐하면 형상은 실체적 차이의 원리이기 때문이다.

반론 9: 그뿐 아니다. 실체적 형상은 우유적 형상보다 더 강한 힘이다.[12] 그런데 우유적 형상들은 그 스스로 작용하지, 다른 어떤 매개능력을 통해서 작용하지는 않는다. 그러므로 실체적 형상 역시 그래야 마땅하다. 그런데 영혼은 실체적 형상이기 때문에, 영혼이 작용하는 수단인 능력(*potentiae quibus agit*)은 영혼 자신과 다른 무엇일 수 없다.

반론 10: 그뿐 아니다. 존재의 원리와 작용의 원리는 동일하다.[13] 그런데 영혼은 그 자체만으로 존재의 원리이다. 왜냐하면 영혼은 자신의 본질에 의해 형상이기 때문이다. 그러므로 영혼은 자신의 본질에 의해 작용의 원리이기도 하다.[14] 그런데 능력이란 작용의 원리 이외에 다른 것이 아니다. 그러므로 영혼의 본질은 곧 영혼의 능력이다.

반론 11: 그뿐 아니다. 영혼의 실체는 가지적인 것들(*intelligibilia*)에 대해 가능태에 있는 한에서는 가능지성(*intellectus possibilis*)이지만, 그것들에 대해 현실태에 있는 한에서는 능동지성(*intellectus agens*)

---

12) Robertus Kilwardby, *Imago Trinitatis*, II, 1; Bonaventura, *Super Sent.*, I, d.3, P.2, a.1, q.3, arg.5; St. Thomas, *ST.*, I, q.77, a.1, arg.3; *De spir. creat.*, a.11, arg.10 참조.

13) Bonaventura, *Super Sent.*, I, d.3, P.2, a.1, q.3, arg.3 참조. 여기서 보나벤투라는 Aristoteles, *Phys.*, II, 192b14-15; 192b20-22; 193a29-30을 참조하고 있다.

14) Robertus Kilwardby, *Imago Trinitatis*, II, 1 참조.

이다.[15] 그런데 '현실태에 있음'(*esse actu*)과 '가능태에 있음'(*esse in potentia*)은 현실태에 있는 어떤 것과 가능태에 있는 어떤 것 자체 이외의 다른 무엇을 의미하는 것이 아니다. 그러므로 영혼은 능동지성이고 또 가능지성이며, 같은 이유에서 〔영혼은〕 영혼의 능력들이다.

반론 12: 그뿐 아니다. 제1질료가 감각적 형상들에 대해 가능태에 있는 것처럼, 지성혼(*anima intellectiva*)은 가지적 형상들에 대해 가능태에 있다. 그런데 제1질료는 자신의 능력/가능태(*potentia*)이다.[16] 그러므로 지성혼은 자신의 능력이다.[17]

반론 13: 그뿐 아니다. 철학자는 《니코마코스 윤리학》에서[18] 인간이 지성이라고 말한다. 그런데 이것은 영혼 때문이 아니고서는 있을 수 없다. 그러므로 영혼이 지성이다. 그리고 같은 이유에서 〔영혼은〕 영혼의 다른 능력들이다.

반론 14: 그뿐 아니다. 철학자는 《영혼론》 2권에서,[19] 앎(*scientia*)

---

15) 가능지성과 능동지성 모두 지성혼의 실체로 환원될 수 있다는 논의들은 Aristoteles, *De anima*, 430a13-14에서 그 전거를 찾을 수 있다.

16) Aristoteles, *Metaph.*, VII, 1029a20-26; VIII, 1042a26-28; XII, 1071a10; *De anima*, II, 412a9; Averroes, *Super De anima*, II, 20 참조.

17) 반론 12 전체와 관련해서 Robertus Kilwardby, *Imago Trinitatis*, II, 1; Kohannes de Rupella, *Summa de anima*, II, c. 60; *Summa fratris Alexandri*, II-1, n. 349, arg. 3; Bonaventura, *Super Sent.*, I, d. 3, P. 2, a. 1, q. 3, arg. 4; St. Thomas, *ST.*, I, q. 54, a. 3, arg. 3; *De spir. creat.*, a. 11, arg. 15 참조.

18) Aristoteles, *Eth. Nic.*, IX, 1166a16-17, 22-23; IX, 1168b28-35; X, 1178a2 참조.

19) Aristoteles, *De anima*, II, 412a23. 이에 더해서 St. Thomas, *ST.*, I,

이 그러하듯이 영혼도 1차 현실태(*actus primus*)[20] 라고 말한다. 그런데 앎은 2차 현실태(*actus secundus*)인 숙고작용의 직접적 원리이다. 그러므로 영혼도 자신의 작용들의 직접적 원리이다. 그런데 작용의 직접적 원리를 능력(*potentia*)이라고 한다. 그러므로 영혼은 곧 자신의 능력이다.

반론 15: 그뿐 아니다. 전체의 모든 부분들은 실체적〔부분들〕이다. 왜냐하면 전체는 부분들로 구성되기 때문이다.[21] 그런데 《영혼론》 II권에서[22] 보여주는 것처럼 영혼의 능력들은 그것의 부분들이다. 그러므로 그 능력들은 영혼의 실체적 부분들이지, 속성들인 것은 아니다.

반론 16: 그뿐 아니다. 단순한 형상(*forma simplex*)은 주체(*subjectum*)일 수 없다.[23] 그런데 앞에서 보여준 것처럼 영혼은 단순한 형상이다. 그러므로 영혼은 속성들의 주체일 수 없다. 그러므로 영혼 안에 있는 능력들은 영혼의 속성일 리 없다.

반론 17: 그뿐 아니다. 만약 능력들이 영혼의 속성들이라면, 그것

---

q. 77, a. 1, arg. 4 참조.

20) 〔역주〕 토마스 아퀴나스에게서 1차 현실태(*actus primus*)는 실체로의 완성, 즉 실체적 완성을, 2차 현실태(*actus secundus*)는 그러한 실체에 의해 수행되는 작용(*operatio*)을 의미한다. 이에 대해서는 St. Thomas, *ST.*, I, q. 48, a. 5; q. 77, a. 1, c 참조.

21) Albertus Magnus, *Super Sent.*, I, d. 3, 'O' a. 34, ad 2 참조.

22) Aristoteles, *De anima*, II, 413b13-29.

23) Boethius, *De Trinitate*, c. 2; St. Thomas, *ST.*, I, q. 54, a. 3, arg2; q. 77, a. 1, arg. 6; 이 책 제6문 '반론 1' 참조.

들은 영혼의 본질에서 흘러나와야만 할 것이다.24) 왜냐하면 〔무엇인가에〕 고유한 속성들은 주체의 원리들로부터 원인지어지기 때문이다. 그런데 영혼의 본질은 단순하기 때문에25) 영혼의 능력들에게서 나타나는 것과 같은 정도로 다양한 속성들의 원인일 수 없다. 그러므로 영혼의 능력들은 그것의 속성들이 아니다. 그러므로 영혼 자체가 자신의 능력들이라는 것만 남게 된다.

이와는 반대로(*Set Contra*): 본질(*essentia*)이 존재(*esse*)에 관계되는 것처럼, 능력(*potentia*)은 행위(*agere*)에 관계된다. 그러므로 바꾸어 말하면, 존재와 행위가 서로 관계되는 것처럼 능력과 본질도 서로 관계된다. 그런데 오직 신에게서만 존재와 행위가 동일하다. 그러므로 오직 신에게서만 능력과 본질이 동일하다. 따라서 영혼은 자신의 능력이 아니다.26)

이와는 반대로 2: 그뿐 아니다. 그 어떤 성질도 실체가 아니다.27) 그런데 《범주론》을 볼 때28) 분명하듯이, 자연적 능력은 일종의 성질이다. 그러므로 영혼의 자연적 능력들은 영혼의 본질 자체가 아니다.29)

---

24) Avicenna, *De anima*, V, 1; St. Thomas, *ST.*, I, q. 77, a. 6 참조.

25) 이후 반론 17 끝까지의 논의에 대해서는 St. Thomas, *De spir. creat.*, a. 11, arg. 20 참조.

26) 비슷한 논증이 다음 텍스트들에서 발견된다. Guillelmus Altissiodorensis, *Summa aurea*, II, tr. 9, c. 1, q. 6; *Summa fratris Alexandri*, II-1, n. 349, contra 'a', 'b', & sol.; Iohannes de Rupella, *Summa de anima*, II, c. 60; Albertus Magnus, *Super Sent.*, I, d. 3, a. 34, arg. 1; St. Thomas, *In I Sent.*, d. 3, q. 4, a. 1, s. c. 1; *ST.*, I, q. 54, a. 3, c; q. 79, a. 1, c; *De spir. creat.*, a. 11, c 등.

27) Aristoteles, *Metaph.*, VII, 1030a24-26.

28) Aristoteles, *Categ.*, 9a14-28.

나의 대응: 이 문제에 대해서는 다양한 견해들이 있다. 어떤 이들은[30] 영혼이 곧 그것의 능력이라고 말하는 반면, 다른 이들은[31] 이를 부인하면서 영혼의 능력은 영혼의 본질적 특성(*proprietas*)이라고 말한다. 그리고 이 견해들의 차이점을 이해하기 위해서는, 능력(*potentia*)이라는 것이 사물의 작용—그 작용이 능동적이든 수동적이든 간에—의 원리(*principium operationis*) 이외에 다른 것이 아니라는 것을 알아야만 한다. 실제로 이 원리는 능동적 혹은 수동적 주체〔자체〕가 아니라, 그것을 통해(*id quo*) 능동자는 행위를 하고 수동자는 행위를 겪는 그런 것이다. 마치 건축술—그것을 통해 건축가가 건축을 하는—이 건축가 안에 있는 것처럼, 그리고 열(*calor*)—그것을 가지고 불이 다른 것을 뜨겁게 만드는—이 불(*finis*) 안에 있는 것처럼,[32] 그리고 습기(*siccus*)—이 때문에 장작이 연소될 수 있는—는 장작 안에 있

---

29) Rpbertus Kilwardby, *Imago Trinitatis*, II, 1, contra; Guillelmus Altissiodorensis, *Summa aurea*, II, tr. 9, c. 1, q. 6; Albertus Magnus, *Super Sent.*, I, d. 3, a. 34, arg. 2 참조.

30) Guillelmus de Saint-Thierry, *Opusculum de natura corporis et animae*, II (PL 180, 720B) 참조. 이에 더해서 관련된 언급으로는 Iohannes de Rupella, *Summa de anima*, II, c. 60; Bonaventura, *Super Sent.*, I, d. 3, P. 2, a. 1, q. 3, resp.; Averroes, *Super De anima*, II, 19 (Crawford, p. 157, v. 21-22); St. Thomas, *De spir. creat.*, a. 11, resp.; *Quodl.*, X, q. 3, a. 1 참조.

31) Nemesius, *De natura hominis*, c. 33; Avicenna, *De anima*, V, 1; Averroes, *Super De anima*, I, 3; Hugo de Sancto Victore, *De sacram Christ. fidei*, I, p. 3, c. 25; Petrus Lombardus, *Sent.*, I, d. 3, c. 2; Albertus Magnus, *Super Sent.*, I, d. 3, a. 34, sol; *Summa de homine*, tr. I, q. 73, a. 2; Petrus Hispanus, *Scientia libri De anima*, tr. 2, c. 2; *Super De anima*, II, lect. 8, q. 209; St. Thomas, *Super Sent.*, I, d. 42, q. 1, a. 1, ad 1; *De potentia*, q. 1, a. 1, resp. 참조.

32) 동일한 예가 Aristoteles, *Metapy.*, IX, 1046a25-27에 제시되어 있다.

는 능력인 것처럼 말이다. 그러므로 영혼이 그것의 능력이라고 주장하는 사람들은 영혼의 본질 자체가 영혼의 모든 작용들의 직접적인 원리라고 이해하는 것이다. 이는 인간이 이해하며 감각하고 또 그런 비슷한 작용을 하는 것은 영혼의 본질에 의하는 것이라고 말하는 것이며, 다양한 작용에 따라 〔영혼은〕 다양한 이름으로[33] — 감각작용의 원리인 한에서는 감각(*sensus*)이라 불리는 한편 이해작용의 원리인 한에서는 지성(*intellectus*)이라고 불리며, 다른 이름을 역시 이런 식으로 — 불린다고 말하는 것이다. 마치 불이 갖고 있는 열을 우리가 용해능력, 가열능력, 건조능력이라고 — 왜냐하면 이 작용들 모두를 수행하기 때문에 — 부르는 것처럼 말이다.

하지만 이 견해는 지지될 수 없다. 먼저, 사실상 행위하는 것들은 모두 실제로 그러한 것인 한에서, 즉 행위하는 자인 한에서 행위하기 때문이다(*quia unumquodque agit secundum quod actu est illud scilicet quod agit*).[34] 왜냐하면 불이 어떤 것을 뜨겁게 하는 것은 그것이 빛나는 것인 한에서가 아니라 그것이 실제로 뜨거운 것인 한에서이다. 따라서 모든 행위자는 자신과 유사한 것을 산출한다(*omne agens agit sibi simile*)[35]는 것이 뒤따른다. 그러므로 어떤 것을 산출하는 원리는 바로 〔그에 의해〕 산출된 결과물로부터 이해되어야 한다. 양자는 닮아야만 하기 때문이다. 그렇기 때문에 《자연학》 II권에서는[36] 형상

---

33) Isidorus de Sevilla, *Differentiae*, II, 29; Alcuinus, *De rationae animae*, c. 11; Hugo de Sancto Victore, *Didascalicon*, II, c. 5; Robertus de Melun, *Super Sent.*, lib. I, P. 6, c. 44; Guillelmus de Alvernia, *De anima*, c. 3, pars 6; Iohannes de Rupella, *Summa de anima*, II, c. 60; Radulphus Ardent, *Speculum universale*, I, 40 참조.

34) St. Thomas, *In De sensu*, I, 9; *In De anima.*, III, 1; *SCG.*, II, c. 6; *ST.*, I, q. 25, a. 3, c 참조.

35) Aristoteles, *De gener. et corr.*, I, 324a10-11 참조.

과 낳는 자(*generans*)는 종적으로 같다고 말한다. 그러므로 산출되는 것이 사물의 실체적 존재(*esse substantiale rei*)에 속하는 것이 아닐 때에는, 그 산출의 원리가 사물의 본질에 속하는 어떤 것일 수 없다. 이 점은 자연적 행위자(*agens naturale*)들에게서 명백히 드러난다. 왜냐하면 생성에서 자연적 행위자의 행위는 〔이미 형상에 의해 현실화되어 있는〕 질료를 형상에 맞도록 변화시킴으로써 이뤄지기 때문에—이러한 변화는 사실상 질료가 처음부터 형상을 향해 배열되어 있는 한에서 일어나며, 생성이란 이러한 변화〔즉, 형상이 바뀌는 것〕의 종결이므로[37] 결국 〔질료는〕 형상을 성취하게 된다—행위자 측에서 직접적으로 행위하는 것은 질료의 이러한 배열에 상응하는 우유적 형상이어야 할 필요가 있다. 그런데 우유적 형상은 마치 실체적 형상의 도구이기라도 한 것처럼 실체적 형상의 힘 덕분에 행위하는 것이어야만 한다. 그렇지 않을 경우 그것은 자신의 행위에서 실체적 형상을 이끌어 들이지 못할 것이다. 이 때문에 요소물질들 안에서는 오직 능동적 성질과 수동적 성질의 행위원리들만 나타나지만, 그럼에도 불구하고 이들이 행위하는 것은 실체적 형상들의 힘 덕분이다.[38] 그리고 그렇기 때문에 이들의 행위는 우유적인 성품들〔을 획득하는 데서〕 종료되는 것이 아니라, 심지어는 실체적 형상들〔의 획득〕에까지 미칠

---

36) Aristoteles, *Phys.*, II, 198a24-27.

37) 생성이 변화의 종결이라는 것의 출처로는 Aristoteles, *Phys.*, VI, 237b9-13 참조. 이에 대한 토마스 아퀴나스의 해석은 St. Thomas, *In Phys.*, VI, lect. 8, n. 14 참조. 그리고 토마스 아퀴나스의 이러한 해석의 전거로는 Averroes, *In Phys.*, VI, 59(ed. Venetiis, 1562, t. IV, f. 285C-D) 참조. 그리고 생성과 변화의 차이점에 대한 지적으로는 Aristoteles, *De gener. et corr.*, I, 317a23-27; *Phys.*, V, 226a23-25; VII, 246a28-29 참조.

38) Aristoteles, *De gener. et corr.*, II, 333b12-15; 336a1-3; St. Thomas, *In De anima.*, II, 23 참조.

수도 있다. 왜냐하면 인조물들의 경우에는 도구의 행위가 제작자에 의해 의도된 형상〔의 산출〕에서 끝나기 때문이다. 마치 우리가 신에 대해서 말하면서[39] 그는 창조에 의해 사물의 실체를 산출한다고 하는 것처럼, 그리고 아비첸나가[40] 능동지성체(*intelligentia agens*)에 대해 말하면서, 그것으로부터 그 자체의 본성에 따라 실체적 형상들이 하위의 것들 안으로 넘쳐흐른다고 하는 것처럼, 실제로 만약 자신의 행위에 의해 직접적이고 즉각적으로 실체를 산출하는 어떤 행위자가 있다면, 이러한 행위자들은 자신의 본질에 의해 산출하는 것이며, 그래서 이들 안에는 자신의 본질 이외에 다른 어떤 능동원리는 없을 것이다.

수동적 능력에 대해 말하자면, 실체적 실현(*actus substantialis*)을 위한 수동적 능력은 환원에 의해(*per reductionem*) 실체의 유에 속하고, 속성적 현실태(*actus accidentalis*)를 위한 수동적 능력은 환원에 의해 속성의 유에 속한다는 것이 분명하다. 단 온전한 종으로서는 아니고 단지 원리로서 각각에 속한다. 모든 유는 가능태와 현실태로 나뉘기 때문이다. 그래서 인간에 대해 가능태에 있는 것은 실체의 유 안에 있고, 흼에 대해 가능태에 있는 것은 성질의 유에 속한다.

그런데 영혼의 능력은 그것이 능동적이든 수동적이든 간에 실체적인 어떤 것에 대한 고려를 통해서가 아니라 우유적인 어떤 것에 대한 고려를 통해서만 직접적으로 언급된다. 예를 들어, 실제로 이해하거나 감각하는 것(*esse intelligens vel sentiens actu*)은 지성과 감각이 그들 각각을 향해 질서지어져 있는 그런 것으로서 실체적 존재(*esse substantiale*)가 아니라 우유적 존재(*esse accidentale*)이며, 크거나 혹은 작거나(*esse magnum vel parvum*) 한 것도 이와 마찬가지로서 성장력(*vis augmentativa*)

39) St. Thomas, *SCG.*, II, c. 9-10 참조.

40) Avicenna, *Metaphysica*, IX, 5 (ed. Van Riet, p. 489, v. 28).

이 이를 향해 질서지어져 있다. 반면에 생성능력과 생장능력(*generativa potentia et nutritiva*)[41]은 실제로 실체를 산출하거나 보존하기 위해 질서지어져 있지만, 질료를 변화시킴으로써 이를 수행한다. 따라서 그러한 행위는 자연적 행위자들의 다른 행위와 마찬가지로 우유적 원리를 매개로 하여 실체에 의해 수행된다. 그러므로 영혼의 본질 자체가 그 자신의 작용들의 직접적인 원리가 아니라는 것, 그리고 영혼은 오히려 우유적 원리들을 매개로 한다는 것은 분명하다. 그러므로 영혼의 능력들은 영혼의 본질 자체가 아니라 그것의 본질적 특성들이다.

이 점은 그 종류가 다양해서 하나의 직접적 원리로 환원될 수는 없는 영혼의 행위의 다양성 자체로부터도 분명히 할 수 있다. 왜냐하면 그들 중 어떤 것은 능동적 행함이고 어떤 것은 수동적 당함이기 때문이며,[42] 또한 이러한 종류의 다른 차이점들 ―〔하나의 원리가 아니라〕 다양한 여러 원리들에 속하는 것이어야만 하는 ― 에서도 다르기 때문이다. 그런데 영혼의 본질은 단일한 하나의 원리이기 때문에, 〔이처럼 다양한〕 자신의 행위들 전체의 직접적인 원리일 수는 없으며, 자신의 행위의 다양성에 상응하는 다수의 다양한 능력들을 지녀야 마땅하다.[43] 왜냐하면 〔능력이〕 능력(*potentia*)이라고 불리는 것은 오직 행위와 관련해서만이기 때문이다.[44] 그러므로 행위의 다양성〔이 있

41) 성장력, 생성능력, 생장능력에 대해서는 Aristoteles, *De anima*, II, 415a22 이하; 413a30-31; 416a16 이하 참조. 그리고 이에 더해서 Averroes, *Super De anima*, II, 34(ed. Crawford, pp. 181~183); Algazel, *Metaphysica*, II, tr. IV, 1(ed. Muckle, p. 162); Anon., *Questiones in tres libros De anima*, II, q. 34; St. Thomas, *In II Sent.*, d. 18, q. 2, a. 3; *ST.*, I, q. 78, a. 2; *In De anima.*, II, 9 참조.

42) Aristoteles, *Phys.*, III, 202b20 참조.

43) Iohannes de Rupella, *Summa de anima*, II, c. 60 참조. 이에 더해서 Bonaventura, *Super Sent.*, I, d. 3, P. 2, a. 1, q. 3, s. c. 6 참조.

44) Aristoteles, *De anima*, II, 415a18-20; St. Thomas, *In De anima.*, I, 8;

으면 그]에 따르는 능력의 다양성이 있어야만 한다. 그렇기 때문에 철학자는 《니코마코스윤리학》 VI권에서,[45] 필연적인 것과 개연적인 것은 종적으로 다르기 때문에, 필연적인 것들에 관계하는 영혼의 학적 인식능력과 개연적인 것들에 관계하는 영혼의 추론능력은 다른 능력이라고 말한다.

반론 1에 대한 대답: 《정신과 영혼에 관하여》라는 그 책은 아우구스티누스의 것이 아니라[46] 어떤 시토회 수사가[47] 그 저자였다고 하며, 그 책에서 말하는 것들에 대해서도 심각하게 받아들여만 하는 것은 아니다. 그러나 그럼에도 불구하고 만약 이 책의 언급들을 인정할 경우, 영혼은 자신의 능력들이거나 힘들이라고 말할 수는 있는데, 그 이유는 그것들이 영혼의 본성적 특성들(*naturales proprietates*)이기 때문이다. 그러므로 같은 책에서,[48] 모든 능력들은 하나의 영혼이며, 특성들은 실제로 다양하지만 능력은 하나라고 말하고 있다. 이는 마치 뜨겁고 건조하고 빛나는 것은 하나의 불이라고 말하는 것과 비슷한 방식으로 말하는 것이다.

반론 2~4에 대한 대답: 반론 2와 3과 4에 대해서는 위와 비슷하게 대답할 수 있다.

II, 6 참조.

45) Aristoteles, *Eth. Nic.*, VI, 1139a6-15.

46) 이 책 제9문 '반론 1에 대한 대답' 참조.

47) 〔역주〕 이 책의 영역본 가운데 하나인 J. P. Rowan 번역의 *The Soul*(B. Herder Book Co., 1949)에서는 이것이 위-아우구스티누스(Pseudo-Augustinus)인 끌레르보의 알케르(Alcher of Clairvaux) 작품이라고 밝히고 있다. 이 책 제12문의 각주 21(156쪽) 참조.

48) *De spiritu et anima*, c. 13.

반론 5에 대한 대답: 존재에서는(*in essendo*) 속성이 주체를 넘어서 나아갈 수 없다. 그럼에도 불구하고 행위에서는(*in agendo*) 넘어설 수 있다. 왜냐하면 〔예를 들어〕 불의 열은 그 불의 바깥에 있는 것들도 가열하기 때문이다. 이런 식으로, 영혼이 자기 자신만이 아니라 타자까지도 이해하고 사랑하는 한 영혼의 능력은 영혼 자신을 넘어선다. 아우구스티누스가 이해와 사랑을 정신(*mens*)과 연결시키면서 이런 논리를 끌어들일 때, 여기서 말하는 정신은 이해하고 사랑하는 자〔즉, 주체〕로서가 아니라 이해되고 사랑받는 것〔즉, 대상〕으로서 이다.[49] 왜냐하면 만약 속성들이 주체에 관계되는 것 같은 그런 방식으로 이들〔즉, 이해와 사랑〕이 영혼 자체에 관계되는 것이라면, 〔속성인 이해와 사랑의 작용은 주체인 영혼을 넘어서는 반면에〕 영혼은 자기 자신이 아닌 것은 이해하지도 사랑하지도 않기 때문이다. 그러므로 이들이 하나의 삶이자 하나의 본질이라고 그가 말한 것은 아마도 이러한 의미에서일 것이다. 현실적인 이해는 어느 의미에서는 이해된 대상 자체이고, 현실적인 사랑 역시 어느 의미에서는 사랑받는 대상 자체이기 때문이다.

반론 6에 대한 대답: 영혼 안에서 삼위일체의 모상은 단지 능력에 따라서만이 아니라 본질에 따라서도 찾을 수 있다.[50] 왜냐하면 비록 불충분하게일지언정 그렇게 해서 세 위격 안에 있는 하나의 본질이 〔영혼 안에서〕 드러나기 때문이다. 그런데 만약 영혼이 곧 자신의 능력들이라면, 위격들 상호간의 구별은 단지 명목적인 것에 불과할 것이며, 따라서 신의 위격들 사이의 구별은 적절하게 드러나지 못할 것

---

49) Augustinus, *De Trin.* IX, V 8.

50) Iohannes de Rupella, *Summa de anima*, I, c. 28; *Summa fratris Alexandri*, II-1, n. 338, sol. 참조.

이다.

반론 7에 대한 대답: 속성의 종류에는 세 가지가 있다.[51] 하나는 인간이 지닌 '웃을 수 있음'처럼 종적 원리들로부터 원인지어진 것인데, 이들은 본질적 특성(*proprium*)들이라고 불린다. 다른 하나는 개별적 원리들로부터 원인지어진 것인데, 여기에는 다시 두 가지가 있다. 하나는 남성이나 여성[52] 또는 이와 같은 부류의 것들처럼 주체에 스며들어 묻혀 있는 원인을 지니는 것으로서 이것들은 분리 불가능한 속성들(*accidentia inseparabilia*)이다. 반면에 '앉아 있음'이나 '걸어 다님'처럼 어떤 것들은 항상 주체에 스며들어 있지는 않은 원인을 갖는 것인데, 이들은 분리가능한 속성들(*accidentia separabilia*)이다. 그런데 모든 속성들에게 공통적인 것은 그것들이 사물의 본질에 속하지는 않는다는 것, 그래서 사물의 정의에 포함되지는 않는다는 것이다.[53] 그러므로 우리는 사물에 대해서 그것이 무엇인지를 그 사물의 속성들에 대한 이해 없이도 이해한다. 그런데 종은 종의 원리에 따르는 속성들 없이는 존재한다고 이해될 수 없지만, 그럼에도 불구하고 〔개체에 속하는〕 개별적 속성들—설령 그것이 분리 불가능한 속성들일지라도—없이는 존재한다고는 이해될 수는 있다. 반면에 종과 개체 모두 분리가능한 속성들 없이도 존재할 수 있다. 그런데 영혼의 능력들은 본질적 특성과도 같은 속성들이다. 그러므로 이것들 없이도 영혼이 무엇인가 하는 것은 이해될 수 있지만, 이것들 없이 영혼이 존재하거나 가지적이 되는 것은 불가능하다.

---

51) Aristoteles, *Anal. Post.*, I, 75a18 이하; St. Thomas, *In Anal. Post.*, I, 14.
52) Aristoteles, *Metaph.*, VII, 1030b20-26; X, 1058a29-b25, 1058b21-23; St. Thomas, *De ente et essentia*, c.6 참조.
53) Aristoteles, *Metaph.*, VII, 1030a3-8 참조.

반론 8에 대한 대답: '감각적'과 '이성적'이라는 명칭은, 이것들이 본질적 차이인 한, 〔능력으로서의〕 감각과 지성에서 이끌어 낸 것이 아니라 감각적 영혼과 지적 영혼으로부터 이끌어 낸 것이다.[54)]

반론 9에 대한 대답: 하위 행위자들에게서 실체적 형상이 행위의 직접적인 원리가 아닌 이유에 대해서는 이미 보여주었다.[55)]

반론 10에 대한 대답: 영혼은 작용의 원리이되, 〔작용의〕 제1원리(*principium primum*)이지 근접원리(*principium proximum*)는 아니다.[56)] 왜냐하면 요소물질의 성질들이 실체적 형상의 힘에 의해 작용하듯이 능력들은 영혼의 힘에 의해 작용하기 때문이다.

반론 11에 대한 대답: 영혼 자체는 가지적 형상들 자체에 대해 가능태(*potentia*)에 있다. 그런데 바로 이러한 가능태인 능력(*potentia*)[57)]이 영혼의 본질은 아니다. 이는 마치 청동 안에 있는 청동상에 대한 가능태는 〔청동 안에 있지만〕 청동의 본질은 아닌 것과 마찬가지다. 왜냐하면 '현실태에 있음'과 '가능태에 있음'은 사물의 본질에 속하는 것이 아니기 때문인데, 그 까닭은 현실태가 본질적인 것은 아니기 때

---

54) Bonaventura, *Super Sent.*, I, d.3, P.2, a.1, q.3, ad 6 참조.

55) 이 책 제12문 '나의 대응'의 세 번째 문단 참조.

56) Bonaventura, *Super Sent.*, I, d.3, P.2, a.1, q.3, ad 3 참조.

57) 〔역주〕 '가능태'와 '능력'은 모두 어떤 현실태 혹은 실현이나 성취에 대한 가능성이라는 의미를 지닌다. 이 가운데 '능력'은 활동 혹은 작용을 현실태로 하여 그것을 수행할 수 있는 잠재력을 의미하는 용어로 사용되는 반면, '가능태'는 모든 종류의 현실태 혹은 실현에 대한 가능성을 의미하므로, 능력보다 가능태가 외연이 더 크다고 할 수 있다. 그러므로 본문에서처럼 문맥에 따라서는 양자가 동일시될 수 있고 따라서 혼용될 수 있다.

문이다.

반론 12에 대한 대답: 제1질료는 실체적 현실태인 형상에 대해 가능태에 있다. 그러므로 가능태 자체가 바로 그것〔즉, 제1질료〕의 본질 자체이다.[58)]

반론 13에 대한 대답: 인간이 지성이라고 불리는 것은 지성이 인간 안에서 〔다른 것들에 비해〕 탁월하기 때문이다. 이는 마치 도시의 통치자가 곧 도시라고 불리는 것과 마찬가지다. 그러나 영혼의 본질이 지성이라는 능력 자체이기 때문에 그렇게 말하는 것은 〔즉, 인간이 지성이라고 말하는 것은〕 아니다.

반론 14에 대한 대답: 영혼과 앎 사이의 유사성은 둘 모두가 1차 현실태라는 것에 있다. 그러나 모든 면에서 그런 것은 〔즉, 유사한 것은〕 아니다. 그러므로 영혼이 앎처럼 작용들의 직접적인 원리이어야만 하는 것은 아니다.

반론 15에 대한 대답: 영혼의 능력들은 영혼의 본질적 부분들—마치 영혼의 본질을 구성하기라도 하는 것같이—은 아니지만, 그것의 능력적(*potentialis*)인 부분들이기는 하다. 왜냐하면 영혼의 능력(*virtus animae*)들은 이러한 종류의 능력(*potentia*)들을 통해 구별되기 때문이다.

반론 16에 대한 대답: 자립하지 않는—만약 자립할 경우에는 순

58) Bonaventura, *Super Sent.*, I, d. 3, P. 2, a. 1, q. 3, ad 4 참조. 이에 더해서 Guillelmus Altissiodorensis, *Summa aurea*, II, tr. 9, c. 1, q. 6 참조.

수 현실태(*actus purus*)인 — 단순한 형상은 속성들을 수용하는 주체일 수 없다.[59] 그런데 인간 영혼에 대해 말하자면, 영혼은 자립하는 형상(*forma subsistens*)이지만 순수 현실태는 아니다. 그러므로 어떤 능력들, 예를 들어 지성과 의지의 주체일 수 있다.[60] 반면에 〔영혼의〕 생장적 부분과 감각적 부분의 능력들은 마치 주체 안에 있는 것처럼 〔영혼과 육체의〕 복합 안에 있다. 왜냐하면 《잠과 깸에 대하여》(*De somno et vigilia*)에서[61] 철학자가 분명히 하듯이, 현실태가 속하는 것에 능력도 속하기 때문이다.

반론 17에 대한 대답: 비록 영혼은 그 본질에서 하나이지만, 그럼에도 불구하고 그 안에는 가능태와 현실태 모두가 있다. 그리고 사물들에 대해서 다양한 연관성을 지니며, 심지어 육체와도 다양한 방식으로 관련된다. 이 때문에 영혼의 단일한 본질로부터 다양한 여러 능력들이 흘러나올 수 있는 것이다.

---

59) 이 책 제6문 '반론 1에 대한 대답' 참조.

60) Albertus Magnus, *Super Sent.*, I, d. 3, a. 34, ad 2 참조.

61) Aristoteles, *De sommo et vigilia*, 454a8.

제13문

영혼의 능력들은 그 대상에 의해 구별되는가*

열세 번째 문제는 영혼의 능력의 구별에 관한 문제, 즉 영혼의 능력들은 대상에 의해 구별되는가 하는 것이다.

반론 1: 그렇지 않아 보인다. 상반되는 것들이야말로 가장 다른 것들인데,[1] 대상들의 상반성은 능력들을 다양화시키지는 않는다.[2] 왜냐하면 흰 것을 보는 것과 검은 것을 보는 것은 같은 능력이기 때문이다. 그러므로 대상들의 그 어떤 차이도 능력들을 다양화시키지는 않는다.

반론 2: 그뿐 아니다. 실체에서 다른 것들〔의 다름〕이 속성에서 다른 것들〔의 다름〕보다 훨씬 더 많이 다르다. 그런데 인간과 돌은 실체적으로 다르지만, 소리 나는 것(*sonorum*)과 색깔 있는 것(*coloratum*)은

---

* 병행문헌: *De verit.*, q. 10, a. 1, ad 2; q. 15, a. 2; *ST.*, I, q. 77, a. 3; q. 78, a. 4; *In De anima.*, II, 6.

1) 상반되는 것이 가장 다르다는 것에 대해서는 St. Thomas, *In De anima.*, II, 21 참조.

2) Iohannes de Rupella, *Summa de anima*, II, c. 61; St. Thomas, *ST.*, I, q. 77, a. 3, arg. 2 참조.

속성적으로 다르다. 그런데 인간과 돌은 동일한 능력에 관계되므로, 소리 나는 것과 색깔 있는 것들 역시 그렇다는 것은 말할 것도 없다. 그래서 대상들의 차이는 결코 능력들을 차이 나게 만들지 않는다.

반론 3: 그뿐 아니다. 만약 대상들의 차이가 능력들의 다양성의 원인이라면, 대상의 통일성(*unitas objectorum*)은 능력들의 동일성(*identitas in potentiis*)의 원인이어야만 한다. 그런데 우리는 동일한 대상이 다양한 능력들에 관계되는 것을 본다. 왜냐하면 하나의 동일한 것이 알려지기도 하고 욕구되기도 하기 때문—왜냐하면 의지의 대상은 가지적 선(*bonum intelligibile*)이기 때문에—이다. 그러므로 대상들의 차이는 능력들의 다양성의 원인이 아니다.[3]

반론 4: 그뿐 아니다. 원인이 같은 곳에서는 결과도 같다. 그러므로 만약 서로 다른 대상들이 어떤 능력들을 다양화시킨다면, 그것들은 능력들 안의 어느 곳에서든지 다양성을 일으켜야 한다. 그런데 우리가 보는 것은 그렇지가 않다. 왜냐하면 소리와 색은 각각 '듣기'와 '보기'에 관계되듯이 서로 다른 어떤 대상들은 실제로 다른 능력들과 연관되지만, 그러면서도 동시에 이들은 구상력(*imaginatio*)이나 지성(*intellectus*)에 관계되는 것처럼 하나의 능력에도 관계된다. 그러므로 대상의 차이는 능력의 다양성의 원인이 아니라는 결과가 남게 된다.[4]

반론 5: 그뿐 아니다. 습성(*habitus*)은 능력들의 완성이다. 그런데 완성될 수 있는 것들(*perfectibilia*)은 그 고유한 완성〔된 모습〕에 의해 서로 구별된다. 그러므로 능력들은 대상들에 따라서가 아니라 습성

---

3) St. Thomas, *ST.*, I, q. 77, a. 3, arg. 3 참조.

4) St. Thomas, *ST.*, I, q. 77, a. 3, arg. 4 참조.

들에 따라서 구별된다.[5]

반론 6: 그뿐 아니다. 다른 것 안에 〔수용되어〕 존재하는 모든 것들은 〔그것을〕 수용하는 자의 양태에 따라 그것 안에 존재한다.[6] 그런데 영혼의 능력들은 육체의 기관들 안에 존재한다. 왜냐하면 그들은 이 기관들의 현실태이기 때문이다. 그러므로 그들은 육체의 기관들에 따라[7] 구별되는 것이지 대상들에 따라 구별되는 것이 아니다.

반론 7: 그뿐 아니다. 영혼의 능력들은 영혼의 본질 자체가 아니라 영혼의 본질적 특성(*proprietas*)들이다. 그런데 본질적 특성들은 그것의 본질로부터 흘러나온다.[8] 그리고 하나로부터 직접 나오는 것은 오직 하나뿐이다.[9] 그러므로 오직 영혼의 하나의 능력만이 처음에 영혼의 본질로부터 흘러나오고, 그것을 매개로 하여 다른 능력들이 일정한 질서에 따라 흘러나온다. 그러므로 영혼의 능력들은 그 기원에 따라 다른 것이지, 대상에 따라 다른 것이 아니다.

반론 8: 그뿐 아니다. 만약 영혼의 능력들이 다양한 여럿이라면, 그들 중 어느 한 능력은 다른 능력에서 나와야만 한다. 왜냐하면 영혼의 본질은 하나이자 단순한 것이므로 그 능력들 모두가 영혼의 본질에서 직접 유래할 수는 없기 때문이다. 그런데 영혼의 한 능력이 그것의 다른 능력에서 기원하는 것은 불가능해 보인다. 왜냐하면 한

5) St. Thomas, *De verit.*, q. 15, a. 2, arg. 11; *In Nic. Eth.*, II, 5 참조.
6) St. Thomas, *In De anima.*, II, 12 참조.
7) St. Thomas, *In De anima.*, II, 4 참조. 이외에도 *In I Sent.*, d. 3, a. 4, a. 2, aed contra 3; *De verit.*, q. 15, a. 2; *SCG.*, II, c. 82 참조.
8) 이 책 제12문 '반론 17' 참조.
9) St. Thomas, *ST.*, I, q. 77, a. 6, arg. 1.

편으로는 영혼의 모든 능력들이 동시적이기 때문이고, 또 한편으로는 속성들은 주체에서 유래해야[10] 하기 때문 — 그런데 어떤 속성이든 그것이 다른 속성의 주체가 될 수는 없기 때문 — 이다. 그러므로 대상들의 다양성 때문에 영혼의 다양한 능력이 있을 수는 없다.

반론 9: 그뿐 아니다. 실체가 보다 우월하면 할수록, 그의 능력도 그만큼은 더 크고, 그 결과 〔그의 능력은〕 덜 다양화된다. 왜냐하면 《원인론》에서[11] 말하는 것처럼, 단일한 모든 능력들은 다양화된 것에 가깝기보다는 무한한 것에 더 가깝기 때문이다. 그런데 영혼은 하위존재에 속하는[12] 모든 것들 가운데 가장 고귀한 것이다. 그러므로 영혼의 능력은 훨씬 더 단일하지만, 그럼에도 불구하고 훨씬 많은 것들과 관계한다. 그러므로 그것은 대상들의 다양성에 따라 다수화되지 않는다.

반론 10: 그뿐 아니다. 만약 영혼의 능력들의 다양성이 대상의 차이에 따르는 것이라면, 능력들의 질서도 역시 대상들의 질서에 따라야만 할 것이다. 그런데 그런 것 같지는 않다. 왜냐하면 본질(*quod quid est*)과 실체(*substantia*)를 그 대상으로 하는 지성은 색이나 소리 같은 속성들을 대상으로 하는 감각보다 나중〔에, 그리고 그것에 따라서 일어나는 것〕이기 때문이다.[13] 게다가, 볼 수 있는 것〔즉, 시각의 대상〕이 만질 수 있는 것〔즉, 촉각의 대상〕보다 더 우선적이고 더 공통적

---

10) 이 책 제9문 '반론 5에 대한 대답' 참조.

11) *Liber De causis*, prop. 16; St. Thomas, *In De causis*, prop. 17.

12) 〔역주〕 하위존재(*inferiora*)는 지상의 존재를 의미한다. 이는 지구가 천체의 위계질서에서 가장 하위에 위치한다고 생각한 고대 천문학을 반영하고 있다.

13) St. Thomas, *In De anima.*, II, 10 참조.

임에도 불구하고 〔그 능력에서는〕 촉각이 시각에 앞선다. 그러므로 대상들의 다양성에 따라서 능력들의 다양성이 있는 것은 아니다.

반론 11: 그뿐 아니다. 욕구될 수 있는 모든 것은 감각가능한 것 (*sensibile*) 이든지 아니면 이해가능한 것 (*intelligibile*) 이다.[14] 그런데 이해가능한 것은 지성의 완성 (*perfectio intellectus*) 이고, 감각가능한 것은 감각의 완성 (*perfectio sensus*) 이다. 따라서 각각의 사물들은 본성적으로 자신의 완성을 욕구하므로, 지성과 감각은 욕구될 수 있는 모든 것들을 본성적으로 욕구한다는 결과가 된다. 그러므로 감각능력과 지성능력 이외에 욕구능력을 상정해야 할 필요는 없다.

반론 12: 그뿐 아니다. 의지 (*voluntas*) 나 또는 극복욕 (*appetitus irascibilis*) 과 달성욕 (*appetitus concuscibilis*)[15] 이 아니면 욕구가 아니다. 그런데 《영혼론》 III권에서[16] 말하는 것처럼, 의지는 지성 안에 있고 극복욕과 달성욕은 감각 안에 있다. 그러므로 감각능력과 지성능력에 더해서 욕구능력을 따로 상정해야 하는 것은 아니다.

반론 13: 그뿐 아니다. 철학자는 《영혼론》 III권에서[17] 동물들 안

---

14) Aristoteles, *De anima*, III, 433b10-12.

15) St. Thomas, *In De anima.*, III, 8.
〔역주〕 '달성욕'과 '극복욕'으로 번역한 appetitus concupiscibilis와 appetitus irascibilis는 문자 그대로 하자면 '기꺼이/즐거이 추구하는 욕구'와 '분노하는/성내는 욕구'를 의미하는 것으로서, 달성욕은 대상의 좋고 나쁨에 따라 단순히 그것을 욕구하거나 회피하는 것인 반면, 극복욕은 선을 추구하거나 악을 피하는 데 방해가 되는 난관들을 극복하고 넘어서려는 욕구이다. St. Thomas, *ST.*, I, q. 81, a. 2, c도 참조.

16) Aristoteles, *De anima*, III, 432b5-7.

17) Aristoteles, *De anima*, III, 433a9-13.

에 있는 장소적 운동의 원리들은 감각 혹은 구상력, 지성, 그리고 욕구임을 입증했다. 그런데 동물들 안에 있는 운동능력(*potentia motiva*)은 동물들의 운동의 원리(*principium motus*) 이외에 다른 것이 아니다. 그러므로 인식능력과 욕구능력 이외에 운동능력이 〔따로〕 있는 것은 아니다.

반론 14: 그뿐 아니다. 영혼의 능력들은 자연보다는 높은 어떤 것으로 질서지어져 있다. 그렇지 않으면 모든 자연적 육체들 안에 영혼의 힘들이 있어야만 할 것이다. 그런데 생장혼에 귀속되는 능력들은 자연보다 더 높은 어떤 것으로 질서지어져 있다고 보이지 않는다. 왜냐하면 그것들은 생성을 통한 종의 보존과 영양섭식을 통한 개체의 보존, 그리고 성장을 통한 양적인 완성으로 질서지어져 있기 때문이다. 이 모든 것들은 자연적 사물들 안에서 본성에 의해서도 수행된다. 그러므로 영혼의 능력들은 이러한 것들로 질서지어져 있지 않다.

반론 15: 그뿐 아니다. 어떤 능력이 보다 우월하면 할수록, 하나로 남아 있으면서도 자신이 미칠 수 있는 것들이 그만큼 더 많아지게 된다.[18] 그런데 영혼의 능력은 자연의 능력을 넘어선다. 그런데 자연이 자연적 물체들을 생산하여 존재하게 하고, 그에게 합당한 양적 크기를 부여하며, 그것을 존재 안에서 보존하는 것은 모두 하나의 동일한 능력에 의해서이므로, 영혼이 〔이 작용들을〕 하나의 능력에 의해 수행한다는 것은 더욱더 말할 것도 없다. 그러므로 생성력(*generativa*)과 자양력(*nutritiva*)과 성장력(*augmentativa*)은 서로 구별되는 능력들이 아니다.

---

18) St. Thomas, *In Nic. Eth.*, I, 2.

반론 16: 그뿐 아니다. 감각은 속성들을 인식할 수 있다.[19] 그런데 소리와 색 및 이 같은 부류의 것들처럼 동일한 범주, 즉 성질의 유에 속할 뿐 아니라 동일한 종, 즉 성질의 세 번째 종[20]에 속하는 속성들〔이 서로 다른 것〕보다 서로 간에 훨씬 더 다른 그러한 어떤 속성들이 있다. 그러므로 만약 능력들이 대상들의 차이에 따라 구별된다면, 영혼의 능력들 사이의 구별은 〔소리와 색 같은〕 이런 차원의 속성들의 손에 달린 것보다는 훨씬 더 차이가 나는 다른 것들에 의해야만 한다.

반론 17: 그뿐 아니다. 어떤 유에든지 하나의 제1대립자가 있다.[21] 그러므로 만약 감각능력들의 구별이 〔감각에〕 가해지는 다양한 유의 성질들 때문이라면, 서로 다른 대립자들이 있는 곳에는 어디든지 서로 다른 감각능력들이 있을 것이다. 그리고 어디에선가는 실제로 이런 일이 일어난다. 왜냐하면 시각은 흼과 검음에 대한 것이고, 청각은 낮은 음과 높은 음에 대한 것이기 때문이다. 반면에 그렇

---

19) Anon., *Lectura in librum De anima*, I, 3.

20) Aristoteles, *Categ.*, 9a28-10a10; St. Thomas, *In Metaph.*, V, 19; *In De anima.*, II, 14 참조.
〔역주〕 여기서 성질(*qualitas*)은 크게 네 가지 종으로 나뉜다. 첫째는 습성 혹은 성품이고, 둘째는 타고난 능력 혹은 무능력, 셋째는 영향을 주는 성질들과 그 영향, 그리고 넷째는 모양과 형태이다. 본문에서는 이 가운데 세 번째를 말하는 것이다.

21) Aristoteles, *Metaph.*, X, 1055a23-33; *De anima*, II, 422b23-27; St. Thomas, *In De anima.*, II, 22; Averroes, *Super De anima*, II, 107 (ed. Crawford, p. 295, v. 44-47) 참조.
〔역주〕 유는 우선 2개의 종으로 나뉘는데, 이 두 종을 서로 구별하면서 나뉘게 하는 대립자가 바로 '제1대립자'이다. 그 유 안에 있는 다른 모든 대립자들은 이에 대한 하위구분이다.

지 않은 곳도 있다. 왜냐하면 촉각은 참과 더움, 습함과 검조함, 부드러움과 딱딱함, 그리고 이런 부류의 것들 모두에 대한 것이기 때문이다. 그러므로 대상들 때문에 능력들이 구별되는 것이 아니다.

반론 18: 그뿐 아니다. 기억이 감각과 다른 어떤 능력이라고 생각되지는 않는다. 왜냐하면 철학자에 의하면,[22] 그것〔즉, 기억〕은 첫 번째 감각에 대한 수용(*passio*)이기 때문이다. 그럼에도 불구하고 이들의 대상은 다르다. 감각의 대상은 현재(*praesens*)인 데 비해, 기억의 대상은 과거(*praeteritum*)이기 때문이다. 그러므로 대상들 때문에 능력들이 구별되는 것은 아니다.

반론 19: 그뿐 아니다. 감각에 의해 이해되는 모든 것들은 — 그리고 이외의 다른 많은 것들도 — 지성에 의해서도 이해된다. 그러므로 만약 감각능력들이 대상의 다수성에 따라 구별된다면, 지성 역시 감각과 마찬가지로 여러 능력들로 구별되어야 할 것이다. 하지만 이것은 틀렸다는 것은 분명하다.

반론 20: 그뿐 아니다. 위에서 보여주었듯이,[23] 가능지성과 능동지성은 서로 다른 능력이다. 그런데 두 능력의 대상은 동일하다. 그러므로 대상들의 차이에 따라 능력들이 구별되는 것은 아니다.[24]

이와는 반대로(*Set Contra*): 《영혼론》 II권에서[25] 능력은 행위에 의

---

22) Aristoteles, *De mem. et reminisc.*, I, 450a14.

23) 이 책 제4문 '나의 대응'의 첫째 문단 참조.

24) St. Thomas, *De verit.*, q. 15, a. 2, arg. 13.

25) Aristoteles, *De anima*, II, 415a16-22; St. Thomas, *In De anima.*, II,

해, 그리고 행위는 대상들에 의해 구별된다고 말한다.

그뿐 아니다. 완성될 수 있는 것들은 〔각각이 실현하는〕 완성〔이 어떠한 것인가〕에 의해 구별된다. 그런데 대상들은 능력들의 완성들이다. 그러므로 능력들은 대상들에 의해 구별된다.

나의 대응: 능력(*potentia*) 그 자체는 행위(*actus*)와의 관계에서 언급된다. 그러므로 능력은 행위에 의해 정의되어야[26] 마땅하며, 행위의 차이에 따라서 다양화되어야 마땅하다. 그런데 행위는 그 대상들로부터[27] 종(*species*)을 지닌다.[28] 왜냐하면 만약 행위가 수동적 능력들의 것이라면 그 대상들은 능동적일 것이고, 만약 행위들이 능동적인 능력들의 것이라면 그 대상들은 목적과도 같은 것일 것[29]이기 때문이다.[30] 그런데 작용의 종〔즉, 그 작용이 어떤 종류의 것인가 하는 것〕은 이 두 가지 방식 모두에 따라 고려되어야 한다. 왜냐하면 가열하기와 냉각시키기는 전자의 원리가 뜨거움/온이고 후자의 원리는 차가움/냉이라는 것에 따라 서로 구별되기 때문이며, 또한 이들은 모

---

6 참조.

26) Aristoteles, *Metaph.*, IX, 1050a7; St. Thomas, *De verit.*, q. 15, a. 2, resp; *In De anima.*, II, 5.

27) Aristoteles, *Phys.*, V, 224b7; St. Thomas, *In II Sent.*, d. 38, q. 1, a. 4, arg. 1; *De verit.*, q. 15, a. 2, resp.

28) Aristoteles, *De anima*, II, 415a16-22; Averroes, *Super De anima*, II, 33 (ed. Crawford, p. 180, v. 31-52); Anon., *Lectura in librum De anima*, II, 5; St. Thomas, *In De anima.*, I, 8; II, 25; III, 8; *De verit.*, q. 2, a. 2, ad 2; q. 15, a. 2, resp.

29) 이 책 제12문 '나의 대응'의 첫째 문단 초반부분; St. Thomas, *De verit.*, q. 16, a. 1, ad 13 참조.

30) Aristoteles, *In De anima.*, II, 6 참조.

두 비슷한 목적에서 종료되는데, 이는 행위자는 자신의 유사성이 다른 것 안에서 있도록 하기 위한 목적으로 행위하기 때문이다.[31] 그러므로 영혼의 작용들의 구별은 대상들의 차이에 따라서 이해된다[32]는 결론이 나오게 된다.

그런데 여기서 대상들이 주목되어야만 하는 것은 그것들이 영혼의 행위인 한에서[33]이지 다른 측면에 따라서인 것은 아니다. 왜냐하면 그 어떤 유에서든 그 유를 구분하게 만드는 차이들에 의해서가 아닌 한 종은 다양화되지 않기 때문이다. 예를 들어 '동물'의 종을 구분하는 것은 '흼'과 '검음'에 의해서가 아니라 '이성적'과 '비이성적'에 의해서인 것처럼 말이다.

그러므로 영혼의 행위들에서는 세 등급(*tres gradus*)[34]이 고려되어야 한다. 영혼의 행위는 영혼이 없는 사물들 안에서 작동하는 자연의 행위들을 능가하기(*transcendere*) 때문이다. 그런데 이것은 두 측면에서, 즉 행위방식(*modus agendi*)의 측면과 행위결과(*id quod agitur*)의 측면에서[35] 발생한다. 그런데 행위방식의 측면에서 볼 때 영혼의 모든 행위는 영혼이 없는 것들의 본성에 의한 작용 혹은 행위를 능가한다. 영혼의 행위는 생명행위(*actio vitae*)인데, 작용하기 위해 스스로 움직일 수 있는 것들이 생명체라고 불리므로, 영혼의 모든 행위는 내적 행위원리(*intrinsecum agens*)에 의한 것이어야만 하기 때문이다.[36]

---

31) St. Thomas, *In II Sent.*, d. 19, a. 1, a. 2, resp. 1; *In De anima.*, II, 30 참조.

32) St. Thomas, *In De anima.*, II, 13 참조.

33) St. Thomas, *In De anima.*, II, 6 참조.

34) 이 책 제13문 '나의 대응'의 맨 마지막 문단인 열여섯 번째 문단 참조. 여기서 영혼의 행위의 세 등급은 생장혼, 감각혼, 이성혼의 등급임을 명시적으로 정리하여 제시하고 있다.

35) 이 두 측면에 대해서는 St. Thomas, *De verit.*, q. 10, a. 1, ad 2 참조.

그런데 행위결과의 측면에서 볼 때는 영혼의 행위 모두가 영혼이 없는 것들의 본성에 의한 행위를 능가하는 것은 아니다. 왜냐하면 영혼이 없는 물체들 안에는 그것의 본성적 존재(*esse naturale*)와 그 〔존재의 유지〕 자체를 위해 필요한 것들이 있는 것처럼, 영혼이 있는 육체들 안에도 마찬가지여야만 하는데, 이것이 영혼이 없는 물체들의 경우에는 외부의 행위자에 의해 주어지는 반면에 영혼이 있는 육체들 안에서는 내적 행위원리에 의해 결과되는 것이기 때문이다.[37] 그리고 이런 종류의 행위들은 바로 생장혼의 능력들[38]이 〔수행하도록〕 질서지어져 있는 행위들이다. 왜냐하면 개체들로 하여금 존재하〔기 시작하〕도록 하기 위한 목적으로 생성력(*vis generativa*)이 질서지어져 있으며, 그 존재에 고유한 양적 크기가 따르도록 하기 위해 성장력(*vis augmentitiva*)[39]이 질서지어져 있고, 그것이 〔죽지 않고〕 존재를 유지하도록 하기 위해 자양력(*vis nutritiva*)[40]이 질서지어져 있기 때문이다. 그런데 이러한 것들이 영혼이 없는 물체들에게는 외부의 자연적 작용자들에 의해 주어진다. 그러므로 바로 이러한 이유에서 방금 언급된 영혼의 힘들은 '자연적'[41]이라고 불린다.

---

36) 행위방식 측면에 대한 진술과 관련해서는 St. Thomas, *In De anima.*, II, 5 참조.

37) St. Thomas, *In De anima.*, II, 7 참조.

38) Aristoteles, *De anima.*, II, 416a18 이하; *Eth. Nic.*, I, 1102a32 이하. 그리고 이에 더해서 Iohannes Damascenus, *De fide orthodoxa*, II, 12 참조.

39) Aristoteles, *De anima*, II, 416b11-13. 이에 더해서 Iohannes de Rupella, *Tractatus de divisione multiplici potentiarum animae*, II, 1 참조.

40) St. Thomas, *De verit.*, q. 10, a. 1, ad 2; *In De anima.*, I, 14 참조. 여기서 자양력은 "다른 자연적 행위들처럼 능동적이고 수동적인 성질들을 통해 행위를 수행하는 능력"으로 설명된다. 이러한 설명에 포함되어 있는 '능동적 및 수동적 성질들'에 대해서는 St. Thomas, *De malo*, q. 5, a. 5, arg. 6 참조.

그런데 영혼 안에서는 모든 것들이 비물질적 존재방식에 따라 존재하도록 되어 있는 한, 행위결과의 측면에서마저도 자연적 물체의 행위들을 능가하는 영혼의 보다 우월한 행위들이 있다. 왜냐하면 감각하고 이해하는 것으로서의 영혼은 어느 면에서는 모든 것(*anima est quodam modo omnia*)[42]이기 때문이다. 그런데 그러한 종류의 비물질적 존재방식에는 다양한 등급이 있어야만 한다.

〔그 중〕 하나의 등급은 사물들이 영혼 안에서 자신의 고유한 질료(*materia propria*)는 지니지 않은 채 존재하지만, 그럼에도 불구하고 질료에서 발생하는 개체적 고유성(*singularitas*)과 개별적 조건들(*conditiones indivuduales*)에 따라 존재하는 것이다. 이러한 것은 감각의 등급〔에 속하는 비물질적 존재방식〕으로서, 질료가 제거된 개별적 형상(*species individualis*)들을 수용하되, 그럼에도 불구하고 여전히 육체적 기관 안에서 그것들을 수용하는 것이다.

그런데 보다 우월하고 가장 완전한 비물질성의 등급은 지성인데, 이것은 질료와 질료적 조건들로부터 완전히 추상된 형상들을, 그것도 육체적 기관 없이 수용한다.

그런데 마치 사물은 자연적 형상을 통해 어떤 대상에 대한 경향성을 지니고 또한 그것이 향하는 것을 추구하기 위한 운동이나 행위를 지니는 것처럼, 이해된 사물—혹은 이해된 지적 내용—을 향한 경향성은 감각적 형상이나 지성적 형상〔을 통한 앎〕에 따르는데, 이것은 사실상 욕구능력(*potentia appetitiva*)에 속하는 것이다. 그리고 그 결과, 〔욕구하는 자로 하여금〕 욕구하는 사물에 도달하게 해주는 수단인 어떤 운동도 있어야만 하는데, 이것은 운동능력에 속한다.

그런데 감각적 인식—동물에게는 이것만으로도 적합하고 충분한—

---

41) 이 책 제9문 '반론 6에 대한 대답'의 중반 이후 부분 참조.

42) Aristoteles, *De anima*, III, 431b21.

의 완성을 위해서는 다섯 가지가 필요하다. 첫째는 감각이 감각가능물(*sensibilium*)들로부터 형상(*species*)을 수용해야 한다는 것인데, 이것은 고유한 감각〔즉, 다섯 가지 외적 감각〕에 속하는 일이다. 둘째는 지각된 감각성질들을 식별하고 그들 사이를 분별하는 것인데, 이것은 모든 감각성질들이 〔예외 없이〕 도달하는 능력에 의해 일어나야만 하며, 이를 공통감각(*sensus communis*)이라고 한다. 셋째는 수용된 감각가능물의 형상들을 보존하는 것인데, 동물은 그들〔즉, 감각가능물들〕이 현전해 있을 때뿐 아니라 그들이 사라져버린 후에도 그들에 대한 이해를 할 필요가 있기 때문에 요구되는 것이다. 그런데 이것은 또 다른 능력으로 환원될 필요가 있다. 왜냐하면 육체적 사물들에게서 수용의 원리와 보존의 원리는 다르기 때문—왜냐하면 수용은 잘 되는 것들이 때때로 보존은 잘 안 되기 때문에—이다. 그래서 이런 종류의 능력은 구상력(*imaginatio*) 혹은 심상력(*fantasia*)이라고 부른다. 넷째는 '유해한'이나 '유용한' 또는 이와 유사한 부류의 것들처럼 〔고유한〕 감각이 이해하지 못하는 어떤 형상들(*intentiones*)〔에 대한 인식〕이 요구되는데, 마치 양이 늑대를 해로운 것으로 간주하고 도망가는 것은 본성에 의해서인 것처럼 다른 동물들은 자연적 본능에 의해 그것을 아는 반면, 인간은 탐구와 추론에 의해 이것들의 인식에 도달하게 된다. 그러므로 이러한 인식으로 질서지어져 있는 것이 다른 동물들의 경우에는 본성적 평가력(*aestimativa naturalis*)이지만, 인간의 경우 그것은 감각적 판단력(*vis cogitativa*)[43]이라고 하는데, 이것은

43) 〔역주〕 감각적 인식능력, 즉 이성이 아니라 감각에 의한 인식능력을 의미한다. 동물들의 경우에는 이러한 감각적 인식능력을 본성적 평가력(*vis aestimativa*)이라고 하는 데 반해, 이것이 인간 안에 있는 것으로 고려될 때 감각적 판단력(*vis cogtativa*)이라고 한다. 이성 혹은 지성이 선 일반 혹은 보편선과 관련되는 데 반해, 근본적으로 감각의 작용인 감각적 판단력은 구체적 선 혹은 특수한 선을 판단하는 능력이다. 다만 그 판단의 이유, 즉 구

특수한 형상들(*intentiones particulares*)을 한데 비교하는 것이며, 따라서 특수이성(*ratio particularis*)이라고 혹은 수동지성(*intellectus passivus*)이라고 불리기도 한다. 다섯째는 앞서 〔외적〕 감각에 의해 이해되고 내적으로 보존되었던 것들이 다시금 현실적으로 고려되기 위해서는 재소환될 필요가 있는데, 이것은 기억력(*virtus memorativa*)에 속하는 것으로서, 다른 동물들 안에서 이것은 아무런 조사활동도 없이 자신의 작용을 하지만, 인간의 경우에는 조사활동 및 노력과 더불어 수행되며, 따라서 인간의 경우에 이것은 단지 기억(*memoria*)에 지나지 않는 것이 아니라 상기/회상(*reminiscentia*)이기도[44] 하다. 그런데 이 작용〔을 목적〕으로 질서지어진 것은 다른 능력들과는 구별되는 능력일 필요가 있다. 왜냐하면 다른 감각적 능력들의 행위는 사물에서 비롯되어 영혼으로 나아가는 운동에 의하는 반면, 기억력의 행위는 정반대로 영혼으로부터 사물로의 운동에 따르기 때문이다. 그런데 서로 다른 운동은 서로 다른 원리들을 요구하며, 이러한 운동의 원리들이 바로 능력이라고 불리는 것이다.

체적이고 특수한 선이 선 일반 혹은 보편선과의 관계에 의해 어떻게 자리매김 되는가에 대해서는 인식하지 못하는 것으로 이해된다. 이러한 감각적 판단력은 직관적이기보다 추론적이라는 점에서 이성(*ratio*)과 유사성을 지니며, 그럼에도 불구하고 보편자가 아니라 특수자에 관계하기 때문에 특수이성(*ratio particularis*)이라고 불리기도 한다. Klubertanz가 집필한 *Catholic Encyclopedia of Philosophy*의 해당 항목은, 철학사 안에서 이 용어를 처음으로 구별하여 사용한 사람이 아비첸나(Avicenna)라고 밝히고 있다. 토마스 아퀴나스가 이해하는 이 용어 및 그 기능에 대해서는 St. Thomas, *ST.*, I, q. 78, a. 4, c 참조.

44) 〔역주〕 기억(*memoria*)은 인간과 동물에 공통적인 것으로서 과거를 직접적으로 되살리는 단순한 작용인 데 반해, 회상 혹은 상기(*reminiscentia*)는 인간만의 고유한 작용으로서, 일정한 의도를 가지고 삼단논법적으로 혹은 추론적으로 과거의 기억을 되살려내는 작용이다. 이에 대해서는 St. Thomas, *ST.*, I, q. 78, a. 4, c 참조.

실제로 감각적 능력들의 질서에서 첫째 것인 고유한 〔혹은 외적〕 감각은 감각가능물들에 의해 직접적으로 변화되는 것이기 때문에, 그것은 감각가능물들의 변화의 다양성에 따라 다양한 능력들로 구별될 필요가 있다. 왜냐하면 감각은 질료는 제외하고 감각상들만 수용하기 때문에, 변화의 등급과 질서—그것에 따라 감각이 감각성질들에 의해 변화되는—가 질료적 변화와의 비교를 통해 이해될 필요가 있기 때문이다.

그러므로 감각가능물들 가운데는 그것의 형상이, 비록 감각 안에 비물질적인 방식으로 수용되지만, 그럼에도 불구하고 감각작용을 하는 동물 안에서 질료적 변화를 만드는 것들도 있다. 온, 냉, 건, 습 및 이와 유사한 성질들같이 물질적 사물들 안에서마저 변화의 원리들인 성질들이 바로 이러한 것들이다. 그러므로 이러한 감각성질들은 질료적으로 작용함으로써 우리를 변화시키기 때문에, 그런데 질료적 변화는 접촉을 통해 일어나기 때문에, 이러한 감각성질들은 접촉에 의해 감각될 필요가 있다. 그렇기 때문에 이러한 감각성질들을 이해하는 감각능력은 촉각(*tactus*)이라고 불린다.

그런데 스스로 질료적 변화를 일으키지는 않지만, 그럼에도 불구하고 그것의 변화에는 반드시 그것과 연결된 질료적 변화가 있는 그런 감각성질들도 있다. 이것은 두 가지로 일어난다. 한 가지 방식은, 그것과 연결된 질료적 변화가 감각되는 것 쪽과 감각하는 쪽 모두에게 동일하게 있는 경우인데, 미각(*gustus*)이 이 경우에 속한다. 비록 감각기관이 맛을 느끼게 만듦으로써 맛이 감각기관 자체를 변화시키는 것은 아니지만, 그럼에도 불구하고 이러한 변화는 맛이 나는 쪽의 변화만큼이나 미각기관 자체 쪽의 어떤 변화—특히 촉촉함의 측면에 따르는 어떤 변화—없이는 있을 수 없다. 다른 하나의 방식은, 연결되는 질료적 변화가 오직 감각되는 것 쪽에만 있는 경우이다. 그런데 이러한 변화는 후각(*odoratus*)에서 일어나는 것처럼 어떤 감각성질들이 분해되어 변화되는 데 따르는 것일 수도 있고, 청각(*auditus*)에서의 경우처럼 〔감각성질들이〕 단지 장소를 바꾸는 데 따르는 것일 수도 있다. 그러므로 청각과 후각은, 비록 감각성질들 측에서는 질료적 변화가 있음에도 불구하고 감각주체의 질료적 변화를 동반하지는 않기 때문에, 접촉에 의해서가 아니라 외적인 매개물을 통해 감각한다. 하지만 미각은 감각주체 측의 질료적 변화가 요구되기 때문에, 오직 접촉에 의해서만 감각한다.

그런데 연결된 질료적 변화 없이 감각을 변화시키는 또 다른 감각성질들이 있는데, 시각의 대상인 빛과 색 같은 것이 바로 그것이다. 그러므로 시각은 다른 감각들보다 더 우월할 뿐 아니라 또한 보다 더 보편적이기도 하다. 왜냐하면 그것에 의해 지각된 감각성질들은 가멸적 육체들과 불멸적 육체들 모두에 공통적인 것이기 때문이다.

마찬가지로 감각의 이해에 따르는 욕구능력은 둘로 나뉠 필요가 있다. 왜냐하면 어떤 것은 그것이 감각에 즐겁고 적합한 것이라는 이유 때문에서 욕구될 수도 있지만 — 달성욕(*vis concupiscibilis*)이 이를 위한 것이다 — 어떤 것은 그것을 통해서 감각에 즐거운 것들을 향유하는 권능을 지니기 때문에 욕구될 수도 있기 때문인데, 이것은 마치 싸움을 통해 방해물들을 제거하고 물리침으로써만 동물이 자신의 고유한 즐거움을 향유할 수 있는 힘을 얻는 것처럼, 때때로 감각에는 고통스러울 수 있는 것들과 더불어 일어나는데, 이것으로 질서지어져 있는 것이 바로 극복욕(*vis irascibilis*)이다.

한편, 운동력(*vis motiva*)은 〔장소적〕 운동〔즉, 이동〕을 하도록 질서지어졌기 때문에, 다양한 운동방식에 따라서가 아닌 한 다양화되지 않는데, 이 운동방식의 다양성은 동물 — 그들 중 어떤 것은 기고, 어떤 것은 날며, 어떤 것은 걷고, 또 어떤 것은 또 다른 방식으로 움직이는—의 다양성에 따르는 것이거나, 아니면 동일한 하나의 동물이 지닌 여러 다양한 부분들에 따르는 것이다. 왜냐하면 각각의 부분들은 고유한 운동방식을 지니기 때문이다.

또한 지적 능력들의 등급도 이와 유사하게 인식능력(*potentia cognoscitiva*)과 욕구능력(*potentia appetitiva*)으로 구별된다. 그런데 운동은 감각과 지성에 공통적이다. 왜냐하면 동일한 육체가 둘 〔즉, 감각과 지성〕 모두에 의해 동일한 운동방식으로 움직이기 때문이다. 그런데 위의 논의들에서 밝힌 것처럼 지성의 인식을 위해서는 두 능력, 즉 능동지성과 가능지성이 필요하다.

그러므로 영혼의 능력에는 세 등급(*gradus*), 즉 생장혼과 감각혼과 이성혼에 따르는 등급이 있다는 것이 분명하다. 그런데 능력의 종류는 다섯 가지, 즉 자양능력, 감각능력, 이해능력, 욕구능력 그리고 장소적 운동능력이 있으며, 언급된 바와 같이 이들 각각은 자신 밑으로 여러 능력들을 포함한다.

반론 1에 대한 대답: 상반된 것들은 서로 가장 다르기는 하지만, 그러나 같은 종에 속한다. 그런데 능력의 다양성에 어울리는 것은 대상들의 (종)류의(*secundum genus*) 다양성이다. 왜냐하면 유(*genus*)는 어느 의미에서는 가능적(*in potentia*)이기 때문이다. 그러므로 상반된 것들은 〔여러 능력이 아니라〕 하나의 동일한 능력에 관련된다.

반론 2에 대한 대답: 비록 소리와 색은 서로 다른 속성들이지만, 그럼에도 불구하고 그들은, 언급한 것처럼, 감각의 변화〔를 일으키는 것〕에 관한 한에서는 본질적으로(*per se*) 다르다. 그런데 인간과 돌은 그렇지 않다. 왜냐하면 이들은 동일한 방식으로 감각의 변화를 일으키기 때문이다. 그러므로 인간과 돌은, 비록 이들이 실체인 한에서는 서로 본질적으로 다르지만, 감각되는 것인 한에서는 우유적으로만 다르다. 왜냐하면 어떤 것들 사이의 차이가 어느 한 유에 대해서는 본질적인 반면, 또 다른 유에 대해서는 우유적일 수 없게 만드는 것은 아무것도 없기 때문이다. 마치 흰 것과 검은 것이 색의 유에서는 본질적으로 다르지만, 실체의 유에서는 그렇지 않는 것처럼 말이다.

반론 3에 대한 대답: 동일한 사물이 영혼의 여러 다른 능력들에 관계되는 것은 동일한 대상의 형상성(*ratio objecti*)〔즉, 형상적 대상〕에 따라서가 아니라 각기 다른 형상적 대상에 따라서이다.

반론 4에 대한 대답: 어떤 능력이 우월하면 할수록, 그만큼 그것은 더욱 많은 것들에게 미치며, 따라서 더욱더 보편적인 형상적 대상을 지닌다. 그렇기 때문에 상위 능력의 형상적 대상 안에서는 일치하는 것들이 하위 능력들과 관련된 형상적 대상에서는 서로 구별되는 것이다.

반론 5에 대한 대답: 습성(*habitus*)이 능력들의 완성인 이유는 능력들이 습성을 위해 있는 것이기 때문이 아니라, 오히려 습성에 의해서 능력들이 어떤 식으로든 대상—능력이 존재하는 이유이자 목적이기도 한—으로 향하기 때문이다. 그러므로 능력들이 구별되는 것은 습성들 때문이 아니라 대상들 때문인데, 이는 마치 사람이 만든 인공물이 구별되는 이유는 대상들 때문[45]이 아니라 〔그것을 만든 이유로서의〕 목적 때문인 것과도 같다.

---

45) 〔역주〕 번역의 대본인 Leonina판에는 이 구절이 'penes accidentia'로 되어 있지만, 참조본인 Marietti판에는 'penes obiecta'로 되어 있다. Leonina판을 따를 경우 번역은 "〔그것이 지닌〕 우유적 성질들 때문"이 될 것이다. 그러나 이 구절에 관한 한 이 글에서는 문맥상 Marietti판을 따랐다.

반론 6에 대한 대답: 능력이 기관을 위해 존재하는 것이 아니다. 오히려 그 반대이다. 그러므로 대상들 때문에 기관들이 구별되는 것이지, 그 반대의 경우인 것은 아니다.

반론 7에 대한 대답: 영혼은 특정한 어떤 주된 〔궁극적〕 목적을 지닌다. 예를 들어 인간 영혼의 경우는 가지적 선(*bonum intelligibile*)을 주된 목적으로 하는 것처럼 말이다. 그런데 영혼은 — 예를 들어 감각적 선이 가지적 선으로 질서지어지는 것과 마찬가지로 — 이 궁극목적으로 질서지어져 있는 다른 목적들도 지닌다. 그리고 영혼은 능력들을 통해서 자신의 대상들에게로 질서지어지기 때문에, 이로부터 인간에게서 감각적 능력들은 — 그리고 다른 능력들도 역시 마찬가지로 — 지적 능력을 목적으로 한다고 해야만 하게 된다. 그러므로 목적 개념하에서 고려할 때는 이런 식으로 대상과의 비교를 통해서 영혼의 어느 한 능력이 다른 능력에서 나온다고 할 수 있다. 그러므로 영혼의 능력들이 기원과 대상에 따라 구별된다고 하는 것은 모순이 아니다.

반론 8에 대한 대답: 비록 속성이 그 자체로서 〔다른〕 속성의 주체가 될 수는 없지만, 그럼에도 불구하고 주체가 어느 한 속성〔의 규정성〕을 지닐 때 다른 속성을 매개로 할 수 있다. 예를 들어 육체가 표면을 매개로 하여 색을 지니는 것처럼 말이다. 그러므로 이런 식으로 하나의 속성은 다른 것을 매개로 하여 주체에서 비롯될 수 있고, 하나의 능력은 다른 능력을 매개로 하여 영혼의 본질에서 비롯될 수 있다.

반론 9에 대한 대답: 영혼은 하나의 능력에 의해 자연적 사물들보다 훨씬 더 많은 것들과 관계한다. 예를 들어 시각은 가시적인 모든 것들을 이해하는 것처럼 말이다. 그런데 영혼은 자신의 고귀함 때문에 영혼이 없는 사물들보다 훨씬 더 많은 작용들을 지녀야 한다. 그러므로 영혼은 많은 능력들을 지녀야만 한다.

반론 10에 대한 대답: 영혼의 능력들의 질서는 대상들의 질서에 따른다. 그런데 질서는 두 측면에서 주목될 수 있다. 하나는 완전성에 따라서인데, 이에서는 지성이 감각에 앞선다. 다른 하나는 생성과정(*via generationis*)에 따라서인데, 이에 따라서는 감각이 지성에 앞선다. 왜냐하면 생성과정에서는 속성적 성품(*dispositio accidentalis*, 속성적 경향성)이 속성적 형상(*forma accidentalis*)[46]보다 먼저 일어나기 때문이다.

반론 11에 대한 대답: 사실상 지성은 본성적으로 가지적인 것인 한에서의 가지적인 것을 욕구한다. 왜냐하면 본성적으로 지성은 이해하기(*intelligere*)를 욕구하고, 감각은 감각하기(*sentire*)를 욕구하기 때문이다. 그런데 감각가능한 것들이나 가지적인 것들은 감각되고 이해되기 위해서 욕구될 뿐만 아니라, 다른 어떤 목적을 위해서도 욕구된다.

---

46) 〔역주〕 번역의 대본인 Leonina판의 이 문장에는 속성적 성품(*dispositio accidentalis*)과 대조되는 것이 '속성적 형상'(*forma accidentalis*)으로 되어 있지만, 참조본인 Marietti판에는 '속성적 형상' 대신 '실체적 형상'(*forma substantialis*)이라고 되어 있다. 그리고 이 저작의 영역본 두 가지, 즉 J. P. Rowan이 번역한 *The Soul*(Herder Book, co., 1949)과 J. H. Robb이 번역한 *Questions On The Soul*(Marquette University Press, 1984) 모두 '실체적 형상'으로 번역하고 있다. Leonina판 역시 'forma accidentalis' 대신 'forma substantialis'가 사용된 판본과 수사본들이 있음을 밝히고 있어서, 이러한 상황을 인식하고 있음을 보여주고 있다. 이 책에서는 생성과정에서 속성적 형상이 실체적 형상에 앞선다고 말하는 것이 오해의 위험을 불러일으킬 수 있다고 보고, Leonina판을 따라서 '실체적 형상'이 아니라 '속성적 형상'이라고 번역한다.

그러므로 감각과 지성 외에도 욕구능력이 있어야 할 필요가 있다.

반론 12에 대한 대답: 의지는 이성의 이해를 따르는 한에서 이성 안에 있다. 실제로 의지의 작용은 영혼의 능력들의 등급에서는 〔이성과〕 동일한 등급〔즉, 이성혼의 능력〕에 속하지만, 그렇다고 해서 〔이성과〕 동일한 유에 속하는 것은 아니다. 그리고 극복욕 및 달성욕과 감각의 관계에 대해서도 마찬가지로 말할 수 있다.

반론 13에 대한 대답: 지성과 욕구는 마치 운동을 명령하는 자들인 것처럼 운동을 일으킨다. 그런데 〔그렇게 명령된〕 운동을 실제로 집행하는 운동능력, 다시 말해 각 지체들이 그것에 따라 욕구와 지성과 감각의 명령을 좇을 수 있는 힘이 있어야만 한다.

반론 14에 대한 대답: 생장혼의 능력은 그것들은 오직 자연/본성이 육체 안에서 하는 것과 같은 그런 작용만을 수행하기 때문에 자연적 능력이라고 불리지만, 위에서 말한 것처럼 〔자연이 하는 그러한 작용을 자연보다〕 훨씬 더 우월한 방식으로 수행하기 때문에 영혼의 능력이라고 불린다.

반론 15에 대한 대답: 영혼이 없는 자연적 사물은 자신의 종〔적 본질〕(*species*)과 자신에게 적합한 양적 크기를 동시에 수용하지만, 생명체, 즉 종자로부터 생성되어야 하기 때문에 생성의 초기에는 양적으로 작은 것이어야만 하는 생명체에게는 이것이 불가능하다. 그러므로 이들 안에는 생성력(*vis generativa*)뿐 아니라 그것에 적합한 양적 크기로 자라나게 하는 성장력(*vis augmentativa*)이 있어야만 한다. 그런데 이것은 성장에 의해 〔실체 안에 있지 않았던〕 무엇인가가 실체로 변화되며 따라서 그것이 실체에 더해진다는 그런 식으로 일어나야만 한다. 이러한 전환의 시행은 열을 통해, 즉 외부에서 주어진 것들을 변환시키고 내부에 있는 것들을 용해시키는 열을 통해 일어난다. 그러므로 개체의 보존을 위해서는, 즉 상실된 것이 지속적으로 회복되고 양적인 완성을 위해 모자라는 것과 종자의 생성을 위해 필요한 것이 더해지기 위해서는, 성장력과 생성력에 기여할 뿐 아니라 〔그에 더해서〕 개체가 보존될 수 있게 만드는 자양력(*vis nutririva*)이 있어야만 할 필요가 있다.

반론 16에 대한 대답: 소리와 색 및 이러한 부류의 것들은 감각이 변화되는 다양한 방식에 따라 구별된다. 그러나 이들과 다른 부류에 속하는 감각성질들은 그렇지 않다. 그러므로 감각능력이 구별되는 이유가 이것 〔즉, 감각이 변화되는 다양한 방식〕 때문은 아니다.

반론 17에 대한 대답: 촉각의 인식대상인 대립자들은 어느 하나의 유로 (마치 가시적인 것들과 관련해서 고려될 수 있는 다양한 대립자들은 모두 색이라는 하나의 유로 환원되듯이) 환원되지는 않는다. 그러므로 철학자는 《영혼론》 II권에서[47] 촉각은 하나의 감각이 아니라 여러 감각이라고 규정한다. 그럼에도 불구하고 〔촉각의 여러 감각은〕 모두 외적인 매개물을 통하지 않고 감각한다는 점에서 일치하며, 따라서 이들 모두는 '촉각'—종적으로는 여럿으로 나뉘지만 유적으로는 하나의 감각인—이라고 불리는 것이다. 그럼에도 불구하고 촉각에 의해 인식되는 모든 대립자들은 그들 자체만으로 〔즉, 서로 만에 의해〕 인식되며 그래서 〔대립쌍들 각각이〕 하나의 유로 환원되기 때문에 촉각은 〔조

47) Aristoteles, *De anima*, II, 422b17-33; St. Thomas, *In De anima.*, II, 22.

건적으로가 아니라〕 단적으로 하나의 감각이라고 말할 수도 있다. 하지만 이러한 유는 이름을 붙일 수는 없다. 왜냐하면 〔예를 들어〕 '뜨거움과 차가움'의 유와 비슷한 그런 유의 이름은 없기 때문이다.

반론 18에 대한 대답: 영혼이 능력들은 영혼의 본질적 특성들이기 때문에, '기억은 첫 번째 감각에 대한 수용'이라고 말한다고 해서 기억이 〔외적〕 감각과 다른 능력이지 못하도록 〔즉, 다른 능력일 수 있는 가능성이〕 배제되는 것은 아니다. 〔그 말은 오히려〕 감각에 대해 기억이 지니는 질서를 드러내 보여주는 것이다.

반론 19에 대한 대답: 감각은 육체적 기관 안에서 감각성질들의 형상을 수용하며, 〔보편자가 아니라〕 특수자들을 인식한다. 그러나 지성은 육체적 기관 없이 사물의 형상들을 수용하며, 보편자들을 인식한다. 그러므로 대상들의 다양성은 감각능력의 관점에서는 능력들의 다양성을 요구하지만, 지적 능력의 관점에서는 능력들의 다양성을 요구하지 않는다. 왜냐하면 물질적 사물들에서는 수용하기(*recipere*)와 보존하기(*retinere*)가 동일한 것에 의하지 않지만, 비물질적 사물들 안에서는 그것들이 하나의 동일한 것에 의하기 때문이다. 마찬가지로, 감각은 변화의 다양한 방식에 따라 다양화되지만, 지성은 그렇지 않다.

반론 20에 대한 대답: 동일한 하나의 대상, 즉 현실적으로 가지적인 것(*intelligibile in actu*)이 능동지성에 대해서는 그것〔즉, 능동지성〕에 의해 산출된 것으로서, 반면에 가능지성에 대해서는 그것 〔즉, 가능지성〕 자체를 움직이게 하는 자로서 관계된다. 그러므로 같은 것이 능동지성과 가능지성 모두에 관계되지만, 〔둘 모두에게〕 동일한 형상성에 따라서 관계되는 것은 아니다.

제14문

인간 영혼은 불멸하는가*

열네 번째 문제는 인간 영혼의 불멸성(*immortalitas animae humanae*)에 대한 것이다.

반론 1: 인간 영혼은 가멸적(*corruptibilis*)이라고 보인다. 왜냐하면, 《전도서》 3장에서[1] "사람과 짐승의 죽음이 같은 것이며, 양자의 조건은 동일하다"고 말하기 때문이다. 그런데 짐승들이 죽을 때 그들의 영혼도 사라진다. 그러므로 인간이 죽을 때도, 인간의 영혼은 소멸된다.

반론 2: 그뿐 아니다. 《형이상학》 X권에서[2] 말하는 것처럼 가멸적인 것과 불가멸적인 것은 유적으로(*secundum genus*) 다르다. 그런데 인간과 짐승은 그 유에서 다른 것은 아니기 때문에, 인간 영혼과

---

* 병행문헌: *In II Sent.*, d. 19, q. 1, a. 1; *In IV Sent.*, d. 50, q. 1, a. 1; *Quodl.*, X, q. 4, a. 2; *SCG.*, II, c. 55; c. 79-81; *Comp. theol.*, I, c. 84; *ST.*, I, q. 75, a. 6.

1) 《전도서》 3장 19절. 이에 더해서 *In II Sent.*, d. 19, q. 1, a. 1, arg. 1; *SCG.*, II, c. 79; *ST.*, I, q. 75, a. 6, arg. 1 참조.

2) Aristoteles, *Metaph.*, X, 1058b26-29.

짐승의 영혼도 유적으로 다른 것은 아니다. 그러므로 가멸적인가 불가멸적인가를 기준으로 인간 영혼과 짐승의 영혼이 구별될 수는 없다. 그런데 짐승의 영혼은 가멸적이다. 그러므로 인간 영혼은 불가멸적일 수 없다.

반론 3: 그뿐 아니다. 천사는 본성에 의해서가 아니라 은총에 의해서 불멸성을 부여받는다고 다마스케누스는[3] 말한다. 그런데 천사는 영혼보다 하위의 것이 아니다. 그러므로 영혼이 본성적으로 불멸하는 것일 수는 없다.

반론 4: 그뿐 아니다. 철학자는 《자연학》 VIII권에서,[4] 제1원동자는 무한한 시간에 걸쳐 운동을 일으키기 때문에 무한한 능력을 지닌 존재여야 한다는 것을 입증했다. 그러므로 만약 영혼이 무한한 시간동안 지속되는 능력을 지녔다면, 그 능력 역시 무한한 것이어야 한다는 결론이 따른다. 그런데 무한한 능력이 유한한 본질 안에 있을 수는 없다. 그러므로 만약 영혼이 불가멸적이라면, 영혼의 본질도 무한하다는 결과가 따른다. 그런데 이것은 불가능하다. 오직 신의 본질만이 무한하기 때문이다. 그러므로 인간 영혼은 불가멸적인 것이 아니다.

반론 5: 그런데 한편에서는, 인간 영혼은 그 고유한 본질 때문이 아니라 신적 능력 때문에 불가멸적이라고 말하기도 한다. — 그러나 그렇다고는 할 수 없다. 그것의 고유한 본질에 의해 그것에 속하는

---

3) Ioh. Damascenus, *De fide orthodoxa*, II, 3.

4) Aristoteles, *Phys.*, VIII, 26724-26. 이외에도 Aristoteles, *Metaph.*, X, 1058b26-1059a10 참조.

것이 아닌 것은 그것에게 본질적인 것이 아니다. 그런데 철학자가 《형이상학》 X권에서[5] 말하는 것처럼, 어느 것에 대해서든지 간에 가멸적인가 불가멸적인가 하는 것은 본질적인 술어화이다. 그러므로 만약 영혼이 불가멸적이라면, 그것은 〔다른 어떤 것에 의존해서가 아니라〕 자신의 본질에 의해 불가멸적인 것이어야만 한다.

반론 6: 그뿐 아니다. 존재하는 모든 것들은 가멸적인 것이든지 아니면 불가멸적인 것이다. 그러므로 만약 인간 영혼이 자신의 본성에 의해 불가멸적인 것이 아니라면, 그것은 곧 그 자신의 본성에 의해 가멸적인 것이라는 결론이 된다.

반론 7: 그뿐 아니다.[6] 불가멸적인 모든 것은 영속적인 능력을 지닌다. 그러므로 만약 인간 영혼이 불가멸적이라면, 그것은 영속적인 능력을 지니는 것이어야만 한다. 그러므로 영혼은 비존재였다가 존재를 지니는 것〔즉, 존재하기 시작하는 것〕일 수 없는데, 이것은 신앙에 위배된다.

반론 8: 그뿐 아니다. 신이 영혼의 삶(*vita animae*)이듯이 영혼은 육체의 생명(*vita corporis*)이라고 아우구스티누스는[7] 말한다. 그런데 죽음은 생명의 결여(*privatio vitae*)이다. 그러므로 죽음을 통해 영혼은 생명을 빼앗기고 파괴당한다.

---

5) Aristoteles, *Metaph.*, X, 1058b26-1059a10.

6) 반론 7의 내용 전체와 관련해서 Aristoteles, *De caelo*, I, 281a28-282a4; St. Thomas, *In De caelo*, I, 26, n. 6; *SCG.*, II, c. 83 참조.

7) Augustinus, *De civ. Dei*, XIX, 26(CCSL48, p. 696, v. 1-3; PL 41, 656).

반론 9: 그뿐 아니다.[8] 형상은 자신이 그 안에 존재하는 것 안에서(*in eo in quo est*)가 아니면 존재(*esse*)를 지니지 않는다〔즉, 형상은 자신을 형상으로 하는 것 안에서만 존재한다〕. 그러므로 그것은 육체 안에서가 아니면 존재할 수 없으며, 따라서 육체의 소멸과 더불어 파괴된다.

반론 10: 그런데 한편에서는, 이것이 형상인 한에서의 영혼에게는 참이지만, 영혼 자신의 본질에 관한 한에서는 참이 아니라고 말하기도 한다.—하지만 그렇다고는 할 수 없다. 영혼이 육체의 형상인 것은 우유적인 것이 아니다. 그렇지 않다면, 영혼은 육체의 형상인 한에서만 인간을 구성하기 때문에, 결과적으로 인간은 우유적인 존재(*ens per accidens*)가 되고 말 것이다. 그런데 어떤 것에 우유적으로 속하는 것이 아닌 모든 것들은 그것에 본질적으로 속한다. 따라서 〔영혼이〕 형상인 것은 자신의 본질에 의해서이다. 그러므로 만약 〔영혼이〕 형상인 한에서 가멸적이라면, 그 자신의 본질에 따라서도 가멸적일 것이다.

반론 11: 그뿐 아니다. 하나의 존재(*unum esse*)를 공유하는 것들은 〔그 중〕 어느 하나가 소멸되면 다른 것들도 소멸되는 그런 〔밀접한〕 관계에 있다. 그런데 영혼과 육체는 하나의 존재, 즉 인간의 존재(*esse hominis*)를 공유한다. 그러므로 육체가 소멸되면, 영혼도 소멸된다.

반론 12: 그뿐 아니다. 인간에게서 감각혼과 이성혼은 그 실체에

---

8) 반론 9 전체와 관련해서 *In II Sent.*, d. 19, a. 1, a. 1, arg. 3 참조.

서 하나다.[9] 그런데 감각혼은 가멸적이다. 그러므로 이성혼도 마찬가지다.

반론 13: 그뿐 아니다. 형상은 질료에 상응해야만 한다.[10] 그런데 인간 영혼은 마치 형상이 질료 안에 있는 것처럼 육체 안에 있다. 그런데 육체는 가멸적이므로, 〔그에 상응해야 하는〕 영혼도 역시 가멸적일 것이다.

반론 14: 만약 영혼이 육체로부터 분리될 수 있다면, 그 어떤 실체도 하는 일이 없을 수는 없기 때문에,[11] 육체 없이 〔수행되는〕 영혼의 어떤 작용이 있어야만 한다. 그런데 영혼의 그 어떤 작용도 육체 없이 수행될 수는 없으며, 심지어 이해하기(*inteligere*)는 — 예외가 아닌 것은 물론이고 — 더욱더 그럴 수 없어 보인다. 왜냐하면 철학자가 말한 것처럼,[12] 심상(*phantasmata*)이 없이는 이해하기가 있을 수 없는데, 심상은 육체 없이는 있을 수 없는 것이기 때문이다. 그러므로 영혼은 육체에서 분리될 수 있는 것이 아니며, 육체가 소멸될 때 소멸된다.

반론 15: 그뿐 아니다. 만약 인간 영혼이 불가멸적이라면, 그것은 인간 영혼이 지성적이기 때문이 아니고서는 있을 수 없는 일이다. 그런데 이해하기는 인간 자신에게 적합한 작용이라고 보이지 않는다.

---

9) 이와 관련해서 이 책 제11문 '나의 대응'의 일곱째 문단 첫 문장 참조.
10) 이 점에 대해서는 *In De anima.*, I, 8; II, 19 참조.
11) Averroes, *In Metaph.*, II, 1(ed. Venetiis 1562 t. VIII f. 28K; ed. Darms p. 54, v. 23).
12) Aristoteles, *De anima*, III, 431a16-17.

왜냐하면 하위자연(*inferior natura*)에서 최상위의 것은 상위자연에 속하는 어떤 행위를 모방하지만,[13] 그렇다고 해서 그 행위를 자신의 것으로 얻기까지에 이르지는 못하기 때문이다. 마치 원숭이가 인간의 작용을 흉내는 내지만, 그렇다고 해서 그 작용이 원숭이에게 속하지는 않는 것처럼 말이다. 마찬가지로 인간은 물질적 사물들의 질서에서 최상위이기 때문에, 분리된 지적 실체들의 행위인 이해하기를 어느 정도 모방하지만, 그렇다고 그 행위를 〔자신에게 속하는 행위로〕 얻는 것은 아니다. 그러므로 인간 영혼은 불멸적이라고 주장해야 할 그 어떤 필연성도 찾아볼 수 없다.

반론 16: 그뿐 아니다. 한 종에 속하는 모든 혹은 거의 대다수의 것들은 그 종에 고유한 작용을 수행한다.[14] 그런데 인간들 중에서 극소수만이 지적인 존재에 도달한다. 그러므로 이해하기는 인간 영혼에 고유한 작용이 아니다. 따라서 인간 영혼은 〔다른 이유가 있다면 모를까 적어도〕 지적이라는 이유에서 불가멸적이어야 하는 것은 아니다.

반론 17: 그뿐 아니다. 철학자는 《자연학》 I권에서,[15] 모든 유한한 것들은 항상 무언가를 빼앗기기 때문에 결국 소진될 것이라고 말한다. 그런데 영혼의 자연적/본성적 선은 유한한 선이다.[16] 그런데 그 어떤 것이든 간에 모든 죄는 인간 영혼의 자연적 선을 감소시키기 때문에, 그것은 마침내 완전히 소진될 것으로 보이며, 따라서 인간

---

13) *In De anima.*, II, 9 참조.

14) 왜냐하면 자연은 필요한 것들을 결여하는 법이 없기 때문이다. 이에 대해서는 Aristoteles, *De anima*, III, 432b21-22; St. Thomas, *In Eth.*, I, 10; I, 14 참조.

15) Aristoteles, *Phys.*, I, 187b25-26.

16) Aristoteles, *Eth. Nic.*, I, 1098b12-20; St. Thomas, *In Eth.*, I, 12 참조.

영혼은 어느 순간엔가는 소멸될 것이다.

반론 18: 그뿐 아니다. 영혼의 작용들에서 분명히 알 수 있듯이, 육체의 연약함에 따라 영혼도 연약해진다. 그러므로 육체가 소멸되면 그에 따라서 영혼도 소멸된다.

반론 19: 그뿐 아니다. 무에서 비롯된 모든 것은 무로 되돌아갈 수 있다. 그런데 인간 영혼은 무에서 창조되었다. 그러므로 무로 돌아갈 수 있다.[17] 그래서 영혼은 가멸적이라는 결론이 따른다.

반론 20: 그뿐 아니다. 원인이 〔없어지지 않고〕 남아 있는 한 결과도 계속 남아 있게 된다. 그런데 영혼은 육체의 삶의 원인이다. 그러므로 만약 영혼이 영속적으로 남아 있다면, 육체도 항상 살아 있을 것인데, 이는 틀린 것임이 분명하다.

반론 21: 그뿐 아니다. 그 자체로서 자립하는(*per se subsistens*) 모든 것들은 유나 종에 속하는 이 어떤 것(*hoc aliquid*)이다. 그런데 인간 영혼은 이 어떤 것이 아니며, 개체 혹은 종들처럼 종이나 유에 속하지도 않는다. 왜냐하면 그것〔즉, 인간 영혼〕은 형상인데, 유나 종에 속하는 것은—환원에 의해서가 아닌 한—질료나 형상이 아니라 〔이들의〕 복합체에게 적합한 것이기 때문이다. 그러므로 인간 영혼은 그 자체로서 자립하는 것도 아니고, 육체가 소멸될 때 〔소멸되지 않고〕 계속 남아 있을 수도 없다.

---

17) Ioh. Damascenus, *De fide orthodoxa*, II, 12; St. thomas, *In II Sent.*, d. 19, q. 1, a. 1, arg. 7 참조.

이와는 반대로(*Set Contra*): 《지혜서》 II장에서는[18] "신은 인간을 절멸되지 않는 것으로 만들었으며, 그리고 자신과 유사한 형상에 따라 그를 만들었다"고 말한다. 이로부터 인간은 절멸되지 않는다는 것, 다시 말해 신의 형상에 따르는 한에서 불가멸적이라는 것을 받아들일 수 있다. 그런데 아우구스티누스가 《삼위일체론》에서[19] 말하는 것처럼 인간이 신의 형상인 것은 영혼에 의해서이다. 그러므로 인간 영혼은 불가멸적이다.

이와는 반대로 2: 그뿐 아니다. 소멸되는 모든 것들은 대립자들을 지니거나 또는 대립자들로 구성된다. 그런데 인간 영혼에는 대립자가 전적으로 없다. 그 자체로서는 대립자인 것들도 영혼 안에서는 대립자가 아니기 때문인데, 이럴 수 있는 이유는 영혼 안에 있는 대립자들의 개념들(*rationes contrariorum*)은 대립적이지 않기 때문이다.[20] 그러므로 인간 영혼은 가멸적이 아니다.

이와는 반대로 3: 그뿐 아니다. 천상물체는 불가멸적이라고 일컫는다. 왜냐하면 생성과 소멸이 가능한 그러한 질료를 지니지 않기 때문이다. 그런데 〔인간 영혼이〕 사물의 형상들을 비물질적인 방식으로 수용한다는 것으로부터[21] 분명히 알 수 있듯이, 인간 영혼은 전적으로 비물질적이다. 그러므로 인간 영혼은 불가멸적이다.

이와는 반대로 4: 그뿐 아니다. 영속적인 것이 가멸적인 것으로부

---

18) 《지혜서》 2장 23절.

19) Augustinus, *De Trin.*, X, XII, 19(CCSL 50, p. 332, v. 1-12; PL42, 984).

20) Aristoteles, *Metaph.*, VII, 1032b1-5; St. Thomas, *SCG.*, II, c. 76 참조.

21) *In De anima.*, II, 5; II, 12 참조.

터 분리되듯이 지성도 〔가멸적인 것으로부터〕 분리된다고 철학자는 말한다.[22] 그런데 그 자신 스스로가 말하듯이 지성은 영혼의 부분이다.[23] 그러므로 인간 영혼은 불가멸적이다.

나의 대응: 인간 영혼은 전적으로 불가멸적일 필요가 있다. 이를 분명하게 하기 위해서는, **그 자체로/본질적으로**(*per se*) 어떤 것에 속하는 것은 그것으로부터 분리될 수 없다는 점이 고려되어야 한다. 예를 들어 인간으로부터는 그것이 동물이라는 점이, 그리고 수로부터는 그것이 홀수이거나 짝수라는 점이 분리될 수 없는 것처럼 말이다. 그런데 존재(*esse*)는 **그 자체로/본질적으로** 형상에 속한다는 것이 분명하다.[24] 왜냐하면 모든 것은 자신의 고유한 형상에 따라서 존재(*esse*)를 지니기 때문이다. 따라서 존재(*esse*)는 형상으로부터 그 어떤 식으로든 분리될 수 없다. 그러므로 질료와 형상으로 이뤄진 복합체들은 형상 — 존재가 귀속되는 — 을 상실하는 것에 의해 소멸되지만, 형상 자신은 그 자체로서는 소멸될 수 있는 것이 아니다. 형상은 오직 형상을 통로로 주어지는 복합체의 존재(*esse compositi*)가 그 복합체의 소멸에 의해 더 이상 지속되지 않는데 따라서 — 그것도 형상이 〔그 자체로서〕 존재의 소유자가 아니라 오직 복합체에 의해서만 존재하는 그러한 것이라는 가정하에서 — 우유적으로만 소멸한다.[25] 그러므로 만약 존재의 소유자(*habens esse*)인 어떤 형상이 있다면, 그 형상은 불가멸적이어야만 한다. 왜냐하면 존재의 소유자인 것으로부터 존재가 분

---

22) Aristoteles, *De anima*, II, 413b26-27. 이에 더해서 St. Thomas, *In II Sent.*, d. 19, q. 1, a. 1, s. c. 1; *In De anima.*, II, 4 참조.

23) Aristoteles, *De anima*, III, 429a10; St. Thomas, *In De anima.*, III, 1 참조.

24) Aristoteles, *De anima*, II, 415b12-14; Boethius, *De Trinitate*, c. 2.

25) Aristoteles, *Metaph.*, VII, 1033b4-8.

리되는 것은 오직 그것으로부터 형상이 분리되는 것에 의해서만 가능하기 때문이다. 그러므로 만약 존재의 소유자(*habens esse*)가 형상 자체라면, 그것으로부터 존재가 제거되는 것은 불가능하다.[26)]

그런데 인간으로 하여금 앎을 수행하도록 하는 원리는 그것에 의해 어떤 것이 존재하는 그런 존재(*ens quo aliquid est*)인 것만이 아니라 〔그 자체가〕 존재를 소유한 형상(*forma habens esse*)[27)]이라는 것이 분명하다. 왜냐하면 철학자가 《영혼론》 III권에서[28)] 증명했듯이 이해하기(*intelligere*)는 육체적 기관을 통해서 완결되는 행위가 아니기 때문이다. 왜냐하면 모든 감각적 본성들을 수용하는 어떤 육체적 기관은 발견되지 않기 때문인데, 특히, 예를 들어 눈동자는 〔자신이 수용함으로써 보는〕 색을 지니지 않아야 하는 것과 마찬가지로,[29)] 수용하는 자〔자체〕는 수용되는 본성을 지니지 않은 것이어야만 하기 때문이다.[30)] 그런데 모든 육체적 기관들은 일정한 감각적 본성들을 지닌다. 반면에 지성 — 그것에 의해 우리가 이해작용을 수행하는 — 은 모든 감각적 본성들을 인식할 수 있다.[31)] 그러므로 지성의 작용인

---

26) *In II Sent.*, d. 19, q. 1, a. 1, ad 2 and 3; *SCG.*, II, c. 79; *ST.*, I, q. 75, a. 4 참조.

27) 이 표현과 관련해서는 다음 표현들도 참조할 것. *In II Sent.*, d. 19, q. 1, a. 1, ad 2 "forma habens esse absolutum"; *SCG.*, II, c. 79 "forma non dependens a corpore secundum esse"; *De potentia*, q. 3, a. 10, ad 16 "acquiritur sibi esse in corpore ut rei subsistenti"; *ST.*, I, q. 75, a. 6 "forma subsistens"; *De unit. intell.*, c. 1 "Ipsa est quae habet esse".

28) Aristoteles, *De anima*, III, 429b5. 이에 더해서 Iohannes de Rupella, *Summa de anima*, I, c. 40 참조.

29) *In De anima.*, III, 1 참조.

30) Aristoteles, *De anima*, II, 418b26-28. 이에 더해서 *In De anima.*, III, 1 참조.

31) Aristoteles, *De anima*, III, 429a21-22; 430a14-15 참조.

이해하기(*intelligere*)가 어떤 육체적 기관을 통해 수행되는 것은 불가능하다. 그러므로 지성은 육체와 공유하지 않는 그 자체만의 작용을 지닌다는 것이 분명하다. 그런데 모든 것은 자신의 존재〔방식〕에 따라 작용한다(*unumquodque operatur secundum quod est*).[32] 왜냐하면 그 자체만으로 존재(*esse*)를 지니는 것은 그 자체만으로 작용하는 반면,[33] 그 자체만으로 존재를 지니는 것이 아니면 그 자체만의 작용을 지니지는 않기 때문—다시 말해, 예를 들어 〔어떤 것에〕 열을 가하는 것은 〔그 자체로는 존재하지 않는〕 '열'(*calor*)이 아니라 〔그 자체가 존재의 실질적 주체인〕 '뜨거운 것'(*calidum*)이기 때문—이다. 그러므로 인간으로 하여금 앎을 수행하도록 하는 지적 원리는 〔인간의〕 육체에 의존하는 존재(*esse*)가 아니라 육체를 초월하는 존재(*esse elevatum supra corpus*)[34]를 지니는 것이어야만 한다는 것이 분명하다.

이러한 종류의 지적 원리는 질료와 형상으로 복합으로 이뤄진 어떤 것일 수 없다는 것이 분명한데,[35] 왜냐하면 형상은 그것 〔즉, 지적 원리〕 자체 안에 완전히 비물질적〔인 방식〕으로 수용되기 때문이다. 이는 지성이 보편자—즉, 질료와 질료적 조건으로부터의 추상에서 고려되는 것인 보편자—에 대한 것이라는 점으로부터 분명하게 설명된다. 그러므로 인간으로 하여금 앎을 수행하도록 하는 지적 원리는 존재를 소유한 형상(*forma habens esse*)이라는 결론만 남는다. 이로부터 그것은 필연적으로 불가멸적이어야 한다. 그리고 이것은 철학자가[36] 말하는 것—그는 지성이 신적이고 영속적인[37] 어떤 것(*quoddam*

---

32) *In De sensu*, I, 9; *In De anima.*, II, 5; III, 1.

33) Aristoteles, *De anima*, I, 403a10-12.

34) Aristoteles, *De anima*, III, 429b5; *Liber De causis*, prop. 27; Avicenna, *De anima*, V, 2; Averroes, *Super De anima*, III, 6 (ed. Crawford p. 417, v. 99-100); Iohannes de Rupella, *Summa de anima*, I, c. 40 참조.

35) Iohannes de Rupella, *Summa de anima*, I, c. 44 참조.

divinum et perpetuum)이라고 말한다 — 이기도 하다. 그런데 인간으로 하여금 앎을 수행하도록 하는 지적 원리는 분리된 어떤 실체가 아니라 인간에게 형상적으로 내재된 어떤 것, 즉 영혼이거나 영혼의 부분이라는 점이 앞서의 문제들에서[38] 밝혀진 바 있다. 그러므로 언급된 것들로부터 인간 영혼은 불가멸적이라는 결론만 남는다.

인간 영혼이 소멸된다고 주장하는 모든 사람들은 이미 언급된 것들 가운데 어떤 것을 인정하지 않는다. 어떤 사람들은[39] 영혼이 육체적인 것이라고 상정하면서 영혼이 형상이 아니라 형상과 질료로 복합된 어떤 것이라고 주장한다. 반면에 다른 사람들은[40] 지성이 감각과 다르지 않다고 상정하면서 그에 따르는 결과로서 〔영혼은〕 육체적 기관을 통하지 않는 한 아무런 작용도 하지 않으며, 그렇기 때문에 〔영혼은〕 육체를 초월하는 존재(*esse*)를 지니지는 않고, 따라서 〔영혼은〕 존재를 소유한 형상(*forma habens esse*)이 아니라고 주장한다. 또 다른 사람들은[41] 인간으로 하여금 앎을 수행하도록 하는 지성은 분리된 실체라고 주장한다. 이〔견해〕들 모두가 잘못된 것임은 위〔문제들〕에서 밝혀졌다. 그러므로 남은 것은 인간 영혼이 불가멸적이라는 것뿐이다.

두 측면으로부터 이것〔즉, 인간 영혼이 불가멸적이라는 것〕에 대한 징표를 취할 수 있다. 첫째는 지성의 측면으로부터인데, 그 자체로서

---

36) Aristoteles, *De gener. animalium*, II, 736b27-28. 이에 더해서 *De anima*, I, 408b29 참조.

37) Aristoteles, *De anima*, III, 430a23.

38) 이 책 제2문과 제3문 (가능지성 관련), 그리고 제5문 (능동지성 관련) 참조.

39) Aristoteles, *De anima*, I에 의하면 이들은 데모크리토스, 레우키포스, 피타고라스, 엠페도클레스, 디오게네스 같은 고대 철학자들을 의미한다.

40) *SCG.*, III, c.84에 의하면 이들은 스토아사상가들을 의미한다.

41) Averroes, *Super De anima*, III, 1(ed. Crawford, p.380); III, 5(p.406).

는 가멸적인 것들도 지성에 의해 지각되는 한에서는 불가멸적이기 때문이다. 왜냐하면 지성은 사물들을 보편적인 방식으로 이해하는데,[42] 이 방식으로는 소멸이 일어나지 않기 때문이다. 둘째는 자연적 욕구로부터이다. 이〔자연적 욕구〕는 어떤 사물의 경우에도 결코 좌절되지 않는 것이다. 그런데 우리는 인간들에게서 영원히 존재하려는 욕구(*appetitus esse perpetuitatis*)를 본다.[43] 그리고 이것은 합리적이기도 하다. 왜냐하면 존재하기 자체(*ipsum esse*)는 그 자체만으로 욕구될 수 있기 때문에, 지금 여기에서(*hic et nunc*) 〔의 존재하기〕만이 아니라 단적으로(*simpliciter*) 존재하기〔가 무엇인지〕를 이해하는 지적 존재에 의해서는 단적으로 그리고 모든 시간에서의 존재하기(*esse simpliciter et secundum omne tempus*)가 욕구되는 것이 본성적이기 때문이다. 그러므로 이 욕구는 공허한 것이 아니며, 인간은 지적 영혼에 의해 불가멸적이라고 보인다.

반론 1에 대한 대답: 솔로몬은 《전도서》에서[44] 마치 대중연설가처럼 때로는 지혜자의 입장에서, 그리고 때로는 어리석은 자의 입장에서 말한다. 그런데 인용된 구절은 어리석은 자의 입장에서 한 말이다. 또는 인간의 죽음과 짐승의 죽음은 두 경우 모두가 육체로부터 영혼이 분리됨으로써 일어나는 복합의 해체인 한에서는 하나의 동일한 것이라고 말할 수 있다. 비록 〔육체와의〕 분리 이후에는 인간 영혼은 계속해서 남아 있는 반면 짐승의 영혼은 그렇지 않지만 말이다.

---

42) Aristoteles, *De anima*, II, 417b23; St. Thomas, *In De anima.*, II, 12 참조.

43) *SCG.*, II, c. 79 참조.

44) 《전도서》 3장 19절. 이에 더해서 St. Thomas, *In II Sent.*, d. 19, q. 1, a. 1, ad 1; *SCG.*, II, c. 79; *ST.*, I, q. 75, a. 6, ad 1 참조.

반론 2에 대한 대답: 만약 인간 영혼과 짐승의 영혼이 그 자체로서 유에 속하는 것이라면, 유에 대한 자연적 고려방식에 따라 이들은 서로 다른 유에 속할 것이다. 왜냐하면 가멸적인 것과 불가멸적인 것은, 비록 이들이 어떤 공통개념 안에서는 일치할 수 있고 따라서 논리적으로 고려되는 한에서는 같은 종에 속할 수 있음에도 불구하고, 〔실재에서는〕 필연적으로 그 종이 구별되기 때문이다. 그런데 영혼은 종이 유에 속하듯이 유에 속하는 것이 아니라[45] 〔즉, 그 자체로서 유에 속하는 것이 아니라〕 종의 부분으로서만 유 안에 존재한다. 그런데 〔인간과 짐승이라는〕 두 복합, 즉 짐승의 영혼을 그 한 부분으로 하는 복합만큼이나 인간 영혼을 그 한 부분으로 하는 복합도 역시 가멸적이다. 이렇기 때문에 이들〔즉, 복합으로서의 짐승과 인간〕이 같은 유에 속하지 못하게 막는 것은 아무것도 없다. 〔비록 그 복합의 부분들인 인간 영혼과 짐승의 영혼은 종적으로 다름에도 불구하고 말이다.〕

반론 3에 대한 대답: 아우구스티누스가 말한 것처럼,[46] 참된 불멸성은 곧 참된 불변성이다. 그런데 선택, 다시 말해 선에서 악으로 변화되지 않도록 하기 위한 선택에 따르는 불변성을 지니는 것은 영혼뿐 아니라 천사의 경우에도 〔본성이 아니라〕 은총에 의해서이다.

반론 4에 대한 대답: 존재(*esse*)는 그 자체가 원래 〔형상〕 자체를 따르는 것으로서 형상에 관련되는 것이지, 마치 결과가 〔그 결과를 산출하는〕 행위자의 능력에 관련되는 것처럼 — 예를 들어 운동이 운동하는 자의 능력에 의존하여 일어나는 것처럼 — 형상에 관련되는 것

45) 이 책 제1문 '반론 13에 대한 대답'; 제9문 '반론 18에 대한 대답' 참조.

46) Augustinus, *De immort. animae*, c. 1-5 (CSEL 89, p. 101-107; PL 32, 1021-1024).

은 아니다. 그렇기 때문에, 비록 어떤 것이 무한한 시간동안 운동한다는 사실은 곧 그의 운동능력이 무한하다는 것을 증명하는 것일 수 있지만, 그럼에도 불구하고 어떤 것이 무한한 시간 동안 존재한다는 사실이 곧 그것을 존재하게끔 하는 통로가 되는 형상이 무한하다는 것을 입증하지는 않는데, 이는 어느 둘이 항상 동일하다는 사실이 곧 그것의 무한성을 보여주지는 않는 것과 마찬가지다. 오히려 어떤 것이 무한한 시간동안 존재한다는 사실은 곧 그것의 존재 원인(*causa essendi*)인 것의 능력이 무한하다는 것을 입증한다.

반론 5에 대한 대답: '가멸적'과 '불가멸적'은 그 형상적 원리나 질료적 원리로서는 본질에 따르는 본질적 술어들이지만, 능동적 원리로서 본질에 속하는 것은 아니다. 오히려 어떤 것이 지니는 영속성의 능동적 원리는 〔본질에 대해〕 외적이다.

반론 6에 대한 대답: 이것으로 반론 6에 대해서도 대답된다는 것은 분명하다.

반론 7에 대한 대답[47]: 영혼은 영원히 존재할 수 있는 능력을 지니고 있지만, 그 능력을 영원히 지니고 있었던 것은 아니다〔즉, 지니지 않던 때, 존재하기 이전의 때가 있다〕. 그러므로 영혼은 영원히 존재했어야만 하는 것도 아니고, 미래에 결코 그것을 상실하지 않아야만 하는 것도 아니다.

반론 8에 대한 대답: 마치 형상이 존재의 원리(*principium essendi*)

47) *Quodl.*, X, q. 3, a. 2, ad 2; *SCG.*, II, c. 84; *ST.*, I, q. 46, a. 1, ad 2 참조.

인 것처럼, 영혼은 삶의 원인(*causa vitae*)인 한에서 육체의 형상(*forma corporis*)이라고 말한다. 왜냐하면 철학자가 《영혼론》 II권에서[48] 말한 것처럼, 생명체들에게서 삶 혹은 살기(*vivere*)란 곧 존재하기(*esse*)이기 때문이다.

반론 9에 대한 대답: 영혼은 자신〔즉, 영혼〕을 형상으로 하는 것에 의존하지 않는 존재(*esse*)를 지니는 그러한 형상이다. 앞서 언급한 것처럼,[49] 영혼의 작용이 이 사실을 보여준다.

반론 10에 대한 대답: 비록 영혼은 자신의 본질에 의해 형상이지만, 그럼에도 불구하고 형상인 한에서의 영혼에게는 속하지 않을 어떤 것이 바로 그러한 형상인 한에서, 즉 자립적 형상인 한에서는 영혼에게 속할 수 있다. 인간은 자신의 본질에 의해 동물이지만, 그럼에도 불구하고 이해하기(*intelligere*)가 동물인 한에서의 인간에게 속하는 것은 아닌 것과 마찬가지다.

반론 11에 대한 대답: 비록 영혼과 육체는 하나의 동일한 인간의 존재(*esse*)[50]를 공유하지만, 그럼에도 불구하고 그 존재가 육체에게 주어지는 것은 영혼에 의해서이다. 그래서 앞서의 문제들에서 보여준 것처럼 인간 영혼은 자기 자신의 존재(*esse suum*)—이것에 의해 영혼은 자립한다—를 육체에 전해준다. 그러므로 육체가 제거되어

---

48) Aristoteles, *De anima*, II, 415b13.

49) 이 책 제14문 '나의 대응'의 둘째 문단 중반 이후 참조.

50) '하나의 동일한 인간의 존재'(*unum esse hominis*)에 대해서는 *In II Sent.*, d. 19, q. 1, a. 1, ad 2; *Quodl.*, X. q. 3, a. 2, ad 3; *SCG.*, II, c. 68; *ST.*, I, q. 76, a. 1, ad 5 참조.

도 영혼은 여전히 남는다.

반론 12에 대한 대답: 짐승 안에 있는 감각혼은 가멸적이다.[51] 그러나 인간 안에서는 감각혼이 그 실체에서 이성혼과 같은 것이기 때문에 불가멸적이다.

반론 13에 대한 대답: 인간 육체는 인간 영혼의 작용에 관한 한에서 인간 영혼에 대응하는 질료이다. 그런데 앞에서 보여준 것처럼,[52] 소멸 및 그 밖의 다른 결함들은 〔형상이 아니라〕 질료의 필연성으로부터[53] 발생한다. 또는, 소멸은 자연의 최초의 규정 때문이 아니라 원죄 때문에 육체에 생기게 된 것이라고 말할 수 있다.

반론 14에 대한 대답: 심상이 없으면 이해하기도 없다는 철학자의 말은[54] 삶의 현재 상태 — 거기서는 인간이 영혼을 통해서 이해작용을 수행하는 — 에서만 이해될 수 있다. 그런데 분리된 영혼 자체의 이해하기 방식은 이와는 다를 것이다.

반론 15에 대한 대답: 비록 인간 영혼은 상위실체들이 수행하는 그러한 이해하기 방식에까지 다다르지는 못하지만, 그럼에도 불구하고 일정한 방식의 이해하기에는 도달하는데, 이 방식만으로도 인간 영혼의 불가멸성을 보여주기에는 충분하다.

---

51) *SCG.*, II, c. 82; *ST.*, I, q. 76, a. 3.

52) 이 책 제8문 '나의 대응' 및 '반론 7에 대한 대답'과 '반론 9에 대한 대답' 참조.

53) St. Thomas, *In De anima.*, II, 7 참조.

54) Aristoteles, *De anima*, III, 431a16-17.

반론 16에 대한 대답: 비록 완전한 이해하기에 도달하는 사람은 거의 없지만, 그럼에도 불구하고 어느 정도의 이해하기에는 모든 사람들이 도달한다. 왜냐하면 증명의 제1원리들은 모든 사람들에게 공통된 개념들[55]이며, 이들은 지성에 의해 파악된다는 것이 분명하기 때문이다.

반론 17에 대한 대답: 죄는 은총을 완전히 파괴한다. 하지만 사물의 본질에 속하는 것은 아무것도 제거하지 못한다.[56] 그럼에도 불구하고 〔죄는〕 은총을 향한 경향(*inclinatio*)이나 기질(*habilitas*)에 속하는 것들을 제거한다. 어떤 죄이든 간에 그것은 상반/적대되는 성품에 속하는 것이 더 많아지도록[57] 하는 결과를 초래하는 것인 한, 모든 죄는 본성에 속하는 선(*bonum naturae*)으로부터 무엇인가를 제거한다고 말하는데, 그것〔즉, 제거되는 것〕이 바로 은총을 향하는 기질인 것이다. 그럼에도 불구하고 본성의 선 전체는 결코 파괴되지 않는다. 왜냐하면 상반되는 성품들하에서도 〔선에 대한〕 가능태는 — 그것이 〔죄로 인해〕 현실화로부터는 매우 많이 멀어져 있다 할지라도 — 항상 남아 있기 때문이다.

반론 18에 대한 대답: 영혼은 육체의 연약함에 의해 연약해지지 않는다. 심지어 감각혼마저도 마찬가지다. 이 점은 철학자가 《영혼론》 I권에서,[58] 만약 노인이 젊은이의 눈을 부여받게 된다면 젊은이

---

55) St. Thomas, *In anal. Post.*, I, 18 참조.

56) St. Thomas, *De malo*, q. 2, a. 11-12 참조.

57) 〔역주〕 번역 대본인 Leonina판의 해당 문장에는 'plus'가 포함되어 있어서 '더 많은 것을 초래하다'라는 의미로 번역할 수 있지만, 참조본인 Marietti판이나 영역본들에는 모두 'plus'가 포함되어 있지 않다.

58) Aristoteles, *De anima*, 408b21-22. 이에 더해서 St. Thomas, *SCG.*, II,

가 보는 것처럼 보게 될 것이라고 말하는 것에서도 분명히 나타난다. 이로부터 행위의 연약함은 영혼의 연약함 때문이 아니라 〔육체적〕 기관의 연약함 때문이라는 것이 명백하다.

반론 19에 대한 대답[59]: 무에서 비롯된 것은 통치자의 손에 의해 보존되지 않는 한 무로 되돌아간다. 하지만 어떤 것이 가멸적이라고 일컫는 것은 이런 이유 때문이 아니라, 오히려 그것이 자기 자신 안에 소멸의 원리를 지니고 있다는 이유에서다. 그렇기 때문에 '가멸적'과 '불가멸적'은 본질적인 술어들[60]인 것이다.

반론 20에 대한 대답: 삶의 원리인 영혼은 불가멸적이지만, 그럼에도 불구하고 영혼으로부터 삶을 수용하는 것인 육체는 변화에 종속되어 있으며, 그렇기 때문에 〔육체는〕 삶을 수용하기에 적합하던 성품을 잃어버리게 된다. 인간의 소멸이라는 사태는 그래서 발생하는 것이다.

반론 21에 대한 대답: 영혼은 그 자체로서 존재할 수는 있지만, 그럼에도 불구하고 그 자체로서 종에 속하는 것은 아니다. 영혼은 종의 부분이기 때문이다.

---

c. 79 참조.

59) St. Thomas, *ST.*, I, q. 75, a. 6, ad 2 참조.

60) Aristoteles, *Metaph.*, X. 1058b25-28 참조.

제 15 문

육체에서 분리된 영혼은 이해하기를 할 수 있는가*

열다섯 번째 문제는, 육체에서 분리된 영혼이 이해하기를 할 수 있는가 하는 것이다.

반론 a[1]: 그럴 수 없어 보인다. 왜냐하면 분리된 영혼 안에는 〔영혼과 육체의〕 복합에 속하는 작용은 아무것도 남지 않기 때문이다. 그런데 이해하기는 복합에 속하는 작용이다. 왜냐하면 철학자는 《영혼론》 I권에서[2] 영혼이 이해한다고 말하는 것은 마치 그것이 베를 짜

* 병행문헌: *In III Sent.*, d. 31, q. 2, a. 4; *In IV Sent.*, d. 50, q. 1, a. 1; *De verit.*, q. 19, a. 1; *SCG.*, II, c. 80-81; *ST.*, I, q. 89, a. 1; I-II, q. 67, a. 2; *Quodl.*, III, q. 9, a. 1.

1) 〔역주〕 이 번역의 대본인 Leonina판에는 이 제 15문의 반론부분 번호가 통상의 경우와 다르게 매겨져 있다. 대조본인 Marietti판이나 참고 중인 두 종류의 영역본 모두 통상의 경우와 마찬가지로 '반론 1'에서 시작하여 '반론 21'까지 일련번호가 붙여져 있지만, Leonina판의 경우에는 1번부터 시작하지 않고 첫부분이 'a—1—b—c—2—3'의 순서로 매겨져 있다. Leonina판에서 a는 Marietti판(및 영역본)에서의 1번에 해당하고, Leonina판의 1번은 Marietti판의 2번에, Leonina판의 b와 c가 합해져서 Marietti판의 3번에, 그리고 Leonina판의 2번은 Marietti판의 4번에 해당하며, 이후로 Leonina판의 번호에 2를 더한 번호가 Marietti판의 번호에 해당된다. 이런 식으로 Leonina판에서 반론부분은 '반론 19'에서 끝나게 된다.

거나 집을 짓는다고 말하는 것과 마찬가지라고 말하기 때문이다. 그러므로 이해하기는 육체와 분리된 영혼 안에 남아 있지 않는다.

반론 1: 그뿐 아니다. 철학자는 《영혼론》 III권에서[3] 심상(*phantasmata*)들이 없이는 결코 이해하기도 있을 수 없다고 말한다. 그런데 심상은 감각하는 기관들 안에 존재하기 때문에 분리된 영혼 안에는 있을 수 없다. 그러므로 분리된 영혼은 이해하기를 수행하지 않는다.

반론 b: 그런데 한편에서는, 철학자가 〔위에서〕 말한 것은 분리된 영혼에 대해서가 아니라 육체와 결합된 한에서의 영혼에 대한 것일 뿐이라고들 한다. — 하지만 그렇다고는 할 수 없다. 분리된 영혼은 지적 능력을 통해서가 아닌 한 이해할 수 없다.

반론 c: 그뿐 아니다. 철학자가 《영혼론》 I권에서[4] 말한 것처럼 이해하기는 심상〔의 일종〕이거나 또는 심상 없이는 있을 수 없다. 그런데 심상은 육체 없이는 있을 수 없다. 따라서 이해하기도 그럴 수 〔즉, 육체 없이 있을 수〕 없다. 그러므로 분리된 영혼은 이해하기를 수행하지 않는다.

반론 2: 그뿐 아니다. 철학자는 《영혼론》 III권에서[5] 지성과 심상

---

2) Aristoteles, *De anima*, I, 408b11-13. 이에 더해서 St. Thomas, *In IV Sent.*, d. 50, q. 1, a. 1; *De verit.*, q. 19, a. 1, arg. 1 참조.

3) Aristoteles, *De anima*, III, 431a16-17.

4) Aristoteles, *De anima*, I, 403a8-9.

5) Aristoteles, *De anima*, III, 431a14-15. 이에 더해서 Averroes, *Super De anima*, III, 30(ed. Crawford, p. 469, v. 9-11, 28-30); St. Thomas, *In De anima.*, I, 2; III, 6; *ST.*, I, q. 76, a. 1; *De verit.*, q. 19, a. 1,

들과의 관계는 마치 시각과 색들과의 관계와도 같다고 말한다. 그런데 시각은 색들이 없이는 볼 수 없다. 그러므로 지성도 심상들 없이는 이해할 수 없으며, 따라서 육체 없이는 이해하기를 수행할 수 없다.

반론 3: 그뿐 아니다. 철학자는 《영혼론》 I권에서[6] 내부의 어떤 것, 다시 말해 심장이나 아니면 〔체온 같은〕 자연적 열기가 소멸될 때 이해하기는 소멸된다고 말한다. 그런데 이러한 것들은 영혼이 육체에서 분리될 때 실제로 소멸된다. 그러므로 육체에서 분리된 영혼은 이해하기를 수행할 수 없다.

반론 4: 그런데 한편에서는, 육체에서 분리된 영혼은 실제로 이해하지만, 지금처럼 심상들로부터의 추상에 의해 아는 그런 방식으로는 아니라고들 한다. — 하지만 그렇다고는 할 수 없다. 형상이 질료와 결합하는 것은 질료 때문이 아니라 형상 때문이다. 형상은 질료의 목적이자 완성이기 때문이다. 그런데 형상이 질료와 결합하는 것은 자신의 작용을 보완하기 위해서이다. 그래서 형상은 그것을 통해 형상〔자신〕의 작용이 보완될 수 있는 그런 질료를 필요로 한다. 마치 톱의 형상은 자르는 작업을 성취하기 위해 쇠를 질료로 요구하듯이 말이다. 그런데 영혼은 육체의 형상이다. 그러므로 자신의 작용을 보완하기 위해서 그러한 육체와 결합한다. 그런데 그것의 고유한 작용은 이해하기이다. 그러므로 만약 〔영혼이〕 육체 없이도 이해하기를 할 수 있다면, 육체와 결합하는 것은 아무 쓸모없는 것이 된다.

---

arg. 4 참조.

6) Aristoteles, *De anima*, I, 408b24-25. 이에 더해서 St. Thomas, *De verit.*, q. 19, a. 1, arg. 7; *ST.*, I, q. 89, a. 1, arg. 1 참조.

반론 5: 그뿐 아니다. 만약 분리된 영혼이 이해하기를 할 수 있다면, 육체와 결합된 영혼보다 분리된 영혼이 더 탁월하게 이해할 것이다. 왜냐하면 이해를 위해 심상을 필요로 하지 않는 것들, 다시 말해 분리된 실체들이 심상을 통해서만 이해하는 우리 〔인간〕들보다 더 탁월한 방식으로 이해하기 때문이다.[7] 그런데 영혼의 선은 이해하기에 있다. 왜냐하면 어떤 실체이든 그것의 완성은 그 자신의 고유한 작용(*perfectio cuiuslibet substantiae est propria operatio eius*)이기 때문이다. 그러므로 만약 육체 없는 영혼이 심상〔의 도움〕 없이 이해하기를 할 수 있다면, 영혼이 육체에 결합되는 것은 영혼에게 〔오히려〕 해로운 것일 것이며, 따라서 자연적/본성적인 것은 아닐 것이다.

반론 6: 그뿐 아니다. 능력들은 대상에 의해 구별된다. 그런데 《영혼론》 III권에서[8] 말한 것처럼 지적 영혼의 대상들은 심상들이다. 그러므로 만약 육체에서 분리된 영혼이 심상들 없이도 이해하기를 한다면, 그것은 〔육체와 결합되어 있을 때 지닌 능력들과는〕 다른 능력들을 지닌 것이어야만 한다. 그런데 이것은 불가능하다. 영혼의 능력들은 본성적인 것이며 분리될 수 없도록 그것에 본래 갖춰진 것[9]이기 때문이다.

반론 7: 그뿐 아니다. 만약 분리된 영혼이 이해한다면, 그것은 어떤 능력을 통해 이해할 것이다. 그런데 지적 능력은 영혼 안에 반드시 2개, 즉 능동지성과 가능지성이 있다. 그런데 분리된 영혼은 이들

---

7) St. Thomas, *In III Sent.*, d. 31, q. 2, a. 4, c; *De verit.*, q. 19, a. 1, c; *SCG.*, II, c. 81 참조.

8) Aristoteles, *De anima*, III, 431a14-15.

9) 이 책 제12문 '반론 1에 대한 대답'과 '반론 7에 대한 대답' 참조.

중 그 어느 것에 의해서도 이해하기를 할 수 없다.[10] 지성의 두 작용 모두 심상에 의존하기 때문이다. 능동지성은 심상들을 현실적으로 가지적인 것이게 만드는 한편, 가능지성은 심상들로부터 추출된 가지상(*species intelligibilis*)들을 수용하기 때문이다. 그러므로 분리된 영혼은 그 어떤 방식으로도 이해하기를 수행할 수 없다고 보인다.

반론 8: 그뿐 아니다. 하나의 사물의 고유한 작용은 하나이고, 하나의 완성될 수 있는 것에 대한 완성 역시 하나이다.[11] 그러므로 만약 영혼의 〔고유한〕 작용이 심상들로부터의 수용〔이라는 방식〕에 의한 이해하기(*intelligere accipiendo a fantasmitibus*)라면, 심상 없이 이해하기를 수행하는 것은 그것〔즉, 영혼〕의 작용일 수 없다고 보인다. 그래서 육체로부터 분리된 영혼은 이해하기를 수행하지 않는다.

반론 9: 그뿐 아니다. 만약 분리된 영혼이 이해하기를 수행한다면, 그것은 〔그 수단이 되는〕 어떤 것을 통해 이해하기를 할 것이다. 왜냐하면 이해하기는 이해하는 자 안에 있는 이해되는 사물의 유사상을 통해 이뤄지기(*per similitudinem rei intellectae in intelligente*) 때문이다. 그런데 분리된 영혼이 자신의 본질을 통해 이해하기를 수행한다고는 말할 수 없다.[12] 이것〔즉, 자신의 본질을 통해 이해하는 것〕은 오로지 신에게만 해당하기 때문인데, 무한하기 때문에 모든 완전성들을 자신 안에 미리 소유하는 신의 본질만이 모든 사물들에 대한 유사상이기 때문이다. 마찬가지로, 〔분리된 영혼의 이해하기는〕 이해된 사

---

10) 이에 대한 근거로는 St. Thomas, *SCG.*, II, c. 96; *De verit.*, q. 19, a. 1, arg. 6 참조.

11) Albertus, *Summa de homine*, tr. I, q. 7, a. 1, arg. 1 참조.

12) St. Thomas, *De verit.*, q. 19, a. 1, arg. 10 참조.

물의 본질을 통해서인 것도 아니다. 왜냐하면 그런 식으로는 오직 자신의 본질에 의해 영혼 안에 존재하는 것들만을 이해할 것이기 때문이다. 또한 〔분리된 영혼이〕 그 어떤 〔가지〕상들(*species*) — 그것이 생득적(*innata*)이든 함께 창조된(*concreata*) 것이든 간에 — 을 통해 이해할 수 있다고 보이지도 않는다.[13] 왜냐하면 이것은 우리의 모든 지식은 우리에게 본래적으로 주어져 있다고 주장한 플라톤의 견해로 되돌아가는 것처럼 보이기 때문이다.

반론 10: 그뿐 아니다. 이와 같은 〔즉, 앎의 수단/통로가 되는〕〔가지〕상들(*species*)이 영혼에게 생득적이라는 것은 공연한 것으로 보인다. 영혼이 육체 안에 있는 동안에는 이들을 통해 이해할 수 없기 때문에, 그리고 가지상(*species intelligibilis*)은 그것을 통해 〔무엇인가가〕 이해되도록 하기 위한 목적 이외의 다른 어떤 목적을 위해서도 질서지어져 있지 않기 때문이다.

반론 11: 그런데 한편에서는, 영혼은 그 자체로 고려되는 한에서는 생득적 〔가지〕상(*species innata*)들을 통해서 이해하기를 수행하〔도록 되어 있〕는 것이지만, 그들을 통해 이해하기를 수행하지 못하게끔 육체에 의해 방해를 받는 것이라고들 말한다. — 하지만 그렇다고는 할 수 없다. 어떤 것이 그 본성에서 보다 완전하면 할수록, 그 작용에서도 완전하다. 그런데 영혼은 육체와 결합된 것이 육체와 분리되었을 때보다 그 자신의 본성에서 더 완전하다. 마치 모든 부분들은 〔그 자체만으로 존재할 때보다〕 자신을 부분으로 하는 전체 안에서 〔전체의 부분으로서〕 존재할 때 더 완전한 것처럼 말이다. 그러므로 만약

13) St. Thomas, *De verit.*, q. 19, a. 1, arg. 11 참조.

육체에서 분리된 영혼이 생득적 〔가지〕상들을 통해 이해하기를 수행할 수 있다면, 육체와 결합된 영혼이 같은 것을 통해 이해하기를 수행할 수 있음은 더욱더 물론이다.

반론 12: 그뿐 아니다. 어떤 사물에게 본성적으로 속하는 것들은 그 사물의 본성에 속하는 것에 의해 전적으로 방해되지 않는다.[14] 그런데 영혼은 육체의 형상이기 때문에, 육체와 결합하는 것은 영혼의 본질에 속한다. 그러므로 만약 가지상이 영혼에 본성적으로 주어져 있는 것이라면, 육체와의 결합 때문에 그 〔가지상〕에 의한 이해하기의 수행이 방해받지는 않을 것인데, 우리가 경험하는 것은 이와 정반대이다.

반론 13: 또한 분리된 영혼이 이전에 육체 안에 있을 때 획득한 〔가지〕상(*species*)들을 통해 이해하기를 수행한다고는—그렇다고 보일 수도 있겠지만—말할 수 없다.[15] 왜냐하면 아이들의 영혼, 특히 모체의 자궁 속에서 죽은 아이들이 영혼의 경우에 〔그럴 것이〕 분명하듯이, 아무 가지상도 획득하지 못한 채 육체와 분리되어 남아 있는 인간 영혼들도 많기 때문이다. 그러므로 만약에 분리된 영혼들이 이전에 〔즉, 육체와 결합되어 있을 때〕 획득된 〔가지〕상을 통해서가 아닌 한 이해하기를 수행하지 못한다고 가정한다면, 이로부터 분리된 모든 영혼이 이해하기를 수행하는 것은 아니라고 해야만 할 것이다.

반론 14: 그뿐 아니다. 만약 분리된 영혼이 이전에 획득된 〔가지〕

14) Aristoteles, *De gener. et corr.*, I, 324a1-9; St. Thomas, *De cerit.*, q. 19, a. 1, arg. 12; *Quodl.*, III, q. 1, a. 1 참조.
15) Gundissalinus, *De anima*, 10(ed. Muckle, p. 97, v. 12).

상들을 통해서가 아닌 한 이해하기를 수행하지 못한다면, 이로부터 〔분리된 영혼은〕 육체와 결합되어 있는 동안에 이미 알았던 것 외에는 알지 못한다는 결론이 뒤따르는 것처럼 보인다. 그런데 이것이 참이라고는 생각되지 않는다. 왜냐하면 〔분리된 영혼은〕 지금은 〔즉, 육체와 결합된 이 생의 상태에서는〕 알지 못하는 처벌과 보상에 대해 많은 것을 알기 때문이다. 그러므로 분리된 영혼은 이전에 획득된 〔가지〕 상들에 의해서만 이해하기를 수행하는 것은 아니다.

반론 15: 그뿐 아니다. 지성은 그 〔지성〕 안에 존재하는 가지상(*species intelligibilis*)에 의해 현실태에 있게(*in actu*) 된다. 그런데 현실태에 있는 지성은 현실적으로 이해한다(*intellectus actu existens, actu intelligit*). 따라서 현실태에 있는 지성은 그것에 대한 가지상이 자신 안에 있는 모든 것들을 이해한다. 그러므로 가지상들은 〔지성이〕 현실적으로 이해하기를 그친 후에는 지성 안에 더 이상 보존되지 않는다고 보이며,[16] 따라서 분리된 이후에 이해하기를 수행할 수 있도록 하기 위해 영혼 안에 남아 있다고 보이지는 않는다.

반론 16: 그뿐 아니다. 철학자가 《니코마코스윤리학》 II권에서[17] 말한 것에서 알 수 있듯이, 획득된 습관은 〔그러한 습관이 획득되도록 한〕 그 행위들과 비슷한 행위들을 낳는다. 왜냐하면 사람은 집을 짓는 것에 의해서 건축가가 되고, 〔그렇게 해서〕 건축가가 된 사람은 이

16) 이것은 아비첸나의 입장이다. Avicenna, *De anima*, V, 6(ed. Van Riet, pp. 146~147); St. Thomas, *De verit.*, q. 19, a. 1, c; *In De sensu*, II, 2 참조.

17) Aristoteles, *Eth. Nic.*, II, 1103a26-b22. 이에 더해서 St. Thomas, *SCG.*, II, c. 73; *ST.*, I, q. 89, a. 5, c; a. 6, arg. 3 참조.

제 다시 집을 지을 수 있기 때문이다. 그런데 지성이 가지상을 얻는 것은 심상들에의 참조를 통해서(*per hoc quod convertitur ad phantasmata*)이다. 그러므로 〔육체와의 결합을 필요로 하는〕 심상들에의 참조가 없이는 결코 그것〔즉, 획득된 가지상〕들을 통한 이해하기를 수행할 수 없다. 그러므로 육체에서 분리된 영혼은 획득된 〔가지〕상들을 통해 이해하기를 수행할 수 없다.

반론 17: 또한 이들이 보다 상위의 어떤 실체에 의해 주입된 〔가지〕상들을 통해 이해하기를 수행한다고 말할 수도 없다.[18] 왜냐하면 모든 수용자들은 각기 저마다의 고유한 작용자(*agens*)가 있어서 그것에 의해 〔자신이 수용하는 모든 것들을〕 수용하도록 타고났기 때문이다. 그런데 인간지성은 감각들〔의 작용〕을 통해 수용하도록 타고났다. 그러므로 상위실체들에 의해 〔가지상을〕 수용하는 것은 아니다.

반론 18: 그뿐 아니다. 하위 작용자들에 의해 원인지어지도록 타고난 것들을 위해서는 상위 작용자의 행위만으로는 충분하지 않다. 종자로부터 생성되도록 타고난 동물들은 태양의 작용만으로는 생성되지 않는 것과 마찬가지다. 그런데 인간 영혼은 감각들로부터 〔가지〕상을 수용하도록 타고났다. 그러므로 〔인간 영혼이〕 가지상을 수용하기 위해서는 상위실체들의 영향/작용(*influxus*)만으로는 충분하지 않다.

반론 19: 그뿐 아니다. 작용자는 수동자(*patiens*)와 조화를 이루고 수용자(*recipiens*)에게 영향을 주어야만 한다. 그런데 상위실체들의

---

18) St. Thomas, *De verit.*, q. 19, a. 1, arg. 13; *SCG.*, II, c. 76 참조.

지적 능력은 인간 영혼이 지닌 지성〔의 능력〕과 조화를 이루지 않는다. 그것〔즉, 상위실체의 지성〕은 훨씬 더 보편적이기 때문에 우리〔인간〕에게는 이해되지 않는 지식을 지니기 때문이다. 그러므로 분리된 영혼은 상위실체들에 의해 주입된 〔가지〕상들을 통해 이해하기를 수행할 수 있다고 보이지 않는다. 그러므로 〔분리된 영혼이〕 이해하기를 수행할 수 있는 그 어떤 방식도 남지 않게 된다.

이와는 반대로(*Set Contra*) : 이해하기는 그 무엇보다도 우선적으로 영혼의 작용이다. 그러므로 만약 육체 없이는 이해하기가 영혼에게 적합하지 않다면, 다른 그 어떤 작용도 〔육체 없이는〕 영혼에게 적합하지 않을 것이다. 그런데 만약 육체 없이는 그 어떤 작용도 영혼에게 적합하지 않다면, 영혼이 〔육체에서〕 분리되는 것은 불가능하다.[19] 하지만 우리는 영혼이 분리된다고 말한다. 그러므로 그것〔즉, 분리된 영혼〕은 이해하기를 수행한다고 해야만 한다.

이와는 반대로 2: 그뿐 아니다. 성경에 다시 살아난 것으로 기록된 사람들은 〔되살아난〕 이후에도 이전과 동일한 앎(*notitia*)을 지녔다. 그러므로 이 세상에서 인간이 아는 앎은 죽음 이후에도 제거되지 않는다. 따라서 영혼은 〔분리되기〕 이전에 획득한 〔가지〕상들을 통해서 이해하기를 수행할 수 있다.

이와는 반대로 3: 그뿐 아니다. 하위의 것에 대한 유사성은 상위의 것 안에서 발견된다. 그래서 수학자들은 여기서 〔즉, 이 세상에서〕 행

19) 만약 영혼이 그 자신만의 고유한 작용을 지니지 않을 경우, 육체로부터 분리될 수도 없기 때문이다. 이 점에 대해서는 Aristoteles, *De anima*, I, 403a10-12; St. Thomas, *ST.*, I, q.89, a.1, c 참조.

해지는 일들에 대한 유사성을 천상물체들 안에서 고려하면서 미래를 예견한다. 그런데 자연세계 안에서 영혼은 모든 육체적 사물들보다 상위이다. 그러므로 모든 육체적인 것들에 대한 유사성[20]이 영혼 안에, 그것도 가지적인 방식으로(*per modum intelligibilem*) — 왜냐하면 영혼 자체가 지적 실체(*substantia intellectiva*)이기 때문에 — 있다. 그러므로 〔영혼은〕 자신의 본성을 통해 모든 육체적인 것들을 이해할 수 있으며, 심지어 〔육체에서〕 분리되었을 때조차도 마찬가지라고 보인다.

나의 대응: 우리 영혼은 현재 〔즉, 분리되기 이전〕 상태에서는 이해하기를 수행하기 위해 감각들을 필요로 하는 것처럼 보인다는 점이 이 문제〔의 해법〕에서 어려움을 초래한다. 그러므로 이 문제의 진리에 관해서는 이러한 필요의 〔즉, 이해하기가 감각들을 필요로 하는〕 여러 가지 이유에 따라 다양하게 고려되어야 마땅하다.

실제로 어떤 사람들, 즉 플라톤주의자들은[21] 이해하기를 위해 우리의 영혼에게 감각(*sensus*)이 필요하기는 하되, 마치 감각들이 우리 안에 앎을 일으키는 원인이기라도 하듯이 본질적으로(*per se*) 그런 것은 아니고 단지 우유적으로(*per accidens*), 다시 말해 감각을 통해 우리의 영혼이 어떤 식으로든 일깨워짐으로써 이전에 알고 있었던 것들 — 이들에 관한 앎은 우리에게 본성적으로 주어져 있는데 — 을 상기해 내는[22] 일이 일어난다는 그런 의미에서일 뿐이라고 주장한다. 이것을 이해하기 위해서 알아야만 하는 것은, 플라톤이[23] 사물들의 형상

---

20) Aristoteles, *De anima*, III, 429a18 참조.

21) Macrobius, *In somn. Scipionis*, I, 12, n. 7-10; Boethius, *De Consol. phil.*, III, metr. 11.

22) St. Thomas, *In De anima.*, III, 3 참조.

은 분리되어 존재하며 현실적으로 가지적인 것이라고 주장했고, 이 것들을 이데아라고 명명하면서, 우리의 영혼이 알기도 하고 이해하기도 할 수 있는 것은 이들에게의 참여를 통해서 혹은 〔이들로부터〕 어떤 식으로든 주어지는 것을 통해서라고 주장했다는 점이다. 육체와 결합되기 전에는 영혼이 그러한 앎을 자유롭게 사용할 수 있었으나, 육체와의 결합으로 인해 그만큼은 무디어졌거나 혹은 어떻게 보면 〔육체에〕 흡수되었기 때문에, 〔육체를 지니기〕 이전부터 알던, 〔그러므로 육체와 함께 태어날 때부터〕 생득적으로 갖고 있던 앎들을 망각하게 된 것으로 보인〔다고 주장했〕다.[24] 그런데 〔그랬던 영혼이〕 감각을 통해 어떤 식으로든 촉발을 받아서, 자기 자신에게 되돌아가 이전부터 알았고 따라서 그들에 대해서는 생득적 앎을 지녔었던 것들을 회복하고 기억하게 된다. 마치 감각되는 어떤 것들을 자세히 들여다보던 중에 잊어버렸던 다른 어떤 것들을 분명하게 떠올리는 일이 이따금씩 우리에게 발생하는 것처럼 말이다. 앎과 감각들에 대한 그의 이러한 입장은 자연적 사물들의 발생에 관한 그의 입장과 일치한다. 왜냐하면 그는 주장하기를, 각각의 개체들을 종에 속하게 하는 자연적 사물들의 형상들은 방금 언급한 이데아들에의 참여에 의해 결과되는 것이라고, 따라서 하위 작용자들이 존재하는 것은 분리된 형상들에 참여할 수 있도록 질료를 배열하는 것 이외에 다른 것이 아니라고 주장했기 때문이다. 만약 실제로 이러한 입장을 취할 경우, 이 〔제 15 문의〕 문제는 손쉽게 해결된다. 왜냐하면 이〔입장〕에 의하면 영혼이 이해하기를 수행하기 위해 감각들을 필요로 하는 것은 자신의 본성에 따르는 것이 아니라 단지 〔처한 상황 때문에〕 우연히 그런 것이기 때

---

23) Aristoteles, *Metaph.*, I, 987b14; St. Thomas, *In De anima.*, I, 1; *In Post.*, I, 1 참조.

24) St. Thomas, *De verit.*, q. 10, a. 6, c; q. 18, a. 7, c; q. 19, a. 1, c 참조.

문이며, 영혼이 육체로부터 분리되면 사실상 〔그러한 필요가〕 없어지기 때문이다. 왜냐하면 〔육체로부터 분리됨으로써 영혼에 대한〕 육체의 억누름이 그치면, 〔감각에 의한 일깨움은 더 이상〕 필요하지 않고, 〔영혼〕 스스로가 그 자신만으로도 모든 앎에 대해 준비되고 깨어있을 것이기 때문이다.

그런데 이 입장에 따라서는 영혼이 육체와 결합되어야 하는 합리적 이유를 찾기가 불가능해 보인다. 〔이 입장에 의하면〕 육체와 결합되지 않은 영혼이 자신의 고유한 작용을 더 완전하게 지닐 수 있으며, 육체와의 결합에 의해서는 〔그러한 자신의〕 고유한 작용을 방해받기 때문에, 〔육체와의 결합이〕 영혼을 위한 것이라고는 할 수 없다. 마찬가지로 육체를 위한 것이라고도 할 수 없다. 영혼이 육체 때문에 존재하는 것이 아니라 오히려 육체가 영혼을 위해 있는 것이기 때문 — 왜냐하면 영혼이 육체보다 더 고귀하기 때문에 — 이다. 그러므로 영혼이 육체를 고귀하게 하기 위해 자신의 작용에 대해 해가 되는 것을 유지한다〔고 생각하〕는 것은 적절치 않아 보인다.

또한 이 입장으로부터는 영혼이 육체와 결합하는 것은 본성적인 것이 아니라는 결과가 따른다. 무엇인가에게 본성적으로 속하는 것은 그것의 고유한 작용을 방해하지 않기 때문이다. 그러므로 만약 육체와의 결합이 영혼의 이해하기를 방해한다면, 육체에 결합되는 것은 영혼에게 본성적인 것이 아니라 본성에 반하는 것이며, 그래서 영혼과 육체의 결합에 의해 구성되는 인간〔이라는 존재〕는 자연적인 것이 아닐 것인데,[25] 이것은 불합리하다.

---

25) 〔역주〕 다시 말해 육체 때문에 영혼의 작용이 방해된다면, 영혼과 육체의 결합은 본성적인 것이 아닐 것이고, 따라서 영혼과 육체의 복합으로 이뤄진 존재로서의 '인간'은 자연적 혹은 본성적인 존재가 아니라 부자연스럽고 비본성적인 존재가 될 것이다. 실제로 위에서 언급한 플라톤의 인간관은 이러

마찬가지로, 경험에 비추어 볼 때 우리 안에 있는 지식은 분리된 형상들에 대한 참여에 의해서 생기는 것이 아니라 감각들로부터 수용되는 것임이 분명하다. 어느 한 감각이 없는 사람에게는 바로 그 감각에 의해 파악되는 감각대상들(*sensibilia*)에 대한 지식이 없기 때문이다. 마치 날 때부터 소경인 사람은 색에 대한 지식을 지닐 수 없는 것처럼 말이다.

한편, 감각들은 위에서 언급된 입장이 주장하는 것처럼 우유적인 방식으로가 아니라 본질적으로(*per se*) — 인간이 감각들로부터 앎을 수용한다는 그런 의미에서가 아니라, 감각이 영혼으로 하여금 다른 어딘가로부터 앎을 수용할 수 있도록 준비시킨다는 그런 의미에서[26] — 인간 영혼의 이해하기에 도움이 된다고 주장하는 입장이 있다. 이것은 아비첸나의 견해이다. 그는 주장하기를, 능동지성 혹은 능동지성체(*intellectus vel intelligentia agens*)라고 부르는 어떤 분리된 실체가 있어서 그것에 의해 우리의 이해의 수단인 가지상(*species intelligibilis*)들이 우리의 지성 안으로 흘러들어오며, 구상력 등과 같은 그런 감각적 부분의 작용을 통해 우리의 지성은 능동지성을 향함으로써 그로부터 흘러나오는 가지상들을 수용할 수 있도록 준비되는 것이라고 한다. 이것은 자연적 사물들의 생성에 관해 그 자신이 갖고 있는 견해와도 일치한다. 그는 주장하기를 모든 실체적 형상들은 지성체로부터 흘러나오며, 자연적 작용자들은 단지 능동지성체로부터 형상들을 수용할 수 있도록 질료를 준비시키는 것일 뿐이라고 말하기 때문이

한 견해를 취한다. 이에 대해서는 이 책 앞의 제 2문 '반론 14에 대한 대답' 참조.

26) 〔역주〕 그러므로 감각이 없이는 지성이 도대체 지식이나 앎을 수용할 수 없는 상태에 머무르며, 따라서 감각은 지성이 지식을 획득하는 데 필수적인 역할을 담당하므로, 이런 의미에서 '본질적'이라고 말하는 것이다.

다. 이런 견해에 의해 보더라도 이 문제는 거의 아무런 어려움을 지니지 않는 듯 보인다. 만일 이해하기를 위해 감각이 필요한 것은 오직 그것〔즉, 감각〕을 통해 우리 영혼이 지성체를 향하게 됨으로써 능동지성체로부터 가지상들을 수용하기 위해 배열되는 것뿐이라면, 육체에서 분리될 때 영혼은 그 자체로서 능동지성체를 향하여 그로부터 가지상들을 수용할 수 있을 것이고, 이해하기를 위해 감각은 더 이상 영혼에게 필요하지 않을 것이다. 마치 바다를 건너는 데 필요한 배는, 누군가가 이미 바다를 건넜다면, 더 이상 그에게는 필요하지 않는 것처럼 말이다.

그런데 이 견해로부터는 인간이 다른 것들에 대해서 만큼이나 감각에 의해 지각되는 것들에 대해서도 즉각적으로 모든 지식을 획득한다는 결과가 뒤따른다고 보인다. 만약 우리가 이해하는 것은 능동지성체로부터 우리 안에 흘러들어온 형상들을 통해서이고, 〔형상들의〕 그러한 수용을 위해 우리의 영혼이 앞서 언급된 지성체를 향하는 것 이외에 다른 것이 필요하지 않다면, 그것을 향할 때마다 〔우리의 영혼은〕 어떤 것이든 간에 흘러드는 가지상들 모두를 수용할 수 있을 것이다. 어떤 형상에 관한 한에서는 그렇고 다른 형상에 관한 한은 그렇지 않다고 말할 수는 없기 때문이다. 그래서 날 때부터 소경인 사람도 소리에 대한 이미지를 통해 색이나 다른 감각물들에 대한 앎마저도 얻을 수 있다고 해야 할 것인데, 이는 분명히 잘못된 것이다.

이해하기를 위해서는 우리에게 감각능력들이 필요하다는 것은 분명한데, 이는 앎을 획득하는 데에서만이 아니라 이미 획득한 앎을 사용하는 데에서도 그러하다. 이미 앎을 지니고 있는 것들에 대해서조차도 심상들을 참조하지 않고는(*nisi convertendo ad phantasmata*) 우리는 그것들을 고려할 수 없기 때문이다. 비록 〔아비첸나〕 자신은 그 반대로 말하지만 말이다. 그렇기 때문에 심상들이 포착되고(*comprehen-*

duntur) 보존되는 통로인 감각능력 기관들이 손상되면, 이미 아는 것들을 고려하는 영혼의 활동(*usus animae*) 도 방해를 받는다.

우리는 상위실체들에 의해 하늘로부터 우리에게 주어진 것인 계시들〔을 이해하는 데〕에서도 심상들을 필요로 한다는 것이 분명하다. 그래서 디오니시우스는 《천상의 위계론》(*De caelesti hierarchia*)[27] 1장에서, 신적인 빛은 여러 가지 거룩한 베일로 덮이지 않고서는 우리에게 비치는 것은 불가능하다고 말하고 있다. 그런데 만약 우리에게 심상이 필요한 이유가 오직 우리들을 상위실체들에게로 향하게 하기 위한 것뿐이라면, 그렇지가 않을 〔즉, 디오니시우스의 말은 사실이 아닐〕 것이다.

그러므로 다른 식으로, 즉 감각능력은 이해하기를 위해 플라톤이 주장한 것처럼 일깨우는 것 같은 그런 우유적인 방식도 아니고, 아비첸나가 주장한 것처럼 단순히 〔영혼을〕 배열시키는 그런 것으로서가 아니라, 철학자가 《영혼론》 III권에서 지적 영혼에게 심상은 마치 감각에게 감각대상물과도 같은 것이라고 말한 것처럼, 지적 영혼에 고유한 대상을 제공하는 그런 것으로서 영혼에 필요하다고 말해야만 한다. 그런데 빛에 의하지 않고는 색들이 현실적으로 가시적일 수 없는 것처럼, 능동지성에 의하지 않고는 심상들이 현실적으로 가지적일 수 없다. 이는 자연적 사물들의 생성과 관련해서 우리가 주장하는 바와도 일치한다. 왜냐하면 우리는 상위 작용자들(*agentia superior*)이 자연적 작용자들(*agentia naturalia*)을 매개로 하여 자연적 형상들을 원인짓는다고 주장하며, 그런 식으로 우리는 심상들—그것에 의해 현실적으로 가지적인 것들이 만들어지는—을 매개로 하여 능동지성이

27) 〔역주〕 위 디오니시우스의 이 저작을 포함한 전체 저작이 2007년에 한글로 번역되어 나왔다. 서지사항은 다음과 같다. 위 디오니시우스, 엄성옥 역, 《위 디오니시우스 전집》(은성, 2007).

우리의 가능지성 안에 앎을 일으킨다고 주장하는 것이기 때문이다. 하지만 능동지성이 분리된 실체인가—어떤 사람들은 그렇다고 주장한다—아니면 상위실체들처럼 우리의 영혼이 참여하는 빛인지의 문제와 관련된 것은 아니다.

그러나 이 입장에 따를 경우 분리된 영혼이 어떻게 이해하기를 할 수 있는가를 파악하는 데 더 큰 어려움이 있다. 왜냐하면 육체적 기관들이 있어야만 이해되고 보존되는 그런 심상들은 〔분리된 영혼에게는〕 없을 것인데, 이것들이 없이는 영혼은 이해하기를 할 수 없을 것으로 보이기 때문이다. 마치 색이 제거되면 시각이 볼 수 없는 것처럼 말이다.

그러므로 이 어려움을 제거하기 위해서 반드시 고려되어야만 하는 것은, 영혼이 지적 실체들의 질서에서 가장 열등한 것이기 때문에 지적인 빛 또는 지적인 본성에 가장 열등하고 연약한 방식으로 참여한다는 점이다. 제 1지성체(*primus intelligens*),[28] 즉 신에게서 지적 본성은 단 하나의 가지상—다시 말해 신 자신의 본성—을 통해 모든 것을 이해할 수 있을 만큼 능력이 있는 반면, 그보다 하위의 지적 실체들은 많은 형상들을 통하〔여 이해하〕는데, 이들 중에 어떤 것이 월등하면 할수록 그만큼 형상들의 수는 적게 지니되, 더 적은 수의 형상을 통해서도 모든 것을 알 수 있을 만큼 훨씬 더 강력한 능력을 지닌다. 만약 열등한 지적 실체가 월등한 실체〔가 지닌 것〕과 같은 정도로 보편적인[29] 〔가지적〕 형상을 지닌다면, 그에게는 그만한 이해능력이 있지 않기 때문에, 그의 앎은 불완전한 상태에[30] 머무르게 될

28) *De verit.*, q. 2, a. 3, ad 3; *SCG.*, II, c. 98, *ST.*, I, q. 89, a. 1 참조.
29) 〔역주〕 가지상이 '더 보편적'이라는 것은 곧 그 형상에 의해 이해되는 외연이 더 크다는 의미이다. 그러므로 더 보편적인 형상을 지닌다는 것은 앞서 언급한 것처럼 '더 적은 수의 형상을 지닌다'는 것과 같은 의미이다.

것이다. 왜냐하면 〔그런 경우에〕 그〔열등한 지적 실체〕는 사물들을 오직 보편적인 방식으로만 이해할 뿐, 저 적은 수의 형상들로부터 개체들에 대한 자신의 인식을 이끌어 낼 수는 없을 것이기 때문이다. 그러므로 〔지적 실체들의 질서에서〕 가장 열등한 것인 인간 영혼은 〔그 질서에서는〕 가장 연약한 이해능력을 지니기 때문에, 만약 분리된 실체들에게 어울리는 그런 추상성과 보편성을 지닌 형상들을 수용하게 된다면 사물들을 보편적이고 혼동된 방식으로밖에는 인식할 수 없을 것이고, 따라서 가장 불완전한 인식만을 지니게 될 것이다. 그렇기 때문에 그 인식이 개체들을 통해 분명해지고 완전해지는 데 이르려면 〔영혼은〕 개체적 사물들부터 진리에 대한 지식을 취할 수 있어야만 하고, 이를 위해서는 필연적으로 능동지성의 빛이 〔영혼에게 주어져〕 있어서 질료 안에 존재하는 것들이 보다 더 우월한 방식으로[31] 영혼 안에 수용되도록 해야만 한다. 그러므로 지적 작용의 완성을 위해서는 영혼이 육체와 결합해야 할 필요가 있었던 것이다.

그럼에도 불구하고 〔육체와 결합된 상태에서는〕 육체적 활동 때문에, 그리고 감각들의 지배를 받기 때문에 영혼이 분리된 실체들에 의해 주입되는 것을 받아들이는 데 방해를 받는다는 점은 의심할 여지가 없다. 그렇기 때문에 특별한 계시가 자고 있는 사람들이나 감각과 단절된 사람들에게는 일어나지만 감각을 사용하는 중인 사람들에게는 주어지지 않는 것이다. 그러므로 육체로부터 완전히 분리될 때, 영혼은 상위실체들로부터 주입되는 것들 — 현재로서는 불가능하지만 〔분리된 상태에서는〕 이러한 주입된 것들에 의해 영혼이 심상 없이

30) *ST.*, I, q. 89, a. 1, c 참조.

31) 〔역주〕 비물질적 방식, 즉 질료 없이 존재하는 방식을 의미한다. 이에 대해서는 *ST.*, I, q. 76, a. 1, c 참조. 토마스 아퀴나스는 일반적으로 존재와 작용 모두에서 질료에 의존하지 않는 만큼 더 우월한 방식으로 이해한다.

도[32] 이해하기를 할 수 있다면—을 더 완전하게 지각할 수 있을 것이다. 그러나 그럼에도 불구하고 언급된 자연적 주입에 더해서 모든 것들을 충만하게 인식하게 해주는, 그리고 신 자신까지도 보게끔 해주는 은총의 초자연적인 주입을 부여받은 영혼들에게서가 아닌 한, 이러한 주입은 우리가 이생에서 감각을 통해 획득하는 지식들처럼 그렇게 완전하고 개체와 관련된 지식을 일으키지는 못한다.[33] 분리된 영혼일지라도 이생에서 먼저 알았던 것들, 그리고 그에 대한 가지상이 그 〔분리된〕 영혼들 안에 보존되어 있는 그런 것들에 대한 한정된 인식만을 지닌다.

반론 1에 대한 대답: 〔반론 1에서〕 철학자는 육체와 결합된 한에서 영혼의 지적 작용에 대해 말하는 것이다. 그러므로 언급한 것처럼 〔그런 경우에는〕 심상이 없으면 안 된다.

반론 2에 대한 대답: 영혼이 육체에 결합되어 있는 현재 상태에서

---

32) *In III Sent.*, d. 31, q. 2, a. 4, ad 5; *De verit.*, q. 19, a. 1; *SCG.*, II, c. 81 참조.

33) 사후 영혼의 앎이 육체와 결합된 상태보다 더 완전한가 아닌가에 관한 토마스 아퀴나스의 입장은 텍스트에 따라 조금씩 차이를 보인다. *In III Sent.*, d. 31, q. 2, a. 4와 *De verit.*, q. 19, a. 1에서는 분리된 영혼의 인식이 불완전한가의 여부에 관한 언급이 없다. *SCG.*, II, c. 81에서는 이 책에서와 상반되는 입장을 내보이고 있으며, *In De anima.*, III, 4에서는 이 문제에 관한 뚜렷한 입장표명이 없다. 그리고 *ST.*, I, q. 89, a. 1, c에서는 이 책의 입장과 마찬가지의 견해를 피력하고 있다.
〔역주〕 이 문제를 토마스 아퀴나스의 텍스트 시기별 전개과정과 연관시켜서 사후 영혼의 존재론적 위상과 인식가능성에 대한 그의 견해에 변화가 있었음을 주장하려는 논문으로 Anton C. Pegis, "The Separated Soul and its Nature in St. Thomas," *Commemorative Studies*, I (PIMS, 1974), pp. 131~158이 있다.

는 〔영혼이〕 상위실체들로부터 주어지는 가지상들(*species intelligibiles*)에는 참여하지 않고, 단지 지적인 빛에만 참여한다. 그러므로 〔영혼은〕 대상 — 그로부터 가지상들을 수용하기 위한 — 으로서의 심상들을 필요로 한다. 그러나 분리 이후에는 〔영혼이〕 가지상들에 훨씬 더 많이(*amplius*) 참여할 것이며, 그래서 〔영혼 자신 밖에 있는〕 외부의 대상(*exterium obiectum*)들을 필요로 하지 않을 것이다.

반론 3에 대한 대답: 앞서 이미 언급된 것으로부터 분명히 알 수 있듯이, 철학자는 〔자신의 견해가 아니라〕 지성이 감각과 마찬가지로 육체적 기관을 지닌다고 주장하는 사람들의 견해를 말하는 것이다. 그렇게 주장할 경우, 〔아리스토텔레스의 견해라고 생각되는 것과는 달리〕 분리된 영혼은 이해하기를 전혀 할 수 없기 때문이다. 혹은, 〔반론에서〕 그는 〔육체와 결합되어 있는〕 현재 상태에서 우리가 이해하기를 하는 그런 방식에 입각해서 이해하기에 대해 말하는 것이라고 할 수는 있겠다.

반론 4에 대한 대답: 영혼은 자신의 작용인 이해하기를 위해 육체와 결합된다. 육체 없이는 어떤 식으로도 이해하기를 하지 못해서가 아니라, 앞서 설명한 것처럼 자연적 질서에서는 육체가 없으면 〔영혼이〕 이해하기를 온전하게 할 수 없기 때문이다.

반론 5에 대한 대답도 이것으로부터 분명히 알 수 있다.

반론 6에 대한 대답: 심상들은 능동지성의 빛에 의해 현실적으로 가지적인 것이 되지 않는 한 지성의 대상이 되지 않는다. 그러므로 지성에 현실적으로 수용되는 가지상들 하나하나 모두는 그것이 어디에서 비롯된 것이든지 간에 그것에 의해 능력들이 구별된다는 것 이외에는 대상으로서의 다른 형상성을 지니지 않는다.[34)]

반론 7에 대한 대답: 능동지성과 가능지성의 작용은 영혼이 육체에 결합되어 있는 한에서 심상과 관계된다. 그러나 육체로부터 영혼이 분리되고 나면, 〔영혼은〕 가능지성을 통해서는 상위실체들로부터 흘러나오는 〔가지〕상들을 수용할 것이고, 능동지성을 통해서는 이해하기를 위한 능력(*virtus ad intelligendum*)을 지니게 될 것이다.

반론 8에 대한 대답: 영혼의 고유한 작용은 '현실적으로 가지적인 것들 이해하기'(*intelligere intelligibilia actu*)이다. 그 현실적으로 가지적인 것들이 심상들로부터 비롯되는지 아니면 다른 데서 얻어지는지는 지적 작용의 종류가 구별되는 요인이 아니다.

반론 9에 대한 대답: 분리된 영혼이 사물을 이해하는 것은 자신의

---

34) 〔역주〕 지성 혹은 지적 영혼의 작용이 실제 수행되기 위해서 필요한 것은 현실태에 있는 가지상이지 심상이 아니다. 이러한 현실태의 가지상은 지적 영혼 안에 생득적으로 주어진 것이 아니므로, 능동지성의 작용에 의해 산출되어 가능지성에 주어지는 논리적 절차를 말할 수 있다. 그러므로 엄밀한 의미에서 지성의 대상은 그러한 능동지성의 작용을 말할 수 있게끔 하는 형상성을 공통적으로 지닌다. 그것이 심상에서 비롯된 것인지 아닌지의 여부는 2차적이다. 그런데 반론에서는 심상이 지성의 대상인 것처럼, 말함으로써, 심상을 대상으로 이해하기를 수행하는 지성과 심상 없이 이해하기를 수행하는 지성은 동일한 지성일 수 없고, 따라서 두 경우가 동일한 것이기 위해서는 심상이 없는 분리된 지성은 이해하기를 수행할 수 없다는 결론을 내리고 있다. 토마스는 이에 대한 대답에서 지성의 형상적 대상은 심상이 아니라 능동지성의 작용에 의해 현실화되는 가지상이라고 말함으로써 이 입장을 비판하는 것이다.

본질을 통해서거나 이해되는 사물들〔즉, 대상들〕의 본질을 통해서가 아니라, 상위실체들로부터 분리되었을 때의 영혼 자신에게 주입된 〔가지〕상들을 통해서이다. 하지만 플라톤주의자들이 주장하는 것처럼 〔영혼이〕 존재하기 시작하는 처음부터 그런 것〔즉, 분리 이전의 영혼에게 처음부터 주입된 〔가지〕상이 있었던 것〕은 아니다.

반론 10에 대한 대답도 이것으로부터 잘 알 수 있다.

반론 11에 대한 대답: 만약 〔영혼이〕 육체와 결합되어 있을 때 생득적 〔가지〕상(*species innata*)들을 지닌다면, 영혼은 획득된 형상들을 통해서 이해하는 것과 마찬가지로 그것들을 통해서도 이해하기를 할 수 있을 것이다. 하지만 비록 〔육체와 결합하는 것이〕 영혼의 본성에서는 보다 완전할지라도, 육체의 운동과 감각적인 일들에 붙들려 있기(*retrahitur*) 때문에 상위실체들로부터의 영향을 수용하기 위해 분리된 이후의 경우처럼 그렇게 자유롭게 그들과 연합하지는 못한다.

반론 12에 대한 대답: 언급된 바 있듯이, 주입된 〔가지〕상들을 통해 이해하는 것은 육체와 결합되어 있을 때는 영혼에게 본성적인 것이 아니다. 오직 분리된 이후에만 〔본성적〕이다.

반론 13에 대한 대답: 분리된 영혼들은 이전에 육체 안에 있을 때 획득한 〔가지〕상들을 통해서도 이해하기를 할 수 있을 것이다. 하지만 그럼에도 불구하고 언급한 것처럼 그것들을 통해서만이 아니라 주입된 것들을 통해서도 〔이해하기를〕 할 것이다.

반론 14에 대한 대답도 이것으로부터 알 수 있다.

반론 15에 대한 대답: 때때로 가지상들은 가능지성 안에서 단지 가능태로만(*in potentia*) 존재한다. 그럴 때 인간의 이해하기는 단지 가능적일 뿐이며, 가르침을 통해서든 아니면 탐구를 통해서든 간에 이해하기를 현실화시켜 줄 무엇인가를 필요로 한다. 그런데 때로는 〔가지상들이〕 가능지성 안에 완전히 현실적으로(*in actu perfecto*) 존재하며, 그럴 때 〔인간은〕 현실적으로 이해한다. 하지만 이따금씩은 〔가지상들이〕 가능태와 현실태의 중간적인 상태로, 다시 말해 습성으로(*in habitu*) 가능지성 안에 존재하는데, 그럴 경우 〔인간은〕 자신이 원하는 때에 현실적으로 이해할 수 있다. 현실적으로 이해하기를 하는 중이 아닐 때 획득된 가지상들이 지성 안에 존재하는 것은 바로 이런 방식이다.

반론 16에 대한 대답: 이미 〔위의 반론 8에 대한 대답에서〕 말한 바 있듯이, 지성의 대상인 현실적으로 가지적인 것(*intelligibile actu*)이 심상들로부터 수용되느냐 아니면 다른 어딘가에서 비롯되느냐에 의해서는 지적 작용의 종류가 구별되지 않는다. 왜냐하면 작용능력의 구별과 종류는 대상에 의하되, 대상을 구성하는 질료적 측면에 의해서가 아니라(*non secundum id quod est materiale in ipso*) 대상 자체의 형상성〔즉, 대상인 이유 혹은 그것의 대상이 되도록 만드는 형상적 규정성〕에 의하기(*secundum obiectum quantum ad formalem rationem ipsius*) 때문이다.[35] 그러므로 만약 분리된 영혼이 심상들에 대한 참조 없이도 심상들로부터 획득되고 지성 안에 보존된 가지상들을 통해 이해하기를 수행할 수 있다면, 획득된 가지상들을 통해 일어나는 작용과 가

35) 〔역주〕 토마스주의의 교과서적 용어로 표현하자면, 작용능력의 구별은 질료적 대상(*objectum materiale*)이 아니라 형상적 대상(*objectum formale*)에 의한다는 견해를 진술하는 것이다.

지상들을 획득되도록 하는 작용 사이에는 아무런 종적인 구별이 없게 될 것이다.

반론 17에 대한 대답: 가능지성은 심상들이 능동지성의 빛에 의해 현실화되는 한에서가 아니면 심상들로부터 그 어떤 것도 수용하지 않도록 태어난다. 그런데 이것은 상위실체의 빛에 대한 일종의 참여이다. 그러므로 〔가능지성이 가지상들을〕 상위실체들로부터 수용할 수 있는 가능성이 전혀 배제되는 것은 아니다.

반론 18에 대한 대답: 육체와 결합되어 있는 상태에서는 본성적으로 영혼 안에 앎이 심상들에 의해 일어나도록 되어 있다. 그런 상태에서는 오직 상위실체들에 의해서만 앎이 일어나는 것이 불가능하다. 그러나 영혼이 육체에서 분리될 때는 그것이 가능하다.

반론 19에 대한 대답: 분리된 실체들이 지니는 앎이 우리의 영혼 〔의 이해능력〕과 조화를 이루지 않는다는 사실로부터 따라 나오는 결론은, 이미 언급된 것처럼[36] 그들의 영향으로부터 완전하고 판명한 이해를 얻을 수 없다는 것뿐이지, 도대체가 아무런 앎도 얻을 수 없다는 것까지는 아니다.

36) 같은 문항인 이 책 제15문 '나의 대응' 마지막 문단 마지막 부분 참조.

제16문

육체와 결합된 영혼은 분리된 실체들을 이해할 수 있는가*

열여섯 번째 문제는, 육체와 결합된 영혼이 분리된 실체들을 이해할 수 있는가 하는 것이다.

반론 1: 그럴 수 있다고 보인다. 왜냐하면 그 어떤 형상도 그에 본성적으로 결합되는 질료 때문에 자신의 목적〔의 달성〕을 방해받지 않기 때문이다. 그런데 지적 영혼의 목적은 최고로 가지적인 것들인 분리된 실체들을 이해하는 데 있다고 보인다. 왜냐하면 모든 사물들의 목적은 자신의 작용에서의 완성에 도달하는 것이기 때문이다. 그러므로 영혼은 자신에게 고유한 질료인 그런 육체에 결합된다는 것 때문에 분리된 실체들을 이해하는 데 방해를 받지는 않는다.

반론 2: 그뿐 아니다. 인간의 목적은 행복이다. 그런데 《니코마코스 윤리학》 X권에서 말하는 철학자에 따르면 궁극적 행복은 최상의

---

* 병행문헌: *De veritate*, q. 10, a. 11; q. 18, a. 5; *In De Trin.*, q. 6, a. 3 and 4; *SCG.*, II, c. 60; III, c. 41-46; *ST.*, I, q. 88, a. 1-2; *In Metaph.*, II, lect. 1.

능력(*altissima potentia*)인 지성이 가장 고귀한 대상(*objectum noblissimum*) — 이것은 분리된 실체들 이외에 다른 것일 수는 없다고 보인다 — 과 관련하여 작용하는 데서 성립한다. 그러므로 인간의 궁극적 목적은 분리된 실체들을 이해하는 것이다. 그런데 인간이 자신의 목적〔의 성취 · 달성〕에 전적으로 실패한다는 것은 적절치 않다. 그럴 경우 그〔의 존재〕는 헛될 것이기 때문이다. 그러므로 인간은 분리된 실체들을 인식할 수 있다. 그런데 영혼이 육체와 결합하는 것은 인간의 본질(*ratione hominis*)에 속한다. 그러므로 육체와 결합된 영혼은 분리된 실체들을 이해할 수 있다.

반론 3: 그뿐 아니다. 모든 생성은 〔반드시〕 그 끝에 도달한다. 그 어떤 것도 무한히 운동하지는 않기 때문이다. 그런데 지성에 속하는 운동은 그것에 의해 〔지성이〕 가능태에서 현실태로 실현(*reducere*)[1]되는 운동, 즉 〔지성이 가능적으로 이해하던 데서〕 실제로 이해하는 그런 운동이다. 그러므로 이것은 무한히 계속되지 않고 언젠가는, 즉 〔지성이〕 완전히 현실화되는 그런 때에 그 끝에 도달한다. 그런데 〔지성이〕 모든 가지적인 것 — 그 중에서도 특히 분리된 실체들 — 을 이해하지 않는 한 이는 불가능하다. 그러므로 인간 지성은 분리된 실체들을 이해하는 데 이를 수 있다.

반론 4: 그뿐 아니다. 본래부터 분리되어 있는 것들을 이해하는 것보다 〔원래는〕 분리되어 있지 않은 것들을 분리되도록 만들어서 그것들을 이해하는 것이 더 어려워 보인다. 그런데 우리의 지성은 육체

---

1) 〔역주〕 원문에 사용된 용어 'reducere'는 통상적으로 '환원하다'는 용어로 번역된다. 하지만 '현실태로 환원된다'는 것은 곧 현실태로 실현된다 혹은 실제로 실현된다는 의미이므로, 여기서는 '실현하다'는 용어를 사용한다.

와 결합되어 있음에도 불구하고, 물질적 사물들로부터 가지상들을 추상해 내어 그것들을 통해 물질적 사물들을 이해하는 가운데, 원래는 분리되지 않은 것들을 분리시켜 이해한다. 그러므로 〔육체와 결합된 우리의 지성이〕 분리된 실체들을 이해할 수 있다는 것은 더 말할 것도 없다.

반론 5: 그뿐 아니다. 〔정상적인 감각능력의 범위를 벗어날 정도로 너무〕 탁월한 감각가능대상은 바로 그 때문에 그만큼은 〔오히려〕 덜 감각된다. 감각기관들의 조화를 깨뜨리기 때문이다. 그런데 만약 감각대상들의 탁월성에 의해 손상되지 않는 어떤 감각기관이 있다면, 〔그것은〕 감각대상이 탁월할수록 그만큼 더 그것을 잘 감각할 것이다. 그런데 지성은 가지적인 것들에 의해 결코 손상되지 않고 오히려 완성된다. 그러므로 지성은 보다 더 가지적인 것일수록 보다 더 잘 이해한다. 그런데 비물질적이기 때문에 그 자체로서 현실적으로 가지적인 것인[2] 분리된 실체들은 단지 가능적으로만 가지적인 것인 물질적 실체들보다 더 가지적이다. 그러므로 육체와 결합된 지적 영혼이 물질적 실체들을 이해하기 때문에, 그들이 분리된 실체들을 이해할 수 있다는 것은 더욱 분명하다.

반론 6: 그뿐 아니다. 지적 영혼은 육체와 결합된 상태에서도 본질(*quidditas*)[3]을 지닌 사물들로부터 그 본질을 추상해 낸다. 그런데

---

2) 〔역주〕 토마스 아퀴나스에 의하면, 가지성의 근거는 그것의 비물질성에 있다. 비물질적인 만큼, 질료로부터 벗어나는 만큼 가지적인 것이다. 그러므로 비물질적인 것은 그 자체로서 이미 현실적으로 가지적이다. 이 점에 대해서는 *ST.*, I, q. 14, a. 1 참조.

3) 〔역주〕 여기서 '본질'로 번역된 quidditas는 엄밀하게 말해서 일반적으로 '본질'로 번역되는 essentia와는 구별되어야 한다. 라틴어 'quidditas'는 문자 그

이것이 무한히 계속될 수는 없기 때문에 〔지적 영혼은〕 추상을 해 나가다가 〔언젠가는〕 본질을 지닌 사물의 본질이 아니라 단지 본질(*quidditas tantum*)이기만 한 어떤 본질에 도달할 필요가 있다. 그런데 분리된 실체들이란 그 자체로 존재하는 본질들 이외에 다른 어떤 것이 아니기 때문에, 결국 육체와 결합된 지적 영혼은 분리된 실체들을 이해할 수 있을 것이라고 보인다.

반론 7: 그뿐 아니다. 결과를 통해 원인을 아는 것이 우리에게는 본성적이다. 그런데 분리된 실체에 의한 어떤 결과가 감각적이고 물질적인 사물들 안에 있는 것은 당연하다. 아우구스티누스가 《삼위일체론》 III권에서 분명히 하고 있듯이, 신이 천사들을 통해 모든 육체들을 다스리기 때문이다. 그러므로 육체와 결합된 영혼은 감각되는 사물들을 통해 분리된 실체들을 이해할 수 있다.

대로 '무엇'(*quid*)의 질문에 대한 대답으로 이해된 것을 의미한다. 그리고 이때 '무엇'의 질문은 본질(*essentia*)에 대한 것이라는 점을 전제로, '이해된 본질', '본질로 이해된 것', '본질이 이해된 것' 그렇기 때문에 '그것을 다른 것이 아니라 바로 그것이게 하는 사물의 본질규정이라고 지성이 이해한 것' 등의 의미를 지닌다. 그러므로 essentia는 존재의 질서에서 사물의 본질이고, quidditas는 인식의 질서에서 사물의 본질이라고 할 수 있으며, 이 두 질서가 혼동되지 않는 한 두 용어는 경우에 따라 혼용될 수 있다(엄밀하게는 구별되어야 하는 용어들임에도 불구하고 굳이 그들을 세분해서 논의해야 할 필요가 없는 한 그 차이가 혼동되지 않은 것을 암묵적 전제로 용어들이 혼용되는 사례는 토마스 아퀴나스 저작에서 종종 볼 수 있다. 대표적인 경우가 바로 지성(*intellectus*)과 이성(*ratio*), 본질(*essentia*)과 본성(*natura*) 등의 경우이다).

이 용어 quidditas는 기존의 번역글에서 하성(何性) 또는 통성원리(通性原理)로 번역된 경우도 있다. 하지만 이 책에서는 이 용어를 원칙적으로 '본질'로 번역하되, essentia와 엄밀하게 구별할 필요가 있거나 문맥상 필요할 경우에 한해서 '본질규정' 혹은 '이해된 본질'로 번역하기로 한다.

반론 8: 그뿐 아니다. 육체와 결합된 영혼은 자기 자신을 이해한다. 아우구스티누스가 《삼위일체론》 IX권에서 말하듯이 정신은 자기 자신을 이해하고 자기 자신을 사랑하기 때문이다. 그런데 〔영혼〕 자신은 분리된 지적 실체의 본성에 속한다. 그러므로 육체와 결합해서도 〔영혼은〕 분리된 실체들을 이해할 수 있다.

반론 9: 그뿐 아니다. 사물 안에 헛된 것은 아무것도 없다. 그런데 만약 그 어느 지성에 의해서도 이해되지 않는다면, 가지적이 되는 것은 헛된 것이라고 보인다. 그러므로 분리된 실체들은 가지적이기 때문에 우리의 지성은 그들을 이해할 수 있다.

반론 10: 그뿐 아니다. 지성과 가지적인 것의 관계는 시각과 가시적인 것의 관계와 같다. 그런데 우리의 시각 자체는 가멸적임에도 불구하고 불가멸적인 것들까지 포함하여 가시적인 모든 것들을 인식할 수 있다. 그러므로 우리의 지성 그 자체는 가멸적인 것이지만 불가멸적인 분리된 실체들—그것들 자체가 가지적이기 때문에—을 이해할 수 있다.

이와는 반대로(*Set Contra*): 철학자가 《영혼론》 III권에서[4] 말하는 것처럼, 영혼은 심상들 없이는 아무것도 이해할 수 없다. 그런데 분리된 실체들은 심상들을 통해서는 이해될 수 없다. 그러므로 육체와 결합된 영혼은 분리된 실체들을 이해할 수 없다.

나의 대응: 비록 우리에게 전해져 내려오는 아리스토텔레스의 저작

4) Aristoteles, *De anima*, III, 7, 431a16-17.

안에서는 이에 대한 아무 결론들도 발견되지 않지만, 그는《영혼론》III권에서[5] 이 문제를 결론짓겠다고 약속했었다. 바로 이런 이유에서 그를 따르는 추종자들은 〔저마다 나름대로〕 여러 가지 방식으로 이 문제의 해결책을 모색할 기회를 가질 수 있었다.

어떤 사람들은 우리의 영혼이 육체와 결합되어 있을 때조차도 분리된 실체들을 이해하는 데 이를 수 있다고 주장했다. 그리고 이것이야말로 인간의 궁극적 행복이라고까지 주장했다. 그러나 〔분리된 실체들을〕 이해하는 방식〔이 어떠한가〕에서는 이들 사이에도 차이가 있다.

어떤 이들은 우리의 영혼이 분리된 실체들을 이해하는 데 이를 수는 있지만, 우리가 다른 가지적인 것들 — 이들에 대해서는 우리가 사변학에서 정의와 증명들을 통해서 〔이해를〕 얻는 — 을 이해하는 데 이르는 것과 같은 방식이 아니라, 능동지성이 우리와 결합(*continuatio*)됨으로써 〔그렇게 되는 것이〕라고 주장한다.[6] 이들은 능동지성이 일종의 분리된 실체이므로 본성적으로 분리된 실체들을 알 수 있다고 주장한다. 이로부터, 그 능동지성이 우리와 결합하여 그것을 통해 우리가 이해하기를 할 수 있게 될 때, 마치 지금 우리가 획득한 지식들을 통해(*per habitus scientiarum*) 이해하듯이, 우리가 분리된 지성들을 이해할 것이라는 결론이 나온다. 어떻게 해서 그리고 능동지성이 우

5) Aristoteles, *De anima*, III, 7, 431b19.

6) 〔역주〕 이 입장은 아비첸나 및 아베로에즈 등의 아랍 사상가들에 의해 주장된 견해이다. James H. Robb에 의한 이 저작의 영문번역판(1986)은 여기서 '결합'으로 번역된 라틴어 continuatio는 분리된 능동지성이 인간 영혼과 하나로 합해지는 것을 의미하기 위해 사용된 것이라고 밝히고 있다. 그러면서 Robb은 아비첸나와 아베로에즈의 추종자들은 인간의 이해작용을 설명하기 위해 순수하게 비물질적이고 분리된 지성이 어떻게 인간의 영혼과 결합하는지를 밝히려고 여러 가지로 골몰했다고 지적한다. James H. Robb (trans.) *On The Soul*(Milwqukee: marquette University Press, 1984), p. 203, 주 7번 참조.

리와 결합함으로써 그것을 통해 우리가 이해하는가에 대해 그들은 이렇게 설명한다. 《영혼론》 II권에 나오는 철학자의 진술로부터 분명히 알 수 있듯이, 우리가 이러저러한 것으로 존재한다거나 이러저러한 것을 행한다고 말할 수 있는 것은 항상 두 가지에 의해서인데, 그 중 하나는 형상(*forma*)과 같은 것이고 다른 하나는 질료(*materia*) 같은 것이다. 예를 들어, 우리는 '육체'에 대해서 그리고 '건강함'에 의해서 건강하게 된다고 말하며, 따라서 '건강함'과 '육체'는 마치 형상과 질료의 관계와도 같다. 마찬가지로 우리는 능동지성과 관상되는 가지적 대상(*intelligibilia speculativa*)[7]을 통해 이해한다. 왜냐하면 우리는 본성적으로 알려진 원리들과 능동지성을 통해 결론들에 대한 인식에 도달하기 때문이다. 그러므로 능동지성과 관상되는 가지적 대상의 관계는 마치 주 행위자와 도구의, 형상과 질료의, 혹은 현실태와 가능태의 관계에 — 왜냐하면 둘 중에서 보다 더 완전한 것이 다른 것의 현실태와도 같기 때문이다 — 견줄 필요가 있다. 그런데 질료에 해당하는 것을 자신 안에 지니고 있는 것은 예외 없이 형상에 해당하는 것도 자신 안에 지닌다. 예를 들어, 표면을 지니는 육체는 표면의 형상인 색깔도 지니〔게 마련이〕며, 색깔을 지니고 있는 눈동자는 색깔의 현실태인 — 왜냐하면 색은 그것〔즉, 빛〕에 의해서만 실제로 가시적이기 때문에 — 빛도 지닌다. 그러므로 가능지성이 〔가능태인〕 관상되는 가지적 대상을 지니고 있는 만큼 그것은 능동지성으로 그만큼을

7) 〔역주〕 이 번역의 대본인 Leonina판에서는 'intelligibilia speculativa'라는 용어를 사용하지만, 대조본인 Marietti판에서는 'intelligibilia speculata'라는 용어를 사용한다. 두 용어 모두 논증이라는 추리 및 추론의 과정과 절차를 통해 도달되는 대상이 아니라 지성 자체에 의해 직접적이고 직관적으로 이해되는 대상이라는 공통된 의미를 내포한다. James Robb은 이 용어가 아랍 사상가들로부터 빌린 것이라고 지적하고 있다. 이 점에 대해서는 James H. Robb, *On The Soul*, p. 203, 주 9번 참조.

수용하는 것이다. 그러므로 가능지성이 관상된 가지적 대상들 전체를 지니게 될 때는 자신 안에 능동지성 전부를 지니고, 그렇게 해서 능동지성은 말하자면 가능지성의 형상과도 같은 것이 되며, 결과적으로 우리 안에 있게 된다. 그러므로 지금은 우리가 가능지성을 통해 이해하는 것처럼, 그때에는 우리가 능동지성을 통해 모든 자연적인 것들뿐만 아니라 분리된 실체들까지도 이해할 것이다.

그런데 이 점에 대해서는 이 입장을 따르는 사람들 사이에 견해차이가 있다. 가능지성이 가멸적이라고 주장하는 일군의 사람들은 말하기를 가능지성은 결코 능동지성이나 분리된 실체들을 이해할 수 없지만, 능동지성이 우리와 결합되어 있는 상태에서 우리는 〔바로 그〕 능동지성 자체를 이해할 수 있고, 〔바로 그〕 능동지성 — 우리 안에 형상으로서 결합되어 있다고 여겨지는 — 을 통해 다른 분리된 실체들을 이해한다고 말한다. 반면에 〔이 입장의 추종자들 가운데〕 가능지성이 불가멸적이라고 주장하는 사람들은 가능지성이 능동지성과 다른 분리된 실체들을 이해할 수 있다고 말한다.

하지만 이 입장은 불가능하고, 근거도 부실하며, 아리스토텔레스가 의미하려는 것에도 반대된다. 우선 〔이 입장이〕 불가능한 이유는 그것이 2개의 양립 불가능한 것을 주장하기 때문인데, 곧 능동지성이 그 존재에서(*secundum esse*) 우리와 분리된 어떤 실체라는 것이 그 하나이고, 마치 형상을 통해서인 것처럼 우리가 능동지성을 통해 이해한다는 것이 다른 하나이다. 그 이유를 보자. 마치 뜨거운 것은 그것이 현실적으로 뜨거운 한에서 〔자신의〕 뜨거움에 의해 〔다른 무엇인가를〕 뜨겁게 만드는 것처럼 우리가 어떤 것을 형상으로 하여 그것에 의해 작용하는 것은 바로 그것에 의해 우리가 어떤 무엇인가를 현실적인 것으로 만들 수 있는 한에서이다. 그 어떤 것도 현실태인 한에서가 아니면 행위하지 않기 때문이다(*Nihil enim agit nisi secundum quod est actu*). 그러므로 어떤 것으로 하여금 〔바로 그런 식으로〕 행위하거나 작용하게 하는 형상적 원리는 그 존재에서(*secundum esse*) 그 행위자와 결합되어야 마땅하다. 그러므로 존재에서 분리된 두 실체들 가운데 어느 하나가 다른 하나를 형상으로 하여 작용하는 것은 불가능하다. 그렇기 때문에 만약 능동지성이 그 존재에서 우리와 분리된 어떤 실체라면 그것을 형상으로 하여 우리가 이해하기를 하는 것은 불가능한 것이다. 단, 태양을 형상으로 하여 보는 것은 아니지만 태양의 빛 덕분에 우리가 보는 것이라고 말할 수 있는 것처럼, 그것〔즉, 그 존재에서 분리된 능동지성〕의 활동 덕분에 우리가 이해하기를 하는 것은 가능하다.

언급된 입장이 근거가 부실한 이유는, 〔그 입장을 위해〕 끌어들인 추론들이 필연적으로 그 입장으로만 귀결되지는 않기 때문이다. 이 점은 두 가지 면에서 분명하다. 첫째, 만약 그들이 주장하는 것처럼 능동지성이 분리된 실체라면, 능동지성과 관상되는 가지적 대상(*intelligibilia speculativa*)의 관계는 빛과 색들의 관계와 같은 것이 아니라 빛을 비추는 태양과 색들 사이의 관계 같은 것이 될 것이고, 따라서 관상되는 가지적 대상들을 수용함으로써 가능지성은 능동지성의 실체〔즉, 능동지성 자체〕와 결합되는 것이 아니라 능동지성의 어떤 산출물과 결합된다. 마치 눈은 색들을 수용하는 것을 통해 태양의 실체와 결합되는 것이 아니라 태양〔이 내뿜는〕 빛과 결합되는 것처럼 말이다. 둘째, 〔설령〕 관상되는 가지적 대상들을 수용함으로써 가능지성이 어떤 식으로든 능동지성의 실체 자체와 결합된다는 것을 인정한다손 치더라도, 이로부터 관상되는 가지적 대상들 모두, 즉 심상들로부터 추상된 것들과 증명의 원리들을 통해 얻어지는 것들 모두를 수용하는 것에 의해 〔가능지성이〕 능동지성의 실체와 완전하게 결합된다는 결론이 뒤따르는 것은 아니다. 만에 하나라도 그러한 관상된 가지적 대상들 전체가 바로 능동지성의 능력(*virtus*)과 실체에 다름이 아니라는 것이 증명된다면 또 모르지만, 그렇지 않다는 것은 분명하다. 왜냐하면 만약 능동지성이 분리된 실체일 경우 그것은 자연적 사물들 안에 있으면서 능동지성 자신에 의해 가지적인 것이 되는 모든 것들보다 존재의 질서에서 높은 등급에 속하기 때문이다.

또한 〔이 입장을 따르는〕 그들 자신이 어떻게 자신의 논증의 결함을 발견하지 못했는지 놀랍기만 하다. 왜냐하면 비록 그들은 하나나 둘 혹은 3개의 관상된 가지적 대상들을 통해 〔능동지성이〕 우리와 결합된다고 주장하기는 하지만, 이것 때문에 우리가 관상되는 가지적 대상들 모두를 이해해야 한다는 결론이 따라 나오는 것은 — 그들에 의하면 — 아니기 때문이다. 분명한 것은 분리된 실체들이 언급된 가지적인 것들 — 그들이 직관적으로 알려지는 것들이라고 부르는 — 전체를 능가하는 정도가, 함께 모인 그 〔가지적인 것들〕 전체가 그들 가운데 하나나 둘 혹은 그 일부를 능가하는 정도보다 훨씬 크다는 것이다. 왜냐하면 그 가지적인 것들 전부는 모두 하나의 종에 속하고 동일한 방식으로 가지적인데 비해, 분리된 실체들은 〔그 하나하나가〕 보다 상위의 종에 속하고 보다 우월한 방식으로 가지적이기 때문이다. 그러므로 만약 능동지성이 그러한 가지적인 것들을 산출해내는 형상이자 작용자이므로 우리와 결합한다고 한다면, 바로 그렇기 때문에라도 그것이 분리된 실체들을 이해하는 것이므로 우리와 결합된다는 결론은 나올 수 없다.

이 입장이 아리스토텔레스가 말하려는 의도에 반한다는 것도 분명하다. 그는 《니코마코스 윤리학》 I권에서[8] 행복은 덕을 위한 능력을 결여하지 않은 모든 사람에게 달성될 수 있는 공동선(*bonum commune*)

8) Aristoteles, *Eth. Nic.*, I, 1099b18-20.

이라고 말한다. 그런데 그들이 관상되는 가지적 대상이라고 말하는 것 모두를 이해하는 것은 어느 누구에게도 불가능하거나 혹은 극도로 드문 일이어서, 이생의 상태에서는 신이면서 인간이었던 그리스도를 제외하고는 그 누구에게도 결코 도달되지 않는다. 그러므로 인간의 행복을 위해 이것을 요구하는 것은 가능하지 않다. 그런데 《니코마코스 윤리학》 X권에서 철학자가 말한 것처럼,[9] 인간의 궁극적인 행복은 가장 고귀한 가지적 대상을 이해하는 데서 성립한다. 그러므로 인간의 행복이 바로 여기, 즉 가장 고귀한 가지적 대상인 분리된 실체를 이해하는 데서 성립하는 한, 그것을 이해하기 위해 사람들이 관상되는 가지적 대상 전체를 이해해야 할 필요는 없다.

다른 방식으로도 언급된 입장이 아리스토텔레스의 의도와 충돌한다는 것은 분명히 드러난다. 왜냐하면 《니코마코스 윤리학》 I권에서[10] 행복은 완전한 덕에 일치하는 작용(*operatio quae est secundum perfectum virtutem*)에서 성립한다고 말하기 때문이다. 그러므로 행복이 정확히 어디에서 성립하는지를 분명히 하기 위해서는 그 스스로가 《니코마코스 윤리학》 I장의 끝에서[11] 말하는 것처럼 모든 덕들 각각에 대해 규정할 필요가 있다. 〔아리스토텔레스〕 자신은 그들 가운데 어떤 것들을 도덕적 덕(*virtus moralis*)이라고 부르는데 용기(*fortitudo*)와 절제(*temperantia*) 같은 것들이 그것이다. 반면에 어떤 것들은 지적 덕(*virtus intellectualis*)이라고 하는데, 그에 의하면 여기에는 다섯 가지, 즉 지혜(*sapientia*)와 지식(*scientia*), 이해(*intellectus*), 사려(*prudentia*), 기예(*ars*)가 있고, 이들 가운데서 그는 지혜를 가장 중요하게 간주하여 《니코마코스 윤리학》 X권에서[12] 분명히 하고 있듯이 궁

9) Aristoteles, *Eth. Nic.*, X, 1177a12-21.
10) Aristoteles, *Eth. Nic.*, I, 1098a16-17.
11) Aristoteles, *Eth. Nic.*, I, 1103q3-10.

극적인 행복은 그것〔즉, 지혜〕의 작용에 있다고 말한다. 그런데 《형이상학》 서두에서[13] 명시되고 있듯이 지혜는 곧 제 1철학(*philosophia prima*) 자체이다. 그러므로 아리스토텔레스가 의도하는 바에 의하면 이생에서 획득될 수 있는 인간의 궁극적 행복은[14] 결합이라는 방식 — 이것은 누군가가 상상해 낸 것에 불과하다 — 을 통해서가 아니라 철학의 원리들을 통해 획득될 수 있는 분리된 실체에 관한 인식이라는 것이 분명하다.

이들 〔즉, 아리스토텔레스를 따르는 자들〕 중에서 이와는 다른 견해, 즉 인간의 영혼은 철학의 원리들을 통해 분리된 실체 자체를 이해하는 데 이를 수 있다고 하는 견해가 있었다. 그들은 실제로 그렇다는 것을 보여주기 위해 다음과 같이 논의를 전개했다. 인간 영혼은 자연적 사물들로부터 그들의 본질(*quidditas*)을 추상해 내어 그것들을 이해할 수 있다는 것은 분명하다. 이것은 우리가 어떤 물질적 사물들에 대해서 그것이 무엇인가를 이해할 때마다 일어나는 일이다. 그러므로 만약 추상된 그 본질이 순수한 본질이 아니라 본질을 지닌 어떤 것이라면, 우리의 영혼은 다시 한 번 그것〔즉, 그 안에 든 본질〕을 추

---

12) Aristoteles, *Eth. Nic.*, X, 1179a22-32. 이에 더해서 St. Thomas, *In Eth.*, X, lect 13 참조.

13) Aristoteles, *Metaph.*, 1, 982b7-10.

14) 〔역주〕 기독교를 바탕으로 하는 토마스 아퀴나스는 행복을 두 가지로 구분한다. 하나는 이생에서 추구되고 달성되는 조건적이고 잠정적이면서 불완전한 행복이고 다른 하나는 천상에서 도달되는 궁극적이고 최종적이며 완전한 행복이다. 본문에서 제시된 것처럼 아리스토텔레스가 《니코마코스 윤리학》에서 말하는 행복은 이 가운데 전자인 불완전한 행복에 해당한다. 이에 비해 천상에서의 궁극적 행복은 사변적 인식이라고 하는 인간의 본성적 능력의 완성을 통해서가 아니라 오직 영광의 빛에 의해서만(*per lumen gloriae*) 주어지는 것으로 이해된다. 이 구별에 대해서는 St. Thomas, *In De Trin.*, q. 6, a. 4, ad 3 참조.

상해 낼 수 있을 것이다. 그런데 이 과정이 무한히 계속될 수는 없기 때문에 어떤 단순한 본질을 이해하는 데 이르게 될 것이고, 그에 대한 고려를 통해 우리의 지성은 분리된 실체들—이것들은 사실상 단순한 본질 이외에 다른 것이 아니다—을 이해하게 된다.

하지만 이러한 추론은 전혀 충분한 것이 못된다. 우선, 물질적 사물들의 본질은 분리된 〔실체들의〕 본질과는 다른 종에 속하며, 〔그들과는〕 다른 존재양태를 지니기 때문이다. 그렇기 때문에 우리의 지성이 물질적 사물들의 본질을 이해한다는 사실로부터 〔우리의 지성이〕 분리된 본질들을 이해한다는 결론이 따르지는 않는다. 또한, 〔지성에 의해〕 이해된 여러 본질(*quidditas*)들은 종적으로 서로 다르다. 그렇기 때문에 어떤 한 물질적 사물의 본질을 이해하는 사람이라고 해서 다른 것의 본질을 이해하는 것은 아니다. 누군가가 돌이 무엇인지를 이해한다고 해서 동물이 무엇인지도 이해하는 것은 아닌 것이다. 그러므로 설령 분리된 본질들이 물질적 본질들과 같은 부류의 것이라는 점을 인정한다 할지라도, 이로부터 물질적 사물들의 본질들을 아는 사람은 분리된 실체들도 안다는 것이 따라 나오지는 않는다. 혹시 분리된 실체들이 바로 이들 감각적 사물들의 형상이라고 주장하는 플라톤의 견해[15]를 따른다면 또 모를까, 그렇지 않다면 말이다.

그러므로 이와는 달리 인간의 지적 영혼은 육체와의 결합으로 인해 심상들을 향하게 마련인 시각을 지니며, 따라서 심상들로부터 수용된 〔형〕상들을 통해서가 아니고서는 무엇인가를 이해할 수 있도록 하는 〔가지〕상을 얻지 못한다고 말해야만 한다. 그리고 이것은 《천상의 위계론》(*De caelesti hierarchia*) I권에 나오는[16] 디오니시우스의 말과

15) Plato, *Timaeus*, 52A; Aristoteles, *Metaph.*, I, 6, 987b1-14 참조.

16) Pseudo-Dionysius, *De cael. hier.*, I, 2. 이에 더해서 St. Thomas, *De veritate*, q. 18, a. 5, c; *In de Trin.*, q. 6, a. 3, c 참조.

도 일치한다. 그는 여러 가지의 신성한 베일로 가려지지 않은 채 신적 광선이 우리에게 비치는 것은 불가능하다고 말하기 때문이다. 그러므로 육체와 결합되어 있는 한, 영혼은 심상들로부터 획득한 형상들을 통해서 도달할 수 있는 만큼만 분리된 실체들에 대한 인식에 이를 수 있다. 하지만 분리된 실체들은 이러한 가지적 대상들〔을 통해 이해하기〕에 적합한 모든 정도를 넘어서기 때문에, 〔우리가 어느 정도〕 분리된 실체들이 무엇인가〔즉, 그들의 본질〕에 대해 이해를 얻을 수 있다는 그런 의미는 아니다. 단지 우리는 이런 방식으로 어느 정도는 분리된 실체들에 대해 그들이 존재한다는 것을 인식할 수 있다는 것이다.[17] 마치 뭔가 모자라는 결과로부터 〔그러한 결과가 가능하기 위해 필연적으로 요청되는〕 그보다 탁월한 원인에 도달함으로써 단지 그러한 원인자가 존재한다는 것을 아는 것처럼 말이다. 그리고 그것들이 탁월한 원인들이라는 것을 우리가 아는 한, 우리는 그것들이 그들의 결과들과 같은 그런 부류의 것이 아니라는 것을 안다. 이것은 그들이 무엇인가를 아는 것이라기보다는 오히려 그들이 무엇이 아닌가를 아는 것이다. 이런 식으로는 우리의 지성이 분리된 실체들을 이해할 수 있다는 것이 어느 정도 참이다. 우리가 물질적 사물들로부터 추상해 낸 본질들을 이해할 수 있는 한, 우리의 지성은 바로 그 본질들〔에 대한 앎〕을 참조함으로써, 질료로부터 추상된 본질들이 비물질적인 것과 마찬가지로 분리된 실체들도 그러하다는 것을 이해하는 것이다. 이렇게 우리 지성의 면밀한 숙고를 통해서 우리는 분리된 실체들의 가지적인 부분에 대한 인식에 이를 수 있다. 이생에서 우리는 분리된 실체들이 무엇인지를 이해하는 식으로는 그것들을 인식할 수

---

17) Aristoteles, *Anal. Post.*, I, 78a22; St. Thomas, *De veritate*, q. 10, a. 11, ad 5; *In Boet. de Trin.*, q. 6, a. 3; *SCG.*, III, c. 41; *ST.*, I, q. 88, a. 2, ad 2; *De malo.*, q. 16, a. 11 참조.

없고, 단지 그것들이 무엇이 아닌가를 이해하는 식으로만 그것들을 인식할 수 있다는 것은 전혀 이상한 일이 아니다. 왜냐하면 천상물체들의 본질과 본성들에 대해서조차도 우리는 〔그런 식으로밖에는 이해하지 못하며〕 그와 다른 방식으로는 이해할 수 없기 때문이다. 아리스토텔레스가 《하늘과 땅에 관하여》(*De caelo et mundo*) I권에서[18] 천상물체들은 무겁거나 가볍거나 한 것들이 아니고, 생성되거나 소멸되는 것들도 아니며, 대립자들을 갖는 것들도 아니라는 점을 보여주면서 말하려는 것도 바로 그것이다.

반론 1에 대한 대답: 인간 영혼의 본성적 가능성이 미치는 목적은 언급된 방식으로 분리된 실체들을 이해하는 것이다. 이것은 육체와 결합되었다는 것 때문에 방해받지 않는다. 그리고 단적으로 말해서 인간이 자연적으로 도달할 수 있는 궁극적인 행복도 분리된 실체들에 대한 그러한 인식에 있다.

반론 2에 대한 대답도 이로부터 분명히 알 수 있다.

반론 3에 대한 대답: 가능지성은 점점 더 많은 것들을 이해하는 것에 의해 가능태에서 현실태로 계속 실현되기는 하지만, 그럼에도 불구하고 그러한 실현 혹은 발생의 목적은 최고의 가지적인 것, 즉 신적 본질을 이해하는 데 있다. 그런데 자연적인 것들을 통해서는 여기에 도달할 수 없고, 오직 은총에 의해서만 도달할 수 있다.

반론 4에 대한 대답: 동일한 〔부류의〕 것에 대해서일 경우라면, 〔이

---

18) Aristoteles, *De caelo.*, I, 269b30, 270a12-22.

미〕 분리되어 있는 것을 이해하는 것보다 〔아직 분리되지 않은 상태에서〕 분리되게 만들어 그것을 이해하는 것이 더 어렵다. 그러나 만약 서로 다른 〔종류의〕 것들에 대해서라면 반드시 그런 것은 아니다. 분리되어 있는 어떤 것을 단지 이해하기만 하는 것이 〔그와는〕 다른 〔종류의〕 어떤 것을 추상해내어서 이해하는 것보다 훨씬 더 어렵기 때문이다.

반론 5에 대한 대답: 감각은 탁월한 감각가능대상들(*sensibilium excellentium*)과 관련해서 이중의 결함이 생긴다. 하나는, 그것이 감각능력으로 파악할 수 있는 적절한 영역을 넘어서 있으므로 감각이 〔그것을 현실적으로〕 파악할 수 없기 때문〔에 생기는 결함〕이다. 다른 하나는 탁월한 감각가능대상 이후에 그보다 정도가 덜한 감각가능대상을 지각하지 못하기 때문〔에 생기는 결함〕인데, 이것은 〔앞서 마주친 탁월한 대상으로부터의 충격으로 인해〕 감각기관이 손상된 데서 비롯된다. 이에 비추어 볼 때, 비록 지성은 탁월하게 가지적인 것들로 인해 손상을 받을 수 있는 기관을 지니지는 않지만, 여전히 탁월하게 가지적인 어떤 것은 이해하기를 하는 우리 지성의 능력을 능가할 수 있다. 그러한 부류의 가지적인 것들, 즉 육체와 결합되어 있기 때문에 본성상 심상들로부터 분리해 낸 가지상들을 통해서만 〔그 작용이〕 완수되도록 되어 있는 지성의 능력을 능가하는 것들이 바로 분리된 실체들이다. 그럼에도 불구하고 만약 우리의 지성이 분리된 실체들을 이해할 수 있다면, 다른 것들〔예를 들어 물질적 실체들〕에 대해서는 그보다 덜 혹은 못하게 이해하는 것이 아니라 그보다 더 잘 이해할 수 있을 것이다.

반론 6에 대한 대답: 위에서 보여준 것처럼 물질적 사물들로부터 추상된 본질들은 우리들로 하여금 분리된 실체들이 무엇인지를 인식하게끔 해주는 수단이기에는 충분하지 못하다.

반론 7에 대한 대답: 반론 7에 대한 대답도 이와 비슷하게 말할 수 있다. 앞서 언급한 것처럼 〔원인을 반영하기에는〕 부족한(*deficientes*) 결과들은 그것을 통해 원인이 무엇인지를 알려주는 수단으로서는 충분하지 못하다.

반론 8에 대한 대답: 우리의 가능지성은 자신의 본질을 이해함으로써 직접 자기 자신을 아는 것이 아니라 심상들로부터 수용된 가지상들을 통해서 〔간접적으로〕 안다. 이 때문에 철학자는 《영혼론》 III권에서[19] 가능지성도 다른 것들〔이 가지적인 방식〕과 마찬가지 방식으로 가지적이라고 말하고 있다. 그렇게 되는 이유는 《형이상학》 IX권에서[20] 말하는 것처럼 모든 것은 가능태인 한에서가 아니라 현실태인 한에서 가지적이기 때문이다. 그러므로 가능지성은 단지 가능적으로만 가지적 존재일 수 있기 때문에, 다른 모든 것들이 자신의 형상을 통해 알려지듯이 〔가능지성도〕 자신이 지닌 형상—자신을 〔가지적으로〕 현실화시키는—에 의해서가 아니면 이해될 수 없는데, 이 형상이 바로 심상들로부터 수용한 가지상이다. 그리고 대상을 통해 행위가, 행위를 통해 능력이, 자신의 능력들을 통해 영혼이 알려진다는 사실은 영혼의 모든 능력들에게 공통으로 적용된다. 그러므로 이에 따라 지적 영혼도 자신이 지닌 가지성에 의해 알려진다. 그런데

---

19) Aristoteles, *De anima*, III, 430a2-3. 이와 병행해서 St. Thomas, *In De anima.*, III, lect. 3; *SCG.*, II, c. 98; III, c. 46 참조.

20) Aristoteles, *Metaph.*, IX, 1051a29-33. 이에 더해서 St. Thomas, *In De anima.*, III, lect. 3 참조.

심상들로부터 수용된 가지상은 분리된 실체의 형상이 아니므로, 그것을 통해 〔그것을 대상으로 자신의 작용을 수행하는〕 가능지성은 어느 정도 알려질 수 있지만, 그것을 통해 〔분리된 실체가〕 알려질 수 있는 것은 아니다.

반론 9에 대한 대답: 두 가지 이유에서 〔반론의〕 그 주장은 전혀 유효하지 않다. 첫째, 가지적인 것들이 그것을 이해하는 지성들 때문에 존재하는 것이 아니다. 오히려 가지적인 것들은 지성들의 목적들이자 완성들이다. 그러므로 만약 어떤 가지적 실체가 다른 어떤 지성에 의해 이해되지 않는다고 해서, 이로부터 그것이 헛되다는 결론이 나오지는 않는다. 왜냐하면 헛되다는 것은 〔성취되지 않는 목적에게가 아니라〕 성취되지 못하는 목적을 향하는 자에게 말하는 것이기 때문이다. 둘째, 분리된 실체는 비록 육체와 결합된 한에서 우리의 지성에 의해서는 이해되지 않지만, 〔다른〕 분리된 실체들에 의해서는 이해될 수 있기 때문이다.

반론 10에 대한 대답 : 시각이 받아들이는 형상은 가멸적인 것이든 불가멸적인 것이든 간에 모든 육체들에 대한 유사상일 수 있다. 그러나 가능지성이 받아들이는 것, 즉 심상들로부터 추상된 형상은 분리된 실체들에 대한 유사상이 아니다. 그러므로 〔대상에 대한 시각과 지성의 관계는〕 유사하지 않다.

제17문

분리된 영혼은 분리된 실체를 이해할 수 있는가*

열일곱 번째 문제는, 분리된 영혼은 분리된 실체를 이해할 수 있는가 하는 것이다.

반론 1: 그럴 수 없다고 보인다. 보다 더 완전한 작용은 보다 더 완전한 실체에게 속하기 때문이다. 그런데 육체와 결합된 영혼은 분리된 영혼보다 더 완전하다고 보인다. 알다시피, 모든 부분은 〔자신을 부분으로 하는〕 전체에 결합되었을 때가 그와 분리되었을 때보다 더 완전하기 때문이다. 그러므로 만약 육체와 결합된 영혼이 분리된 실체를 이해할 수 없다면, 육체와 분리된 영혼 역시 그럴 수 없을 것이다.

반론 2: 그뿐 아니다. 우리의 영혼이 분리된 실체들은 인식한다면 그것은 본성에 의해서거나 아니면 오직 은혜를 통해서일 것이다. 만약 본성에 의해서라면, 육체와 결합되는 것이 영혼의 본성이기 때문에 육체와의 결합으로 인해 분리된 실체들을 인식하지 못하도록 방해받지는 않을 것이다. 그러나 만약 은혜를 통해서라면, 모든 분리된

---

* 병행문헌: *SCG.*, III, c.45; *ST.*, I, q.89, a.2; *Quodl.*, III, q.9, a.1.

영혼들이 은혜를 받는 것은 아니기 때문에, 적어도 모든 분리된 영혼들이 분리된 실체들은 인식하는 것은 아니라는 결과가 따른다.

반론 3: 그뿐 아니다. 영혼이 육체와 결합되는 것은 육체 안에서 지식과 덕에 의해 완성되기 위해서이다. 그런데 영혼의 최상의 완성은 분리된 실체들에 대한 인식에 있다. 그러므로 만약 분리된 영혼 혼자만으로도 분리된 실체들을 인식한다면, 영혼이 육체에 결합되는 것은 아무 까닭 없는 일이 되고 말 것이다.

반론 4: 그뿐 아니다. 만약 분리된 영혼이 분리된 실체를 인식한다면, 그 인식은 그것〔즉, 분리된 실체〕의 본질(*essentia*)을 통해서 일어나든지 아니면 〔그들로부터 추상해 낸〕 그것의 형상(*species*)을 통해서 일어나야만 할 것이다. 그런데 분리된 실체의 본질을 통해서는 아니다. 왜냐하면 분리된 실체의 본질은 분리된 영혼 같은 것이 아니기 때문이다. 마찬가지로 그것의 형상을 통해서도 아니다. 왜냐하면 분리된 실체들은 단순하기 때문에 그것들로부터 형상을 추상해 내는 것이 가능하지 않기 때문이다. 그러므로 분리된 영혼은 어떤 식으로든 분리된 실체들을 인식할 수는 없다.

반론 5: 그뿐 아니다. 만약 분리된 영혼이 분리된 실체를 인식한다면, 그 인식은 감각에 의하든지 아니면 지성에 의할 것이다. 그런데 그것에 대한 인식이 감각에 의한 것이 아니라는 것은 분명하다. 분리된 실체들은 감각될 수 있는 것들이 아니기 때문이다. 마찬가지로, 지성에 의한 것일 수도 없다. 〔인간의〕 지성은 개체에 대한 〔인식을 지닐 수 있는〕 것이 아닌 반면에,[1] 분리된 실체들은 모두 〔개체성만 지녔을 뿐 그 안에 보편성을 지니지 않은〕[2] 개체들이기 때문이다. 그러므로 분리된 영혼은 어떤 식으로든 분리된 실체를 인식할 수 없다.

반론 6: 그뿐 아니니다. 우리 영혼의 가능지성과 천사들 사이의 차이가 가능지성과 우리의 구상력 사이의 차이보다 훨씬 더 크다. 왜냐하면 구상력과 가능지성은 영혼의 동일한 실체에 근거하는 것들이기 때문이다. 그런데 구상력은 가능지성을 결코 이해하지 못한다. 그러므로 우리가 지닌 가능지성 역시 분리된 실체들을 결코 이해할 수 없다.

반론 7: 그뿐 아니니다. 의지가 선(*bonum*)을 향하는 것처럼, 지성은 참(*verum*)을 향한다. 그런데 분리된 영혼들 가운데 어떤 것들, 즉 정죄된 영혼들의 의지는 선을 향하도록 질서지어질 수 없다. 그러므로 그들의 지성도 결코 참을 향해 질서지어질 수는 없다. 그런데 이것〔참을 향해 질서지어지는 것〕은 지성이 분리된 실체들을 인식하는 데서

---

1) 〔역주〕 인간 지성이 개체들에 대한 인식을 지닐 수 없다는 것은 개체들에 대해 전혀 알 수 없다는 의미가 아니다. 인간 지성에게 적절한 인식방식은 추상(*abstratio*), 즉 대상인 개체들로부터 보편자들을 추상해내어 그것을 통해 다시금 개체들을 이해하는 방식이며, 따라서 개체들을 개체로서 직접 이해하는 것이 아니라 개체들을 보편자로, 즉 보편자를 통해서 개체들을 이해한다. 그러므로 지성이 개체들을 이해하는 것은 그것이 지닌 보편적 측면이다.

2) 〔역주〕 물질유의 개체성은 보편자가 개체화된 그런 개체성이므로, 여러 개체들 사이에 공통적인 보편적 형상을 말할 수 있고, 또 그들로부터 그러한 보편적 형상을 추상해내어 보편자 혹은 개념을 형성할 수 있다. 하지만 분리된 실체들의 개체성은 보편자가 개체화된 그러한 개체성이 아니라 단순하고 단일한 개체성이다. 분리된 실체들이 무엇인가 하는 규정성의 질서에서, 분리된 실체들 각각이 지닌 개체성과 고유성은 다른 분리된 실체들과 공유하는 것을 바탕으로 하는 개체성이 아니라 오직 그 자신만의 것인 것이다. 그러므로 이들로부터는 그 어떤 공통성의 추상도 이뤄질 수 없고, 따라서 그러한 추상을 자신의 고유한 이해작용능력으로 하는 인간 지성의 적절한 대상이 될 수 없다.

가장 최고로 달성되는 그런 것이다. 그러므로 모든 분리된 영혼이 분리된 실체들을 인식할 수 있는 것은 아니다.

반론 8: 그뿐 아니다. 앞서 언급한 것처럼[3] 철학자들에 의하면 궁극적 행복은 분리된 실체들을 이해하는 데 있다고 간주된다. 그러므로 만약 이생에서 살아있는 우리로서는 이해할 수 없는 분리된 실체들을 정죄된 자들의 영혼이 이해한다면, 정죄된 자들이 우리들보다 행복에 더 가까이 있다는 말이 되는데, 이는 적절치 않아 보인다.

반론 9: 그뿐 아니다. 《원인론》(*De causis*)에서[4] 말하고 있듯이 하나의 지성체는 자신의 실체〔에 대한 이해〕를 통해서 다른 지성체를 이해한다. 그런데 《영혼론》 III권에서[5] 말하는 것처럼 가능지성은 심상들로부터 수용된 형상을 통해서가 아니고서는 자기 자신을 이해할 수 없기 때문에, 분리된 영혼은 자신의 실체를 인식할 수 없을 것이라고 생각된다. 그러므로 분리된 영혼은 다른 분리된 실체들을 이해할 수 없다.

반론 10: 그뿐 아니다. 인식방식에는 두 가지가 있다. 하나는 나중 것들로부터 앞선 것들〔에 대한 인식〕에(*a posterioribus in priora*) 이르는 방식이며, 이런 식으로 우리는 그 자체로서 덜 가지적인 것들에 의해 그 자체로서 더 가지적인 것들을 인식하게 된다. 다른 하나는 앞선 것들로부터 나중 것들〔에 대한 인식〕에(*a prioribus in posteriora*) 이르는 방식으로서, 이렇게 해서 우리는 그 자체로서 더 가지적인 것

---

3) 이 책 제16문 '나의 대응' 둘째 문단 참조.

4) *Liber De causis*, prop. 7(또는 8), 16-20.

5) Aristoteles, *De anima*, III, 430a2-9.

들에 대한 인식을 먼저 지니게 된다. 그런데 분리된 영혼 안에는 첫째 방식의 인식이 있을 가능성이 없다. 왜냐하면 그 방식은 우리가 감각으로부터 인식을 수용하는 한에서만 우리에게 적합한 방식이기 때문이다. 그러므로 분리된 영혼은 둘째 방식에 의해, 다시 말해 앞선 것들로부터 나중 것들에 이르는 방식으로 이해하기를 하며, 따라서 영혼에게는 그 자체로서 더 가지적인 것들이 먼저 알려진다. 그런데 최고로 가지적인 것은 신의 본질(*essentia divina*)이다. 그러므로 만약 분리된 영혼이 본성적으로 분리된 실체들을 인식할 수 있다면, 그들은 오직 자신의 본성 만에 의해서 신적 본질을 볼 수 있을 것인데, 이것〔즉, 신의 본질을 보는 것〕이야말로 바로 영원한 삶(*vita aeterna*)이다. 그런데 이것은 "영생은 신의 은총"(*Gratia Dei vita aeterna*)이라고 《로마서》 6장에서[6] 말하는 사도의 말과 충돌한다.

반론 11: 그뿐 아니다. 하위의 분리된 실체가 다른 분리된 실체들을 이해하는 것은 오직 상위의 분리된 실체들에 대한 인상(*impressio*)이 하위의 것 안에 있는 한에서이다. 그런데 분리된 실체들에 대한 인상은 분리된 실체들 안에서보다 분리된 영혼 안에서 훨씬 불완전하게 존재한다. 그러므로 분리된 영혼은 분리된 실체를 이해할 수 없다.

이와는 반대로(*Set Contra*): 유사한 것은 유사한 것에 의해 인식된다(*simile simili cognoscitur*). 그런데 분리된 영혼은 분리된 실체이다. 그러므로 분리된 실체들을 이해할 수 있다.

나의 대응: 신앙이 옹호하는 바에 따를 때, 분리된 영혼은 분리된

6) 신약성경, 《로마서》 6장 23절.

실체들을 인식한다고 말하는 것이 적절해 보인다. 분리된 실체들은 천사(*angelus*)들과 악령(*daemon*)들이라고 말하는데, 인간의 분리된 영혼은 악한 자들의 것이든 선한 자들의 것이든 그들의 무리에 속하기 때문이다. 그런데 정죄된 영혼들이 자신이 속하는 무리이자 영혼들에게 공포심을 불러일으키는 존재인 악령들에 대해 알지 못하는 일은 있을 법하지 않아 보이며, 나아가 선한 자들의 영혼이 자신들을 기쁘게 하는 무리인 천사들에 대해 알지 못한다는 것은 더더욱 있을 법하지 않아 보인다.

그리고 분리된 영혼이 어떤 식으로든 분리된 실체들을 인식하는 일이 일어나는 것은 〔그렇지 않은 경우보다〕 합리적이다. 그 이유는 이렇다. 육체와 결합된 인간 영혼의 경우는 육체와의 결합 때문에 〔영혼보다〕 하위의 것들로 정향된 시각을 지닌다. 그렇기 때문에 그 영혼은 하위의 것들로부터 수용한 것, 즉 심상들로부터 추상된 형상들을 통해서가 아니고서는 완성되지 않는다. 따라서 언급된 〔즉, 심상들로부터 추상된〕 형상에 의해 인도되지 않는 한, 앞에서도 말한 것처럼[7] 영혼은 자기 자신에 대한 인식에도 다른 것들에 대한 인식에도 이를 수 없다. 그런데 영혼이 마침내 육체로부터 분리될 때는, 그것의 시각이 더 이상 하위의 것들로부터 〔형상을〕 수용하기 위해 그들에게로 향하지 않으며, 심상들—그때에는 영혼에게 심상은 결코 주어지지 않을 것이다—을 참조하지 않고도 상위실체들로부터 영향을 수용할 수 있을 만큼 절대적·독자적(*absolutus*)이고, 이런 종류의 영향을 통해 영혼은 현실화될 것이다. 그렇게 해서 〔분리된〕 영혼은 자신의 본질을 관찰함으로써 자기 자신을 직접 인식하지, 〔육체와 결합된〕 지금 그렇게 하는 것처럼 〔추상 등의 과정을 통해 얻어지는〕 나중

---

7) 이 책 제16문 '나의 대응' 열두 번째 문단이자 마지막 문단의 초반부 참조.

것들에 의해(*a posteriori*)[8] 아는 것은 아니다. 그런데 〔분리된〕 영혼 자신의 본질은 분리된 지적 실체들의 유(*genus*)에 속하며, 그 유에 속하는 것들 모두는 자립하는 형상(*forma subsistens*)들이기 때문에 비록 그들 가운데 최하위의 것일지언정 존재〔와 작용〕에서는 그들과 동일한 방식을 지니게 된다. 그러므로 분리된 실체들 가운데 어느 하나가 다른 것을 인식하는 것은, 알려지는 대상 자신에 의한 영향에 의해서이든 아니면 그 둘 〔즉, 대상과 인식주체〕 모두의 공통원인인 보다 상위의 어떤 실체의 영향에 의해서이든 간에 〔인식주체인〕 그 하나 안에 〔대상인〕 다른 실체에 대한 어떤 유사상이 존재하는 한에서, 〔주체인 그 하나가〕 자기 자신의 실체를 관찰하는 것에 의해서인 것처럼, 분리된 영혼 역시 분리된 실체들로부터이든 아니면 보다 상위의 원인자, 즉 신으로부터이든 간에 그로부터 〔자신 안에〕 수용된 영향 덕분에 자신의 본질에 대한 직접적인 관찰을 통해 분리된 실체들을 인식할 것이다. 그럼에도 불구하고 분리된 영혼이 분리된 실체들을 인식하는 것은 분리된 실체들 서로가 서로를 인식하는 것처럼 자연적인 방식의 인식에 의해 완전하게 이뤄지는 것이 아니다. 영혼은 분리된 실체들의 유(*genus*) 가운데 최고로 미약한 존재이므로, 흘러나오는 가지적인 빛을 최고로 빈약하게만 수용하기 때문이다.

반론 1에 대한 대답: 어느 면에서는, 다시 말해 종적 본성에서는 육체와 결합된 영혼이 분리된 영혼보다 더 완전하다. 그러나 지적인 활동에 관한 한, 육체와 분리된 영혼은 육체와 결합되어 있는 동안에는 지닐 수 없는 완전함을 지닌다. 이것은 앞뒤가 맞지 않는 불합리한 것이 결코 아니다. 지적 작용은 영혼이 육체와의 관계성(*proportio*)

8) *SCG.*, II, c. 98 참조.

을 넘어서는 한에서 영혼에게 속하기 때문 — 왜냐하면 지성은 그 어떤 육체적 기관의 활동도 아니기 때문에 — 이다.

반론 2에 대한 대답: 우리는 본성에 따라 분리된 영혼에 속하는 인식에 대해 말해야만 한다. (만약 은혜로 그에게 주어지는 인식에 대해서 말한다면, 〔영혼은〕 인식방식에서 천사와 동등하게 간주될 수 있기 때문이다.) 그런데 앞서 설명된 방식으로 〔즉, 분리된 실체들로부터의 영향에 의하는 방식으로〕 영혼이 분리된 실체를 인식하는 그런 인식은 무조건적으로가 아니라 오직 분리된 한에서의 영혼에게만 본성적이다. 따라서 〔육체와〕 결합된 한에서는 영혼에게 적합한 그런 인식은 아니다.

반론 3에 대한 대답: 인간 영혼의 자연적 인식의 궁극적인 완성은 분리된 실체를 이해하는 것이다. 그런데 영혼은 육체 안에서 열심/노력을 통해서 그리고 특히 그 대가를 통해서 이러한 인식을 위해 정비됨으로써 〔자신이〕 소유해야만 하는 이 인식에 보다 더 완전하게 도달할 수 있다. 그러므로 육체와의 결합이 공연한 것은 아니다.

반론 4에 대한 대답: 분리된 영혼이 분리된 실체를 인식하는 것은 그 〔실체의〕 본질을 통해서가 아니라 그에 대한 〔가지〕상(*species*)과 유사상(*similitudo*)을 통해서이다. 그런데 반드시 알아야만 하는 것이 있다. 어떤 대상을 인식하도록 해주는 수단인 〔가지〕상이 언제나 반드시 그 〔가지〕상을 통해 이해되는 대상물 〔자체〕로부터 추상되는 것은 아니라는 점, 오직 인식하는 자가 〔가지〕상을 사물로부터 획득하는 바로 그런 때에만 그렇다는 점이 바로 그것이다. 그리고 〔대상으로부터 추상되어〕 획득된 이 가지상들은 〔그것을 통해〕 인식되는 사물 안에서보다는 인식하는 자 안에서 보다 더 단순하고 비물질적이다.

그런데 만약 그 반대의 경우, 즉 인식되는 사물이 인식하는 자보다 더 비물질적이고 더 단순하다면, 그때는 인식하는 자〔의 지성〕 안에 있는 인식되는 사물에 대한 가지상은 〔인식자에 의해 능동적으로〕 '추상된 것'(*abstracta*) 이라고 말하기보다는 오히려 〔인식자에게 일방적으로〕 '각인된 것'(*impressa*) 혹은 '주입된 것'(*influxa*) 이라고 해야 할 것이다. 이 문제〔즉, 반론 4의 문제〕가 바로 그런 경우이다.

반론 5에 대한 대답: 개별적이라고 해서 우리 지성의 인식과 모두 상충하는 것은 아니다. 이러저러한 〔구체적인〕 질료에 의해 개별화되는 한에서만 상충한다. 우리 지성의 가지상은 질료에서 벗어난 것이어야만 하기 때문이다. 그러므로 만약 어떤 개체가 종의 본성이 질료에 의해 개체화된 그런 것이 아니고, 그들 하나하나 각각이 비물질적으로 자립하는 종적 본성이라면, 그들 하나하나가 그 자체로서 가지적일 것〔즉, 지성에 알려질 수 있을 것〕이다. 그런데 분리된 실체들이 바로 이런 종류의 개체들이다.

반론 6에 대한 대답 : 주체의 측면에서는 구상력과 인간의 가능지성이 인간의 가능지성과 천사의 지성〔의 경우〕보다 더 일치한다. 비록 종(*species*) 과 형상(*ratio*) 의 측면에서는 이들〔즉, 인간의 가능지성과 천사의 지성〕이 훨씬 더 — 왜냐하면 둘 모두 지성적 존재에 속하기 때문에 — 일치하지만 말이다. 그런데 행위는 그것의 주체의 측면에서 비롯되는 형상이 아니라 자신의 종적 본성에 입각한 형상을 따른다. 그러므로 행위에서의 유사성과 관련된 논의에서는, 동일한 주체 안에 있는 종적으로 다른 두 형상들 사이의 유사성보다 서로 다른 실체들 안에 있는 종적으로 동일한 두 형상들 사이의 유사성에 보다 더 주의를 기울여야만 한다.

반론 7에 대한 대답: 정죄된 자들은 궁극적 목적으로부터 멀어지게 되어 있다. 그러므로 그들의 의지는 이 질서〔즉, 궁극적 목적을 향하는가〕에 따라 볼 때는 선한 상태에 있지 않다. 그럼에도 불구하고 그 의지는 어떤 선을 지향한다. (왜냐하면 디오니시우스가 《신명론》 IV장에서[9] 말하듯이 심지어 악령이라 할지라도 선과 최선을, 즉 존재하고(*esse*) 살고(*vivere*) 이해하기(*intelligere*)를 갈망하기 때문이다.) 하지만 이 선은 최상의 선으로 인도하지 않는다. 그러므로 그들의 의지는 비뚤어진 것이다. 따라서 정죄된 자들의 영혼으로 하여금 많은 참된 것들을 이해하지 못하도록 막는 것은 아무것도 없지만, 그렇다고 해서 그것을 봄으로써 그들이 행복한 자들이 되는 바로 그 제 1진리, 다시 말해 신을 알 수 있는 것은 아니다.

반론 8에 대한 대답: 인간의 궁극적 행복은 다른 어떤 피조물들을 인식하는 데 있는 것이 아니라 오직 신을 인식하는 데 있다. 그러므로 아우구스티누스는 《고백론》에서[10] "당신을 아는 자는 복이 있습니다. 설령 그것들(즉, 피조물들)에 대해서는 모르더라도 말입니다"라고 말하며, 또한 "만약 그것들에 대해 안다 할지라도 당신을 모르면 복된 자가 아닙니다. 그런데 당신과 그것들을 모두 아는 자는, 그것들〔을 알기〕 때문에 더 복된 자인 것이 아니라, 오직 당신 때문에 복된 자일 뿐입니다"라고 말한다. 그러므로 비록 어떤 정죄된 자들〔의 분리된 영혼〕이 우리가 모르는 것들을 많이 안다 할지라도, 그들은 우리보다 참된 행복으로부터는 더 멀리 떨어져 있다. 우리는 그것에 도달할 수 있지만, 그들은 그럴 수 없기 때문이다.

---

9) Pseudo-Dionysius, *De div. nomin.*, IV, 23. 이외에도 St. Thomas, *De malo*, q. 16, a. 3, c 참조.

10) Augustinus, *Conf.*, V, c. 4, n. 7.

반론 9에 대한 대답: 언급한 것처럼, 인간 영혼이 분리되었을 때 자기 자신을 인식하는 방식은 〔분리되지 않은〕 현재 상태에서의 〔자기 자신을 인식하는〕 방식과 다르다.

반론 10에 대한 대답: 그 자체로서 더 잘 알려지는 것들을 더 잘 인식하는 그런 인식방식이 분리된 영혼에게는 더 적합하지만, 그럼에도 불구하고 이로부터 분리된 영혼이든 아니면 피조물이면서 동시에 분리된 다른 어떤 실체이든 간에 자신의 본질을 통해서 그리고 자신이 지닌 본질적인 능력을 통해서 신을 볼 수 있다는 결론이 따라 나오지는 않는다. 마치 분리된 실체들은 물질적 실체들과는 다른 존재양태(*alterius modi esse*)를 지니는 것과 마찬가지로, 신은 분리된 실체들 모두와는 다른 존재양태를 지니기 때문이다. 물질적 사물들 안에서는 그들 중 어떤 것도 다른 것과 동일시될 수 없는 세 요소가 고려되어야만 하는데, 이것은 곧 개체(*individuum*), 종적 본성(*natura speciei*) 그리고 존재(*esse*)이다. 그 이유를 보자. 이 〔개별적인〕 인간이 곧 자신의 〔종적 본성인〕 인간성(*humanitas*)이라고 말할 수는 없다. '인간성'은 오직 종의 원리들로 구성되는 반면, '이 인간'은 종의 원리 위에 개별화의 원리들을 더하는 것이며, 그에 따라 종적 본성이 이 구체적인 질료 안에 수용되어 개별화되는 것이기 때문이다. 마찬가지로 인간성은 또한 인간의 존재 자체(*ipsum esse hominis*)인 것도 아니다. 그런데 비물질적 존재인 분리된 실체들의 경우, 종적 본성이 개별화된 어떤 질료 안에 수용되는 그런 것이 아니라 그 종적 본성이 그 자체로서 자립적으로 존재한다. 따라서 이들에게서는 본질을 지니는 것과 본질 자체가 다르지 않다. 그러나 그럼에도 불구하고 이들에게서도 존재(*esse*)와 본질(*quidditas*)은 여전히 다르다. 하지만 신은 자립적으로 존재하는 자신의 존재 자체(*ipsum suum esse subsistens*)이다. 따라서 물질적 본질들을 인식하는 방식으로는 우리가 분리된 실체들을 인식할 수 없는 것처럼, 분리된 실체들은 자신의 실체에 대한 인식을 통해 〔자신의 그러한 인식방식에 적합한 존재양태를 초월해 있는〕 신의 본질을 인식할 수는 없다.

반론 11에 대한 대답: 분리된 실체들에 대한 인상들은 분리된 영혼 안에 불완전하게 수용된다는 점에서 따라 나오는 결론은 분리된 영혼이 그것들을 불완전하게 인식한다는 것이지 그것들을 결코 인식할 수 없다는 것은 아니다.

제18문

분리된 영혼은 모든 자연적 사물들을 인식할 수 있는가*

열여덟 번째 문제는, 분리된 영혼은 모든 자연적 사물들을 인식할 수 있는가 하는 것이다.

반론 1: 그럴 수 없다고 보인다. 아우구스티누스가 말한 것처럼[1] 악령들은 오랜 세월에 걸친 경험을 통해 많은 것들을 인식한다. 하지만 영혼은 분리된 후에 곧 그러한 〔오랜 동안의〕 경험을 가질 수 없게 된다. 그러므로 디오니시우스가 《신명론》(*De divinis nominibus*)에서 말한 것처럼[2] 자연적으로 주어진 능력들이 〔영혼에서보다〕 악령들 안에 더 분명하고 명료하게 남아 있기 때문에, 악령들이 지니는 이해력이 영혼의 것보다 더 예리하며, 그렇기 때문에 분리된 영혼은 모든 자연적 사물들을 인식하지는 못한다고 보인다.

---

* 병행문헌: *SCG.*, II, c. 101; *ST.*, I, q. 89, a. 3 and 8; II-II, q. 83, a. 4, ad 2; *In IV Sent.*, d. 45, q. 3, a. 1, ad 1 and 2; d. 50, q. 1, a. 4, ad 1; *De anima*, q. 20, ad 3.

1) Augustinus, *De divinatione. daemonunt*, c. 3, n. 7 (PL, 40, 584).

2) Pseudo-Dionysius, *De div. nom.*, IV, 23.

반론 2: 그뿐 아니다. 육체와 결합되어 있을 때는 영혼이 모든 자연적인 것들을 인식하지 못한다. 그러므로 만약 육체에서 분리된 영혼들이 모든 자연적인 것들을 인식한다면, 그러한 앎은 분리 이후에 획득한 것이라고 보인다. 그런데 영혼들은 자연적인 것들 일부에 대한 앎을 이생에서 획득한다. 그러므로 동일한 것들에 대해서 영혼은 분리된 이후에 이중의 앎—하나는 여기〔즉, 이생〕에서, 다른 하나는 거기서 〔즉, 분리된 후에〕 획득한—을 갖게 될 것이다. 그런데 이것은 불가능하다. 하나의 동일한 인식주체 안에 동일한 종에 대한 2개의 형상이 있을 수는 없기 때문이다.

반론 3: 그뿐 아니다. 유한한 능력은 결코 무한한 것에 미칠 수 없다. 그런데 분리된 영혼의 능력은 유한하다. 그것의 본질이 유한하기 때문이다. 그러므로 그것은 무한한 것에 이를 수 없다. 그런데 〔영혼에 의해〕 이해되는 자연적인 것들은 무한하다. 수와 모양 그리고 관계들의 〔가지〕상들은 무한하기 때문이다. 그러므로 분리된 영혼은 모든 자연적인 것들을 인식할 수 없다.

반론 4: 그뿐 아니다. 모든 인식은 인식하는 자와 인식되는 것 사이의 동화(*assimilatio*)에 의해 이뤄진다. 그런데 분리된 영혼은 비물질적이기 때문에 물질적 사물인 자연적인 것들과 같아지는 것은 불가능하다고 생각된다. 그러므로 영혼이 모든 자연적인 것들을 인식하는 것은 가능해 보이지 않는다.

반론 5: 그뿐 아니다. 가능지성과 가지적인 것들의 관계는 제1질료와 감각적인 것들의 관계와도 같다. 그런데 제1질료는 하나의 질서에서는 하나의 형상만을 수용한다. 이에 비추어, 분리된 상태의 가능지성은 감각에 의해 다양한 대상들로 이끌려지지 않기 때문에 오직 하나의 질서만을 지니며, 그렇기 때문에 가능지성은 오직 하나의 가지적 형상만을 수용할 수 있다고 보인다. 그래서 〔가능지성은〕 모든 자연적인 것들이 아니라 오직 하나의 자연적인 것만을 인식할 수 있다.

반론 6: 그뿐 아니다. 서로 다른 종에 속하는 것들이 하나의 동일한 것에 대해서 〔각기 그것과〕 종적으로 같은 것일 수는 없다. 그런데 인식이란 종이 같아지게 됨으로써 일어나는 것이다. 그러므로 하나의 분리된 영혼이 모든 자연적인 것들을 인식할 수는 없다. 그들은 종적으로 다양하기 때문이다.[3)]

반론 7: 그뿐 아니다. 만약 분리된 영혼들이 모든 자연적인 것들을 인식한다면, 그들은 자신 안에 자연적인 사물들에 대한 유사상인 형상들을 지니게 될 것이다. 그런데 〔이 유사상들이〕 단지 유와 종에 관한 것이라면, 분리된 영혼들은 개체들을 인식할 수 없고, 결과적으로 모든 자연적인 것들을 아는 것은 아니다. 자연 안에 존재하는 것은 우선적으로 개체들이라고 보이기 때문이다. 그렇지 않고 〔이 유사상들이〕 개체들에 관한 것이라면, 개체들의 수는 무한하기 때문에 〔이들 모두를 알기 위해서는〕 분리된 영혼 안에도 무한한 수의 유사상들이 있어야 하는데, 이것은 불가능해 보인다. 그러므로 분리된 영혼은 모든 자연적인 것들을 인식하는 것은 아니다.

---

3) 〔역주〕 서로 다른 종에 속하는 A와 B가 그와 또 다른 종인 C에 각각 유사해질 수는 없다는 것이다. 만약 그럴 경우 A와 B 모두는 C와 종적으로 유사하게 되는 결과로서 서로 간에서 종적으로 유사한 것이 될 것이기 때문이다. 즉, 서로 다른 종에 속하는 A와 B가 서로 유사하게 됨으로써 인식이 일어난다면, A와는 또 다른 종에 속하는 C는 B와 유사하게 됨으로써 인식을 일으킬 수 없다고 말하는 것이다.

반론 8: 그런데 한편에서는, 분리된 영혼 안에 있는 것은 단지 유와 종에 대해 유사상들뿐이지만, 이것들을 개별자들에게 적용함으로써 〔분리된 영혼이〕 개별자들을 인식할 수 있는 것이라고 말하기도 한다. — 하지만 그렇다고는 할 수 없다. 지성은 자신이 이미 알고 있는 개별자에 대해서가 아니고서는 자신의 수중에 있는 보편적인 인식을 〔개별자에〕 적용할 수 없다. 만약 내가 모든 암 노새는 새끼를 배지 못한다는 것을 안다 하더라도, 나는 이것을 내가 아는 이 암 노새에게 말고는 적용할 수 없는 것이다. 특수한 것(*particularis*)에 대한 인식이 본성적으로 보편적 인식을 그 특수한 것에 적용하는 것에 선행되어야 하는 것이지, 〔이와는 반대로〕 그런 식으로 〔즉, 보편적 인식을 특수한 사례에〕 적용하는 것이 특수한 것에 대한 인식을 가져오는 원인일 수는 없기 때문이다. 그래서 분리된 영혼들에게는 특수한 것들이 알려지지 않은 채 남게 된다.

반론 9: 그뿐 아니다. 인식이 있는 곳에는 반드시 인식대상을 향한 인식자의 질서(*aliquis ordo cognoscentis ad cognitum*)가 있다. 그런데 《욥기》 10장에서[4] "그곳", 즉 지옥에는 아무 질서도 없고 단지 끝없이 지속되는 공포만이 있을 뿐이라고 말하는 것에 비추어 볼 때 정죄된 자들의 영혼은 아무 질서도 지니지 않는다. 그러므로 적어도 정죄된 자들의 영혼은 자연적인 것들을 인식하지 못한다.

반론 10: 그뿐 아니다. 아우구스티누스는 《죽은 자들을 위해 해야 하는 보살핌에 관하여》(*De cura pro mortuis agenda*)에서 죽은 자들의 영혼은 여기서 일어나는 일들을 전혀 알 수 없는 그런 곳에 있다고 말

4) 《욥기》 10장 22절.

한다. 그런데 자연적인 것들이란 여기서 일어나는 일들이다. 그러므로 죽은 자들의 영혼은 자연적인 것들에 대한 인식을 지니지 못한다.

반론 11: 그뿐 아니다. 가능태에 있는 모든 것들은 〔이미〕 현실태에 있는 것들에 의해서 현실태로 실현[5] 된다(*Omne quod est in potentia reducitur in actum per id quod est actu*). 그런데 인간 영혼은 육체와 결합되어 있는 동안에는 자신이 자연적으로 알 수 있는 것들 모두에 대해 혹은 그들 중 많은 것들에 대해 가능태에 있다. 그것들 모두를 실제로 아는 것은 아니기 때문이다. 그러므로 만약 분리된 후에 〔영혼이〕 모든 자연적인 것들을 안다면, 무엇인가에 의해 〔분리되기 이전의 가능태가〕 현실태로 실현된 것이 분명하며, 이 무엇인가란 《영혼론》 III권에서[6] 말하는 것처럼 '이것에 의해 모든 것이 만들어지는 것'인 능동지성 이외에 다른 것일 수 없다. 그런데 이전에 이미 이해된 것이 아닌 가지적인 것들에 대해서는 영혼이 능동지성에 의해 현실태로 실현될 수 없다. 왜냐하면 《영혼론》 III권에서[7] 철학자는 능동지성을 빛에, 심상들을 색에 비유하는데, 색이 없이 빛만으로는 가시적인 모든 것들을 실제로 보이게 만들기에는 충분치 않기 때문이다. 그러므로 능동지성은 모든 가지적인 것들과 관련해서 가능지성을 현실화시킬 수도 없을 것이다. 왜냐하면 심상들은 육체적 기관 안에서가 아니면 존재할 수 없는 것이므로, 분리된 영혼들에게는 심상

5) 〔역주〕 영혼이 가지적인 것과 관련해서 '현실태로 실현된다'는 표현은 영혼이 실제로 혹은 현실적으로 그 대상을 알게 된다는 의미이다. 일반적으로 말해서 '가능적으로 가지적'(*intelligible in potency*)인 것은 '알려질 가능성이 있는' 것을, '현실적으로 가지적'(*intelligible in act*)인 것은 '실제로 알려진' 것을 의미한다.

6) Aristoteles, *De anima*, III, 430a15.

7) Aristoteles, *De anima*, III, 430a14-17.

들이 주어질 수 없기 때문이다.

반론 12: 그런데 한편에서는 자연적으로 알려질 수 있는 모든 것들과 관련해서 〔분리된 영혼이〕 현실태로 실현되는 것은 능동지성에 의해서가 아니라 보다 상위의 어떤 실체에 의해서라고 말하기도 한다. — 하지만 그렇다고는 할 수 없다. 어떤 것이 〔자신과〕 같은 종에 속하지 않는 외부 작용자에 의해 현실태로 실현될 때마다, 그런 실현이 자연적인 것은 아니다. 마치 〔스스로〕 치유될 수 있는 어떤 것이 의술에 의해서나 또는 신의 권능에 의해 고침을 받는다면, 그 치료는 인위적인 것이거나 기적적인 것일 것이고, 〔자신 안의〕 내적 원리에 의해 치유된 경우가 아닌 한 자연적인 것은 아닌 것처럼 말이다. 그런데 인간의 가능지성과 관련된 고유한 작용자이자 본성적인 작용자는 능동지성이다. 그러므로 만약 가능지성이 능동지성에 의해서가 아니라 다른 어떤 상위 작용자에 의해 현실태로 실현된다면, 그로 인해 일어나는 인식은 자연적인 인식 — 우리가 지금 말하는 것은 바로 이것에 대해서이다 — 이 아닐 것이며, 그러므로 분리된 영혼들 모두에게 이러한 인식이 주어지지는 않을 것이다. 분리된 영혼들 모두가 일치하는 것은 오직 자연적인 것들에 있어서뿐일 것이기 때문이다.

반론 13: 그뿐 아니다. 만약 분리된 영혼이 자연적으로 알려질 수 있는 모든 것들과 관련해서 현실태로 실현된다면, 그렇게 되는 것은 신에 의해서거나 아니면 천사들에 의해서일 것이다. 그런데 천사들에 의해서 그렇게 되는 것은 아니라고 보인다. 왜냐하면 천사는 영혼 자체의 본성에 대한 원인이 아니기 때문이다. 따라서 영혼의 자연적인 인식이 천사의 행위에 의한다고는 보이지는 않는다. 또한 정죄된 영혼이 죽음 이후에 모든 자연적인 것들을 인식하는 그러한 완전성을 신에 의해 수용하리라는 것도 적합해 보이지 않는다. 그러므로 그 어떤 식으로도 분리된 영혼이 모든 자연적인 것들을 인식한다고는 보이지 않는다.

반론 14: 그뿐 아니다. 가능태에 존재하는 모든 것들의 궁극적인 완성은 그 가능태가 향해 있는 현실태로 현실화되는 것이다. 그런데 인간의 가능지성은 자연적으로 알려질 수 있는 모든 것들, 다시 말해 자연적인 인식방식으로 이해될 수 있는 모든 것들 이외의 것에 대해서는 본성적으로 가능태에 있지 않다. 그러므로 만약 분리된 영혼이 모든 자연적인 것들을 이해한다면, 분리된 모든 영혼은 오직 분리되었다는 것만으로 자신의 궁극적인 완성을—즉, 행복을—지닐 수 있다는 것이 된다. 따라서 만약 육체로부터 분리되는 것만으로 영혼을 능가할 수 있다면, 행복을 추구하기 위해 사용되는 다른 모든 보조물들은 더 이상 필요가 없을 것인데, 이는 적합해 보이지 않는다.

반론 15: 그뿐 아니다. 앎에는 즐거움이 따른다. 그러므로 만약 분리된 모든 영혼이 모든 자연적인 것들을 인식한다면, 정죄된 자들의 영혼도 최고의 기쁨을 누리게 될 것인데, 이는 적합해 보이지 않는다.

반론 16: 그뿐 아니다. "아브라함은 우리를 모르고"라는 《이사야》의 구절에 대해서[8] 주석은 "죽은 자들은 설령 성인들이라 할지라도 산 자들—심지어 자신의 아들들일지언정—이 하는 일을 알지 못한다"라고 말하고 있다.[9] 그런데 자연적인 것들이란 바로 여기 산

---

8) 《이사야》 63:16.

9) *Glossa interlinearis*. IV, 102v. (in Is. 63, 16).

자들 가운데 행해지는 것들이다. 그러므로 〔죽음으로 인해 결과되는〕 분리된 영혼은 모든 자연적인 것들을 알 수 없다.

이와는 반대로(*Set Contra*): 분리된 영혼은 분리된 실체들을 이해한다. 그런데 분리된 실체들 안에는 모든 자연적인 것들에 대한 (가지) 상이 들어있다. 그러므로 분리된 영혼은 모든 자연적인 것들을 인식한다.

이와는 반대로 2: 그런데 한편에서는 분리된 실체들을 안다고[10] 해서 필연적으로 그 〔분리된 실체의〕 지성 안에 있는 모든 가지상들마저도 아는 것은 아니라고 말하기도 한다. — 하지만 그레고리우스는 "모든 것을 아는 자를 아는 자가 알지 못할 것이 과연 무엇인가"라고 말한다.[11] 그러므로 신을 아는 자들은 신이 아는 것들도 안다. 마찬가지 이유에서 천사들을 아는 자들은 천사들이 아는 것들도 안다.

이와는 반대로 3: 그뿐 아니다. 분리된 영혼은 분리된 실체들이 가지적인 만큼 그것들을 인식한다. 육체들을 보는 눈으로 그것들을 보는 것은 아니기 때문이다. 그런데 분리된 실체들이 가지적인 것처럼 그 〔분리된 실체들의〕 지성 안에 존재하는 가지상들 역시 가지적이다. 그러므로 분리된 영혼은 분리된 실체들만을 이해하는 것이 아니라 그들 안에 존재하는 가지상들도 이해한다.

---

10) 〔역주〕 '이와는 반대로 2'에서 '안다'라는 용어로 번역된 원문의 동사는 모두 videre이다. 문맥상 '본다'고 표현하기보다는 '안다'고 하는 것이 보다 적절하다고 판단되어 여기서는 '안다'로 번역하였다.

11) St. Gregorius, *Dial.* IV, 34, n. 5(PL77 376B).

이와는 반대로 4: 그뿐 아니다. 실제로 이해된 것은 곧 아는 자가 갖는 형상〔으로 결과되는 것〕이며(*intellectum in actu est forma intelligentis*), 이것은 아는 자와 하나〔즉, 같은 것〕이다. 그러므로 만약 분리된 영혼이 모든 자연적인 것들을 이해하는 분리된 실체를 이해한다면, 그 〔분리된 영혼〕 자신이 모든 자연적인 것들까지 이해하는 것이라고 보인다.

이와는 반대로 5: 그뿐 아니다. 《영혼론》 III권에서 말하는 것처럼, 보다 상위의 가지적인 것을 이해하는 자들은 모두 보다 하위의 가지적인 것들도 이해한다. 그러므로 위에서 언급한 대로[12] 만약 분리된 영혼이 최고로 가지적인 것들인 분리된 실체들을 이해한다면, 이로부터 〔분리된 영혼은〕 다른 모든 가지적인 것들도 이해한다는 결론이 뒤따른다고 여겨진다.

이와는 반대로 6: 그뿐 아니다. 가능적으로 뜨겁고 건조한 질료는 〔실제로 뜨겁고 건조한 것인〕 불에 의해서 실제로 뜨겁고 건조한 것과 마찬가지로, 만약 어떤 것이 많은 것에 대해 가능태에 있다면, 그것들에 관한 한은 그것들 모두를 실제로 지니고 있는 〔즉, 실제로 그러한 것인〕 어떤 것에 의해서 현실태로 실현된다. 그런데 분리된 영혼의 가능지성은 모든 가지적인 것들에 대해 가능태에 있다. 반면에 가능지성이 〔자신의 가능성의 실현으로서〕 수용하는 영향들의 원천이기도 한 능동자, 즉 분리된 실체는 모든 가지적인 것들에 대해 현실태에 있다. 그러므로 영혼이 가능태에서 현실태로 실현되는 것은 모든 가지적인 것에 대해서이든지 아니면 아무 가지적인 것에 대해서도 아

---

12) 이 책 제17문 '나의 대응' 마지막 문단 후반부 참조.

니든지 둘 중의 하나이다. 그런데 아무 가지적인 것에 대해서도 아닐 수는 없다는 것이 분명하다. 분리된 영혼은 어떤 식으로든 여기서는 〔즉, 육체와 결합되어 있을 때는〕 알지 못했던 것조차도 이해하기 때문이다. 따라서 그것은 모든 것에 대해서임이 분명하다. 그러므로 분리된 영혼은 모든 자연적인 것들을 이해한다.

이와는 반대로 7: 그뿐 아니다. 《신명론》 V장에서[13] 디오니시우스는 존재〔의 등급〕에서 상위의 것이 하위의 것들을 위한 모범(*exemplaria*)이라고 말한다. 그런데 분리된 실체들은 자연적 사물들보다 상위에 있다. 그러므로 이들은 자연적 사물들을 위한 모범이다. 그래서 분리된 영혼들은 분리된 실체들을 관찰함으로써 모든 자연적인 것들을 인식할 수 있다고 보인다.

이와는 반대로 8: 그뿐 아니다. 분리된 영혼은 주입된 형상(*forma influxa*)들을 통해 사물들을 인식한다. 그런데 주입된 형상들은 우주의 질서에 대한 형상(*forma ordinis universi*)이라고 일컫는다.[14] 그러므로 분리된 영혼들은 우주의 질서 전체를 인식하며, 따라서 모든 자연적인 것들을 인식한다.

이와는 반대로 9: 그뿐 아니다. 하위의 본성 안에 있는 것들은 모두 상위의 본성 안에도 있다. 그런데 분리된 영혼은 자연적인 사물들보다 상위의 것이며, 따라서 모든 자연적인 것들은 어떤 식으로든 영혼 안에 들어 있다. 그런데 영혼은 자기 자신을 인식한다. 그러므로 영혼은 모든 자연적인 것들을 인식한다.

---

13) Pseudo-Dionysius, *De divin. nom.*, V, 9.

14) 이에 대해서는 St. Thomas, *De verit.*, q. 19, a. 2, c 참조.

이와는 반대로 10: 그뿐 아니다. 그레고리우스가 말하듯이, 부자와 나사로에 관한 《누가복음》 16장의 이야기는 우화(*parabola*)가 아니라 실제로 발생한 일(*res gesta*)이다. 이 점은 사람이 고유한 이름으로 표현되고 있다는 점에서 분명하게 나타난다. 그런데 그 이야기에 의하면 음부에 떨어진 부자는 자신이 이전에 알지 못했던 아브라함을 알아본다. 그러므로 같은 논리에 따라 분리된 영혼—심지어 정죄된 자들의 영혼마저도—은 여기서는 〔즉, 육체와 결합했을 때는〕 인식하지 못했던 것들을 어떤 식으로든 인식하며, 따라서 모든 자연적인 것들을 인식한다고 보인다.

나의 대응: 분리된 영혼은 무조건적/단적인 의미로가 아니라 조건적인 의미에서 모든 자연적인 것들을 인식한다. 이를 증거하기 위해서는 하위 본성들 안에 있는 모든 것들은 그보다 상위 본성들 안에서 더 탁월한 방식으로 있는 것이 사물들 사이의 질서라는 점이 고려되어야 한다. 예를 들어, 생성·소멸하는 그런 것들 안에 있는 것은 천상물체들 안에서는 마치 보편적인 원인들 안에서인 것처럼 보다 고상한 방식으로 있다. 말하자면, 뜨거움이나 차가움 등과 같은 부류의 것들은 이 땅에 있는 하위의 것들 안에서는 마치 어떤 특수한 성질이나 형상 같은 것으로 있지만, 천상물체들 안에서는 마치 어떤 보편적인 능력들—이로부터 하위의 것들 안에 있는 것들이 파생되는—인 것처럼 있는 것이다. 마찬가지로, 육체적 본성 안에 있는 모든 것들 역시 지적인 본성 안에서 보다 더 탁월한 방식으로 존재한다. 다시 말해 물체적 사물들이 지닌 형상들은 물체적 사물들 자체 안에서 물질적으로 그리고 특화된 방식으로(*particulariter*) 존재하지만, 반면에 지적 실체들 자체 안에서는 비물질적으로 그리고 보편적으로(*universaliter*) 존재하는 것이다. 그래서 《원인론》에서[15] 모든 지성체는 형

상들로 가득 차 있다(*omnis intelligentia est plena formis*)고 말한다. 한 걸음 더 나아가, 〔물체적 사물들과 지성체를 포함하는〕 피조물 전체 안에 있는 모든 것들은 신 자신 안에 훨씬 탁월한 방식으로 존재한다. 피조물 안에서는 사물들의 형상들과 본성들이 다양하게 그리고 분리되어 존재하지만, 신 안에서는 단순하고 통합되어 있기 때문이다. 아우구스티누스가 설명하는 것처럼,[16] 사물들의 이러한 세 가지 존재방식은 사물들의 산출과 관련된 《창세기》 1장의 세 가지 표현방식을 통해 지시되고 있다. 첫째, 신은 "궁창이 있으라"(*fiat firmementum*)고 말했는데, 이를 통해 사물들이 신의 말씀(*Verum Dei*) 안에 존재한다는 것을 알 수 있다. 둘째, "그리고 신은 궁창을 만들었다"(*Et fecit Deus firmamentum*)는 말에 의해서는 창공이 천사의 지성 안에(*in intelligentia angelica*) 존재한다는 것을 알 수 있으며, 셋째로 "그리고 그렇게 되었다"(*Et factum est ita*)는 말에 의해서는 창공이 그 고유한 본성 안에서(*in propria natura*) 존재함을 알 수 있다.[17] 다른 것들에 대해서도 이와 마찬가지로 말할 수 있다. 신의 지혜로부터 사물들이 흘러나와 그 자신의 고유한 본성 안에서 자립적으로 존재하고, 마찬가지로 신의 지혜로부터 사물들의 형상들이 지적 실체들 안으로 흘러들어가, 그것들에 의해 지적 실체들은 이해하기를 수행하게 된다.

---

15) *Liber De causis*, prop. 9.

16) Augustinus, *De Genesi ad litteram*, II, 8(PL 34, 269).

17) 〔역주〕 이러한 용어의 구별을 이끌어낸 성경구절은 《창세기》 1장 6-7절이다. 당시에 통용되던 라틴어 Vulgata 성경의 이 부분에서는 이 세 표현, 즉 '있으라'(*fiat*), '만들었다'(*fecit*) '그렇게 되었다'(*factum est*)가 분명하게 나타나고 있다. 현대의 영어판 성경에서 판본에 따라 조금씩 차이가 있지만 이것을 대체로 'Let there be', 'made', 'it is so' 등으로 표기하고 있다. 반면에 한글로 번역된 성경에서는 이들의 정확한 의미차이가 드러나지 않고 있다.

그러므로 어떤 것이 그 본성에서 완성되는 바로 그 방식으로 그것이 가지적 완성에 속하게 된다는 점을 염두에 두어야 한다. 개별자들이 그 본성에서 완성되는 것은 자기 자신에 의해서가 아니라 〔자신 이외의〕 다른 어떤 것, 즉 그것 안에서 자연이 의도하는 것인 종(*species*)이 잘 보존될 수 있는 그런 것에 의해서이다. 왜냐하면 '이 인간'(*hic homo*)이 아니고서는 도대체 인간이 존재할 수 없는 경우가 아닌 한, 자연이 의도하는 것은 '이 인간'의 생성이 아니라 '인간'의 생성이기 때문이다. 이런 이유에서 철학자는 《동물발생론》에서,[18] 우리는 종에 속하는 우유성들의 원인들을 찾기 위해서는 목적인으로 되돌아가야 하는 반면에, 개체에 속하는 우유성들의 원인들을 찾기 위해서는 능동인이나 질료인으로 되돌아가면 된다고 말한다. 마치 종에 속하는 것만이 자연이 의도하는 것이라는 듯이 말이다. 그러므로 사물의 종을 인식하는 것은 가지적 완성에 속하는 반면, 개체들에 대한 인식은 혹시라도 우연적으로라면 모를까 그에 속하지는 않는다.[19]

그러므로 이러한 가지적 완성은, 비록 모든 지적 실체들에게 주어져 있기는 하지만, 그렇다고 해서 〔그들 모두에게〕 동일한 방식으로

---

18) Aristoteles, *De generatione animalium*, V, 1, 778a29-b1.

19) 〔역주〕 가지성의 완성은 지성에 의하며, 인간의 지성은 물질적인 개체 자체가 아니라 그러한 개체들의 본질을 대상으로 한다. 다시 말해 가지성의 완성은 지성이 사물의 종적 본질을 인식하는 데서 성립하는 것이다. 이에 비해 개체들에 대한 인식은 지성이 아니라 감각에 의하기 때문에, 개체를 개체로 인식하는 것은 지성에 의한 가지성의 완성이 아니다. 하지만 사물의 본질에 대한 지성의 인식은 개체적 사물 자체로부터 직접 이뤄지는 것이 아니라 그로부터 감각을 통해 형성한 심상들로부터 비롯되는 것이므로, 가지성의 완성은 감각의 완성을 전제하며, 이런 의미에서 개체들에 대한 인식은 가지성의 완성에 직접적이거나 본질적인 의미에서가 아니라 우유적인 방식으로 속한다고 할 수 있다. 이에 대해서는 *ST.*, I, q. 85, a. 2; q. 86, a. 1 등 참조.

주어져 있는 것은 아니다. 상위실체들에게는 사물들에 대한 가지적 형상들이 보다 더 〔적은 수로〕 통합되어 있고 보편적인 반면, 하위실체들에게서는—제 1의 단순한 하나로부터는 더 멀리 떨어져 있고 특화되어 있는 물질적 사물들에 더 가까이 접근해 있는 정도만큼이나—보다 더 〔많은 수로〕 나뉘어져 있고 덜 보편적이다.

그럼에도 불구하고 지적 능력은 상위실체들에서 더 강하기 때문에 상위실체들은 보다 적은 수의 보편적 형상들 안에서 가지적 완성을 획득하여 최종적인 종(*species ultima*)에 이르기까지 사물들의 본성들을 인식할 수 있다. 그러나 만약 하위실체들 안에 상위실체들 안에 있는 것과 같은 그런 정도의 보편적인 형상들이 있다면, 이들〔하위실체들〕은 보다 낮은 지적 능력을 지니기 때문에, 이런 종류의 형상들로부터는 사물들을 더 이상 나뉘지 않는 〔즉, 최종적이고 개체적인〕 종에 이르기까지 인식할 수 있을 만큼의 궁극적인 가지적 완성이 뒤따르지 않으며, 이들 사물에 대한 인식은 어느 정도 보편적이고 혼동된 상태로 남는데, 이는 불완전한 인식에 속하는 것이다. 왜냐하면 지성이 능력이 크면 클수록 그만큼 더 적은 〔수의〕 것으로부터 많은 〔수의〕 것들을 파악할 수 있다는 것은 분명하기 때문인데, 이 점은 무지한 사람들이나 배움이 늦는 사람들을 위해서는 모든 것들이 하나씩 따로따로 설명되어야만 하며, 〔설명되는〕 각각을 위해 구체적인 예들이 도입되어야만 한다는 사실이 잘 보여준다.

그런데 인간 영혼은 모든 지적 실체들 가운데 가장 하위의 것임이 분명하다. 따라서 그것의 자연적 능력은 물질적 사물들에 어울리는 그런 사물들의 형상들을 수용하는 것이다. 그렇기 때문에 〔자신이 지닌〕 가능지성을 통해 물질적 사물들로부터 가지적 형상들을 수용할 수 있도록 하기 위해 인간 영혼은 육체와 결합하는 것이다.[20] 그런데 인간 영혼에게는 그렇게 규정된 그런 형상들을 통해 가지적 인식에서 완성되기 위해 필요한 것보다 더 큰 자연적 능력 — 이해하기를 위한 — 이 없다. 따라서 인간 영혼이 참여하는, 능동지성이라 불리는 가지적 빛(*lumen intelligibile*)이 언급된 그런 종류 — 즉, 가지적 인식을 완성시키는 — 의 가지상들을 현실화시키는[21] 작용을 하게 된다.

그러므로 육체와 결합되는 한, 영혼은 육체와의 결합 자체로 인해 하위의 것들을 향한 시야를 지니며, 이들로부터 자신의 지적 능력에 어울리는 가지상들을 수용하며, 이런 식으로 앎〔의 획득〕에서 완성되게 된다. 그러나 육체로부터 분리될 때 〔영혼은〕 오직 상위의 것들을 향한 시야만을 지니며, 이들로부터 흘러 들어오는 보편적인 가지상들을 수용한다. 〔이 가지상들은〕 비록 상위실체들 안에 있는 것보다는 덜 보편적인 방식으로 영혼 안에 수용되지만, 그럼에도 불구하고 〔영혼의〕 지적 능력은 충분치가 않아서 이런 종류의 가지상들을 통해서는 어떤 것을 그만의 고유하고 규정된 방식으로 이해함으로써 〔그에 대한〕 완성된 인식을 획득할 수 있는 것이 아니라, 마치 사물들을 보편적 원리들 안에서 인식하는 것처럼 단지 보편적이고 혼동된 방식으로만 알게 된다. 그런데 오리게네스(Origines)가 주장하는 것처럼,[22] 분리된 영혼들은 주입이라는 방식을 통해 갑작스럽게 이러한 인식을 획득하는 것이지, 가르침이라는 방식으로 차례대로 하나씩 획득하는

20) 〔역주〕 다시 말해 인간 영혼이 육체와 결합하는 이유는 영혼이 지닌 지적 능력 때문이다. 영혼이 육체와 결합되었기 때문에 영혼의 그런 지적 능력을 지니는 것이 아니라, 영혼이 그런 지적 능력을 지녔기 때문에 그러한 능력의 완성과 실현을 위해 영혼은 육체와 결합하는 것이다. 그러므로 하위의 것이 상위의 것을 위해, 질료가 형상을 위해 있는 것이라는 토마스 아퀴나스의 원리가 여기에도 변함없이 적용된다.

21) 〔역주〕 즉, 가능지성에 수용될 수 있도록 가지상들을 물질적 사물들로부터 이끌어내는.

22) Origines, *De Principiis*, I, 6, 3.; *Peri Archon*, I, 6(PG, XI, 169).

것이 아니다.

그러므로 분리된 영혼은 자신의 본성적인 인식에 의해 모든 자연적인 것들을 보편적인 방식으로 안다고, 하지만 그 하나하나를 개별적으로 아는 것은 아니라고, 말해야 한다. 다만 성인들의 영혼이 은총을 통해 지니는 그런 앎에 대해서는 다른 식으로 설명해야 한다. 그들이 모든 것을 말씀(*Verbum*) 안에서 아는 만큼은, 그들은 앎에서 천사들과 대등하기 때문이다.

그러므로 반대 입장들 각각 모두〔즉, '반론'들과 이에 대한 '이와는 반대로'들 모두〕에 대해 대답이 주어져야 한다.

반론 1에 대한 대답: 아우구스티누스에 따르면 악령들은 세 가지 방식으로 사물들을 인식한다. 어떤 것들, 예를 들어 그리스도의 신비나 교회의 신비 등과 같이 자신이 본성적으로 알 수 있는 한계를 넘어서는 것들에 대해서는 선한 천사들이 드러내 알려주는 것을 통해서만 안다. 반면에 본성적으로 알 수 있는 그런 것들은 자신에게 고유한 지성의 정교함에 의해 인식한다. 그리고 오랜 시간에 걸친 경험을 통해서 아는 것들도 있는데, 개별적으로 일어나는 미래의 우연적 사건들이 그런 것들이다. 하지만 앞서 언급했듯이 이런 것들은 본질적으로 가지적 인식의 영역에 속하지 않는다. 그러므로 이에 대한 언급은 우리의 현안에서 아무 역할도 할 수 없다.

반론 2에 대한 대답: 이생에서 본성적으로 알 수 있는 것들 가운데 어떤 것들에 대한 앎을 획득한 영혼들 안에는 이생에서 그들이 획득한 그런 것들에 대해서는 규정되고 개별적인 인식이, 반면에 그 이외의 것들에 대해서는 보편적이고 혼동된 인식이 있다. 따라서 그들이 〔이생에서〕 앎을 획득한 것이 아무 쓸모없는 것은 아니다. 뿐만 아니라, 동일한 대상에 대해 두 방식의 앎 〔즉, 이생에서 획득하는 앎과 분리된 이후에 획득하는 앎〕 모두가 하나의 같은 영혼 안에 있을 수 없는 것도 아니다. 그 두 앎이 동일한 형상성을 지니는 것은 아니기 때문이다.

반론 3에 대한 대답: 〔반론의〕 그 논증은 논점에서 벗어난 것으로 보인다. 왜냐하면 우리는 분리된 영혼이 모든 자연적인 것들을 그 하나하나 개별적으로 인식한다고 주장하는 것이 아니기 때문이다. 따라서 그 수와 모양과 관계에서 종들이 무한하다고 해서, 그것이 그에 대한 영혼의 인식을 배제하지는 않는다. 그러나 여전히 〔반론의〕 이 논증은 똑같은 방식으로 천사들의 인식에 반하는 결론을 내릴 수 있기 때문에, 모양이나 수 및 이와 유사한 부류의 것들에 대한 종들은 현실적으로 무한한 것이 아니라 오직 가능적으로만 무한하다는 점이 지적되어야 한다. 그리고 유한한 지적 실체의 능력이 그러한 종류의 무한한 것들에까지 미칠 수 있다는 것이 불합리한 것도 아니다. 지적 능력은 질료에 의해 제한되지 않는 한 어느 의미에서는 무한하기 때문이다. 그렇기 때문에 그것은 자신의 본성상 무한한 것을 가능적으로 포함하는 한 어느 면에서는 무한하다고 할 수 있는 보편자를 인식할 수 있다.

반론 4에 대한 대답: 물질적 사물들의 형상은 비물질적 실체들 안에서 비물질적으로 존재한다. 그렇기 때문에 이 둘 사이에 일어나는 동화(*assimilatio*)는 존재방식(*modus essendi*)에 관련되는 것이 아니라 형상들의 본성들(*ratioes formarum*)과 관련된다.

반론 5에 대한 대답: 제1질료가 형상과 관계되는 방식은 오직 두 가지뿐이다. 〔형상에 대해〕 순수하게 가능태이든지(*in potentia pura*) 아니면 완전히 현실태이든지(*in actu puro*)이다. 자연적 형상은 질료 안에 있는 즉시 어떤 방해물이 있지 않는 한 자신의 작용을 지니기 때문이다.[23] 왜냐하면 자연적 형상은 오직 어느 하나〔의 목적 혹은 현실태〕에만 관계되기 때문이다. 그러므로 불의 형상은 질료 안에 있자마자 그것〔즉, 자신이 그 안에 있는 질료〕을 위를 향해 움직이게 만드는 것이다. 그런데 가능지성은 가지상과 세 가지로 관계된다. 앎을 갖기 이전의 경우처럼 순수하게 가능적으로만 그것들과 관계되는 그런 때가 있고, 그것들을 실제로 고려하는 경우처럼 완전히 현실적으로 관계되는 때도 있으며, 예를 들어 앎을 습득·소유하기는 했지만 실제로 앎을 수행하는 중은 아닌 경우처럼 가능태와 현실태 사이의 중간적인 방식으로 〔가지상과〕 관계될 때도 있다. 그러므로 이해된 형상과 가능지성의 관계가 자연적 형상과 제1질료의 관계처럼 비교되는 경우는 습득·소유된 상태로(*habitualiter*)가 아니라 실제로(*in actu*) 이해되는 것으로서의 형상이다. 그러므로 제1질료가 한 번에 하나 이상의 형상에 의해서 현실화될 수는 없는 것처럼, 지성 역시 동시에 하나 이상의 가지적 대상을 〔실제로〕 인식할 수는 없다. 그러나 많은 가지적 대상들을 습득·소유된 상태로(*habitualiter*) 이해할 수는 있다.

반론 6에 대한 대답: 어떤 것이 인식하는 실체와 유사한 것에는 두 가지 방식이 있다. 하나는 자신의 본성적 존재에 따라서(*secundum suum esse naturale*)인데, 이런 방식으로는 종적으로 다른 것들이 그와

---

23) 〔역주〕 형상을 수용하기 이전의 질료는 그 형상에 대해 가능태이고, 일단 형상을 수용하면 질료는 자신 안에 그 형상을 실현하는 것이 되고 따라서 그 형상에 대해서는 온전히 현실태가 된다.

유사할 수 없다. 그 자체도 하나의 종에 속하기 때문이다. 다른 하나는 가지적 존재에 따라서(*secundum esse intelligibile*)인데, 이런 방식에 의해서는 종적으로 다양한 것들이 그것과 유사하게 — 그것이 여러 다양한 가지적 형상들을 지니는 한 — 될 수 있다.

반론 7에 대한 대답: 분리된 영혼은 종을 인식할 뿐만 아니라 개체도 인식한다. 하지만 그들 모두를 인식하는 것은 아니고 오직 일부만 인식한다. 그러므로 영혼 안에 무한한 가지상이 있어야만 하는 것은 아니다.

반론 8에 대한 대답: 보편적인 인식을 개체들에게 적용하는 것은 개체들에 대한 인식의 원인이라기보다는 오히려 그러한 인식에 뒤따르는 결과이다. 그런데 분리된 영혼이 어떻게 개체들을 인식하는가 하는 그 방법에 대해서는 이어지는 문제〔즉, 이 책 제20문〕에서 다뤄질 것이다.

반론 9에 대한 대답: 아우구스티누스의 저서 《선의 본성에 관하여》(*De natura boni*)에 따르면, 선은 방식(*modus*)과 종류(*species*)와 질서(*ordo*)에서 발견된다. 사물 안에서 어떤 질서가 발견되는 만큼, 거기서 그만큼 선이 발견되는 것이다. 그런데 정죄된 자들 안에는 은총의 선함(*bonum gratiae*)은 없지만 자연의 선함(*bonum naturae*)이 있다. 그러므로 거기에는 은총의 질서는 없지만 자연의 질서는 있는데, 이것만으로도 그런 인식〔즉, 자연적인 것들에 대한 인식〕을 위해서는 충분하다.

반론 10에 대한 대답: 아우구스티누스가 말하는 것은 이생에서 발생하는 개별적인 사건들에 관해서이다. 그런데 그런 것들〔에 관한 인식〕은 가지적 인식에 속하지 않는다고 해야만 한다.

반론 11에 대한 대답: 가능지성이 모든 자연적인 것들에 대한 현실적인 인식에 이르기까지 실현되는 것은 능동지성의 빛 만에 의해서는 가능하지 않다. 그렇게 되는 것은 오직 모든 자연적인 것들에 대한 인식을 자신 안에 현실적으로 담고 있는 어떤 상위실체에 의해서만 가능하다. 그러므로 만약 누군가가 올바르게 생각해 본다면, 능동지성은—철학자가 이에 관해서 전해주는 바에 따르면—가능지성에 대해 직접적으로 현실태에 있는 것이 아니라 오히려 심상들—능동지성이 실제로 가지적이게 만드는 것인—에 대해 직접적으로 현실태에 있으며, 육체와의 결합으로 인해 가능지성의 시선이 하위의 것들을 향할 때 그것이 현실태로 실현되는 것은 바로 이 심상들에 의해서이다. 똑같은 이유에서, 육체와의 분리 때문에 그것의 시선이 상위의 것을 향할 때 그것은 상위실체들 안에 있는 현실적으로 가지적인 형상들에 의해—이들이 마치 〔그것을 현실화시키는〕 고유하고 적절한 능동자이기라도 하듯이—현실태에 있게 된다. 그러므로 그러한 인식은 자연적이다.

반론 12에 대한 대답도 이로부터 분명히 알 수 있다.

반론 13에 대한 대답: 분리된 영혼들은 신으로부터 천사들을 매개자로 하여 이러한 완성을 수용한다. 왜냐하면 비록 영혼의 실체는 신에 의해 직접 창조되었지만, 그럼에도 불구하고 〔영혼의〕 가지적 완성들—자연적인 것들에 대한 것뿐 아니라 은총의 신비에 속하는 것들에 대한 가지적 완성까지도—은 신으로부터 천사들을 매개로 하여 영혼에게 나타나기 때문이다. 이 점은 디오니시우스의 《천상의 위계론》(*De caelesti hierarchia*) 제4장에서도 분명히 하고 있다.

반론 14에 대한 대답: 자연적으로 알려질 수 있는 것들에 대해서 보편적인 인식을 지니는 한, 분리된 영혼은 완전히 현실적인 것으로 실현되는 것이 아니다. 왜냐하면 어떤 것을 보편적으로 인식하는 것(*cognoscere in universali*)은 그것을 가능적으로 인식하는 것(*cognoscere in potentia*)이기 때문이다. 그러므로 그것〔즉, 모든 것을 인식하되 보편적으로만 인식하는 것〕은 자연적인 행복에도 미치지 못하는 것이다. 그러므로 행복에 도달할 수 있게 도와주는 다른 보조물들이 모두 불필요하고 헛된 것이라고는 할 수 없다.

반론 15에 대한 대답: 정죄된 자들은 자신들이 갖고 있는 인식의 선함 자체에 대해 슬퍼한다. 왜냐하면 그들은 자신들이 〔자신들이 지니지 못한〕 다른 선들을 통해서만 그것으로 향할 수 있는 그런 최고선을 결여하고 있다는 것을 인식하기 때문이다.

반론 16에 대한 대답: 그 주석이 말하는 것은 개별적인 것들에 대해서인데, 앞서 언급한 대로[24] 이러한 것들은 가지적 완성에 속하는 것은 아니다.

이와는 반대로 1에 대하여: 분리된 영혼이 분리된 실체를 완전하게 이해하는 것은 아니다. 그러므로 그들 안에 들어 있는 모든 것들〔즉, 모든 자연적인 것들〕을 유사성을 통해 인식한다고 해야만 하는 것은

24) 이 책 제18문 '나의 대답' 두 번째 문단 참조.

아니다.

이와는 반대로 2에 대하여: 그레고리우스의 말은 〔가지적 대상이 신일 경우〕 신이라는 그 가지적 대상에 담겨있는 힘에 관한 진술로서는 참이다. 신이 자신 안에 모든 가지적인 것들을 반영하는 한은 말이다. 그럼에도 불구하고 신이 자기 자신을 이해하는 것처럼 완전하게 신을 이해하는 경우가 아닌 한, 신을 안다고 해서 반드시 신이 아는 모든 것들을 아는 것은 아니다.

이와는 반대로 3에 대하여: 천사들의 지성 안에 있는 〔가지〕상들은 그것들을 자신의 형상으로 하는 것들이 지닌 지성에게는 가지적이지만, 분리된 영혼의 지성에게 가지적인 것은 아니다.

이와는 반대로 4에 대하여: 비록 이해의 결과물(*intellectum*)이 지적인 실체의 형상인 것은 분명하지만, 그럼에도 불구하고 분리된 영혼이 분리된 실체를 이해한다고 할 때, 그것을 철저하게 이해(*comprehendere*)하는 것은 아니기 때문에, 그것이 이해하는 것(*intellectum*)까지를 이해한다고는 할 수 없다.

이와는 반대로 5에 대하여: 비록 분리된 영혼이 어떤 식으로든 분리된 실체들을 인식한다고는 하지만, 그렇다고 해서 다른 모든 것들까지를 완전하게 인식한다고는 할 수 없다. 분리된 실체 자체들마저도 철저하게 인식하는 것은 아니기 때문이다.

이와는 반대로 6에 대하여: 분리된 영혼은 상위실체들에 의해 자연적으로 알려지는 모든 것들을 실제로—그러나 언급한 것처럼[25] 완전하게가 아니라 오직 보편적인 방식으로만—아는 데까지 실현된다.

이와는 반대로 7에 대하여: 분리된 실체들은 어느 의미에서는 모든 자연적인 것들의 범형들(*exemplaria*)이다. 그러나 분리된 실체들 자체가 철저하게 이해되지 않는 한, 이로부터 그것들을 이해함으로써 모든 〔자연적인〕 것들까지 이해하게 된다는 결론이 따라 나오지는 않는다.

이와는 반대로 8에 대하여: 물론 분리된 영혼은 주입된 형상들을 통해 인식한다. 하지만 이 형상들은 상위실체들 안에 있는 것처럼 우주의 질서를 낱낱까지 드러내는 그런 형상이 아니라, 언급한 것처럼[26] 그것을 단지 일반적인 방식으로만 드러내는 그런 형상이다.

이와는 반대로 9에 대하여: 자연적인 사물들은 어느 의미에서는 분리된 실체들 안에도 있고 영혼 안에도 있다. 그런데 분리된 실체들 안에서는 현실적으로 있는 반면, 영혼 안에서는 단지 가능적으로만 있다. 영혼은 이해되어야 할 모든 자연적 형상들에 대해 가능태에 있기 때문이다.

이와는 반대로 10에 대하여: 아브라함의 영혼은 〔자연적인 상태의 것이 아니라〕 분리된 실체였다. 그랬기 때문에 부자의 영혼은 마치 다른 분리된 실체들을 아는 것처럼 그것을 인식할 수 있었던 것이다.

25) 이 책 제18문 '나의 대응' 다섯째 문단 참조.
26) 이 책 제18문 '나의 대응' 여섯째 문단 앞부분 참조.

제19문

분리된 영혼 안에 감각능력들이 남아 있는가*

열아홉 번째 문제는, 분리된 영혼 안에 감각능력들이 남아 있는가 하는 것이다.

반론 1: 그렇다고 보인다. 왜냐하면 영혼의 능력들은 본질적으로 그 안에 존재하든지 아니면 그것의 본질적 특성(*proprietas naturalis*)들[1]이다. 그런데 어떤 사물이 〔다른 것으로 변하지 않고〕 그것으로 남

---

* 병행문헌: *In IV Sent.*, d. 44, q. 3, a. 3; q. 1, aa. 1, 2; d. 50, q. 1, a. 1; *Quodl.*, X, q. 4, a. 2; *ST.*, I, q. 77, a. 8; *De virt. card.*, a. 4, ad 13. 그리고 *SCG.*, II, c. 81; *ST.*, I-II, q. 67, a. 1 참조.

1) 〔역주〕 특성 혹은 본질적 특성(*proprietas naturalis*, *property*)이란 그 자체가 본질은 아니되 본질에 필연적으로 수반되는 특성들을 말한다. 엄밀하게 말해 토마스 아퀴나스에게 본질(*essentia*)이란 esse를 현실태로 하는 가능태 또는 esse에 대해 가능태에 있는 것을 의미한다. 그러므로 본질이 어떤 것을 지시하는가 하는 물음에 대해서는 곧 유와 종, 또는 실체라는 말로 대답할 수 있다. 예를 들어 '인간'이 현실화된다는 것은 인간에 속하지 않던 종이 인간이라는 종에 속하게 됨으로써 인간이 존재하게 된다는 그런 의미가 아니라, 인간이라는 종에 속하는 실체가 존재하지 않다가 존재하게 된다는 의미이므로, 이는 esse에 대해서 가능태라고 할 수 있는 것이다. 이에 비해 인간의 종차로 간주되어 온 만큼 인간의 본질을 말함에서 빼놓을 수 없는 '지성'은, 그것이 현실화되었을 때 esse가 되는 것이 아니라 앎(*knowing*) 혹은 지식(*knowledge*)이 되는 것이므로, 엄밀한 의미에서는 본질이 아니다.

아 있는 한, 그것의 본질에 속하는 것은 그것과 분리될 수 없으며, 그것의 본질적 특성들 역시 그것과 분리될 수 없다. 그러므로 감각능력들은 분리된 영혼 안에서도 남아 있다.

반론 2: 그런데 한편에서는, 감각능력들은 분리된 영혼 안에서 마치 뿌리(*radix*) 안에 있는 것처럼 〔즉, 아직 발현되지 않은〕 존재하는 것이라고 말한다. — 하지만 그렇다고 할 수는 없다. 뿌리 안에 있는 것처럼 어떤 것 안에 존재하는 것은 원리 안에 있는 것처럼 그 안에 존재하는 것인데, 그것은 어떤 것 안에 현실적으로 있는 것이 아니라 단지 힘으로써(*virtute*) 있는 것이다. 그런데 사물의 본질에 속하는 것들과 그것의 본질적 특성들은 그 사물 안에 현실적으로 존재하는 것이어야 한다. 그러므로 감각능력들은 분리된 영혼 안에서 단지 뿌리 안에 있는 것처럼만 존재하지는 않는다.

반론 3: 그뿐 아니다. 아우구스티누스는《정신과 영혼에 관하여》(*De spiritu et anima*)에서[2] 영혼은 육체에서 떠날 때 감각과 구상력,

---

그러나 인간의 본질을 말하면서 지성을 말하지 않을 수는 없으므로 지성은 본질은 아니되 본질에 필연적으로 수반되는 고유한 속성이라고 할 수 있다. 이러한 본질적 속성들은 본질은 아니되 그렇다고 해서 우유적인 술어화가능자(*the predicable*)도 아니기 때문에, 흔히 위 본문에서처럼 '속성'(*attributum*)이라는 용어 대신 (고유한) 특성(*proprietas*, *property*)이라는 용어를 사용하여 구별한다. 이 용어는 원래 누군가에게 속하는 것들 가운데 고유하고 정당하게 귀속되기 때문에 그가 그것에 대한 온전한 권리를 주장할 수 있는 그런 것을 지칭하는 법률적 용어이다. 우유적으로 술허화될 수 있는 속성과 본성에서 필연적으로 흘러나오는 특성 사이의 구별에 대해서는 J. Owens, *An elementary Christian Metaphysics*(Center for Thomistic Studies, 1985, originally published : ilwaukee: Bruce Pub. Co., 1963), p. 71 및 fn. 8 참조.

달성욕과 극복욕을 넘겨받는다고 말하고 있다. 그런데 이것들은 감각적인 부분 안에 있는 것들이다. 그러므로 감각능력들은 분리된 영혼 안에 남아 있다.

반론 4: 그뿐 아니다. 그것의 어떤 부분들이 결여된 전체는 온전한 전체가 아니다. 그런데 감각능력들은 영혼의 부분들이다. 그러므로 만약 분리된 영혼 안에 그것들이 없다면, 분리된 영혼은 온전한 전체가 아닐 것이다.

반론 5: 그뿐 아니다. 인간이 인간인 이유는 이성과 지성에 의해서이듯이, 동물이 동물인 이유는 감각 때문이다. '이성적'(*rationale*)은 인간을 〔인간으로〕 구성하는 차이이고, '감각적'(*sensibile*)은 동물을 〔동물로〕 구성하는 차이이기 때문이다. 그러므로 만약 감각〔능력〕이 동일하지 않다면, 그것은 같은 동물이 아닐 것이다. 그런데 만약 감각능력들이 분리된 영혼 안에 남아 있지 않다면, 〔죽은 후에〕 다시 일어난 인간 안에 있는 감각은 〔죽기 이전의〕 지금과 동일한 감각이 아닐 것이다. 일단 없어져서 사라져버린 것들이 다시금 수적으로 동일한 것[3]으로 〔즉, 동일한 개체의 것으로〕 복구될 수는 없기 때문이

---

2) Augustinus, De spir. et anima, c. 15 (PL 40, 791). 이외에도 St. Thomas, *De verit.*, q. 19, a. 1; *ST.*, I, q. 77, a. 8, arg. 1 참조.

3) 〔역주〕 '수적으로 동일한 것'(*idem numero*)이라는 표현에서 동일성 여부가 고려되는 존재론적 단위는 경험세계 안에서 통상적으로 발견되는 개체적인 물질적 사물, 즉 하나의 종적 본성 안에서 수적으로 다수화된 것들 하나하나이다. 이들은 일반적이고 통상적인 의미의 개체화(*individuation*) 및 개체성(*individuality*)이 적용되는 존재론적 기본단위체로서 물질세계 가운데서는 존재와 활동의 유일하고도 실질적인 주체로 이해된다. 이들은 구조적인 측면에서 다수에 공통적인 종적 본성에 개체화 특성들(*individuating notes*)이 더해진 것으로 이해될 수 있다. 이 개체화 특성들은 개체로서 개체의 관

다. 그렇다면 다시 일어난 인간은 〔동물이라는 측면에서 이전과〕 동일한 동물이 아닐 것이며, 그래서 같은 인간도 아닐 것이다. 그런데 이것은 〔죽은 후에〕 "나 자신 스스로가 친히 그를 보리니"라고 말하는 《욥기》 19장 〔27절〕 등에 위배된다.

반론 6: 그뿐 아니다. 아우구스티누스는 《창세기 축자강해》(*Super Genesim ad litteram*)에서,[4] 지옥에서 영혼들이 받는 형벌들은 잠자는 자가 보는 것과, 다시 말해 물체적 사물들에 대한 유사상들을 통해 경험하는 것과 비슷하다고 말한다. 그런데 잠자는 자들이 보는 그런 것들은 구상력(*imaginatio*)에 의해 주어지는 것인데, 이 구상력은 감각적 부분에 속하는 것이다. 그러므로 분리된 영혼 안에는 감각능력이 존재한다.

반론 7: 그뿐 아니다. 달성욕(*concupiscibile*) 안에는 기쁨이, 극복욕(*irascibile*) 안에는 분노가 포함되어 있다는 것이 분명하다. 그런데 선한 자들의 분리된 영혼 안에는 기쁨이, 악한 자들의 〔분리된〕 영혼 안에는 고통과 분노가—왜냐하면 거기에 통곡과 이를 가는 소리가 있기 때문이다[5]—있다. 그런데 달성욕과 극복욕은 감각적인 부분 안에 속하는 것들이기 때문에, 결국 철학자가 《영혼론》 III권에서 말하는 것처럼[6] 분리된 영혼 안에는 감각능력들이 있다고 보인다.

점에서는 본질적인 것이지만, 보편자를 대상으로 일반적 지식을 추구하는 학문의 영역에서는 우유적인 것으로 간주된다.

4) Augustinus, *De Genesi ad litteram*, XII, 32(PL 34, 480).

5) 《마태복음》 8장 12절 참조.

6) Aristoteles, *De anima*, III, 432b5-7. 이외에 403a15-18도 참조할 것. 〔역주〕 단, 아리스토텔레스가 《영혼론》의 이 부분에서 주장하는 것은 감각능력들이 '영혼'과 분리될 수 없다는 것이다. 이때 영혼은 육체와 결합되어

반론 8: 그뿐 아니다. 디오니시우스는 《신명론》 IV장에서 악령들의 사악함은 비이성적인 격분, 미친듯한 갈구, 그리고 오만불손한 상상이라고 말한다. 그런데 이런 것들은 모두 감각능력에 속하는 것들이다. 그러므로 악령들 안에는 감각능력이 있으며, 따라서 분리된 영혼 안에도 있으리라는 것은 더 말할 것도 없다.

반론 9: 그뿐 아니다. 아우구스티누스는 《창세기 축자강해》에서,[7] 영혼은 어떤 것들 — 예를 들어 기쁨과 슬픔 — 은 육체에 의하지 않고도 감각한다고 말한다. 그런데 육체 없는 영혼에 해당하는 것은 분리된 영혼 안에서도 해당한다. 그러므로 감각능력은 분리된 영혼 안에도 있다.

반론 10: 그뿐 아니다. 《원인론》에서는 말하기를,[8] 모든 영혼 안에는 감각적 사물들이 있다고 한다. 그런데 감각적 사물들이 감각되는 것은 그것들이 영혼 안에 있기 때문이다.[9] 그러므로 분리된 영혼은 〔감각적 사물들을 자신 안에 지니기 때문에〕 감각적 사물들을 지각하고, 따라서 그 안에는 감각능력이 있다.

있는 상태의 영혼임이 분명하다. 그러므로 엄밀하게 말해서 아리스토텔레스의 이 주장은 감각능력들이 '분리된 영혼' 안에도 있어야 한다는 것과는 구별되어야 한다.

7) Augustinus, *De Genesi ad litteram*, XII, 32(PL 34, 480).

8) *Liber De causis*, prop. 13.

9) 〔역주〕 다시 말해 감각대상들이 감각된다는 것은 곧 그 감각대상들이 영혼 안에 들어오게 된다는 것이며, 역으로 감각대상들이 영혼 안에 들어와 있기 때문에 그 대상이 감각되는 것이라고 말할 수도 있다는 그런 의미이다. 이런 의미에서 어떤 것이 감각은 되지만 그것이 영혼 안에는 없는 그런 경우는 있을 수 없다.

반론 11: 그뿐 아니다. 그레고리우스는 예수님이 《누가복음》 16장에서 연회를 즐기던 부자에 대해 설명하는 것은 비유가 아니라 사실이라고 말한다. 그런데 그곳에서 말하기로는, 음부에 처해 있는, 그렇기 때문에 의심할 바 없이 분리된 영혼의 상태인 부자는 나사로를 보았고 아브라함이 자기에게 말하는 것을 들었다. 그러므로 분리된 영혼은 보기도 하고 듣기도 한다. 그러므로 그 안에는 감각능력이 있다.

반론 12: 그뿐 아니다. 존재에서(*secundum esse*)와 실체에서(*secundum substantiam*) 동일한 둘 가운데 어느 하나는 다른 하나 없이는 존재할 수 없다. 〔다시 말해 하나가 있으면 반드시 다른 하나도 있다.〕 그런데 인간 안에서 감각혼과 이성혼은 존재와 실체 모두에서 동일하다. 그러므로 분리된 이성혼 안에 감각이 남아 있지 않는다는 것은 불가능하다.

반론 13: 그뿐 아니다. 무로 되돌아간 것은 수적으로 동일한 것〔즉, 같은 것〕으로 복구되지 않는다. 그런데 만약 감각능력들이 분리된 영혼 안에 남아 있지 않는다면, 그것은 무로 되돌아간 것이 분명하다. 그러므로 마지막 부활 때에 그것들〔즉, 다시 살아난 자가 지닌 이전 감각능력과 새 감각능력〕은 수적으로 동일한 것들, 즉 하나가 아닐 것이다. 그런데 감각능력들은 육체적 기관의 현실태(*actus organorum*)이므로, 결국 그 육체적 기관들 역시 수적으로 동일한 것이 아닐 것이며, 따라서 〔다시 일어난〕 사람 전체가 수적으로 동일한 것이 아닐 것인데, 이는 불합리한 결과이다.

반론 14: 그뿐 아니다. 상과 벌은 각기 공로와 죄과(*meritum et*

demeritum)에 상응한다. 그런데 인간의 공로와 죄과는 많은 경우 감각능력들의 행위 안에서, 우리가 열정(*passio*)을 따르거나 아니면 그것을 억제하는 동안 일어난다. 그러므로 상을 받거나 벌을 받아야 할 감각능력들의 행위가 분리된 영혼 안에 있어야 한다는 것은 정의가 요구하는 것이라고 보인다.

반론 15: 그뿐 아니다. 능력이란 행함의 원리이거나 당함의 원리 이외에 다른 것이 아니다. 그런데 영혼은 감각작용들의 원리이다. 그러므로 감각능력들은 마치 그것을 수행하는 주체 안에 있는 것처럼 영혼 안에 있으며, 따라서 분리된 영혼 안에 남아 있지 않을 수는 없다. 대립자를 결여하는 속성들은 그 주체의 소멸에 의해서가 아닌 한 소멸되지 않기 때문이다.

반론 16: 그뿐 아니다. 철학자에 따르면[10] 기억은 감각의 부분에 속한다. 그런데 기억은 분리된 영혼 안에 있다. 이 점은 아브라함이 연회를 즐기던 부자에게 "너는 너의 생애에서 좋은 것을 이미 받았다는 것을 기억하라"고 말한 것에서 분명히 알 수 있다. 그러므로 감각능력은 분리된 영혼 안에 있다.

반론 17: 그뿐 아니다. 분리된 영혼들 안에는 덕들 및 악덕들이 남아 있다. 그런데 이러한 덕들과 악덕들 가운데 어떤 것들은 감각적인 부분 안에 있다. 왜냐하면 《니코마코스 윤리학》 III권에서[11] 철학자는 절제와 용기가 비이성적인 부분에 속한다고 말하기 때문이다. 그러므로 분리된 영혼 안에는 감각능력들이 남아 있다.

---

10) Aristoteles, *De memoria et reminiscentia*, I, 450a14.

11) Aristoteles, *Eth. Nic.*, III, 9, 1117b23-24.

반론 18: 그뿐 아니다. 죽었다가 다시 살아난 자들에 관하여 들을 수 있고, 또한 성인들에 관한 많은 이야기들 안에서 읽을 수 있는 것은, 그들이 〔죽었을 동안에〕 상상으로 그려볼 수 있는 어떤 것들, 예를 들면 집과 들판과 강 및 이러한 부류의 것들을 보았노라고 말하고 있다는 것이다. 그러므로 분리된 영혼은 구상력을 사용한다. 그런데 이 구상력은 〔영혼의〕 감각적 부분 안에 있는 것이다.

반론 19: 그뿐 아니다. 감각은 지적인 인식을 도와준다. 감각능력 가운데 하나가 결여된 사람에게는 한 가지 지식이 결여되기 때문이다.[12] 그런데 지적인 인식은 육체와 결합된 영혼 안에서보다 분리된 영혼 안에서가 보다 더 완전하다. 그러므로 감각은 〔결합된 영혼에서보다〕 분리된 영혼에게 더 〔완전하게〕 존재한다.

반론 20 : 그뿐 아니다. 《영혼론》 I권에서 철학자는,[13] 만약 노인이 젊은이의 눈을 받는다면, 그는 젊은이가 보는 것처럼 보게 될 것이라고 말한다. 이에 비추어 볼 때, 육체적 기관이 무기력해진다고 해서 감각능력들이 무기력해지는 것은 아니라고 보인다. 그러므로 〔육체적 기관들이〕 소멸된다고 해서 〔감각능력들이〕 파괴되는 것도 아니다. 따라서 감각능력들은 분리된 영혼 안에 남아 있다고 보인다.

이와는 반대로(*Set Contra*): 철학자는 《영혼론》 II권에서[14] 지성에

---

12) 〔역주〕 예를 들어, 시각능력을 결여한 사람에게는 색에 대한 인식이 주어지지 않는다. 이러한 사람에게는 서술적 묘사를 통해 색에 관한 이해를 도모하게 할 수는 있지만, 그러한 인식이 시각을 통해 색을 '봄'으로써 획득할 수 있는 인식과 동일하다고는 할 수 없다.

13) Aristoteles, *De anima*, I, 4, 408b21-22.

14) Aristoteles, *De anima*, II, 2, 413b24-27.

대해 말하면서, 이것〔즉, 지성〕은 마치 영속적인 것이 가멸적인 것에서 분리되어 있는 것처럼 홀로 분리되어 있다고 말한다. 그러므로 분리된 영혼 안에는 감각능력이 남아 있지 않다.

이와는 반대로 2: 그뿐 아니다. 철학자는 《동물발생론》 XVI권에서[15] 어떤 원리들에 의한 작용이 육체 없이는 일어날 수 없다면, 그 원리 자체도 육체 없이는 있을 수 없다고 말한다. 그런데 감각능력의 작용들은 육체 없이는 일어날 수 없다. 그것은 육체적 기관들을 통해서 수행되기 때문이다. 그러므로 육체가 없으면 감각능력들도 있을 수 없다.

이와는 반대로 3: 그뿐 아니다. 다마스케누스는[16] 자신의 고유한 작용을 하지 않은 사물들은 아무것도 없다고 말한다. 그러므로 만약 감각능력이 분리된 영혼 안에 남아 있다면, 그것들은 자신의 고유한 작용들〔즉, 감각작용〕을 할 것인데, 이것은 불가능하다.

이와는 반대로 4: 그뿐 아니다. 현실적으로 실현되지 않는 능력은 아무 목적도 없는 헛된 것이다. 그런데 신이 하는 일들 안에는 헛된 것이 아무것도 없다. 그러므로 감각능력은 그것이 실제로 실현될 수 있는 곳이 아닌 분리된 영혼 안에는 남아 있지 않다.

나의 대응: 앞선 문제들을 통해 알 수 있듯이,[17] 영혼의 능력은 영혼의 본질에 속하는 것이 아니라 그 본질에서 흘러나오는 본질적 특

15) Aristoteles, *De generatione animalium*, II, 3, 736b22-24.

16) Iohannes Damascenus, *De fide orthodoxa*, II, 23 (PG 94, 949).

17) 이 책 제12문 '나의 대응' 및 제19문 '반론 1'의 각주 내용 참조.

성(*proprietas naturalis*)들이다. 그런데 속성은 두 가지 방식으로 소멸된다. 하나는 그 속성의 대립자에 의해서인데, 예를 들어 차가움이 뜨거움에 의해 소멸되는 것과 같은 경우이다. 다른 방식은 그 주체의 소멸에 의해서인데, 속성은 〔그것을 속성으로 지니는〕 주체가 소멸될 때 남아 있을 수 없기 때문이다. 그러므로 대립자를 지니지 않는 속성 혹은 〔속성적〕 형상은 그것의 주체가 파괴되지 않는 한 소멸되지 않는다. 그런데 영혼의 능력들에는 대립자가 없다는 것이 분명하며, 따라서 만약 그것들이 소멸한다면, 그 소멸은 오직 그 주체의 소멸에 의해서 일어나는 것이다. 그러므로 감각능력들이 육체가 소멸됨으로써 소멸되는가 아니면 분리된 영혼에 남아 있는가를 탐구하기 위해서는, 논의되는 그 능력들의 주체가 무엇인가에 대해 고려하는 것을 그 탐구의 출발점으로 삼아야만 한다.

그런데 능력의 주체란, 그 능력에 의해서 그럴 능력이 있다고 말하는 그런 것이어야만 한다는 것이 분명하다. 왜냐하면 모든 속성들은 〔그 속성을 지닌〕 자신의 주체에 〔그런 것이라고 일컬어질 수 있게끔〕 이름을 부여하기 때문이다. 그런데 행하거나 당하는 능력(*potens agere vel pari*)이 있다는 것과 행하는 자 혹은 당하는 자(*agens vel patiens*)라는 것은 같은 말이다. 그러므로 어떤 능력의 주체는 그 능력을 원리로 하여 수행되는 행함 혹은 당함의 주체이어야만 한다. 철학자가 《꿈과 깸에 관하여》(*De somno et vigilia*)에서[18] 능력이 속하는 자에게 행위도 속한다(*cuius est potentia, eius est actio*)고 말한 것이 바로 이러한 것이다.

그런데 감각의 작용들에 관해서는 다양한 견해들이 있다. 플라톤의 경우는 감각혼이 그 자체로서 자신의 고유한 작용을 지닌다고 주

18) Aristoteles, *De somno et vigilia*, I, 454a8.

장했다. 영혼〔이라는 것〕은, 비록 감각적이라 할지라도, 스스로 자기 자신을 움직이게 하는 것이며, 스스로를 움직이게 하지 않는 한은 육체도 움직이게 하지 않는다고 주장했다. 그러므로 감각할 때 일어나는 작용은 두 가지이다. 하나는 그것에 의해 영혼이 자기 자신을 움직이게 하는 작용이고, 다른 하나는 그것에 의해 육체를 움직이게 하는 작용이다. 그러므로 플라톤주의자들은 감각은 육체를 통해 일어나는 영혼의 움직임(*motus animae per corpus*)이라고 정의한다. 이 때문에 이 입장의 추종자들 가운데 어떤 사람들은 〔영혼의〕 감각적 부분에서의 작용을 두 가지로 구분한다. 하나는 자기 자신을 움직이게 함으로써 그에 의해 영혼으로 하여금 감각하도록 하는 내적인 작용이고, 다른 하나는 육체를 움직이게 하는 한에서의 외적인 작용이다. 그러므로 그들은 감각능력도 역시 두 가지가 있다고 말한다. 어떤 것들은 영혼 자체 안에만 있는 내적인 행위의 원리들이며, 이것들은 영혼 자체의 행위원리이기 때문에 육체가 소멸되더라도 분리된 영혼 안에 남아 있게 된다. 반면에 어떤 것들은 외적인 행위원리들인데, 이것들은 영혼 안에 그리고 육체 안에 동시에 있는 것들이며, 육체가 사멸될 때 소멸되는 것들이다.

하지만 이런 견해는 유지될 수 없다. 왜냐하면 모든 것들은 그것이 존재(*ens*)인 한에서 작용한다는 것이 분명하기 때문이다. 그러므로 그 자체만으로 존재하는 것들은 그 자체만으로 작용한다(*quae per se habent esse per se operantur*). 개별적 실체들이 그런 것처럼 말이다. 그런데 〔실체의〕 형상들은 그 자체만으로 존재하는 그런 것이 아니라, 그것에 의해서 다른 어떤 것들이 존재하는 한에서만 존재라고 일컫는 그런 것이다. 그러므로 〔형상들은〕 그 자체만으로는 작용하지 않으며, 단지 그것들을 통해 〔그것을 형상으로 지니는〕 주체가 작용하는 한에서만 작용한다고 말한다. 마치 뜨거움(*calor*)은 뜨거운 것(*id quod est calidum*)이 아니라, 그것에 의해 어떤 것이 '뜨거운' 이유인 것(*id quo aliquid est calidum*)이며, 따라서 어떤 것을 뜨거워지게 만드는 것이 아니라, 그것에 의해 어떤 것이 다른 어떤 것을 뜨거워지게 만드는 그런 것이다. 그러므로 만약 감각혼이 그 자체만으로 작용할 수 있다면, 이로부터 감각혼은 그 자체만으로도 자립적으로 존재한다는 결론이 뒤따를 것이며, 따라서 육체가 소멸될 때에도 〔감각혼은〕 소멸되지 않게 될 것이다. 그렇다면 동물들의 영혼까지도 불멸하는 것이 될 터인데, 이것은 불가능한 일이다. 비록 플라톤이 그것을 〔가능하다고〕 인정했다 하더라도 말이다.

그러므로 〔영혼의〕 감각적 부분의 그 어떤 작용도 단지 영혼만을 주체로 해서 수행되는 영혼만의 것일 수는 없다. 그것은 오히려 영혼을 통해서 〔영혼과 육체의〕 복합체에 의해 수행된다. 마치 뜨겁게 만드는 것은 뜨거운 어떤 것이 자신이 지닌 뜨거움을 통해 수행하는 작용인 것처럼 말이다. 그러므로 보고 듣는 등 한마디로 말해서 감각하는 주체는 복합체이다. 단, 영혼을 통해서만 그렇게 할 수 있는 것이다. 결국, 감각적 부분의 능력들은 작용의 주체의 관점에서는 복합체에 속하는(*in composito sicut in subiecto*) 작용이지만, 어떤 원리에서 비롯되느냐의 관점에서는 영혼에 의한(*ab anima sicut a principio*) 작용이다.[19] 따라서 육체가 소멸되면 감각능력들도 파괴되며, 영혼 안

---

19) 〔역주〕 정리하면, 감각은 복합체를 주체로 하는 작용, 즉 복합체가 수행하는 작용이다. 반면에 감각은 영혼을 그 원리로 하여 수행되는 작용이다. 그러므로 복합체가 감각작용을 할 수 있는 것은 오직 영혼의 능력 덕분이지만, 복합체가 없이 영혼만으로 감각능력을 말하는 것도 무의미하다. '능력이 있다'는 것은 오직 주체 안에서 그 주체에 의해 실현될 수 있을 때에만 의미가 있는 표현이므로, 능력은 있되 그것을 실현할 주체가 없으면 아무 의미가 없는 것이다. 그런데 원칙적으로 수행될 수 없는 작용능력, 즉 현실화될 수 없는 가능태가 존재한다고 말하는 것은 무의미하다. 그러므로 분리된 영

에는 오직 그 원리 안에 유지되는 것처럼만 남게 된다. 감각능력은 분리된 영혼 안에서 오직 그 뿌리 안에 있는 것처럼만 존재한다고 하는 입장이 말하는 것이 바로 이것이다.

반론 1에 대한 대답: 감각능력들은 영혼의 본질에 속하는 것이 아니라 그것의 본질적 특성들로서, 실제로 복합체를 그 주체로, 반면에 영혼은 단지 그 원리로만 하는 능력이다.

반론 2에 대한 대답: 이러한 능력이 뿌리 안에 있는 것처럼 분리된 영혼 안에 있다고 말하는 이유는 그 능력들이 〔분리된 영혼 안에서〕 그 자체로 현실적이기 때문이 아니라, 분리된 영혼이 만약 육체와 결합한다면 그 육체 안에서 다시 한 번 이 능력들의 원인일 수 있는 그런 힘을 지니고 있기 때문이다. 그것이 〔다시 한 번〕 생명의 원인일 수 있을 것처럼 말이다.

반론 3에 대한 대답: 우리는 〔반론 3에서 끌어들이는〕 그 권위를 인정해야 할 필요가 없다. 〔인용되는〕 그 책의 저자는 아우구스티누스가 아니라 다른 사람이므로 표제에 저자가 잘못되어 있기 때문이다. 그럼에도 불구하고 그 책에서는 영혼이 자신과 함께 그러한 능력들을

혼 안에는 감각능력이 남아 있지 않다고 말하는 것이다. 그럼에도 불구하고 영혼이 감각작용의 원리라는 사실, 영혼이 감각능력을 지닌다는 사실 자체는 그 능력이 실제로 수행/현실화되는가의 여부와는 무관하게 여전히 유지된다. 이러한 의미에서는 분리된 영혼 안에 여전히 감각능력이 남아 있다고 할 수 있다. 단, 이것이 분리된 영혼 안에 실현되거나 수행될 수 있는 작용능력으로서의 감각능력이 있다는 것을 의미하지는 않는다. '뿌리 안에'(*in radice*) 라는 표현은 분리된 영혼 안의 감각능력이 실현되거나 수행될 수 없는 상태에 있는 온전한 능력이 아님을 표현하는 것이다.

현실적으로가 아니라 능력적으로 지닌다는 점을 말하는 것이라고 설명될 수 있다.

반론 4에 대한 대답: 영혼의 능력들은 〔영혼의〕 본질적인 부분들이거나 불가결의 부분들이 아니라 가능적인 부분들이다. 그럼에도 불구하고 그 가운데 어떤 것들은 그 자체로서 영혼에 속하고, 어떤 것들은 이와 달리 〔영혼과 육체의〕 복합체에 속한다.

반론 5에 대한 대답: '감각'은 두 가지 〔의미〕로 일컬어진다. 하나는 그러한 〔감각〕능력들의 원리인 감각혼 자체〔를 의미하는 것〕이다. 이런 의미에서는 동물이 동물인 것이 바로 감각에 의해서다. 마치 그 고유한 형상에 의해서 그런 것처럼 말이다. 왜냐하면 동물의 차이(*differentia animalis*)[20]를 구성하는 것으로서의 '감각적'(*sensibile*)이라는 말은 바로 이런 의미의 감각(*sunsus*)에서 취해진 것이기 때문이다. 다른 하나는 감각이 감각능력 자체를 말하는 경우인데, 이것은 앞서 언급한 것처럼 본질적 특성들이기 때문에 종을 구성하는 것이 아니라 종으로부터 결과로 나오는 것이다. 그러므로 분리된 영혼 안에는 이런 의미에서의 감각은 남아 있지 않게 된다. 하지만 앞서 첫째 의미의 감각은 분리된 영혼 안에 남아 있게 된다. 인간에게서 감각혼의 본질과 이성혼의 본질은 동일하기 때문이다. 그러므로 다시 살아난 인간이 〔동물이라는 측면에서 죽기 이전과〕 수적으로 동일한 동물이지 못할 이유는 없다. 왜냐하면 어떤 것이 수적으로 동일한 것이기 위해서는 그것의 본질적 원리가 수적으로 동일한 것만으로 충분하

20) 〔역주〕 동물보다 상위 개념 — 즉, 생명체 혹은 생물 — 하에서, 동물만이 고유하게 지니는 것이기 때문에 동물을 동물 아닌 것 — 예를 들어 식물 — 과 구별하게 만들어주는 차이.

며, 그것의 본질적 특성들이나 속성들까지 수적으로 동일해야 할 것이 요구되지는 않기 때문이다.

반론 6에 대한 대답: 아우구스티누스는 《재고론》(*Retractationes*) 에서[21] 이 문제를 재검토하고 있다고 보인다. 《창세기 축자강해》 XII권에서[22] 그는 지옥의 형벌이 상상에 의한 시각(*imaginaria visio*) 에 의하며, 지옥이라는 장소도 물리적인 것이 아니라 상상의 공간이라고 말하는데, 이 때문에 그는 만약 지옥이 물리적인 장소가 아니라면, 왜 지옥에 속한 자들이 땅 아래에 있다고 말하는지 그 이유를 제시해야만 하였다. 그리고 그는 "나에게는 지옥이 왜 땅 아래에 있다고 믿거나 말하는지에 대한 이유를—마치 실제로는 그렇지 않은 것처럼—제시하기보다는, 지옥이 땅 아래에 있다고 가르치는 것이 마땅하다고 보였었다"고 말함으로써 자기 자신을 비판하고 있다. 이처럼 지옥의 장소에 관해 그가 했던 말이 재검토되고 있다는 사실로부터, 이와 관련된 다른 모든 문제들 역시 재검토되어야 한다고 보인다.

반론 7에 대한 대답: 분리된 영혼 안에는 기쁨이나 분노는 〔영혼의〕 감각적 부분 안에 있는 달성욕이나 극복욕의 작용에 의한 그런 기쁨이나 분노가 아니라, 오직 〔영혼의〕 지적인 부분에 속하는 의지의 운동을 나타내는 한에서의 기쁨이나 분노다.

반론 8에 대한 대답: 인간의 사악함은 다음의 세 가지, 즉 오만불손한 상상 (이로부터 오류가 시작된다), 미친 듯한 갈구, 그리고 비이성적인 격분 등에 의하기 때문에, 그런 이유에서 디오니시우스는 악

21) Augustinus, *Retractationes*, II, 24.

22) Augustinus, *De Genesi ad litteram*, XII, 33(PL 34, 481).

령들의 사악함을 인간의 사악함과의 유사성을 통해 묘사하는 것이다. 하지만 그렇다고 해서 악령들 안에 감각적인 부분에 속하는 심상이나 극복욕 또는 달성욕이 있다고 이해되어서는 안 되며, 오히려 지적 본성에 속하는 것이면서도 이러한 것들에 비유될 수 있는 어떤 것이 있다는 것으로 이해되어야 한다.

반론 9에 대한 대답: 아우구스티누스의 그 말은 영혼이 육체적 기관 없이도 어떤 식으로든 감각할 수 있다는 의미로 이해되어서는 안 된다. 오히려 영혼은 어떤 것들—예를 들어 공포나 슬픔—은 감각될 수 있는 〔대상인〕 육체들 자체가 없어도 어떤 식으로든 감각할 수 있는 반면, 다른 어떤 것들—예를 들어 차가움이나 뜨거움—은 육체 자체를 통해서만 감각한다는 의미로 이해되어야 한다.

반론 10에 대한 대답: 어떤 것 안에 존재하는 모든 것들은 수용하는 자〔즉, 그것을 소유하는 자〕의 양태에 따라(*per modum recipientis*) 존재한다. 그러므로 감각되는 사물들은 분리된 영혼 안에서 감각적인 것의 양태로가 아니라 지적인 것의 양태로 존재한다.

반론 11에 대한 대답: 실제로 발생한 어떤 일들에 대해 이야기할 때 비유를 통해 말하지 못할 이유는 없다. 그러므로 비록 복음서에서 부자와 나사로에 관해 말하는 것은 실제로 발생한 일일지라도, 나사로가 보고 들은 것은 비유라는 방식을 통해 진술될 수 있다. 마치 '그는 혀를 지녔다'고 비유적으로 말할 수 있는 것처럼 말이다.

반론 12에 대한 대답: 감각혼의 실체는 죽음 이후에도 인간 안에 남아 있지만, 그럼에도 불구하고 〔감각혼의〕 감각능력은 남지 않는다.

반론 13에 대한 대답: '감각'(*sensus*)이 능력을 지칭하는 용어로 사용되는 한, 육체 전체의 형상은 그런 의미의 '감각'이 아니라 '감각혼'(*anima sensitiva*)인 것처럼 (그리고 이 경우 '감각'은 복합체에 속하는 본질적 특성이다), 〔육체적 기관인〕 눈의 현실태는 시각능력(*potentia visiva*)이 아니라 영혼—그러한 능력들의 원리인 한에서—이다. 그래서 마치 육체 전체의 현실태는 감각혼인 것처럼, 눈의 현실태는 '볼 수 있는 영혼'이라는 식으로 표현할 수도 있는 것이다. (물론 시각능력은 영혼에 따르는 본질적 특성이〔지 볼 수 있는 영혼이 별도로 있는 것은 아니〕다.) 그러므로 〔영혼이 수적으로 동일한 것으로 유지되는 한〕 다시 살아난 자의 눈이 〔이전의 눈과 수적으로〕 반드시 다르다고 해야 하는 것은 아니다. 비록 그것이 지닌 감각능력은 다를지라도 말이다.

반론 14에 대한 대답: 상은 공로에 상응한다. 하지만 공로에 상이 주어지는 것은 아니고, 공로 덕분에 무엇인가에 상이 주어지는 것이다. 그러므로 보상이 주어지기 위해 그 보상을 마땅한 것이게 하는 모든 행위들이 다시 회복되어야 하는 것은 아니다. 그것들이 신의 기억 속에 있다는 것으로도 충분하다. 만약 그렇지 않다면, 성인들은 다시 한번 살해당해야 할 것인데, 이는 불합리하다.

반론 15에 대한 대답: 영혼은 감각작용의 원리이되, 감각하는 자로서 원리인 것이 아니라 그것 덕분에 감각하는 자가 감각하는 그런 것으로서의 원리이다. 그러므로 감각능력은 주체 안에 있는 것처럼 영혼 안에 있는 그런 것이 아니라, 원리에 의해 비롯되는 것처럼 영혼에 의해 비롯되는 그런 것이다.

반론 16에 대한 대답: 분리된 영혼은 기억을 통해 회상하는데, 이

때의 기억이란 〔영혼의〕 감각적 부분 안에 있는 것이 아니라 지적인 부분 안에 있는 것으로서, 아우구스티누스가 이해하기로는[23] 〔인간 안에 있는 하나님의〕 형상의 부분인 그런 기억이다.

반론 17에 대한 대답: 비이성적 부분에 속하는 덕들과 악덕들은 분리된 영혼 안에 남아 있지 않는다. 다만 그것들의 원리 안에 담겨 있다는 그런 의미에서만 분리된 영혼 안에 있다고 할 수 있다. 모든 덕의 씨앗들(*semina virtutum ounium*)은 의지와 이성 안에 있기 때문이다.

반론 18에 대한 대답: 앞서의 언급에서 분명히 알 수 있듯이,[24] 육체로부터 분리된 영혼이 지니는 인식방식은 육체와 결합되어 있을 때의 그것과 동일하지 않다. 그러므로 분리된 영혼이 자기 자신에게 고유한 방식에 따라, 다시 말해 심상들 없이(*absque fantasmatibus*) 이해하는 것들에 대한 인식이, 육체와 다시 결합됨으로써 그 이전 상태로 되돌아간 이후에는 그때의 자신에게 적절한 방식에 따라, 즉 심상들을 참조하면서 인식하게 된다. 그러므로 〔분리된 영혼이〕 지성적 방식으로 보던 것들에 대해 〔결합된 영혼은〕 상상할 수 있는 〔즉, 감각적인〕 방식으로 말하는 것이다.

반론 19에 대한 대답: 지성은 불완전한 인식의 상태, 다시 말해 심상들로부터 인식을 얻어야 하는 그런 상태에서는 감각의 도움을 필요로 하지만, 분리된 영혼의 경우에 해당하는 완전한 인식방식의 상태에서는 감각의 도움을 필요로 하지 않는다. 마치 인간이 유아기 때에는 우유를 필요로 하지만 완전히 성장했을 때는 그렇지 않은 것처럼

---

23) Augustinus, *De Trinitate*, XIV, viii, 11(PL 42, 1044).
24) 이 책 제15문 '나의 대응' 열한 번째 문단 이후 참조.

말이다.

반론 20에 대한 대답: 감각능력들은 육체적 기관들이 약화되는 데 따라 우연적으로만—본질적으로가 아니라—약화된다. 그러므로 이와 마찬가지로 감각능력들은 육체적 기관들이 소멸하는 데 따라 우연적으로 소멸된다.

제20문

분리된 영혼은 개별자를 인식하는가*

스무 번째 문제는, 분리된 영혼은 개별자를 인식하는가의 문제이다.

반론 1: 그렇지 않다고 보인다. 분리된 영혼 안에 있는 영혼의 능력들로는 오직 지성만이 남아 있기 때문이다. 그런데 지성의 대상은 보편자이지 개별자가 아니다. 《영혼론》 I권에서 말하는 것처럼[1] 학〔적 지식〕은 보편자에 대한 것인 반면,[2] 개별자들에 대한 것은 감각이기 때문이다. 그러므로 분리된 영혼은 개별자는 인식하지 않으며, 오직 보편자만을 인식한다.

반론 2: 그뿐 아니다. 만약 분리된 영혼이 개별자를 인식한다면, 그것은 육체 안에 있는 동안에 이전에 획득한 형상들에 의해서이거나 아니면 주입된 형상들에 의해서이거나 둘 중에 하나여야 한다. 그런

---

* 병행문헌: *In IV Sent.*, d. 50, q. 1, a. 3; *De verit.*, q. 19, a. 2; *SCG.*, II, c. 100; *ST.*, I, q. 89, a. 4. 이외에도 *In II Sent.*, d. 3, a. 3, a. 3; *De verit.*, q. 8, a. 11; *ST.*, I, q. 86, a. 1 등을 참조할 것.

1) Aristoteles, *De anima*, II, 417b22-23; 27-28.

2) 학〔적 지식〕이 보편자를 대상으로 한다는 것에 대해서는 St. Thomas, *In De naima*, II, 12 참조.

데 이전에 획득한 형상들에 의해서는 아니다. 왜냐하면 영혼이 육체 안에 있는 동안에 감각을 통해서 획득한 형상들 가운데 어떤 것들은 〔영혼의〕 감각적 부분의 능력 안에 보존되는 개별적인 형상들인데, 앞서 언급한 대로 그 〔감각적〕 능력들이 유지되지 않는 분리된 영혼 안에서는 〔이 형상들이〕 남아 있을 수 없고, 반면에 다른 어떤 것들은 보편적 형상인데, 이것들은 지성 안에 있기 때문에 이것들만 〔분리된 형상 안에〕 남아 있을 수 있기 때문이다. 그런데 보편적 형상들에 의해서는 개별자가 이해될 수 없는 것이다. 그러므로 분리된 영혼은 육체 안에 있는 동안에 획득한 형상들에 의해 개별자를 인식할 수는 없다. 한편, 비슷한 이유 때문에 주입된 형상에 의해서일 수도 없다. 그런 종류의 〔즉, 주입된〕 형상들은 모든 개별자들에 대해 동일하게 관계되기 때문에, 이로부터는 분리된 영혼이 모든 개별자들을 인식한다는 결론이 뒤따르는데, 이것은 옳다고 볼 수 없다.

반론 3: 그뿐 아니다. 분리된 영혼의 인식은 공간적 거리에 의해 방해를 받는다. 왜냐하면 아우구스티누스는《죽은 자들을 위해 해야 하는 보살핌에 관하여》(*De cura pro mortuis agenda*)에서[3] 죽은 자들의 영혼은 여기서 〔즉, 이생에서〕 일어나는 일들을 전혀 알 수 없는 그런 곳에 있다고 말하기 때문이다. 그런데 공간적 거리는 주입된 형상에 의해 일어나는 인식을 방해하지 않는다. 그러므로 영혼은 주입된 형상에 의해 개별자를 인식하는 것이 아니다.

반론 4: 그뿐 아니다. 주입된 형상은 현재와 미래 모두에 동등하게 관계된다. 왜냐하면 가지적 형상들의 주입은 시간에 구속받지 않

3) Augustinus, *De cura pro mortuis gerenda*, c. 13 (PL 40, 605).

기 때문이다. 그러므로 만약 분리된 영혼이 주입된 형상들에 의해 개별자들을 인식한다면, 분리된 영혼은 현재나 과거뿐 아니라 미래마저도 인식한다고 해야 할 것인데, 그럴 수는 없다고 보인다. 미래를 인식하는 것은 오직 신에게만 속하는 것이기 때문이다. 왜냐하면 《이사야》 41장에서[4] "미래에 다가올 일들이라고 선언하라, 그러면 너희가 신들이라고 우리는 말할 것이다"고 말하기 때문이다.

반론 5: 그뿐 아니다. 개별자들은 〔그 수가〕 무한하다. 하지만 주입된 형상들은 무한하지 않다. 그러므로 분리된 영혼이 주입된 형상들에 의해 개별자들을 인식할 수는 없다.

반론 6: 그뿐 아니다. 구별되지 않는 것이 구별된 인식의 원리일 수는 없다. 그런데 개별자들에 대한 인식은 구별된 것이다. 그런데 주입된 형상들은 보편적으로 존재하는 것인 한 구별되지 않은 것이기 때문에, 분리된 영혼이 주입된 형상에 의해 개별자들을 인식할 수는 없다고 보인다.

반론 7: 그뿐 아니다. 어떤 것에 수용되는 것들은 예외 없이 수용하는 자의 양태에 따라 수용하는 자 안에 수용된다. 그런데 분리된 영혼은 비물질적이다. 그러므로 주입된 형상들은 분리된 영혼 안에 비물질적인 방식으로 수용된다. 그런데 비물질적인 것은 질료에 의해 개별화되는 개별자들에 대한 인식의 원리일 수 없다. 그러므로 분리된 영혼은 주입된 형상들을 통해 개별자들을 인식할 수 없다.

---

4) 《이사야》 41:23.

반론 8: 그런데 한편에서는, 주입된 형상이 비록 비물질적이기는 하지만 이들에 의해 개별자가 인식될 수 있다고 말하기도 한다. 〔주입된 형상들은〕 신이 보편자와 개별자 모두를 인식하는 수단이 되는 원형적 형상(*forma idealis*)들에 대한 유사상이라는 이유에서다. — 하지만 그렇다고는 할 수 없다. 신이 원형적 형상들을 통해 개별자들을 인식하는 것은, 그 형상들이 개별화의 원리이기도 한 질료를 형성하는 자인 한에서이다. 그런데 분리된 영혼이 지닌 주입된 형상들은 질료를 형성하는 자들이 아니다. 이들은 창조하는 것들이 아니기 때문이다. 창조는 오직 신에게만 속한다. 그러므로 분리된 영혼은 주입된 형상들에 의해 개별자를 인식할 수는 없다.

반론 9: 그뿐 아니다. 피조물이 신에 대해 지니는 유사성은 일의적인 것이 아니라 오직 유비적인 것일 수밖에 없다. 그런데 유비적인 유사성을 통해 일어나는 인식은 매우 불완전한 것이다. 예를 들어, 어떤 것이 다른 어떤 것과 존재(*ens*)라는 점에서 일치한다고 해서 그 다른 것을 통해 이해될 수 있다고 하는 경우처럼 말이다. 그러므로 만약 분리된 영혼이 주입된 형상들 — 이것들이 〔신의〕 원형적 형상들과 유사한 한에서 — 을 통해 개별자들을 인식한다면, 〔분리된 영혼은〕 매우 불완전하게 개별자들을 인식하는 것이라고 보인다.

반론 10: 그뿐 아니다. 앞서의 논의들에서[5] 분리된 영혼은 혼동되고 보편적인 방식으로가 아닌 한 주입된 형상들을 통해 자연적인 것들을 인식하는 것은 아니라고 말했다. 그런데 이러한 언급은 개별자에 대한 인식을 말하는 것이 아니다. 그러므로 분리된 영혼은 주입

5) 이 책 제15문 '나의 대응' 열두 번째 문단; 제18문 '나의 대응' 다섯 번째 문단 참조.

된 형상들을 통해 개별자들을 인식하는 것이 아니다.

반론 11: 그뿐 아니다. 주입된 형상들—그것들을 통해 영혼이 개별자들을 이해한다고 주장되는—은 신에 의해 직접 원인지어지는 것이 아니다. 디오니시우스에 의하면[6] 매개를 통해서 가장 낮은 것들까지 미치는 것이 신의 법이기 때문이다. 또한 이것들은 천사에 의해 원인지어지는 것도 아니다. 왜냐하면 천사는 그 어떤 것의 창조자도 아니므로 창조에 의해서(*creando*) 그러한 형상을 원인지울 수도 없고, 변화—이러한 변화를 위해서는 그 변화를 일으키는 어떤 매개물이 있어야만 하기 때문에—에 의해 그것을 원인지울 수도 없기 때문이다. 그러므로 분리된 영혼은 개별자를 인식하는 수단이 되는 주입된 형상들을 지니지 않는다고 보인다.

반론 12: 그뿐 아니다. 만약 분리된 영혼이 주입된 형상들을 통해 개별자들을 인식한다면, 그것은 오직 두 가지로만 가능하다. 이 형상들을 개별자들에게 적용(*applicatio*)하거나, 아니면 스스로 이 형상들 자체를 참조(*conversio*)하거나이다. 만약 〔형상들을〕 개별자들에게 적용한다면, 그러한 적용은 개별자들로부터 무엇인가를 수용함으로써 일어나는 것이 아니라는 것은 분명하다. 분리된 영혼은 개별자들로부터 무엇인가를 수용하도록 되어 있는 감각능력들을 지니지 않기 때문이다. 그러므로 이러한 적용은 개별자에 대해 무엇인가를 상정함으로써 일어난다. 그렇기 때문에 분리된 영혼은 개별자 자체를 아는 것이 아니라 개별자들에 대해 상정된 것만을 알 것이다. 그런데 만약

---

6) Pseudo-Dionysius, *De Ecclesiastica hierarchia*, V, 4(Dionysiaca, pp. 1330~1331; PG 3, 504); *De Caelesti hierarchia*, IV, 3(Dionysiaca, 812-813; PG 3, 182).

분리된 영혼이 언급된 형상들 자체를 참조함으로써 그 형상들을 통해 개별자를 이해하는 것이라면, 개별자들이 그 형상들 자체 안에 있는 것이 아닌 한 이로부터 분리된 영혼은 개별자를 인식하지는 못한다는 결론이 따라 나온다. 그런데 개별자들은 언급된 형상들 안에서는 오직 보편적인 방식으로만 존재한다. 그러므로 분리된 영혼은 개별자를 오직 보편적인 방식으로만 인식한다.

반론 13: 그뿐 아니다. 그 어떤 유한자도 무한한 것에까지 미칠 수는 없다. 그런데 개별자들은 〔그 수가〕 무한하다. 그러므로 분리된 영혼은 개별자들을 인식하지 못한다고 — 왜냐하면 분리된 영혼의 능력은 유한하므로 — 생각된다.

반론 14: 그뿐 아니다. 분리된 영혼은 지적인 봄(*visio intellectualis*)에 의해서가 아니면 아무것도 알 수 없다. 그런데 아우구스티누스는 《창세기 축자강해》 XII권에서[7] 지적인 인식(*visio intellectualis*)에 의해서는 육체는 물론이고 육체들의 유사상들도 인식될 수 없다고 말하고 있다. 그런데 개별자들은 육체들이므로, 이러한 개별자들은 분리된 영혼에 의해서는 인식될 수 없다고 보인다.

반론 15: 그뿐 아니다. 본성이 같은 곳에서는 작용방식도 같다. 그런데 분리된 영혼은 육체와 결합된 영혼과 그 본성이 동일하다. 그런데 육체와 결합된 영혼은 지성을 통해 개별자를 인식할 수 없기 때문에, 분리된 영혼 역시 그럴 수 없다고 보인다.

---

7) Augustinus, *De Genesi ad litteram*, XII, 24(PL 34, 474).

반론 16: 그뿐 아니다. 작용들은 대상들〔의 구별〕에 의해서 구별된다. 그런데 각 작용들이 구별되어야 한다면, 〔그러한 구별을 일으키는〕 그것들은 더 구별된다. 그러므로 능력들보다는 대상들이 훨씬 더 구별된다. 그런데 감각〔능력〕은 결코 지성〔능력〕이 되지 않는다. 그러므로 감각의 대상인 개별자는 결코 가지적인 것〔즉, 지성의 대상〕이 되지 않는다.[8]

반론 17: 그뿐 아니다. 동일한 인식대상들에 관한 한 상위 질서에 속하는 인식능력은 하위 질서에 속하는 인식능력에 비해 더 큰 단일성을 지닌다. 예를 들어 공통감각(*sensus communis*)은 5개의 외부감각〔즉, 오감〕을 통해 이해되는 모든 것들을 인식하는 것이다.[9] 이와 마찬가지로 인간이 감각과 지성에 의해 인식하는 것을 천사는 단지 하나의 인식능력, 즉 지성에 의해 인식한다. 하지만 하위 질서에 속하는 능력들은 그것과 구별되는 다른 능력의 대상은 결코 이해할 수 없다. 마치 시각은 청각의 대상을 결코 이해하지 못하는 것처럼 말이다. 그러므로 인간의 지성은 감각의 대상인 개별자를 결코 이해할 수 없다. 비록 천사의 지성은 그 둘 〔즉, 지성과 감각의 대상〕 모두를 이해함에도 불구하고 말이다.

---

8) 〔역주〕 반론 16의 논리는 다음과 같이 정리될 수 있다: 작용의 구별은 대상의 구별에 따른다. 다시 말해 작용이 구별되는 것은 그 작용들이 서로 환원되지 않는 대상들과 관계하기 때문이다. 따라서 대상이 구별되지 않는다면 작용 역시 구별될 필요가 없다. 반대로, 서로 구별되는 작용이 같은 대상을 지닐 수는 없다. 그러므로 감각과 지성이 서로 구별되는 두 능력이라면, 이 두 능력은 동일한 대상을 지닐 수 없게 된다. 그런데 개별자는 감각의 대상이므로, 지성의 대상일 수 없게 된다. 이로부터 자연히 분리된 영혼은 개별자를 인식할 수 없다는 결론이 암시된다.

9) Aristoteles, *De anima*, II, 426b9-23 참조.

반론 18: 그뿐 아니다. 《원인론》에서 말하기를,[10] 지성체가 사물을 인식하는 이유는 그것이 사물들의 원인이거나 아니면 그것들을 다스리기 때문이라고 한다. 그런데 분리된 영혼은 개별자의 원인도 아니고 그렇다고 개별자를 다스리지도 않는다. 그러므로 그것들을 인식하지 않는다.

이와는 반대로(*Set Contra*): 지성이 아니고서는 명제를 구성할 수 없다. 그런데 육체와 결합된 영혼일지라도, 예를 들어 "소크라테스는 인간이다"라고 말할 때처럼, 주어가 개별자이고 술어가 보편자인 명제를 구성한다. 그런데 이것은 개별자에 대한, 그리고 그 개별자와 보편자와의 결합에 대한 인식이 없이는 가능하지 않은 일이다. 그러므로 분리된 영혼은 지성에 의해 개별자를 인식한다.

이와는 반대로 2: 그뿐 아니다. 영혼은 그 본성상 모든 천사들보다 하위이다. 그런데 하위 등급의 천사들은 개별적인 결과물들에 대한 〔직접적인〕 조명을 수용하며, 바로 이런 점에서 이들은 〔동일한〕 결과물들에 대한 보다 보편적인 방식의 조명을 수용하는 중간등급의 천사들과 구별되고, 나아가 〔그 결과를 산출하는〕 원인자 안에서나 존재할 그런 보편적인 형상에 따르는 조명을 수용하는 최고 등급의 천사들과도 구별된다. 그러므로 인식이 개별적인 것에 보다 더 가까운 것일수록, 그러한 인식을 하는 실체는 하위의 질서에 속하는 것이며, 따라서 〔지적 실체들 가운데 가장 하위인〕 분리된 영혼이 〔다른 인식주체들보다〕 개별적인 것을 가장 잘 인식한다고 보인다.

---

10) *Liber de Causis*, prop. 7.

이와는 반대로 3: 하위의 능력이 할 수 있는 것들은 무엇이든지 상위의 능력도 할 수 있다. 그런데 지성보다 하위의 인식능력인 감각은 개별자를 인식할 수 있다. 그러므로 분리된 영혼은 〔자신이 지닌〕 지성에 의해 개별자를 인식할 수 있다.

나의 대응: 분리된 영혼은 어떤 개별자들을 인식할 수는 있지만, 모든 개별자들을 인식하는 것은 아니라고 해야 할 필요가 있다. 분리된 영혼은 일단 이전에 육체와 결합되어 있는 동안에 이미 인식을 획득한 그런 개별자들을 인식한다. 왜냐하면 그렇지 않을 경우 분리된 영혼은 〔육체와 결합되어 수행한〕 삶 속에서 행했던 것들을 기억하지 못하고, 따라서 분리된 영혼에서는 양심의 가책(*vermis conscentiae*)도 상실되어버리기 때문이다. 또한 분리된 영혼이 인식하는 개별자들 가운데는 육체로부터의 분리 이후에 인식을 획득하는 그런 것들도 있다. 왜냐하면 그렇지 않을 경우 그것은 음부의 불에 의해 그리고 음부에 있다고 말하는 다른 육체적인 형벌들에 의해 해를 당하지 않을 것이기 때문이다. 그러나 아우구스티누스가 말하는 것처럼[11] 죽은 자들의 영혼들은 이생에서 일어나는 일들은 알지 못한다는 것에 비추어 볼 때 분리된 영혼은 자연적인 인식방식으로는 모든 개별자들을 인식하지 못한다는 것이 분명하다.

그러므로 이 문제는 두 가지 난점을 갖고 있는데, 하나는 일반적인 것이고 다른 하나는 〔이 문제만의〕 고유한 것이다. 일반적인 난점은 우리의 지성이 개별자가 아니라 단지 보편자만을 인식한다고 보인다는 데서 비롯된다. 그런데 신과 천사와 분리된 영혼에게는 지성 이외에 그 어떤 다른 인식능력도 없기 때문에, 이로부터는 개별자들에 대

---

11) 이 책 제20문 '반론 3' 및 해당 각주 참조.

한 인식이 그것들에게 주어져 있다고 보기가 어려워지는 것이다.

이 때문에 어떤 이들은 신과 천사들로부터 개별자에 대한 인식을 제거해버리는 그런 오류를 범하기도 했다. 하지만 그런 것은 전적으로 불가능하다. 왜냐하면 만약 이 주장이 인정된다면, 사물들로부터 신의 섭리는 배제될 것이고 인간의 행위들에 대한 신의 판단도 제거될 것이기 때문이다. 심지어 사도의 저 기록, 즉 "모든 것〔즉, 모든 천사〕들은 구원의 상속을 받는 자들을 위해 섬기라고 보냄을 받은 섬기는 영들이다"라는 말에 의거하여 우리가 인간의 구원에 관해 염려하는 것이라고 믿는 천사들의 사역조차도 사라져버리게 될 것이다.

이 때문에 다른 어떤 이들은 신과 천사들, 그리고 또한 분리된 영혼들까지도 우주 전체 질서의 보편적 원인들에 대한 인식을 통해 개별자들을 인식한다고 말한다. 왜냐하면 개별적 사물들 안에는 그러한 보편적 원인들에서 이끌어내어지지 않은 것이 아무것도 없기 때문이다. 그리고 그들은 다음과 같은 예를 든다: 만약 누군가가 하늘과 별들의 전체 질서를, 그리고 그것들의 운동과 크기를 인식하게 된다면, 그는 미래의 모든 일식이나 월식에 대해 그것이 얼마나 많이, 어디에서 그리고 언제 일어날 것인지도 알게 될 것이라고 말이다. 하지만 이러한 앎은 개별적인 것에 대한 참된 인식이기 위해서는 충분한 것이 아니다. 왜냐하면 보편자들이 아무리 많이 하나로 묶인다 하더라도 그러한 결합으로부터는 결코 개별자가 완성되지 않기 때문이다.[12] 예를 들어, 만약 내가 어떤 사람이 '하얗다', '음악적이다'라고

12) 〔역주〕 어느 한 개별자에 대한 진술은 그가 지닌 속성들 하나하나를 나타내는 보편자들을 술어로 하는 매우 많은 진술들로 펼쳐질 수 있다. 이런 의미에서 개별자는 여러 보편적 술어들이 결합되어 있는 것으로 이해할 수 있다. 그러나 이것이 개별자의 개별성이 보편자들의 결합에 다름 아니거나 또는 그러한 결합에서 비롯되는 어떤 것이라는 의미는 아니다. 다시 말해 개별자의 개별성은 매우 많은 보편자들의 '상이하기 때문에 고유한 결합구조'

말하거나 또 그런 식의 제 아무리 많은 규정들을 더할지라도, 그것은 아직 개별자가 되지는 않는다. 왜냐하면 〔마치 한 개별자에 대한 여러 규정인 것처럼〕 하나로 합쳐진 이러한 〔보편자 규정들〕 전체가 〔오직 한 개별자에 대한 것이 아니라〕 여러 다수에 속하는 것이 가능하기 때문이다. 따라서 모든 원인들을 보편적으로 아는 사람은 바로 그렇기 때문에라도 결코 〔그 원인들에서 비롯되는〕 개별적인 결과들을 적절히 인식하지는 못할 것이다. 마찬가지로 하늘의 전체 질서를 아는 사람이라고 해서 여기서 일어나는 것 같은 〔즉, 개별적인〕 바로 이 일식이나 월식을 아는 것은 아니다. 왜냐하면 설령 태양과 달이 이러저러한 상태에 있을 때 일어나게 될, 그리고 〔연중〕 특정 시기에 일어나게 될 미래의 일식이나 월식을 그가 안다 하더라도, 그리고 일식이나 월식에서 관찰되는 그와 같은 것들 모두를 안다고 하더라도, 그런 〔식으로 이해된〕 일식이나 월식은 〔오직 한 번만이 아니라〕 여러 차례 일어날 수 있기 때문이다.

그렇기 때문에 또 다른 어떤 이들은 천사들과 분리된 영혼들에게 개별자에 대한 참된 인식을 귀속시키기 위해 이들이 그러한 인식을 개별자들 자체로부터 수용한다고 말했다. 하지만 이것은 완전히 적절치 못한 견해다. 왜냐하면 가지적으로 존재하는 것과 감각가능하게 물질적으로 존재하는 것 사이의 거리는 매우 멀기 때문에, 물질적 사물의 형상은 지성에 의해 직접 수용될 수 있는 것이 아니라, 많은 매개를 통해 그것에 이르게 된다. 예를 들어, 어떤 감각적 사물에 대한 형상은 맨 먼저 그것이 감각적 사물 안에 있을 때보다는 훨씬 더 정신적인 방식으로 있는 그러한 매개 안에(*in medio*) 있고, 그 후에

에서 비롯되는 것이 아니다. 여러 보편자들의 결합은 개별자를 어느 정도 이해하는 통로이자 표현하는 수단일 수는 있어도 개별자를 결과시키는 원인일 수는 없는 것이다.

감각기관 안에(*in organo*) 있으며, 그런 후에 상상력으로 그리고 다른 내적인 능력들에게로 전해진 후에, 마지막에서야 마침내 지성에 이르게 된다. 그런데 이러한 매개들이 천사들이나 분리된 영혼들에게 어울리는 것이라고 생각하는 것은 불가능하다.

그러므로 〔이런 입장들과는〕 다른 식으로 다음과 같이 말해야만 한다. 그것들을 통해 지성이 이해하는 것〔즉, 지성의 이해수단〕인 사물들의 형상들은 사물들과 두 가지로 관계된다. 어떤 것들은 사물들을 산출하는 것이고, 어떤 것들은 사물들로부터 이끌어내어진 것이다. 실제로 사물들을 산출하는 형상들은 그것들에 의해 사물들이 존재하도록 만들어지는 한 바로 그 사물에 대한 인식으로 이끄는 것들이다. 따라서 작품에 형상이나 질료의 배열을 불어 넣는 장인은 그가 그 작품을 만드는 데 적용한 솜씨(*ars*)의 형상—자신이 원인이 되어 그 작품 안에 불어 넣은—을 통해 그 작품을 인식한다. 그런데 인간의 그 어떤 솜씨도 질료의 원인이 될 수는 없고 단지 이미 존재하는 질료를 수용할 수 있을 뿐인데, 이 질료가 바로 개별화의 원리(*principium individuationis*)이다. 그러므로 장인, 예를 들어 건축가는 자신의 솜씨에 담긴 형상을 통해 집을 보편적으로 인식하지만, 지금 여기에 있는 것과 같은 바로 '이 집'을 인식하는 것은 아니다. 감각을 통해서 그에 대한 이해를 얻지 않는 한에서는 말이다. 그런데 신은 자신의 지성을 통해 형상—그로부터 보편적인 개념이 취해지는—을 산출할 뿐만 아니라, 개별화의 원리인 질료마저도 산출한다. 그러므로 〔신은〕 자신의 솜씨를 통해(*per suam artem*) 보편자와 개별자를 모두 인식한다. 그런데 물질적 사물들이 신의 솜씨로부터 흘러나와 그 자신의 고유한 본성 안에서 자립적으로 존재하는 것처럼, 바로 그 솜씨에 의해 사물들의 가지적 유사상들이 분리된 지적 실체들 안으로 흘러들어, 그〔유사상〕에 의해 이〔실체〕들은 신에 의해 산출된 것인 한에서의 사물들을 인식하는 것이다. 그러므로 신의 솜씨로부터 흘러나와 그 실체들 안에 들어있는 가지상들이 형상과 질료 모두의 측면에서 사물들에 대한 유사상들인 한, 분리된 실체들은 보편자뿐만이 아니라 개별자까지도 인식한다. 또한 사물을 산출하는 것으로서의 형상이 비록 비물질적이기는 하지만 형상의 관점에서와 질료의 관점 모두에서 사물의 유사상이 되는 것은 불합리한 것이 아니다. 왜냐하면 〔모든 것은〕 하위 본성 안에서보다 상위의 것 안에서 항상 더 단일화된 방식으로 존재하기 때문이다. 이로부터 비록 감각적 본성 안에서는 형상과 질료가 다르지만, 그럼에도 불구하고 보다 상위의 것이면서 둘 모두의 원인인 그런 하나가 존재하면서 둘 모두에 관계한다. 이 때문에 디오니시우스가 《신명론》(*De divinis nominibus*) VII장에서[13] 말하는 것처럼 상위의 실체들은 물질적인 것들을 비물질적인 방식으로, 그리고 구별되는 것들을 단일한 방식으로 인식한다. 그런데 사물들로부터 취해진 가지적 형상들은 사물들로부터의 추상을 통해(*per quamdam abstractionem a rebus*) 획득된 것이다. 따라서 〔이러한 가지적 형상들은〕 그것으로부터 추상이 비롯되는 그러한 것으로서의 사물에 대한 인식이 아니라 오직 추상되는 것으로서의 사물에 대한 인식으로만 이끌어간다. 그래서 사물들로부터 인간의 지성 안으로 수용된 형상들은 질료로부터 그리고 모든 질료적 조건으로부터 추상된(*abstractae a materia et omnibus conditionibus materiae*) 것들이며, 개별자에 대한 인식으로가 아니라 오직 보편자에 대한 인식으로만 인도해간다. 그러므로 이것이 바로 분리된 실체들이 〔자신의〕 지성을 통해 개별자들을 인식할 수 있는 이유이다. 하지만 그럼에도 불구하고 인간의 지성은 오직 보편자들만을 인식한다.

---

13) Pseudo-Dionysius, *De div. nomin.*, VII, 2.

개별자에 대한 인식에 관해서 천사들의 지성과 분리된 영혼의 지성은 각기 다르게 관여한다. 앞에서[14] 우리는 천사들 안에 있는 지적 능력의 효능은 그들 안에 존재하는 가지적 형상들의 보편성과 상응한다. 그러므로 천사들은 그러한 보편적 형상들을 통해 그것이 미치는 모든 것들을 인식한다. 따라서 천사들은 그 유 밑에 존재하는(*sub generibus existentes*) 모든 자연적 사물들의 종(*species*)을 인식하듯이, 그 종 밑에 포함되는 모든 개별적인 자연적 사물들도 인식한다. 그러나 분리된 영혼의 지적 능력은 주입된 형상들의 보편성에 상응하는 것이 아니라 오히려 사물들로부터 수용된 형상들에 상응한다. 육체와 결합되는 것이 영혼에게는 본성적이기 때문이다. 그렇기 때문에 우리는 앞에서[15] 분리된 영혼은 모든 자연적인 것들을 인식하는 것은 아니라고 말했으며, 심지어는 그들의 종(*species*)에 대해서조차도 규정되고 완결된 방식으로가 아니라 보편적이고 혼동된 방식으로만 인식한다고 말했다. 따라서 이들 안에 있는 주입된 형상들만으로는 〔분리된 영혼이〕 개별자에 대한 인식을 얻기에는, 그럼으로써 천사들이 인식하는 것처럼 모든 개별자들을 인식할 수 있기에는 충분치가 않다. 그럼에도 불구하고 이런 종류의 주입된 형상들은 영혼 자체 안에서 영혼이 그것을 향해 어떤 특별한 질서나 경향성을 지니는 그런 어떤 개별자들, 예를 들어 영혼에 충격을 가하거나 영향을 미친 것들, 혹은 그들의 인상이나 자취를 영혼 안에 남긴 그런 것들에 대한 인식으로 한정된다. 왜냐하면 수용되는 모든 것들은 수용하는 자의 양태에 따라 수용하는 자 안에 수용되기 때문이다(*omne enim receptum determinatur in recipiente secundum modem recipientis*). 그러므로 개별

14) 이 책, 제 15문 '나의 대응' 열두 번째 문단; 제 18문 '나의 대응' 세 번째 문단 참조.

15) 이 책, 제 18문, '나의 대응' 세 번째 문단.

자 전부가 아니라 그 일부만이기는 하지만, 분리된 영혼이 개별자를 인식한다는 것은 분명하다.

반론 1에 대한 대답: 이생에서 우리 지성은 사물들로부터 수용한 형상들을 통해 인식하는데, 이들은 질료로부터 그리고 모든 질료적 조건들로부터 추상된 것들(*quae sunt abstractae a materia et omnibus materiae conditionibus*)이다. 그렇기 때문에 질료를 〔개별화의〕 원리로 하는 개별자를 인식하지는 못하고, 오직 보편자만을 인식한다. 하지만 앞서 이미 말한 바 있는 그런 이유에 의해,[16] 분리된 영혼의 지성은 그것을 통해 개별자를 인식할 수 있는 수단인 주입된 형상들(*formas influxas per quas potest singularia cognoscere*)을 지닌다.

반론 2에 대한 대답: 분리된 영혼은 이전에 육체와 결합되어 있던 동안에 이미 획득한 형상들을 통해서가 아니라 주입된 형상들을 통해서 개별자들을 인식한다. 그러나 그렇다고 해서 모든 개별자를 인식하는 것은 아니다. 이미 밝힌 것처럼 말이다.

반론 3에 대한 대답: 분리된 영혼이 이생에서 발생하는 것들을 아는 데 방해를 받는 이유는 거리가 멀리 떨어져 있기 때문이 아니다. 주입된 형상들을 통해 모든 개별자들을 인식할 수 있을 만한, 그만한 지적 능력의 효능(*efficacia intellectivae virtutis*)이 분리된 영혼 안에 없기 때문이다.

16) 이 책, 제 20문, '나의 대응' 여섯 번째 문단 후반부 참조.

반론 4에 대한 대답[17]: 천사들조차도 미래의 모든 우유적인 것들을 인식하지는 못한다. 왜냐하면 그들은 개별자들이 형상에 참여하는 한에서 주입된 형상들을 통해 개별자들을 인식하기 때문이다. 따라서 미래의 일들은 그들이 미래의 것이기 때문에 〔현재로서는〕 아직 형상에 참여하지 않는 한에서는 천사들에 의해 인식되지 않는다. 단지 그들이 자신들의 원인 안에 현존해 있는 한에서만 인식된다.

반론 5에 대한 대답: 모든 자연적인 개별자를 인식하는 천사라고 해서 그들이 인식되는 개별자들의 수만큼이나 많은 가지적 형상들을 갖고 있는 것은 아니라, 위에서 보여준 것처럼[18] 이들은 하나의 형상을 통해 많은 개별자들을 인식한다. 이에 비해 분리된 영혼들은 〔천사들과는 달리〕 모든 개별자들을 인식하지도 않는다. 따라서 이들에 관한 문제인 한 〔반론의 논변은〕 적절히 결론 내려진 것이 아니다.

반론 6에 대한 대답: (없음).[19]

---

17) 이 문제와 관련해서는 ST. Thomas, *ST.*, I, q. 57, a. 3, c & ad 3; *Quodl.*, VII, q. 3, a. 3, ad 1 등도 참조.

18) 이 책, 제 15문 '나의 대응' 열두 번째 문단; 제 18문 '나의 대응' 세 번째 문단 참조.

19) 〔역주〕 이 번역의 대상인 Leonina판에는 반론 6에 대한 대답이 없는 것으로 되어 있다. 원래 자료가 없거나 아니면 주어진 자료가 토마스 원본으로서의 진정성을 확인하거나 확보하기 어려운 상황이기 때문일 것인데, 이 경우는 아마도 후자의 경우라고 보인다. 비판본이자 이 번역의 대본인 Leonina판과는 달리 이 번역에서 참조본으로 삼고 있는 Marietti판에는 해당 부분의 내용이 나와 있기 때문이다. Merietti판의 '반론 6에 대한 대답' 내용은 다음과 같다. "만약 주입된 형상들이 사물들로부터 얻어진 것이라면, 그것들은 개별자들 — 형상들은 바로 이 개별자들로부터 추상된 것이다 — 을 인식하기 위한 적절한 형상일 수 없을 것이다. 그러나 주입된 형상들은 신의 정신 안에 있는 원형적 형상(*forma idealis*)들에 대한 유사상들이므로, (존재론적

반론 7에 대한 대답: 비록 주입된 형상들은 〔그 안에 질료와 형상의 구별이 없는〕 비물질적인 것이지만, 그럼에도 불구하고 앞서 설명한 바 있듯이 이들은 형상의 관점과 질료의 관점 모두에서 〔물질적〕 사물들에 대한 유사상이다.

반론 8에 대한 대답: 가지적 형상들은 비록 사물들을 창조하는 것은 아니지만, 그럼에도 불구하고 이들은 창조하는 힘을 가졌다는 그런 의미에서가 아니라 창조된 사물들을 재현하는 힘(*virtus representandi*)을 가졌다는 의미에서 창조하는 형상들과 유사하다고 할 수 있다. 왜냐하면 어떤 장인이 누군가에게 무엇인가를 만드는 기술을 전해줄 수 있지만, 그렇다고 해서 그 〔전해 받은〕 사람에게 그것을 실제로 만들 능력이 있는 것은 아니기 때문이다.

반론 9에 대한 대답: 주입된 형상들은 신의 정신 안에 존재하는 원형적 형상(*ratio idealis*)들과 유비적으로만 유사할 뿐 그 외에는 전혀 유사하지 않다. 그러므로 그러한 종류의 형상들을 통해서는 원형적 형상들을 온전하게 인식할 수 없다. 그러나 그렇다고 해서 이 〔주입된 형상〕들을 통해서는 사물들—원형적 형상들을 원형으로 하는—도 온전하게 인식하지 못한다는 결과가 뒤따르는 것은 아니다. 그러한 종류의 사물들이 주입된 형상들보다 더 탁월한 것이 아니라 오히려 그 반대이기 때문이다. 따라서 이들〔즉, 개별적 사물들〕은 주입된 형상들을 통해 온전하게 이해될 수 있다.

거리는) 멀리 떨어져 있을지언정 개별자들을 반영할 수 있다. 특히 영혼이 어떤 식으로든 자신의 본성에 의해 알도록 규정되어 있는 그런 것들의 경우는 더욱더 그렇다."

반론 10에 대한 대답: 이미 말했듯이,[20] 영혼 자체가 지니고 있는 성향으로 인해 주입된 형상들은 분리된 영혼 안에서 〔모든 개별자가 아니라〕 일부 개별자들에 대한 인식만을 가져오는 것으로 한정된다.

반론 11에 대한 대답: 주입된 형상들은 신에 의해 천사들을 매개로 하여 분리된 영혼 안에 주어진 것이다. (그렇다고 해서 이로 인해 분리된 영혼들 가운데 일부가 어떤 천사들보다는 우월할 수도 있을 가능성이 막히는 것은 아니다. 왜냐하면 우리가 지금 말하는 것은 그것에 의해 영혼이 천사들과 동등해지거나 혹은 심지어 우월하게도 될 수 있는 그런 영광의 인식에 대해서가 아니라, 그에 관한 한 영혼에 천사보다 열등할 수밖에 없는 그런 자연적 인식에 대해 말하는 것이기 때문이다.) 그런데 이러한 종류의 형상들이 천사들을 통해 분리된 영혼 안에 주어질 때 그 방식은 창조라는 방식을 통해서가 아니라 마치 현실태에 있는 것이 자신과 같은 종류이면서 가능태에 있는 것을 현실화시키는 것과 같은 그런 방식에 의해서이다. 그런데 이런 부류의 행위는 장소적인 것이 아니기 때문에, 장소적으로 운반하는 매개를 필요로 하지 않는다. 그러나 여기서 자연의 질서는 육체들 안에서 장소의 질서가 작동하는 것과 동일하게 작동한다.

반론 12에 대한 대답: 주입된 형상들이 이미 언급한 방식으로 개별자들에 대해 유사상인 한 분리된 영혼은 주입된 형상들을 통해 개별자들을 인식한다. 그러나 반론에서 언급된 것과 같은 그런 적용(*applicatio*)과 참조(*conversio*)는 이러한 종류의 인식에 수반되는 것이지 그것의 원인이 되는 것은 아니다.

---

20) 이 책, 제 20문, '나의 대응'의 마지막 문단인 일곱 번째 문단.

반론 13에 대한 대답: 개별자들은 현실적으로 무한한 것이 아니라 오직 가능적으로만 〔수적으로〕 무한하다. 그런데 천사들의 지성이나 분리된 영혼의 지성이 무한한 〔수의〕 개별자들을 하나씩 차례대로 〔모두〕 인식해 나아가는 것을 방해하는 것은 아무것도 없다. 감각마저도 이렇게 할 수 있고, 나아가 우리의 지성도 이런 방식으로 무한한 수의 종들을 인식하기 때문이다. 왜냐하면 이렇게 무한한 〔수의〕 것은 연속적인 방식으로가 아니고서는, 그리고 가능태와 연결되어 있는 현실태에 의해서가 아니고서는 인식에 들어오지 않기 때문이다. 마치 자연적 사물들 안에도 무한이 있다고 상정되는 것처럼 말이다.

반론 14에 대한 대답: 아우구스티누스가 의미하려는 것은 육체와 육체에 대한 유사상이 지성에 의해 인식되지 않는다는 것이 아니다. 사물에 대한 인식에서 지성은 감각처럼 육체들에 의해 움직이거나 심상들처럼 육체들의 유사상에 의해 움직이는 것이 아니라, 단지 가지적인 진리에 의해 움직인다는 것을 의미하려는 것이다.

반론 15에 대한 대답: 분리된 영혼은 비록 육체와 결합된 영혼과 동일한 본성을 지니지만, 그럼에도 불구하고 육체와의 분리로 덕분에 상위실체들 쪽을 자유롭게 바라볼 수 있으며, 그럼으로써 그들을 통해 가지적 형상들의 주입을 수용할 수 있고, 이〔렇게 수용한 주입된 형상〕들을 통해 개별자들을 인식할 수 있는데, 앞에서 이미 보여주었듯이[21] 이것은 육체와 결합되어 있는 동안에는 불가능한 일이다.

반론 16에 대한 대답: 개별자는 감각적인 것에 한에서는, 다시 말

21) 이 책, 제 15문, '나의 대응' 마지막 문단 참조.

해 육체적 변화에 종속되는 한에서는 결코 가지적이 될 수 없다. 그러나 앞서 보여주었듯이,[22] 비물질적인 형상이 그것을 대변하는(*repraesentare*) 한에서는 가지적이다.

반론 17에 대한 대답: 분리된 영혼은 자신의 지성을 통해 상위실체가 하는 그런 방식에 따라 가지적 형상들을 수용하는데, 그 〔상위실체의〕 방식에서는 인간이 두 능력, 즉 감각과 지성에 의해 인식하는 것이 하나의 능력에 의해 인식된다. 그러므로 분리된 영혼은 둘 모두를 인식할 수 있다.

반론 18에 대한 대답 : 분리된 영혼은 비록 사물들을 다스리거나 원인이 되지는 않지만, 그럼에도 불구하고 원인자나 다스리는 자들과 유사한 형상들을 지닌다. 왜냐하면 원인자나 다스리는 자는 원인지어지는 자나 다스려지는 자에 대한 유사상을 지니지 못하는 한 그것들을 인식하지 못하기 때문이다.

이와는 반대로(*set contra*) 들에 대해서도 대답을 해야만 한다. 그것들이 잘못된 결론을 내리고 있기 때문이다.

이와는 반대로 1에 대하여: 육체와 결합된 영혼은 지성에 의해서 개별자를, 직접적으로가 아니라 일종의 반성적인 방식으로 인식한다. 다시 말해 자신이 지닌 가지적 형상을 이해하는 것에 의해 자신의 행위와 자신의 작용원리인 가지적 형상들, 그리고 바로 그 형상들의 원천을 고려하는 데로 되돌아가는 한에서 개별자를 인식하는 것이

22) 이 책, 제 20문, '나의 대응' 여섯 번째 문단 후반부 이하 참조.

다. 이런 식으로 영혼은 심상들 및 심상들의 원천인 개별자들에 대한 고려에 이르게 된다. 그런데 이러한 반성이 완성될 수 있기 위해서는 감각적 판단력(*virtus cogitativae*)과 구상력이 함께 작동해야 한다. 하지만 이 능력들은 분리된 영혼 안에는 없는 것들이다. 그러므로 그런 방식으로는 분리된 영혼이 개별자를 인식할 수 없다.

이와는 반대로 2에 대하여: 위계질서에서 하위의 천사들일지라도 개별적인 것들의 본성들에 관해 조명을 받을 때는 개별적 형상이 아니라 보편적 형상을 통해 조명을 받으며, 천사들은 자신들이 지닌 지적 능력의 효능 덕분에 〔개별적 형상이 아니라〕 이러한 보편적 형상들을 통해 개별자들을 인식할 수 있는 것인데, 바로 이 점에서 천사들은 분리된 영혼들을 능가한다. 그리고 비록 그들에 의해 지각된 형상들이 순수하게 보편적인 것이라 할지라도, 그것들은 상위 천사들이 지각하는 보다 더 보편적인 형상들과 비교해 볼 때는 특수한 것이라고 할 수 있다.

이와는 반대로 3에 대하여: 하위 능력들이 할 수 있는 것은 상위 능력도 할 수 있다. 하지만 동일한 방식으로는 아니고 보다 탁월한 방식으로 한다. 따라서 감각이 물질적이고 개별적인 방식으로 지각하는 것과 동일한 대상을 지성은 비물질적이고 보편적인 방식으로 인식한다.

제21문

분리된 영혼은 물리적 불에 의한 형벌의 고통을 겪을 수 있는가*

스물한 번째 문제는, 분리된 영혼은 물리적 불에 의한 형벌을 겪을 수 있는가 하는 것이다.

반론 1: 그렇지 않다고 보인다. 그 무엇도 그것이 〔당함을 겪을〕 가능성이 있는 것이 아닌 한 〔실제로〕 당함을 겪을 수 없기 때문이다. 그런데 분리된 영혼은 지성과 관련된 것 외에는 그 어떤 것에 대해서도 가능태에 있지 않다. 앞에서 보여주었듯이[1] 그들 안에는 감각능력들이 남아 있지 않기 때문이다. 그러므로 분리된 영혼이 물리적 불에 의해 뭔가 당함을 겪는다면 그것 역시 지성에 따라서, 다시 말해 불을 이해함으로써 겪는 당함일 것이다. 그런데 이것은 형벌이라기보다는 오히려 즐길만한 일이다. 그러므로 영혼은 물리적 불에 의해

* 병행문헌: *In IV Sent.*, d. 44, q. 3, a. 3, qc 3; *De verit.*, q. 26, a. 1; *SCG.*, IV, c. 90; *Quodl.*, II, q. 7, a. 1; *Quodl.*, III, q. 10, a. 1; *Comp. Theol.*, I, cap. 180. 이외에도 *In II Sent.*, d. 6, q. 1, a. 3; *In IV Sent.*, d. 44, q. 26, a. 1; *ST.*, I, q. 64, a. 4, ad 1; *De Spir. creat.*, a. 1, ad 20; *Quodl.*, III q. 9, a. 21; II, q. 7, a. 1 참조.

1) 이 책, 제19문, '나의 대응' 네 번째 문단 참조.

형벌의 고통을 당할 수는 없다.

반론 2: 그뿐 아니다. 《생성과 소멸에 관하여》 제I권에서 말한 것처럼, 행하는 자와 당하는 자는 질료를 공통으로 지닌다. 그런데 영혼은 비물질적이기 때문에 물리적 불과 질료를 공통으로 지니지 않는다. 그러므로 분리된 영혼은 물리적 불에 의해 당함을 겪을 수 없다.

반론 3: 그뿐 아니다. 접촉이 없으면 행위도 없다. 그런데 물리적 불은 영혼과 접촉할 수 없다. 영혼은 비육체적인 것이기 때문에 양적인 요소의 측면에서 접촉할 수도 없고, 육체의 능력은 비육체적인 실체 안에 각인을 남길 수 없기 때문에 — 오히려 그 반대일 수는 있지만 — 능력을 통한 접촉도 불가능하다. 그러므로 분리된 영혼은 그 어떤 방식으로도 물리적 불에 의해 당함을 겪을 수 없다.

반론 4: 그뿐 아니다. 어떤 것이 당함을 겪는 것은 두 가지이다. 장작이 불에 타는 것처럼 주체로서 당함을 겪는 것이고, 다른 하나는 뜨거움이 차가움에 의해 식는 것처럼 대립자로서 당함을 겪는 것이다. 그런데 영혼은 주체가 당하는 것처럼 물리적 불에 의해 당함을 겪을 수는 없다. 왜냐하면 〔그렇기 위해서는〕 영혼 안에 불의 형상이 생겨나고, 그럼으로써 영혼이 뜨거워지고 불이 지펴져야 하는데, 이런 것은 불가능하기 때문이다. 마찬가지로 대립자로서 대립자에 의해 당함을 겪는 것처럼 영혼이 물리적 불에 의해 당함을 겪는다고 말할 수도 없다. 왜냐하면 한편으로는 영혼에게는 아무 대립자도 있을 수 없기 때문이고, 다른 한편으로 〔만약 영혼이 대립자로서 물리적 불에 의해 당할 수 있다면〕 이로부터는 영혼이 물리적 불에 의해 파괴될 수 있다는 결론이 따르게 될 것인데, 이것은 불가능하기 때문이다.

그러므로 영혼은 물리적 불에 의해 당함을 겪을 수 없다.

반론 5: 그뿐 아니다. 행하는 자와 당하는 자 사이에는 적절한 어울림(*proportio*)이 있어야만 한다. 그런데 영혼과 물리적 불은 서로 다른 유에 속하기 때문에 이들 사이에는 그러한 어울림이 있을 수 없다. 그러므로 영혼은 물리적 불에 의해 당함을 겪지 않는다.

반론 6: 그뿐 아니다. 당함을 겪는 모든 것들은 움직인다. 그러나 영혼은 육체가 아니기 때문에 움직이지 않는다. 그러므로 영혼은 당함을 겪을 수 있는 것이 아니다.

반론 7: 그뿐 아니다. 영혼은 제5본질의 육체들[2] 보다 더 우월하다. 그런데 제5본질의 육체들은 전혀 당함을 겪지 않는다. 그러므로 영혼은 더더욱 그렇다.

반론 8: 《창세기 축자강해》 XII권에서[3] 아우구스티누스는 행하는 자가 당하는 자보다 더 우월한 것이라고 말한다. 그런데 물리적 불은

---

2) Aristoteles, *De caelo*, I, 269b13. 이에 더해서 St. Thomas, *ST.*, I, q. 68, a. 1; *Quodl.*, VI, q. 11, a. 1, ad 1 참조.
〔역주〕 주지하다시피 고대의 전통적인 천문·물리학에서는 천체들의 경우 물리적이고 육체적인 것임에도 불구하고 이 땅에서 경험되는 여느 육체들과는 달리 완전하고 불변하는 것으로 간주되었다. 천체들의 운동이 영원하고 항구적이면서 항상적인 것으로 간주되는 것 역시 이런 맥락에서이다. 그러므로 이들은 물질적인 것임에도 불구하고 고대 자연학에서 물질의 근본적 구성요소로 간주되던 4원소로 구성된 것이 아니라, 이들과 구별되는 다른 요소로 구성된다고 이해되었고, 이것을 제5물질(*quintum corpus, the fifth body*) 혹은 제5본질(*quinta essentia, the fifth essence*)이라고 일컬었다.

3) Augustinus, *De Genesi ad litteram*, XII, 16(PL 34, 467).

영혼보다 우월한 것이 아니다. 그러므로 불은 영혼에서 행위를 가하는 것일 수 없다.

반론 9: 그런데 한편에서는 불이 영혼에서 행위를 가하는 것은 〔불의〕 고유하고 자연적인 능력에 의한 것이 아니라 신적 정의의 도구로 사용되는 한에서라고 주장하기도 한다. — 하지만 그렇다고는 할 수 없다. 도구를 자신의 목적에 따라 편리하게 사용하는 것은 장인의 지혜에 속한다. 그런데 물리적 불은 영혼에게 벌을 주기 위한 적합한 도구라고는 보이지 않는다. 왜냐하면 이것〔즉, 영혼에 벌을 가하는 것〕은 불 자신의 형상이 지닌 본질규정에 비추어 볼 때 불에 적합한 것이 아니기 때문이다. 그런데 결과를 위해 어떤 도구를 사용할 것인가 하는 것은 바로 이 형상의 본질규정에 의해 결정된다. 마치 나무를 찍기 위해서는 도끼를, 켜기 위해서는 톱을 드는 것처럼 말이다. 만약 나무를 찍기 위해 톱을, 켜기 위해 도끼를 사용한다면 그 작업자는 지혜롭게 행하는 자가 아니다. 따라서 최고로 지혜로운 자인 신은 두말할 필요도 없이 영혼에게 벌을 주기 위해 물리적 불을 도구로 사용하는 따위의 일은 결코 하지 않을 것이다.

반론 10: 그뿐 아니다. 《로마서》 11장에 대한 한 주석에서[4] 말하고 있듯이, 신은 본성을 지은 자이기 때문에 본성에 거스르는 것은 아무것도 하지 않는다. 그런데 물질적인 것이 비물질적인 것에게 작용을 미치는 것은 본성에 어긋난다. 그러므로 신은 이런 일을 하지 않는다.

---

4) *Glossa ordinaria*, *Ad Romanos*, 11:24(PL 114, 508).

반론 11: 그뿐 아니다. 신도 서로 모순인 것들을 동시에 참이게 만들 수는 없다. 그런데 만약 어떤 것으로부터 그것의 본질에 속하는 것이 제거될 경우 바로 그런 결과가 초래된다. 예를 들어, 만약 인간이 이성적이 아니라면, 인간은 인간이면서 동시에 인간이 아닌 그런 결과가 초래되는 것이다. 그러므로 신은 어떤 사물들로 하여금 그것에게 본질적인 것을 지니지 못하도록 할 수는 없다. 그런데 물리적인 고통을 당할 수 없음은 영혼에게 본질적인 것이다. 그것은 영혼이 비물질적인 한에서 영혼에게 귀속되는 것이기 때문이다. 그러므로 신은 영혼이 물리적 불에 의해 당함을 겪도록 할 수 없다.

반론 12: 그뿐 아니다. 각각의 모든 사물들은 자신의 본질에 적합한 작용능력을 지닌다. 그러므로 자기 자신에게 적합하기보다는 오히려 다른 사물에게 더 적합한 작용능력을 지닐 수는 없다. 만약, 예를 들어 물은 불에 의해서 변화를 받지 않는 한 〔다른 것을〕 데우지 않는 것과 마찬가지로, 자신의 고유한 본성이 다른 본성으로 변화되지 않는 한에서는 말이다. 그런데 앞서 보여준 바 있듯이 정신적 존재에게 영향을 미치는 작용능력을 지니는 것은 물리적 불의 본성에 적합하지 않다. 그러므로 만약 신적 정의의 도구로서 〔물리적 불이〕 신에 의해 분리된 영혼에게 작용할 수 있게 된다면, 그것은 이미 물리적 불이 아니라 다른 본성을 지닌 무엇인가가 된 것이라고 보인다.

반론 13: 그뿐 아니다. 신의 능력에 의해 행해지는 것은 실재세계 안에 존재하는 사물의 고유하고 참된 형상에 따라 일어난다. 다시 말해 눈 먼 자가 신의 능력에 의해 조명될 경우 그는 시각의 참되고 고유한 자연적 형상에 따르는 시력을 수용하는 것이다. 그러므로 만약 영혼이 신의 능력에 의해 불을 통해 — 마치 이 불이 신적 정의를 구현하는 도구이기라도 하듯이 — 당함을 겪는다면, 영혼은 고통당함의 고유한 본성에 따라 실제로 당함을 겪는 것이라는 결론이 뒤따른다. 그런데 당함은 두 가지로 말할 수 있다. 하나는 지성이 가지적인 것에 의해, 감각이 감각가능한 것에 의해 영향을 받는 것처럼 당함이 오직 수용하는 방식인 경우이고, 다른 하나는 예를 들어 장작이 불에 의해 당하는 경우처럼 당하는 실체로부터 무엇인가를 소멸시키는 그런 방식의 경우이다. 그러므로 만약 영혼이 신의 능력에 의해 물리적 불로부터 당함을, 마치 당함의 본성이 오직 수용에 있는 그런 경우처럼 겪는다면, 수용되는 것은 수용하는 자의 양태에 따라 수용되는 자 안에 있기 때문에, 분리된 영혼은 자신의 양태에 따라 물리적 불로부터 비물질적이고 비육체적인 방식으로 수용할 것이다. 그런데 그러한 수용은 영혼을 처벌하는 것이기보다는 오히려 완성하는 것이다. 그러므로 이것은 영혼에 대한 형벌을 위한 것일 수 없다. 마찬가지로, 고통당함으로써 실체로부터 무엇인가가 소멸되는 그런 방식으로 영혼이 물리적 불에 의해 당함을 겪을 수도 없다. 그러므로 영혼은 물리적 불에 의해서는, 설령 그것이 신적 정의의 도구라 하더라도, 당함을 겪는 것이 가능하지 않다.

반론 14: 그뿐 아니다. 그 어떤 도구도 〔자신의〕 고유한 작용의 수행에 의해서가 아니고서는 도구적으로 작동하지 않는다. 예를 들어 톱은 켜는 작용을 통해 상자를 완성시키기 위한 도구로 작동한다. 그런데 불은 자신의 고유하고 본성적인 행위에 의해서는 영혼에게 영향을 미칠 수 없다. 왜냐하면 영혼을 뜨겁게 만들 수는 없기 때문이다. 그러므로 〔불은〕 신적 정의의 도구로서〔일지언정〕 영혼에게 작용할 수는 없다.

반론 15: 그런데 한편에서는, 불이 다른 고유한 행위에 의해, 다시 말해 불이 영혼을 단단히 가둬놓아서 속박되도록 하는 식으로 영혼에게 작용한다고 말하기도 한다. — 하지만 그렇다고는 할 수 없다. 만약 영혼이 불에 속박되고 그에 의해 갇히게 된다면, 그것은 어떤 식으로든 불과 하나로 결합되어야 할 것이다. 그런데 영혼은 〔불의〕 형상으로 불과 결합될 수는 없다. 만약 그럴 경우 영혼은 불에 생명을 줄 것이기 때문이다. 또한 영혼은 원동자로서 불과 결합될 수도 없다. 그렇게 된다면 불이 영혼에 의해 당함을 겪는 것이지 그 반대의 경우가 아닐 것이기 때문이다. 그런데 〔이러한 경우들 이외에〕 비물질적 실체가 육체와 결합될 수 있는 다른 어떤 방식은 없다. 그러므로 분리된 영혼은 물리적 불에 의해 속박되거나 그것에 의해 갇히게 될 수 없다.

반론 16: 그뿐 아니다. 무엇인가에 속박되는 것은 그것으로부터 분리될 수 없다. 그런데 정죄된 자들의 영(*spiritus dampnati*)은 때로는 음부의 물리적 불로부터 분리된다. 왜냐하면 악령들은 이생의 어두운 공기 속에 있다고 말하며, 또한 정죄된 자들의 영혼도 때때로 누군가에게 나타나곤 하기 때문이다. 그러므로 영혼은 물리적 불에 의해 당함을 겪음으로써 그것에 속박될 수 없다.

반론 17: 그뿐 아니다. 무엇인가에 속박되고 그것에 의해 갇히는 것은 자신의 고유한 작용을 수행하지 못하도록 그로부터 방해를 받는다. 그런데 영혼의 고유한 작용은 이해하기(*intelligere*)이며, 이것은 어떤 육체적인 것에 속박되는 것에 의해 방해를 받을 수 없다. 왜냐하면 《영혼론》 II권에서[5] 말한 것처럼, 자신이 이해하는 대상을 〔자신의 외부가 아니라〕 그 자신 안에 가지고 있으며, 따라서 이것들을 자신 외부에서 구해야 할 필요가 없기 때문이다. 그러므로 분리된 영혼은 물리적 불에 속박되는 것을 통해 징벌을 받을 수 없다.

반론 18: 그뿐 아니다. 만약 불이 이런 식으로 불을 가둘 수 있다면, 다른 물체들도 그렇게 할 수 있을 뿐만 아니라, 심지어는 더 잘 할 수도—그것들이 〔불보다〕 더 크고 무거운 한에서는—있을 것이다. 그러므로 만약 영혼이 갇히거나 속박됨으로써가 아니고서는 징벌을 받지 않는다면, 영혼에 대한 형벌은 오직 불에게만이 아니라 오히려 다른 물체들에게도 더 귀속시켜야 마땅할 것이다.

반론 19: 그뿐 아니다. 《창세기 축자강해》 XII권에서[6] 아우구스티누스는 음부의 실체가 물체적인 것이라기보다는 정신적인 것이라고 믿어야 한다고 말한다. 다마스케누스도[7] 음부의 불은 물리적인 것이 아니라고 말한다. 그러므로 영혼이 물리적 불에 의해 당함을 겪는 것은 아니라고 보인다.

반론 20: 그뿐 아니다. 《욥기주해》(*Moralibus*) 에서[8] 그레고리우스 1세가 말한 것처럼, 실수한 하인이 주인으로부터 벌을 받는 이유는 그가 올바로 교정되도록 하기 위해서이다. 그런데 음부에 있는 정죄된 자들은 올바르게 교정될 수가 없다. 그러므로 음부의 물리적 불에 의해 벌을 받아야만 하지 않는다.

---

5) Aristoteles, *De anima*, II, 417b23-24.

6) Augustinus, *De Genesi ad litteram*, XII, 32(PL 34, 481).

7) Johannes Damascenus, *De fide orth.*, IV, 19; *Dialogus contra Manichaeos*, 36(PG 94, 1542).

8) St. Gregorius I, *Moralia*, XXXIV, 19(PL 76, 738).

반론 21: 그뿐 아니다. 형벌은 반대의 것을 통해 주어진다. 그런데 영혼이 열정으로 인해 스스로를 물체적 사물들에게 종속시키는 것이 바로 영혼이 죄를 짓는 것이다. 그러므로 영혼이 벌을 받는 것은 물체적인 어떤 것에 의해서가 아니라 오히려 물체로부터 분리된 것에 의해야 마땅하다.

반론 22: 그뿐 아니다. 신적 정의에 의해 죄인들에게 형벌이 주어지듯이, 의로운 자들에게도 그런 식으로 상이 주어진다. 그런데 의로운 자들은 물리적인 상을 받는 것이 아니라 오직 정신적인 것만을 상으로 받는다. 따라서 만약 의로운 자들이 물리적인 상을 받아야만 한다고 성경에서 말한다면, 그것은 《누가복음》 22장의[9] "너희가 먹고 마실 것이다"라는 등의 말처럼 비유적으로 이해되어야 한다. 그러므로 죄인들에게는 물리적 형벌이 아니라 오직 정신적인 형벌만이 가해진다. 그리고 물리적인 형벌들에 대해 성경에서 말하는 것은 〔모두〕 비유로 이해되어야 한다. 그렇기 때문에 영혼은 물리적 불에 의해 당함을 겪지 않는다.

이와는 반대로(*Set Contra*): 《마태복음》 25장에서[10] "정죄된 자들아 나를 떠나 〔악령과 그 사자들을 위하여 예비된 영원한 불에 들어가라〕"라고 말하는 등에서 분명히 알 수 있듯이, 정죄된 자들의 육체를 처벌하는 불과 악령들을 징벌하는 불은 같은 불이다. 그런데 정죄된 자들의 육체들은 물리적 불에 의해 처벌될 필요가 있다. 그러므로 동일한 이유에서 분리된 영혼도 물리적 불에 의해 징벌을 받는다.

---

9) 신약성경, 《누가복음》 22장 30절.
10) 신약성경, 《마태복음》 25장 41절.

나의 대응: 불에 의해 영혼이 고통당하는 것과 관련해서 사람들은 여러 가지 견해를 말했다. 혹자는 영혼이 물리적 불에 의해 형벌을 당하는 것이 아니라, 그것이 겪는 정신적 고통을 성경에서 불이라는 이름으로 비유적으로 묘사된 것이라고 말하는데, 오리게네스의 견해가[11] 바로 이런 것이었다. 하지만 이것은 여전히 충분한 대답이라고 보이지 않는다. 왜냐하면 아우구스티누스가 《신국론》 XXI권에서[12] 말하는 것처럼 정죄된 자들의 육체가 고통당하게 만드는 불은 물체적인 것이라고 이해되어야만 하며, 바로 이러한 불이 위에서 인용된 주님의 말씀에서 악령들과 영혼들 모두가 고통당하는 그 불이기도 하다.

그러므로 다른 어떤 사람들에게는 이 불이 물리적인 것이되, 그것에 의해 영혼이 직접적으로 형벌을 당하는 것은 아니고 상상으로 볼 수 있는 그것의 유사상에 의해 벌을 받는 것이라고 생각되었다. 마치 잠든 사람들이 〔꿈속에서〕 어떤 무서운 것들을 보는 것을 겪음으로써, 비록 그들에게 고통을 가하는 그 사물이 실제적인 물체가 아니라 단지 물체의 유사상에 불과하지만, 실제로 고통당하는 일이 그들에게 일어나는 것처럼 말이다. 하지만 이 입장은 지지될 수가 없다. 왜냐하면 이전 논의들에서[13] 〔영혼의〕 감각적 부분의 능력들—이들 가운데 상상력이 있는데—은 분리된 영혼 안에 남아 있을 수 없다는 것을 보여준 바 있기 때문이다.

그러므로 분리된 영혼은 물리적 불 자체에 의해 당함을 겪는 것이라고 말해야만 한다. 그런데 어떤 방식으로 당함을 겪는지를 설명하기는 쉽지 않아 보인다. 실제로 혹자들은 분리된 영혼이 보는 것 자체에 의해 당함을 겪는다고 말하는데, 그레고리우스는 자신의 《대화

---

11) Origenes, *De principiis* (Peri Archon), II, 10, n. 4 (PG 11, 236).

12) Augustinus, *De Civitate Dei*, XXI, 10 (PL 41, 724-725).

13) 이 책, 제 19문, '나의 대응' 네 번째 문단 참조.

록》 IV권에서[14] "영혼이 보는 것 자체에 의해 불로부터 당함을 겪는다"고 말하면서 이 점을 다루고 있다. 하지만 보는 것은 보는 자의 완성이기 때문에 모든 '봄'(*visio*)은 이러한 한에서는 기쁜 일이다. 따라서 그 어떤 것도 '보인 것'으로서는 영혼에 고통을 주는 것일 수 없으며, 오직 그것이 해를 주는 것으로 이해되는 한에서만 고통을 주는 것일 수 있다.

그렇기 때문에 다른 이들은 영혼이 불을 보고 그것을 자신에게 해가 되는 것으로 이해한다는 바로 그 사실에 의해 고통을 당하는 것이라고 말한다. 이 입장은 그레고리우스가 《대화록》 IV권에서[15] "영혼은 자신이 불태워지는 것을 보기 때문에 불태워지는 것이다"라고 말하면서 다루고 있다. 그런데 이제 불이 진실로(*secundum rei veritatem*) 영혼에게 해가 되는지 아닌지를 고려해야 할 일이 남아 있다. 그리고 만약 불이 진실로 영혼에게 해가 되는 것이 아니라면, 불이 해가 된다고 이해하는 자신의 판단에 속았다는 결과가 된다. 그런데 이것은, 특히 자신들의 지성의 탁월함 덕분에 자연적 사물들에 대한 인식에서 가장 탁월한 악령들의 경우에는 생각조차 할 수 없는 것이라고 보인다. 그러므로 물리적 불은 진실로 영혼에게 해가 된다고 말해야 마땅하다. 따라서 그레고리우스는 《대화록》 IV권에서[16] "복음서 저자들의 말로부터 우리가 끌어 모을 수 있는 것은 영혼이 불을 봄으로써만이 아니라 경험함으로써 당함을 겪는다는 것이다"라고 말하면서 결론을 내린다.

그러므로 물리적 불이 어떻게 해서 영혼이나 혹은 악령에게 해가 될 수 있는지를 탐구하기 위해 반드시 고려해야만 하는 것은, 어떤

---

14) St. Gregorius I, *Dialogues*, IV, 29(PL 77, 368A).
15) St. Gregorius I, *Dialogues*, IV, 30(PL 77, 368A).
16) St. Gregorius I, *Dialogues*, IV, 29(PL 77, 368A).

것에게 해가 되는 것은 그것에 의해 완성되는 것을 수용하기 때문이 아니라 그 반대의 것에 의해 방해를 받기 때문이라는 점이다. 따라서 불에 의해 영혼에게 가해지는 고통은 마치 지성이 가지적인 것들을 수용하고 감각이 감각가능한 것들을 수용하는 경우처럼 영혼이 단지 수용에 의해서만 일어나는 것이 아니라, 대립자들과 방해물들에 의하는 방식을 통해 다른 것들로부터 당함을 겪는다. 그런데 이것은 두 가지 방식으로 일어난다. 하나는 자신에게 본질적인 형상(*forma inhaerens*)을 통해 지니는 자신의 존재(*esse suum*)와 관련해서 자신의 대립자에 의해 방해를 받는 방식이며, 이에 의해 어떤 것은 마치 재목이 불에 타버리는 것처럼 자신의 대립자로부터 변형이나 소멸을 겪는다. 이에 비해 어떤 것들은 자신이 지닌 경향성(*sua inclinatio*)과 관련하여 대립자나 방해물들에 의해 당함을 겪는다. 예를 들어 돌의 본성적 경향성은 아래쪽으로 향하는 것이지만, 어떤 장애물이나 방해하는 힘에 의해 당함을 겪음으로써 강제로 정지하거나 아니면 강제로 〔다른 방향으로〕 움직이는 것처럼 말이다. 그런데 이 두 가지 방식으로 형벌을 당하는 것 중 그 어떤 것도 인식을 결여한 사물들에게는 있을 수 없다. 왜냐하면 고통과 슬픔이 있을 수 없는 곳에서는 고통이나 형벌의 이유가 있을 수 없기 때문이다. 그러나 인식을 지니는 것들에게는 당함을 겪는 이 두 가지 방식의 모두에 의해 고통과 형벌이, 하지만 〔동일한 방식으로는 아니고〕 다양한 방식으로 일어난다. 〔첫째로〕 대립자에 의한 변형에 따르는 당함은 감각되는 고통이 주는 괴로움과 형벌을 초래한다. 예를 들어 〔감각능력의 한계를〕 능가하는 감각대상이 감각의 조화균형을 파괴하는 경우처럼 말이다. 그러므로 감각대상, 그 중에서도 특히 촉각대상은 너무 강도가 클 경우 감각되는 고통을 초래한다. 하지만 대상들의 강도가 적절할 경우 그것은 감각에 적합하기 때문에 기쁨을 주는 것이 된다. 그런데 두 번째 방식의 당함은 감각되는 고통에서 오는 형벌이 아니라 내적인 비통함에서 오는 형벌을 초래하는데, 인간이나 동물들에게서 이것, 즉 내적인 비통함은 무엇인가가 〔자신의〕 의지나 혹은 다른 어떤 욕구에 반대된다는 것을 내적인 어떤 힘에 의해 이해되는 데서 생겨난다. 따라서 의지나 욕구에 반대되는 것들은 고통을 가하는데, 때로는 감각에 고통을 주는 것들보다 이것이 더 큰 고통이다. 실제로 어떤 사람들은 경멸을 당하거나 혹은 자신의 의지에 반하는 그런 일들을 당하기보다는 오히려 매질을 당하거나 매우 심한 감각적 고통당하기를 선택하기도 한다.

그러므로 영혼은 첫째 방식의 고통당함에 의해서는 물리적 불에 의해 형벌 당함을 겪을 수 없다. 영혼은 불에 의해 변화되거나 소멸될 수 없기 때문이다. 그러므로 영혼은 감각되는 고통에 의해 당함을 겪는 그런 방식으로 불에 의해 고통을 당하지는 않는다. 그러나 두 번째 방식의 고통당함에 의해서는 영혼이 물리적 불—이런 종류의 불에 의해 영혼이 자신의 경향성이나 의지를 방해받을 수 있는 한에서—에 의해 당함을 겪을 수 있다. 이것은 매우 분명하다. 왜냐하면 영혼이나 비물체적인 그 어떤 실체도 그 자신의 본성이 관계되는 한 그 어떤 장소에도 구속되지 않으며, 오히려 물체적인 것들의 질서 전체를 초월한다. 그러므로 누군가에게 속박되는 것, 그리고 어떤 필연성에 의해 특정한 장소로 한정되는 것은 그의 본성에 반하는 것이고 또 그의 본성적 욕구에 반하는 것이다. 만약 〔영혼이〕 자신을 자연적 형상으로 하는 육체와 결합함으로써 그 〔결합〕에 의해 〔영혼 자신의〕 어떤 완성이 귀결되는 그런 경우가 아니라면, 〔영혼이 육체와 관계되는 것은〕 이런 것이라고 나는 말하겠다.

그런데 어떤 정신적 실체가 어떤 물체에 묶이는 것은 비물질적 실체를 가두는 힘을 지닌 물체의 능력에서 비롯되는 것이 아니라 정신적 실체를 그러한 육체에 속박할 수 있는 어떤 상위실체의 능력에서 비롯된다. 예를 들어 신의 허락하에 정신적인 어떤 것이 상위 악령들의 능력에 의해 마술적인 방식으로(*per artes magicas*) 반지나 초상화 혹은 이와 비슷한 사물들같이 특정한 사물에 속박되는 것처럼 말이다. 이런 방식으로 영혼들과 악령들은 자신에 대한 벌로서 신적 능력에 의해 물리적 불로부터의 속박을 당한다. 따라서 아우구스티누스는 《신국론》 XXI권에서[17] "비물체적 정신일지라도 비록 신비로운 방식일지언정 〔허구나 상상이 아니라〕 진정한 방식으로 물리적 불에 의해 형벌로서 고통을 당할 수 있는 것이라면, 인간의 정신—비록 그 자체는 확실히 비물질적이지만—이 지금 〔즉, 이생에서〕 물질적인 구성요소에 포함될 수 있고, 그때 자신의 육체라는 감옥에 의해 속박되는 것이 가능하다고 말하는 것이 어째서 불가능할 것인가. 그러므로 악령들—비록 그 자체는 비물질적이지만—은 고통당하게 하는 물리적 불 속에 함께 있으면서, 불에게 생명을 주는 것이 아니라 그 불로부터 벌을 받는다"고 말한다.

그렇기 때문에 속박된 영혼을 신적 능력에 의해 가두는 한, 이 불은 신적 정의의 도구로 영혼에게 작용한다는 것은 분명한 사실이다. 그리고 영혼이 그 불을 자신에게 해가 되는 것으로 이해하는 한 〔영혼은〕 내적인 비통을 당하는데, 이 비통은 원래 태생이 향유를 통해 신과 합일하도록 되어 있는 영혼이 스스로를 자신보다 못한 것에 종속되었다고 인정하는 것〔에서 비롯되는 것〕이기 때문에 사실상 매우 큰 고통일 수밖에 없다. 그러므로 정죄된 자들의 가장 큰 고통당함은 그들이 신으로부터 분리되었다는 것에서 비롯될 것이며, 다음으로는 그들이 물리적 사물들에게, 가장 열등하고 가장 비천한 곳에 있는 것들에게 종속된다는 것에서 비롯될 것이다.

17) Augustinus, *De Civitate Dei*, XXI, 10(PL 41, 724-725).

반론 1~7에 대한 대답: 이것으로써 반론 1부터 반론 7까지에 대한 대답은 분명하다. 우리는 위의 반론들이 전개하는 것처럼 영혼이 오직 수용만 하는 방식으로나 아니면 대립자에 의해 변화를 겪는 방식으로 물리적 불에 의해 당함을 겪는다고는 말하지 않기 때문이다.

반론 8에 대한 대답: 도구는 〔도구〕 자신의 힘에 의해서가 아니라 주된 행위자의 힘에 의해 일한다. 그러므로 불이 신적 정의의 도구로서 영혼에 작용하는 경우라면, 그때 고려해야 하는 우월함의 정도는 불이 지니는 것이 아니라 신적 정의가 지니는 것이다.

반론 9에 대한 대답: 육체는 정죄된 자들을 벌하기에 적합한 도구이다. 왜냐하면 자기보다 상위의 것, 다시 말해 신에게 복종하려 하지 않는 자들을 〔그에 대한〕 벌로써 자신보다 하위의 것들에게 종속되게 만드는 것은 적절하기 때문이다.

반론 10에 대한 대답: 신은 비록 본성에 거스르는 방식으로 일하지 않더라도, 본성을 초월하는 방식으로 일함으로써 본성이 할 수 없는 일을 할 수 있다.

반론 11에 대한 대답: 영혼이 육체적 사물에 의해 〔영혼을 영혼이 아닌 것으로〕 변화를 가져오는 방식으로 당하지 않겠다는 것은 영혼 자신의 본질적 규정에 비추어 볼 때 적합하다. 그런데 영혼이 신의 능력에 의해 당하는 것도 이런 식으로가 아니라, 앞서 설명한[18] 그런 방식으로이다.

---

18) 이 책, 제21문 '나의 대응' 여덟 번째 문단 참조.

반론 12에 대한 대답: 불이 영혼에게 영향을 미치는 작용을 할 때 그것은 마치 자신의 본성적 능력에 의해 그렇게 하는 것이라도 되는 양 자신의 어떤 행위능력에 의해서 그렇게 하는 것이 아니라 단지 도구적으로 그렇게 하는 것이다. 그러므로 이로부터 〔본성적 능력이 달라졌다는 근거를 들어〕 불 자신의 본성이 변화된다는 그런 결과가 따라 나오지는 않는다.

반론 13에 대한 대답: 영혼이 물리적 불에 의해 당함을 겪는 것은 〔반론에서 제시한〕 그런 방식들 가운데 어느 하나에 의해서가 아니라, 〔위 '나의 대응' 마지막 단락에서〕 설명한 그런 방식에 의해서이다.

반론 14에 대한 대답: 물리적 불은 비록 영혼을 뜨겁게 만들지는 않지만, 영혼에 대하여 또 다른 작용이나 관계를 지니는데, 그 관계는 육체가 본성적으로 정신에 대해 지니는 것, 다시 말해 어떤 식으로든 그들에게 결합되어야 한다는 그런 관계이다.

반론 15에 대한 대답: 영혼은 벌을 가하는 불에 그것의 형상으로서는 결합하지 않는다. 아우구스티누스가 말한 것처럼 그것〔즉, 불〕에게 생명을 주지는 않기 때문이다. 그러나 정신이 비록 그것의 원동자(*motor*)로서는 아니지만 능력에 의한 접촉을 통해 물리적 장소와 결합하는 그런 방식으로는 〔불과〕 결합된다.

반론 16에 대한 대답: 이미 언급한 바 있듯이, 영혼은 불이 속박과 갇힘이라는 방식을 통해 자신에게 해가 된다는 것을 이해하는 한에서 물리적 불에 의해 괴롭힘을 당한다. 그런데 이러한 이해는 실제로 속박되지 않을 때조차도 영혼이 스스로를 그러한 속박에 처해질 수 있다고 인식하는 것만으로 괴롭힐 수 있다. 그리고 이런 이유에서 악령들은 그들이 가는 곳이면 어디든지 지옥을 몰고 다닌다고 말하는 것이다.

반론 17에 대한 대답: 영혼은 비록 그런 종류의 속박에 의해 지적인 작용에서 방해를 받지는 않지만, 그럼에도 불구하고 어떤 본성적인 자유—물리적 장소에 대한 모든 구속으로부터 완전히 벗어나는 것—에서는 방해를 받는다.

반론 18에 대한 대답: 지옥의 형벌은 영혼들에게만이 아니라 육체들에게도 주어진다. 그렇기 때문에 불이야말로 최고의 지옥형벌이다. 육체들에게 가장 크게 고통을 주는 것이 불이기 때문이다. 그러나 그럼에도 불구하고 "불과 유황과…"라는 등의 시편 구절에 따르면[19] 고통을 주는 다른 형벌들도 있을 것이다. 또한 죄의 출발점인 무질서한 사랑(*amor inordinata*)도 이에 해당해서, 마치 최고천이 신적 사랑의 불(*ignis caritatis*)에 대응하는 것처럼, 음부의 불은 과도한 탐욕에 대응하는 것이다.

반론 19에 대한 대답: 아우구스티누스는 결론을 내리면서 이 말을 한 것이 아니라 물음을 제기하면서 이 말을 한 것이다. 그렇지 않고 만약 그가 이것을 자신의 견해로 말한 것이라 할지라도, 그는 나중에 《신국론》 XXI권에서[20] 이것을 분명하게 철회하고 있다. 혹은, 음부의 실체는 매우 괴롭게 만드는 것인 한에서는 정신적인 것이라고 말할 수 있는데, 〔실제적인 위해가 아니라〕 속박과 갇히게 함을 통해

19) 구약성경, 《시편》 10:7.
20) Augustinus, *De Civitate Dei*, XXI, 10(PL 41, 724-725).

해를 가하는 것으로 이해되는 불이 바로 그런 경우다.

반론 20에 대한 대답: 그레고리우스의 그 말은 신에 의해 가해지는 형벌 전체가 모두 교정적인 것이며, 그 가운데 어떤 것도 영원한 것은 아니라고 믿는 사람들에 대한 반론의 형식으로 도입한 것인데, 그러한 견해는 실제로 잘못된 것이다. 왜냐하면 이생에서 혹은 내세에서 신에 의해 가해지는 어떤 형벌들은 교정과 정화를 위한 것이지만, 다른 어떤 형벌들은 최종적인 정죄를 위한 것이다. 그리고 그런 형벌들이 신에 의해 가해지는 것은 신이 형벌을 기뻐하기 때문이 아니라 정의—이에 따르면 죄인들에게는 형벌이 주어져야 마땅한—를 기뻐하기 때문이다. 이는 인간들 사이에서도 마찬가지다. 어떤 형벌은 예를 들어 아버지가 그 아들을 꾸짖을 때처럼 그 벌을 받는 사람을 교정하기 위해 가해지고, 반면에 다른 형벌은 예를 들어 판사가 강도를 교수형에 처하는 경우처럼 최종적인 정죄를 위해 가해진다.

반론 21에 대한 대답: 형벌은 죄인이 의도하는 것과 대립되는 것을 통해 가해진다. 왜냐하면 죄짓는 자는 자신이 원하는 것을 적절히 만족시키려 의도하지만, 형벌은 자신이 원하는 그러한 것에 반대되는 것이기 때문이다. 그런데 누군가가 그 안에서 자신이 원하는 것을 충족시키기 위해 추구하던 것이 신의 지혜에 의해 그에 반하는 것으로 바뀌는 일이 종종 일어난다. 그래서 《지혜서》에서는[21] "범죄하는 수단으로 삼은 바로 그것에 의해 고통을 당한다"고 말한다. 따라서 영혼은 물질적인 것들에 집착함으로써 죄를 범하기 때문에, 〔자신이 추구하던〕 물질적인 것에 의해 〔오히려〕 처벌을 받게 하는 것은 신의 지

21) 외경, 《지혜서》 11장 17절.

혜에 속한다.

반론 22에 대한 대답: 영혼은 자신보다 상위의 것을 향유함으로써 상을 받고, 자신보다 하위의 것에 종속됨으로써 벌을 받는다. 그러므로 영혼들에게 주어지는 상은 정신적인 것이 아니라고 이해되기는 어려운 반면, 벌은 물체적인 것이라고 이해될 수 있다.

— 옮긴이 해제 —

인물 토마스 아퀴나스

토마스 아퀴나스(1224~1274)는 스콜라학의 전성기인 13세기에 활동한 가장 탁월한 중세의 신학자이자 철학자이다. 그는 탁발 수도회인 도미니코회의 회원이었고, 유럽학문의 중심지이던 파리대학의 교수였으며, 아리스토텔레스의 철학적 원전들이 서구 그리스도교 사상계에 합류하며 일대 사상사적-문화사적 변혁을 일으키는 학문적 격변기의 한가운데 있었고, 당시 교회 안팎의 여러 논쟁들에 휩싸여 있었다. 가톨릭교회에 의해 '천사적 박사'(*Doctor Angelicus*)라는 칭호를 부여받았으며, 오늘날에도 여전히 가톨릭교회 내에서 최고의 학문적 권위로 인정되고 있다.

그의 인생 여정을 간략하게 훑어보자. 그는 1224년 이탈리아의 나폴리 근처 로카세카(Roccaseca) 성에서 성주의 아들로 태어났다. 7세 무렵에 베네딕트수도회에 속한 몬테카시노 수도원에 보내져 수도사 수업을 받다가, 15세에 나폴리대학에 입학하게 된다. 그곳에서 당시

새롭게 등장한 도미니코회 수도사들과의 만남을 통해 영향을 받아 탁발수도회인 도미니코회에 들어가게 된다. G. K. 체스터튼은 그의 도미니코회 입회를 반대했던 식구들이 그를 납치하여 로카세카 성에 감금시키고 유혹했다는 이야기를 드라마틱하게 그려주고 있다.[1] 그러나 J. 와이스헤이플은 토마스 아퀴나스가 납치되고 감금되었다는 데 대해서는 여러 전기작가들이 대체로 동의하지만, 그 이유에 대해서는 의견이 다르다는 점을 지적한다.[2]

어느 경우이든 1년여의 감금생활 끝에 토마스 아퀴나스는 1245년 가을 파리대학에서 수학을 시작하는데, 이때 그의 일생일대의 스승인 알베르투스 마그누스(Albertus Magnus, 1200~1280)를 만나게 된다. 1248년에 그는 스승을 따라 쾰른에 설립된 스투디움(*studium*) —주로 도미니코회원들을 대상으로 하되 일반인들에게도 개방된 신학과 철학을 가르치는 일반학교— 으로 옮겨가 학업을 계속했고, 그곳에서 사제서품을 받게 된다. 1251년에 그는 신학교수가 되기 위한 과정을 밟기 위해 파리로 보내졌는데, 이것은 신학교수 후보를 물색하던 도미니코회 총장에게 스승인 알베르투스가 강력하게 추천한 결과였다. 이어서 1252년에서 1256년 사이에 그는 파리에서 명제집 학사, 그리고 1256년에서 1259년까지는 신학교수로 활동하는데, 이때가 이른바 첫 번째 파리대학 신학교수 시절이다. 1259년에서 1268년의 약 10여 년 동안 그는 파리를 떠나 이탈리아의 여러 지역에서 활동하는데, 여기에는 나폴리(1259~1261), 오르비에토(1261~1265), 로마(1265~

1) G. K. 체스터튼, 박감성 옮김, 《성 토마스 아퀴나스》(홍성사, 1984), pp. 61~64.
2) J. 와이스헤이플, 이재룡 역, 《토마스 아퀴나스 수사 — 생애, 작품, 사상》(성 바오로, 1998), p. 63. 이 감금시기에 관한 여러 견해들은 이 책 pp. 63~74 참조.

1267) 그리고 비테르보(1267~1268)가 포함된다. 그리고 다시 파리대학으로 보내져 두 번째 파리대학 신학교수 시절(1269~1272)을 보내면서 정력적으로 활동한다. 1272년에 그는 나폴리에 도미니코회원들을 위한 스투디움 설립을 위촉받고 다시 그곳에 가서 머물며 활동하는데, 여기서 이른바 토마스 아퀴나스의 신비체험과 절필사건이 일어난다.[3] 그리고 1274년 5월에 열리는 리옹 공의회에 참석하라는 명령에 따라 길을 나섰다가, 미처 목적지에 당도하지 못한 채 포사노바의 시토회 수도원인 성 마리아 수도원에서 생을 마감했다.[4]

토마스 아퀴나스의 학문적 영향은 가톨릭교회 혹은 신학의 영역으로 한정시켜 말할 수 없다. 그는 아리스토텔레스를 주석하면서 "견해들을 선택하고 배제하는 데에서 우리는 누가 말했느냐에 따라 사랑과 미움에 의해서 이끌려서는 안 되고, 진리의 확실성에 의해서 이끌려야 한다"[5]고 언급하는데, 이러한 그의 학문적 태도는 그에게 부여되는 학문적 권위와 관심이 궁극적으로 어디에 기인하는지를 암시해준다. 실제로 그의 저작 안에서는 아우구스티누스 같은 종교적 진리의 권위나 아리스토텔레스와 같은 이성적 진리의 권위도, 그들이 권위이기 때문에 수용하기보다는 그들의 견해가 진리인 한에서만 그 권위

---

3) 나폴리에서의 이 사건들과 관련된 자세한 내용은 J. 와이스헤이플, 이재룡 역, 《토마스 아퀴나스 수사—생애, 작품, 사상》(성 바오로, 1998), pp. 488~493 참조.

4) 국내 문헌 중 토마스 아퀴나스의 일생에 대한 간략하면서도 충실한 설명으로는 토마스 오미어러, 이재룡 옮김, 《신학자 토마스 아퀴나스》(가톨릭출판사, 2002), pp. 31~102를 꼽을 수 있다. J. 와이스헤이플의 《토마스 아퀴나스 수사—생애, 작품, 사상》은 책 전체가 그의 사상을 그의 일생 여정에 따라 풀어놓은 것이므로, 자세하기는 하지만 그의 생애를 단번에 파악하기에는 조금 복잡하다. 다만 이 책 pp. 613~615에 정리되어 있는 연대일람은 그의 생애를 정리하는 데 좋은 자료가 된다.

5) *In Metaph.*, XII, lect. 9 (n. 2566).

를 인정하고 수용하는 것을 발견할 수 있다.

'진리의 이름으로!'라고 명명할 수 있을 이러한 그의 학문적 태도는 이성적 진리의 추구를 신에 의해 인간에게 부여된 사명으로 이해하는 것이면서 동시에 인간이성에 의한 합리적 이해의 가치를 적극적으로 긍정하는 것이다. 나아가 인간의 이성을 절대시하는 것은 아니지만, 적어도 학문의 영역에서는 인간이성에 의한 합리성 이외의 다른 기준을 찾을 수도 없다는 데 대한 인정이기도 하다. 인간의 이성을 능가하는 초자연적 진리의 초월성을 인정하지만, 그것을 빙자하여 비합리성이 학문의 영역에 개입하는 것을 경계하는 것이다. 스콜라학의 여러 권위들 가운데 유독 토마스 아퀴나스가 많은 주목을 받는 이유가 있다면, 그것은 단순히 선언에 그치는 것이 아니라 실제로 저작들 안에 녹아 있음을 발견할 수 있는 그의 이러한 태도 때문일 것이다.

저작의 시기와 외형상 특징

이 책 《영혼에 관한 토론문제》는 토마스 아퀴나스가 1269년 초 두 번째로 파리대학 교수생활을 시작하면서 처음으로 행한 토론들(*disputationes*)의 결과물이다. 잘 알려져 있다시피 '토론'(*disputatio*)은 '강독'(*lectio*)과 더불어 당시 파리대학 교수들이 의무적으로 펼쳐야 했던 기본활동이었다. 강독이 학생들을 대상으로 하는 기본적 교육활동인데 반해, 토론은 학생들은 물론 동료 교수들까지도 초대하여 공개적으로 토론하며 반론들을 논박하고 자신의 해결책을 변론해야 하는 고도의 전문적인 학술활동이었다. 토론이라는 방식이 어디서부터 시작되었는지 그 기원과 유래에 관해서는 의견이 분분하기 때문에 확정적으로 단언하기 어렵다. 하지만 이것이 중세 스콜라 교육방식의 가장 특징적이면서도 영향력 있는 방식이라는 점에서는 대체로 의견이 일치한다.

스콜라학이 절정에 이르렀던 13세기 중반의 전형적인 토론회는 대략 다음과 같은 식으로 진행되었다. 우선 담당교수는 주제와 일시를 미리 공지한다. 토론은 대체로 이틀 일정으로 계획되고 진행되었다. 이 토론을 주도하는 담당교수가 속한 해당 학부의 학사들은 의무적으로 참석해야만 했고, 다른 학부나 외부 인사들도 초청되곤 했다. 첫째 날은 담당교수에 의한 짧은 기조강연으로 시작한다. 이때 담당교수는 제시된 주제와 관련된 일련의 쟁점들 및 이에 대한 자신의 입장을 명제화하여 제시한다. 그 다음에 그의 학사 가운데 한 명이 제시된 쟁점들의 순서에 따라 청중이 제기하는 반론들과 논거들을 받아 일일이 응답하는 토론을 벌인다. 필요한 경우에는 교수 자신이 가담하기도 하였다. 이렇게 진행되는 반론들과 논거들과 대답들은 속기사에 의해 기록되었다. 둘째 날 청중은 다시 모여 전날 오고간 찬반 논거들에 대한 담당교수의 요약과, 토론문제에 대한 전체적인 해결책 제시(*determinatio*)를 듣는다. 이러한 토론회의 과정과 결과는 그 모임에서 취한 노트형식(*reportatio*)으로 혹은 교수 자신에 의해 교정되고 확장된 정본(*ordinatio*)으로 출판되었다.[6]

토론의 이런 형식적 측면을 고려한다면, 21개의 문제들로 구성된

6) A. Kenny & J. Pinborg, "Medieval Philosophical Literature," in *The Cambridge History of Later Medieval Philosophy*, N. Kretzmann, A. Kenny, and J. Pinborg eds. (Cambridge, Cambridge University Press, 1982), pp. 21~22 참조. 신학부 토론회의 본성에 관한 고전적인 설명은 다음 작품들 속에서 찾아볼 수 있다. P. Mandonnet, "Chronologie des questions disputees de saint Thomas d'Aquin," *Revue thomiste* 23(1928), pp. 267~279; A. G. Little & F. Pelster, *Oxford Theology and Theologians* c. A.D. 1282-1302(Oxford, Clarendon Press, 1934), pp. 29~56; P. Glorieux, *La litterature quodlibetique*(Bibliotheque Thomiste 5 et 21) (Paris, Vrin, 1925~1935).

《영혼에 관한 토론문제》는 한마디로 스물한 번에 걸친 공개토론회의 결과물이라고 할 수 있다. 여기에서 다뤄지는 각 주제들은 인간의 영혼이 무엇인지를 이해하기 위해 필요한 여러 주제들이기도 하지만, 동시에 이 토론이 이뤄졌던 1269년 파리대학의 현실을 반영하는 것이기도 하다. 당시 파리대학은 인간에 대한 문제, 즉 인간의 본질, 인간 영혼의 본성, 의지의 자유, 분리된 영혼의 위상 등의 철학적-신학적 쟁점들에 사로잡혀 있었다. 조만간 있을 1270년의 단죄목록만 봐도, 당시 파리대학을 달구었던 핵심쟁점들이 무엇이었는지 쉽게 짐작할 수 있다. 단죄된 13개의 명제 가운데 9개가 인간이나 인간의 자유와 관련된 것이며, 그 가운데 5개는 《영혼에 관한 토론문제》의 주제로 제시된 문제이기도 하다.[7)]

저작의 내용상 특징

모두 21개의 문제들(*quaestiones*)로 이뤄진 《영혼에 관한 토론문제》는 당시 파리대학의 인문학부에서 널리 가르쳐지면서 한창 논란의 대상이 되던 아베로에스주의에 맞서 그 오류들을 지적하고, 인간 영혼의 본성, 특히 지성의 본성에 대한 자신의 입장을 공개적으로 개진한 내용을 시작으로, 가능지성의 단일성 문제, 능동지성의 존재 여부 및 단일성 문제, 인간 영혼의 합성 여부 문제, 천사와 인간 영혼의 본성적 동일성 여부 문제, 인간 영혼의 불멸성 및 분리된 영혼의 상태와 기능의 문제 등이 다뤄지고 있다. 죽음 이후의 문제까지 연결되는 이러한 주제들은 하느님의 형상(*imago Dei*)으로 창조되어 만물의 영장인 인간의 본성에 관한 논의를 포괄적으로 망라하는 것으로

7) 1270년의 단죄에 대한 기본적 이해는 J. 와이스헤이플, 이재룡 역, 《토마스 아퀴나스 수사—생애, 작품, 사상》(성 바오로, 1998), pp. 417~430 참조.

손색이 없다.

특히 여기에 제시되는 토마스 아퀴나스 자신의 견해와 논증들은 잘못된 견해들에 대한 그의 비판과 조응하면서 어우러져 있기 때문에, 인간 본성에 관한 그의 다차원적 접근과 이해를 전반적이면서도 세밀하게 접할 수 있는 저작이다. 더욱이 이 토론은 특히 토마스 아퀴나스의 대표적 저작인 《신학대전》 제1부의 제75문부터 제89문까지 이어지는 인간론(*De homine*)이 완성된(1266~1268) 직후에 행해졌으며, 《신학대전》에 포함된 것보다 훨씬 더 많은 문제들과 견해들이 다뤄지기 때문에 그 내용의 질과 양 모두에서 보다 완전하고 완성된 저작이라고 할 수 있다. 비록 1년 뒤에 《지성단일성론》(*De unitate intellectus*)이라는 소품을 통해서 라틴 아베로에스주의자들과 맞서 다시 지성의 본성을 집중적으로 파헤치기도 하지만, 바로 그 저작 덕분에라도 《영혼에 관한 토론문제들》은 과도하게 논쟁적이거나 공격적일 필요 없이 상당히 일반적이고 객관적인 관점에서 적극적인 논의를 펼칠 수 있었고, 따라서 이 저작은 인간의 본성에 관한 한 토마스의 결정판이라고 평가할 수 있을 것이다.

인간 영혼, 가능지성, 능동지성 등의 주요 개념들을 다루지만, 한마디로 표현하자면 '지성혼'(*anima intellectiva*)에 대한 해명을 통한 인간본성론이라고 할 수 있는 이 저작은 현실적으로 토마스 아퀴나스의 존재 형이상학과 밀접하게 연관된 형이상학적 인간학의 영역이다. 이에 대한 논의가 근본적으로 인간의 지적 및 감각적 인식과 진리, 실천적 행위와 도덕성, 양심과 규범과 법, 행복과 자유와 자기실현 등 인간에 관한 모든 논의의 기반이자 근거임을 고려할 때, 토마스 아퀴나스의 인간관과 이를 기반으로 하는 모든 논의를 이해하는 데 필수적인 저작이다.

각 문제별 핵심 내용

이 저작에서 다뤄지는 21개의 문제들은 각각 7개씩의 문제들로 이뤄진 세 부분으로 대별될 수 있다. 영혼 자체를 다루는 부분, 육체와 결합된 영혼을 다루는 부분, 그리고 육체와 분리된 영혼을 다루는 부분이다.

먼저 토마스 아퀴나스는 영혼이 형상이면서 동시에 '이 어떤 것'(*hoc aliquid*), 즉 그 자체로서 하나의 실체일 수 있는가를 묻는 물음으로 이 저작을 시작한다. 이 물음은 이후의 저작 전체를 지배하는 결정적 논의를 대변하는 것으로서, 아리스토텔레스철학의 유입이라고 하는 중세 기독교 사상계의 큰 사건 — 스콜라학의 성립배경과도 연관된 — 을 배경으로 한다. 영혼 개념을 둘러싼 13세기 논쟁의 흐름을 잘 정리해주는 스톤(M. W. F. Stone)에 의하면, 그 이전까지 중세인들을 지배했던 것은 인간을 곧 영혼으로, 따라서 영혼 자체를 하나의 실체로 간주하는 플라톤적 인간관의 연장선에 있는 아우구스티누스주의 영혼관이었다. 여기에 영혼을 하나의 실체가 아니라 육체의 형상으로 보는 아리스토텔레스철학이 유입되면서 이 두 입장이 화해될 수 없는 대결국면을 만들어내었고, 결국 영혼이 '육체의 형상'이라고 하는 아리스토텔레스적 관념과 영혼이 '분리된 실체'라고 하는 아우구스티누스적 개념을 동시에 취하는 것이 가능한가를 묻는 질문이 지성단일성 논쟁을 포함하여 13세기 영혼 논쟁의 핵심 질문이 되었다.[8]

이 질문을 직접 다루는 이 제 1문에서 토마스 아퀴나스는 인간의

---

8) M. W. F. Stone, "The soul's relation to the body," *History of the Mind-Body Problem*, T. Crane & S. Patterson ed. (Routledge, 2000), pp. 36~38 참조.

영혼이 육체의 형상이면서 동시에 이 어떤 것, 즉 그 자체로서 자립적인 실체 — 단 그 자체로서 온전한 종을 소유한 것은 아닌 — 라고 주장한다. 인간의 영혼은 육체의 형상이긴 하지만 자립적이기 때문에 형상 이상이며, 이 어떤 것, 즉 실체이기는 하지만 그 자체로서 종적 완성을 소유하지는 못하기 때문에 완전한 실체에는 못 미치는, 그렇기 때문에 육체적 실체와 분리된 실체 사이의 경계선에 있는 어떤 것이라고 그는 주장하는 것이다.

이러한 토마스 아퀴나스의 주장에는 결과의 완전성의 등급이 원인의 완전성의 등급을 능가할 수 없다는 인과관계의 원리가 작동하고 있다. 한마디로 영혼의 작용양태로부터 그것의 존재양태를 추론해 낼 수 있으며, 이때 영혼이 물질적인 등급을 초월하는 작용을 수행하는 한 그 존재양태 역시 물질인 육체에 의존하지 않아야 한다는 추론이 구사된다. 일반적으로 인간 영혼은 육체의 실체적 형상(*substantial form*)이면서 동시에 자립적 형상(*subsisting form*)이라는 말로 표현되는 토마스 아퀴나스의 이 주장은, 아리스토텔레스주의 철학에서는 양립가능하지 않아 보이는 두 명제를 동시에 긍정하려는 것이기 때문에 이후에 수많은 논쟁을 불러일으킨 주장이기도 하다.[9)]

이 제 1문이 인간 영혼이 지닌 물질 초월성의 측면을 적극적으로 강조한다면, 제 2문은 인간 영혼이 존재에서(*secundum esse*) 육체와 분리되어 존재하는 것은 아니라고 주장한다. 인간 영혼은 그 자체만으로는 완성된 종이 아니며, 종으로의 완성을 위해서는 육체와 결합해야 한다는 생각이 이 문제의 배경에 있다. 하지만 막상 제 2문에서

---

9) 이 저작의 제 1문에 관한 자세한 논의는 Bernardo Carlos Bazan, MSRC, "The Human Soul: Form and Substance? — Thomas Aquinas' Critique of Eclectic Aristotelianism," in *Archives d'Histoire doctrinale et litteraire du Moyen Age* 64(1997), pp. 95~126을 참조할 것.

직접 다뤄지는 논점은 가능지성의 존재론적 위상이다. 토마스 아퀴나스는 인간 영혼 가운데 물질 초월적 부분인 가능지성이 존재에서는 육체와 분리된 실체이되 작용적으로 육체와 결합한다는 아베로에스의 견해를 비판하면서, 가능지성은 분리된 실체가 아니라 육체의 형상인 영혼의 한 힘 또는 능력이라고 논증한다.

제 3문은 지성단일성 논쟁의 핵심 문제, 즉 가능지성 혹은 지적 영혼이 모든 사람들 안에서 하나인가의 문제를 다룬다. 만약 가능지성이 존재에서 육체로부터 분리된 실체라면 그것은 수적으로 하나일 수밖에 없지만, 제 2문에서 논증한 것처럼 가능지성은 그런 것이 아니다. 나아가 만에 하나 가능지성이 모든 인간에게 하나일 경우를 생각해 보더라도, 그 경우 가능지성의 작용, 즉 인식작용은 이 사람 또는 저 사람의 작용일 수 없다는 토마스 아퀴나스의 저 유명한 입장이 분명하게 피력되면서, 가능지성은 서로 다른 인간들에 따라 다수화되는 것이어야 한다고 주장된다.

이어지는 제 4문에서는 능동지성을 상정할 필요가 있는지의 여부를 다룬다. 여기서 토마스 아퀴나스는 가능태에서 현실태로의 이행은 이미 현실태에 있는 것에 의해서만 가능하다는 원리에 따라, 가능적으로 가지적인 것들을 현실적으로 가지적인 것으로 만드는 동시에 가지적인 것들에 대해 가능태에 있는 가능지성을 현실화시키는 원리로서 능동지성이 있어야 한다는 것을 논증한다. 그리고 이러한 능동지성 역시 가능지성과 마찬가지로 — 가능지성의 경우보다는 상대적으로 더 그럼직함에도 불구하고 — 분리된 실체일 수도 없고 또 모든 인간에게 공통된 수적 하나일 수도 없다는 것을 제 5문에서 논증한다.

그리고 제 6문에서는 영혼 자체가 형상과 질료의 결합으로 이뤄진 것일 수는 없다는 점이 논증된다. 영혼은 모두 수용(*recipere*)이나 가능태에 있음(*esse in potentia*) 등과 같이 질료를 필요로 하는 듯한 특성들을 지니지만, 질료가 무엇인가—즉, 형상—를 수용하는 것은 운동과 변화를 통해서인 반면, 영혼은 오히려 그와 반대로 운동·변화로부터의 분리됨을 통해서 수용한다—인식이 대표적인 예이다—는 차이점이 지적된다. 이런 논의들을 통해 영혼은 오직 형상만임이 논증된다.

하지만 인간 영혼이 질료와 형상의 복합이 아니라 형상만이라고 해서 분리된 실체, 즉 형상만으로 이뤄진 실체인 천사들과 같은 종에 속하는 것으로 이해해서는 안 된다는 점이 제7문에서 논의되면서 영혼 자체의 본성에 관한 논의가 일단락된다. 이 제7문에서 종의 다양성은 곧 본성의 완전성의 다양한 등급이라는 이해를 전제로, 물질적 실체들과 비물질적 실체들에서 종의 다양화를 말하는 기준이 어떻게 달라야 하는지가 논의된다.

제8문부터는 육체와 결합된 영혼에 대한 논의가 시작되는데, 그 첫 물음은 인간 영혼이 지금 인간이 지닌 것과 같은 그런 육체와 결합해야 할 이유 혹은 필요성에 대한 것이다. 영혼과 육체의 결합을 긍정적으로 보는 궁극적인 전거는 흙으로 사람을 빚으시고 그 코에 생기를 불어넣으셔 인간을 만드셨다는 창조기사와, 그 모든 것에 대해 '보시기에 좋았더라'라고 하는 신의 판단이다. 이를 배경으로 토마스 아퀴나스는 질료가 형상 때문에 있는 것이지 그 반대가 아니라는 원리에 입각하여, 영혼이 어떤 육체와 결합해야 하는지에 대한 이유와 설명을 형상인 영혼의 본성에서 찾으려는 일련의 논증을 전개한다.

제9문에서는 영혼과 육체의 결합이 어떤 매개물을 필요로 하는가 아니면 직접적인가의 문제를 다룬다. 영혼과 육체의 결합에 의해 결과되는 것이 실체적 통일성을 지닌 하나의 실체인가 아닌가의 여부를 함의하기도 하는 이 문제는, 여기서 영혼이 육체에 부여하는 존재(*esse*)가 단적인 존재(*esse simpliciter*)인가 조건적 존재(*esse secundum quid*)인가의 문제로 다뤄진다. 토마스 아퀴나스는 질료에 단적인 존재(*esse simpliciter*)를 부여하는 것은 실체적 형상에 고유하게 속한다고 주장하고, 이에 입각하여 그는 영혼을 작용의 원리로 고려할 경우와는 달리, 존재(*esse*)의 부여에 관한 한 영혼은 육체의 모든 부분에 아무 매개 없이 직접 존재를 부여한다고 논증한다.

이처럼 육체 전체에 아무 매개 없이 직접 결합되는 영혼은 육체 전체의 형상이기도 하고 육체의 부분들 각각의 형상이기도 하다. 그러므로 영혼은 육체 전체 안에 그리고 부분들 각각 안에 존재하는 것으로 이해되어야 하는데, 이것이 바로 제10문에서 다뤄지는 주제이다. 이 논의 가운데 토마스 아퀴나스는 부분에 대한 전체성을 말할 수 있는 세 가지 경우—첫째는 양적으로 분리되는 부분들의 전체이고, 둘째는 유와 종차를 그 부분으로 갖는 종의 전체성이며, 셋째는 능력이나 권능의 부분들과의 관계에서 전체라고 불리는 경우—의 구별을 찾아볼 수 있다.

제11문은 인간에게 이성혼과 감각혼과 생장혼이 하나의 실체인가의 문제를 다룬다. 이 문제는 인간에게 종류별로 여러 영혼이 있는가 아니면 하나의 영혼이 여러 영혼의 기능을 다 포괄하는가의 문제이다. 다시 말해 인간이 수행하는 기능에는 이성혼의 기능과 감각혼의 기능, 그리고 생장혼의 기능이 모두 있는데, 인간 안에 세 영혼이 있어서 이들이 제각각 자신의 기능을 수행하는 것인지 아니면 하나의 영혼이 이 세 영혼의 기능을 모두 수행하는지를 묻는 것이다. 현대의 시각에서 볼 때는 얼핏 낯설고 괴이해 보일 수 있는 물음이지만, 물질세계의 규정에 형상이 어떤 식으로 영향을 미치는지에 대한 플라톤의 입장과 아리스토텔레스의 입장 사이의 차이를 확인해 볼 수 있는 논의가 펼쳐진다.

제12문은 영혼이 곧 자기 자신의 능력인지를, 다시 말해 영혼의 능력은 영혼의 본질인지 아니면 영혼의 속성인지의 문제를 다룬다. 여기서 토마스 아퀴나스는 속성을 세 종류 — 본질적 특성, 분리 불가능한 속성들, 분리가능한 속성들 — 로 구분하고, 영혼의 능력은 본질이 아니지만 본질적 특성이며 따라서 영혼의 능력 없이도 영혼이 무엇인가를 이해할 수는 있지만, 그 능력들 없이 영혼이 존재하거나 가지적이 되는 것은 불가능하다는 주장을 펼친다.

제13문은 영혼의 능력들의 구별문제를 다룬다. 여기서 우선 토마스 아퀴나스는 능력은 행위에 따라 정의되어야 하는데, 영혼의 작용의 구별은 대상들의 차이에 따라 이해되므로, 능력들 역시 대상에 따라 구별되어야 한다는 점을 논증한다. 그리고 이어서 영혼의 능력의 등급 — 생장혼, 감각혼, 이성혼에 따르는 등급 — 과 종류 — 자양능력, 감각능력, 이해능력, 욕구능력, 장소적 운동능력 — 의 구별을 실제로 논의해 보인다.

제14문은 인간 영혼의 불멸성 문제를 다루는데, 여기서 논의의 핵심은 이와 유사한 존재론적 문제들에서와 마찬가지로 존재(*esse*) 개념과 관계된다. 토마스는 인간 영혼이 지니는 존재(*esse*)가 영-육 복합체의 존재(*esse compositi*)일 경우 형상은 육체와 분리될 때 자신에게 주어졌던 존재를 상실하며, 결과적으로 영혼 역시 소멸한다고 논증한다. 반면에 인간 영혼이 지니는 존재가 복합체의 존재가 아니라 영혼 자신의 존재일 경우, 다시 말해 형상인 영혼이 그 자체로서 존재를 소유하는 형상(*forma habens esse*)일 경우, 영혼은 육체와의 분리에 의해서도 자신의 존재(*esse*)를 상실하지 않는다고 논의한다. 그런데 인간 영혼이 바로 이 후자의 경우이므로, 인간 영혼은 불멸한다고 이해된다.

이 책의 셋째 부분에 해당하는 제15문부터는 육체와 분리된 이후의 영혼에 대한 논의가 시작되는데, 그 첫째 물음은 영혼이 육체에서 분리된 이후에 안식작용을 수행하는지의 여부이다. 인간의 인식이 본질적으로 육체를 필요로 하는 감각작용과 더불어서만 일어난다는 토마스 아퀴나스의 입장은 적어도 이 물음에서는 그의 견해를 지지하는 논거가 아니라 그와 견해를 달리하는 상대방 입장의 논거로 작용한다. 다시 말해 인간 인식이 육체와 감각을 필요로 하는 한, 육체와 분리된 영혼은 인식작용을 할 수 없다는 자연스럽고 상식적인 결론이 토마스 아퀴나스의 상대방 입장으로 제시된다. 이에 대해 토마스 아퀴나스는 한정된 범위일망정 분리된 영혼의 인식은 가능하다고 주장한다.

제 16문은 육체와 결합된 영혼이, 그리고 제 17문은 육체와 분리된 영혼이 분리된 실체를 이해할 수 있는가의 문제를 다룬다. 여기서 토마스 아퀴나스는 육체와 결합된 영혼은 심상들을 통해서가 아니고서는 무엇인가를 이해할 수 있도록 하는 가지상을 얻지 못한다는 이유에서 육체와 결합된 영혼은 분리된 실체들에 대한 적극적 이해를 지닐 수 없다고 주장한다. 단지 그들이 무엇이 아닌지를 이해하는 부정적인 방식으로만 그것들에 대한 인식을 지닐 수 있다는 것이다. 그러나 분리된 영혼의 경우를 다룰 때 토마스 아퀴나스는 적극적 논증이 아니라 더 불합리한 것을 피해가는 소극적인 방식으로나마 분리된 영혼이 분리된 실체들을 인식하지 못한다고 하는 것보다 인식한다고 하는 것이 더 적절하고 합리적으로 보인다고 조심스럽게 말한다.

제 18문은 분리된 영혼이 모든 자연적 사물들을 인식할 수 있는가의 문제를 다루는데, 여기서 토마스 아퀴나스는 조건적인 의미에서 모든 자연적인 것들을 인식한다고 말하는 것이 더 옳다는 입장을 견지한다. 이 제 18문은 형식의 측면에서 독특한 특징을 지니는데, 다른 문제들의 경우와는 달리 반론들에 대해서뿐 아니라 일반적으로 반론들에 대한 반대이자 토마스 아퀴나스 입장의 근거로 기능하는 '이와는 반대로'들의 견해에 대해서도 그가 이의를 제기하면서 그 모두에 대답들을 제시하고 있다는 점이다.

제 19문은 분리된 영혼 안에 감각능력들이 남아 있는가의 문제를 다룬다. 여기서 토마스 아퀴나스는 감각작용은 그 작용주체를 고려할 때는 영육 복합체이지만, 그 작용이 어떤 원리에서 비롯되느냐의 관점에서 볼 때는 영혼에 의한다는 점에 주목한다. 이에 따라 그는 육체의 소멸과 함께 감각능력들은 현실적으로 파괴되지만, 단지 분리된 영혼 안에 원리적으로만 존재하는 것으로 이해되어야 한다고 주장한다. 그의 이 주장은 마치 시각작용의 주체인 눈동자가 손상될 경우 인간에게 시력은 더 이상 남아 있지 않지만, 이 경우에도 시력은 그 근거이자 원리인 영혼 안에 남아 있다고 말하는 것과 마찬가지라고 이해할 수 있다.

제 20문에서 토마스 아퀴나스는 분리된 영혼이 개별자를 인식할 수 있는지의 물음을 던진다. 인간은 감각을 통해 개별자를 인식한다는 점을 고려한다면, 감각작용의 조건인 육체로부터 분리된 인간 영혼은 개별자를 인식할 수 없다는 결론으로 이어지는 것처럼 보인다. 하지만 토마스 아퀴나스는 분리된 영혼이 모든 개별자를 인식하는 것은 아니지만 어떤 개별자들을 인식할 수 있다고 주장한다. 이를 논증하는 과정에서 우리는 지성의 이해수단이 되는 사물들의 형상이 사물들과 관계되는 두 가지 방식에 대한 토마스 아퀴나스의 구별을 찾아볼 수 있으며, 또한 분리된 실체들, 즉 천사들의 지성과 분리된 영혼의 지성이 개별자의 인식에 관계하는 방식이 어떻게 다른가에 대한 그의 논의도 살펴볼 수 있다.

마지막 제 21문은 '분리된 영혼이 물리적 불에 의해 형벌의 고통을 겪을 수 있는가?'라는 제목이 붙어 있다. 제목이 암시하듯이 이 문제는 지옥불과 같은 영혼의 심판이라는 기독교의 내세관과 연관된다.

종교적 성격이 강한 주제이므로 논의 자체도 그럴 것처럼 생각될 수 있지만, 실제로는 여기에서 행함-당함, 능동-수동 및 이들 사이의 관계 등에 대한 일반적이면서도 상세한 논의가 전개된다. 이러한 논의에 입각하여 토마스 아퀴나스는 영혼이 그 자신의 존재와 관련해서는 물리적 불에 의해 형벌을 당하는 것이 불가능하지만, 영혼이 지닌 경향성과 관련해서는 당함을 겪는 것이 가능하다는 논의를 펼친다.

번역의 대본과 용어

이 책은 텍스트인 Leonina판 원문을 최대한 충실하게 따랐다. 물론 이러한 직역의 태도는 의미와 가독성이 훼손되지 않는다고 판단되는 한에서이며, 이를 확보하기 위해 필요할 때마다 Leonina판 텍스트 이외에 다음의 텍스트들을 참고했다.

- Thomas Aquinas, *Quaestio Disputata De Anima*, in *Quaestiones Disputatae* Vol. II, Taurini-Romae, Marietti, 1949(Marietti판).
- Thomas Aquinas, *St. Thomas Aquinas Quaestiones De Anima : A Newly Established Edition of the Latin Text with an Introduction and Notes*. ed., James H. Robb, Pontifical Institute of Mediaeval Studies, 1968(PIMS판).
- Thomas Aquinas, *The Soul: A Translation of St. Thomas Aquinas' De Anima*, trans. John Patrick Rowan, B. Herder Book Co., 1949.
- Thomas Aquinas, *Questions On The Soul*, trans. James H. Robb, Milwaukee: Marquette University Press, 1984.

특히 토마스 아퀴나스의 풍부한 사상을 충실히 드러내기에 최적이라고 판단되는 한글 번역을 산출해 내기 위해 Leonina판에 못지않게 많이 사용되는 Marietti판과의 비교검토를 적극적으로 수행했다.

이 번역에 사용된 전문용어들은 2005년 여름에 중세철학회 차원에서 공동으로 수렴되어 논의되고 토의된 바 있는 중세철학용어 목록을 가장 기초적인 준거로 삼았다. 그러면서도 번역과정에서 동일 용어가 사용되는 다양한 맥락들을 고려하고, 문맥에 따라 구사되어야 할 적절한 용어가 다변화될 수 있는 상황들을 검토하면서 적절하고 통일된 번역어를 선택하려고 했다. 그리고 일단 확정된 번역용어는 가급적 일관되게 사용하려고 노력하였다. 다만 문맥상 그러한 일관된 사용이 오히려 의미를 올바로 전달하는 데 어려움을 초래한다고 판단될 경우, 번역용어의 일관적 사용에는 어긋나더라도 가능한 한 문맥을 고려하여 최대한 원문의 의미를 전달할 수 있는 용어들을 사용하기도 하였다. 그러나 예상했던 대로 텍스트 번역이 진행되면서 새로운 상황이 적지 않게 발견되었으며, 용어를 확정짓기에는 고려해야 할 변수가 여전히 많다고 판단되는 경우도 적지 않았다.

용어선택의 어려움은, 예를 들어, 'quo aliquid est'의 경우 문자 그대로의 표현인 '그것에 의해서 어떤 것이 존재하는 것'이 가장 적합한 표현임에도 불구하고, 이러한 표현에 익숙하지 않은 비전문가 독자들에게는 가독성이 떨어질 수 있다는 문제가 있으며, 그 내용상의 대안적 용어인 '존재원인'은 가독성에서는 이점이 있음에도 불구하고 causa essendi라는 다른 용어의 번역어로 사용되어야 마땅하다는 문제 등과 관련된다. 'quo est' 또한 '그것에 의해서 존재하는 그것'과 '존재'의 두 선택지가 있고, 각각의 경우 전자를 취할 경우 '그것에 의해서 어떤 것이 존재하는 것'과 '그것에 의해서 존재하는 그것'의 구별이 가독성의 측면에서 어떻게 확보될 수 있을 것인지도 문제로 대두되었다.

또한 유사성/유사상은 일반적으로 similitudo의 번역어로 사용하지만, 경우에 따라서는 species 역시 유사상의 의미가 강조되어 사용될 수 있다. 이러한 상황들은 문맥과 내용을 온전히 파악 및 숙지하고 그에 충실하게 번역해야 할 것을 요구한다. 그러나 한편으로 문맥과 의미만을 강조할 경우, 원 텍스트와의 대응관계가 무너져버릴 위험이 있다. 이러한 어려움을 연출하는 번역의 상황들을 어떻게 타개할 것인가가 이 책의 번역과정 내내 숙제였다.

제 8문에서 11문 사이에는 고대에서 중세로 이어져 내려와 당시에 통용되던, 그러나 오늘날의 관점에서는 낯설고 이해하기 어려운 자연학, 천문학, 생물(동·식물)학 관련 내용 및 용어들이 적지 않게 사용되고 있다. 인간학이나 영혼론과 관련해서는 통상 '정신' 또는 '영'으로 번역되지만, 이 번역문에서는 그 외에도 문맥에 따라 '생기'와 '숨' 두 가지로 번역한 'spiritus' 같은 용어가 그 단적인 예이다. 또한 제 18문 이후에는 '지옥' 혹은 '음부', '이생'처럼 신학적 및 종교적 표현과 연관된 용어들이 자주 나타나는데, 이들에 대한 학문적 용어의 정립도 보다 적절하고 충분한 논의를 거쳐 확정되어야 할 필요가 있다.

이처럼 나름대로 최선을 다해 신중은 기했지만, 여전히 번역용어를 확정짓기에는 고려해야 할 변수가 많은 새로운 상황들이 매번 드러나는 것이 현실이며, 앞으로 중세철학 문헌의 번역에서 계속 고민하며 해결해나가야 할 숙제일 것이다. 다행히 토마스 아퀴나스의 원 저작들에 대한 국내 번역서들이 적은 분량이지만 꾸준히 나오고 있기 때문에,[10] 이 번역물들의 축적이 진행되면서 자연스럽게 번역용어와

10) 이제까지 우리말로 번역 출판된 토마스 아퀴나스의 원 저작 가운데 대표적인 것은 1985년에 첫 권이 시작되어 현재도 계속 출판되는 정의채 신부 등의 《신학대전》(바오로딸, 1985～) 시리즈이다. 이외에도 정의채, 《토마스 아퀴나스의 유와 본질에 대하여》(서광사, 1995) ; 김율, 《자연의 원리들》(철학과현실사, 2005) ; 김율, 《신앙의 근거들》(철학과현실사, 2005) ; 이재경, 《토마스 아퀴나스 지성단일성》(분도출판사, 2007) ; 박승찬, 《신학요

관련된 문제들도 이전보다는 더 효과적으로 논의될 수 있으리라고 기대해 본다.

읽어나가기 전에

토마스 아퀴나스의 이 저작을 읽어나가기 위해서는 무엇보다도 우선 이 저작의 각 문제들이 가지고 있는 구성을 이해해야 한다. 언급한 것처럼 이 저작은 중세의 전형적인 토론회의 결과물로서, 각 문제 하나하나는 긍정 혹은 부정으로 대답될 수 있는 단위들이다. 그리고 각각의 문제들은 크게 다음 다섯 부분으로 구성된다(다섯 부분 각각에 대한 보다 자세한 설명은 이 책 일러두기의 "글의 구조" 부분 참조).

1. 제목: 논의될 문제가 구체적으로 제시.
2. 반론: 문제에 대한 토마스 아퀴나스 자신의 입장과 '반대되는' 견해들이 제시.
3. 전거: 반론들과 달리 토마스 아퀴나스와 입장을 같이하는 몇몇 권위나 전거들이 소개.
4. 본론: 문제에 대한 토마스 아퀴나스 자신의 입장을 정당화하는 논증을 전개.
5. 반론에 대한 대답: 2에서 제시된 각 반론들에 대한 토마스 아퀴나스의 대답으로 제시.

이러한 구조 가운데 각각의 현안과 관련된 토마스 아퀴나스의 근본적인 사고방식을 잘 보여주는 부분은 아무래도 본론이라고 할 수 있다. 하지만 반론에 대한 대답 부분 역시 각 현안에 대한 그의 결론적인 입장표명이 잘 드러나는 부분이므로 주목해 보아야 한다. 단, 반

강》(나남, 2008)이 있다.

론에 대한 대답은 독립적으로가 아니라 항상 반론과 함께 하나의 쌍으로 읽고 이해해야 하며, 그렇지 않을 경우 오히려 오해를 불러일으킬 소지가 있다는 점을 주의해야 한다.

▪ 참고문헌

Adler, Mortimer, *Angels and Us*, New York, 1982.

Allegro, Giuseppe, "Le 'aporie' dell'immortalita dell'anima nella *Quaestio disputata De Anima* di S. Tommaso," in *Antropologia Tomista* (Atti del IX Congresso Tomistico Internazionale, vol. III), Lib. Vaticana, 1991, pp. 65~71.

Aristoteles, 《영혼론》(I, II, III), 이재룡 옮김, 〈가톨릭 신학과 사상〉, 20 (1997), 192~225쪽; 21 (1997), 190~231쪽; 22 (1997), 222~260쪽.

______, 《영혼에 관하여》, 유원기 역주, 궁리, 2001.

______, 《니코마코스 윤리학》, 이창우·김재홍·강상진 옮김, 이제이북스, 2006.

______, *The Complete Works of Aristotle: The Revised Oxford Translation*, 2 vols., ed. Jonathan Barnes, Princeton, Princeton University Press, 1984.

Augustinus, St., 《자유의지론》, 성염 역주, 분도출판사, 1998.

______, *De immortalitate animae*, in *Opere di Sant'Agostino* (editio latino-italiana), vol. III/1, ed., D. Gentili, Roma, Citta Nuova, 1970, pp. 489~547.

______, *De quantitate animae*, in *Opere di Sant'Agostino* (editio latino-italiana), vol. III/2, ed. D. Gentili, Roma, Citta Nuova, 1976, pp. 1~133.

Averroes, *Averrois Cordubensis commentarium magnum in Aristotelis De anima libros*, ed. F. S. Crawford, Cambridge (MA), Medieval Academy, 1953.

______, 《결정적 논고》, 이재경 옮김, 책세상, 2005.

Axters, E., "Pour l'etat des manuscrits des Questions Diputees de saint Thomas d'Aquin," in *Divus Thomas* 38 (1935), pp. 129~159.

Basti, G., *Il rapporto mente-corpo nella filosofia e nella scienza*, Bologna, 1991.

Bazán, Bernardo C., "Le dialogue entre Siger de Brabant et Thomas d'Aquin," in *Revue philosophique de Louvain* 72 (1974), pp. 53~155.

______, "Intellectum Speculativum: Averroes, Thomas Aquinas and Siger of Brabant on the Intelligible Object," in *Journal of the History of Philosophy* 19 (1981), pp. 425~446.

______, "The Human Soul: Form and Substance? Thomas Aquinas's Critique of Eclectic Aristotelianism," in *Archives d'histoire doctrinale et littéraire du moyen âge* 64(1997), pp. 95~126.

______, "La commentaire de S. Thomas d'Aquin sur le 'Traite de l'ame'. Un evenement: L'edition critique de la commission leonine," in *Revue des Sciences Philosophiques et Theologiques* 69(1985), pp. 521~547.

______, "La corporalite selon saint Thomas," in *Revue philosophique de Louvain* 81(1983), pp. 369~409.

Bernath, K., *Anima forma corporis. Eine Untersuchung ueber der ontologischen Grundlagen der Anthropologie des Thomas von Aquin*, Bonn, 1969.

Berti, Enrico, "Quando esiste l'uomo in potenza? La tesi di Aristotele," in S. Biolo(ed.), *Nascita e morte dell'uomo*, Genova, Marietti, 1993, pp. 115~123.

Bertola, E., "Il problema dell'immortalita dell'anima nelle opere di Tommaso d'Aquino," in *Rivista di filosofia neoscolastica* 65(1973), pp. 248~302.

Bertuzzi, Giovanni, "Immortalita dell'anima razionale nella dottrina di S. Tommaso," in *Divus Thomas* 95(1992), pp. 145~156.

Black, Deborah, L., "Consciousness and Self-Knowledge in Aquinas's Critique of Averroes' Psychology," in *Journal of the History of Philosophy* 31(1993), pp. 349~385.

Blandino, G., *Le existentia de Deo e le immortalita del anima; Lineas de philosophia del Esser*, Roma, P. U. Lateranense, 1990.

Bledsoe, J. P., "Aquinas on the Soul," in *Laval Theologique et Philosophique* 29(1973), pp. 273~289.

Bobik, Joseph, *Aquinas on Matter and Form and the Elements*, Notre Dame (Indiana), University of Notre Dame Press, 1998.

Bordoni, M., "Tempo, quantita, anima nel pensiero aristotelico-tomista," in *Aquinas* 4(1961), pp. 293~323.

Brennan, R. E., *Thomistic Psychology*, New York, Macmillan, 1941.

Brezik, Victor, "The Descent of Man according to Thomas Aquinas," in *Thomistic Paper* 1, ed. V. Brezik. Houston, Centre for Thomistic Studies, 1984, pp. 83~108.

Brown, Montague, "Aquinas and the Individuation of Human Person.

Revisited," in *International Philosophical Quarterly* 43(2003), pp. 167~186.

______, "Aquinas on the Resurrection of the Body," in *The Thomist* 56(1992), pp. 165~208.

______, *The Romance of Reason. An Adventure in the Thought of Thomas Aquinas*, Petersham(Massachusetts), St. Bede's Publications, 1991.

Callus, D., "The Problem of the Plurality of Forms, in the 13th Century. The Thomist Innovation," in *L'Homme et son destin*(Louvain, 1960), pp. 577~585.

Casagrande, Carla et al. (eds.), *Anima e corpo nella cultura medievale*(Atti del V Convegno di Studi della Societa Italiana per lo Studio del Pensiero Medievale: Venezia, 25-28 settembre 1995), Firenze, SISMEL, 1999.

Cavalcoli, Giovanni, "Natura e funzioni dell'intelletto umano secondo San Tommaso," in *Divus Thomas* 95(1992), pp. 21~39.

Chenu, M.-D., *Toward Understanding Saint Thomas*, trans. A. M. Landry & D. Hughes, Chicago, Henry Regnery Company, 1964.

Centi, T. S., "Vicende di una prova definitiva dell'immortalita dell'anima," in *Sapienza* 1(1948), pp. 186~204.

Clarke, W. N., "The Limitation of Act by Potency: Aristotelianism or Neoplatonism," in *The New Scholasticism* 26(1952), pp. 167~194.

Connell, Desmond, "St. Thomas on Reflection and Judgement," in *Irish Theological Quarterly* 45(1978), pp. 234~247.

Corbin, H., 《이슬람철학사》, 김정위 옮김, 서광사, 1997.

Crosson, Frederick J., "Psyche and Persona: The Problem of Personal Immortality," in *International Philosophical Quarterly*(June, 1968).

Dales, Richard, *The Problem of the Rational Soul in the Thirteenth Century*, Leiden, E. J. Brill, 1995.

Dalledonne, Andrea, "La prova tomistica essenziale a favore del primato qualitativo della volonta libera," in *Antropologia Tomista*(Atti del IX Congresso Tomistico Internazionale, vol. III), Lib. Vaticana, 1991, pp. 263~269.

Davidson, Herbert, A. *Alfarabi, Avicenna, and Averroes on the Intellect: Their Cosmologies, Theories of the Active Intellect, and Theories of Human*

Intellect, Oxford University Press, 1992.

De Vries, Josef, "Zum thomistischen Beweis der Immaterialitaet der Geistseele," in *Scholastik* 40(1965), pp. 1~22.

De Vries, Josef, 《스콜라철학의 기본개념》, 신창석 옮김, 분도출판사, 1997.

Degl'Innocenti, Umberto, *Il problema della persona nel pensiero di S. Tommaso*, Roma, Lib. Lateranense, 1967.

Dobbs-Weinstein, Idits, *Maimonides and St. Thomas on the Limits of Reason*, Albany, SUNY Press, 1995, pp. 113~139.

Dodd, Tony, *The Life and Thought of Siger of Brabant, Thirteenth-Century Parisian Philosopher*, Lewiston(N. Y.), The Edwin Mellen Press, 1998.

Doig, James, "Toward Understanding Aquinas' Com. In De Anima: A Comparative Study of Aquinas and Averroes on the Definition of the Soul(De Anima B, 1-2)," in *Rivista di filosofia neoscolastica* 66(1974), pp. 436~474.

Donceel, Joseph, "Immediate Animation and Delayed Hominization," in *Theological Studies* 31(1979), pp. 76~110.

______, "Immediate Animation and Delayed Hominization," in *Theological Studies* 31(1979), pp. 76~110.

______, *Philosophical Psychology*, New York, Sheed, 2nd ed., 1961.

Durrant, Michael, *Aristotle's De Anima in focus*, Routledge, 1993.

Eberl, Jason, T., "Aquinas on the Nature of Human Beings," in *Review of Metaphysics* 58(2004), pp. 333~366.

Edwards, P. (ed.), *Immortality*, London, Prometheus, 1997.

Elders, Leo, "Le commentaire de saint Thomas d'Aquin sur le De Anima d'Aristote," in ID., *Autour de saint Thomas*, Paris-Bruges, 1987, vol. I, pp. 55~76.

______, 《토마스 아퀴나스의 형이상학》, 박승찬 옮김, 가톨릭출판사, 2003.

Etzwiler, J. P., "Man as Embodied Spirit," in *New Scholasticism* 54(1980) pp. 358~377.

Fabro, Cornelio, "Dall'anima allo spirito: L'enigma dell'uomo e l'emrgenza dell'atto," in *L'anima nell'antropologia di S. Tommaso d'Aquino*, ed. A. Lobato, 1987, pp. 457~467.

______, "L'anima nell'eta patristica e medievale," in M. F. Sciacca(ed.),

L'anima, Brescia, Morcellian, 1954, pp. 71~105.

______, *La svolta antropologica di Karl Rahner*, Milano, Rusconi, 1976.

Farrelly, M. J., "Existence, the Intellect, and the Will," in *New Scholastciism* 29 (1955).

Foster, David, "Aquinas on the Immateriality of the Intellect," in *The Thomist* 55 (1991), pp. 415~438.

Gardeil, H. D., *Introduction to the Philosophy of St. Thomas*, vol. III, *Psychology*, tr. J. A. Otto, St. Louis, Herder, 1956.

Gauthier, René-Antoine, "Notes sur Siger de Brabant, I. Siger en 1265", in *Revue des sciences philosophiques et théologiques* 67 (1983), pp. 201~232.

______, "Notes sur Siger de Brabant, II. Siger en 1272-75. Aubry de Reims et la scission des Normands" in *Revue des sciences philosophiques et théologiques* 68 (1984), pp. 3~49.

______, "Introduction", in *Santi Thomae de Aquino, Sentencia libri de anima, text of the Leonine edition*, Rome-Paris: Commisiio Leonina-Vrin, 1984, pp. 1*~294*.

______, "Le traite 'De anima et potenciis eius' d'un maitre es arts (vers 1225): Introduction et texte critique," in *Revue des Sciences Philosophiques et Theologiques* 66 (1982), pp. 3~5.

______, "Quelques questions a propos du commentaire de S. Thomas sur le De Anima," in *Angelicum* 51 (1974), pp. 419~472.

Gherardini, Brunero, "Sintesi antropologico-tomasiana," in *San Tommaso d'Aquino Doctor Humanitatis* (Atti del IX Congresso Tomistico Internazionale, vol. I), Lib. Vaticana, 1991, pp. 333~345.

Gilson, Etienne, "L'ame raisonnable chez Albert le grand," in *Archives de l'histoire doctrinale et literaire du moyen-age* 14 (1944~1945), pp. 5~70.

______, "Quasi definitio substantiae," in *St. Thomas Aquinas. Commeorative Studies* 1224-1974, Toronto, PIMS, 1974, vol. 1, pp. 111~129.

______, *Elements of Christian Philosophy*, Garden City (N. Y.), Doubleday, 1968 (ch. 9. "The Human Soul"), pp. 203~219.

______, *Le Thomisme. Introduction a la philosophie de saint Thomas d'Aquin*, Paris, Vrin, 6a ed., 1986.

______, *The Spirit of Medieval Philosophy*, tr. A. Downes, New York,

Scribner's, 1940.

______, *The Christian Philosophy of St. Thomas Aquinas*, New York, Random House, 1956.

______, *Elements of Christian Philosophy*, New York, Doubleday, 1960.

Glorieux, Palemon, "Les questions disputees de saint Thomas et leur suite chronologique," in *Recherches de theologie ancienne et medievale* 4 (1932), pp. 5~33.

Gómez, N. S., "Saint Thomas, Averroès et l'Averroïsme," in *Aquinas and Problems of His Time*, ed. G. Verbeke and D. Verhelst, Leuven University Press, 1976, pp. 161~177.

Gracia, Jorge, 《스콜라철학에서의 개체화》, 이재룡·이재경 옮김, 가톨릭출판사, 2003.

Hartman, E., *Substance, Body and Soul*, Princeton, Princeton University Press, 1977.

Heaney, Stephen J., "Aquinas and the Presence of the Human Personal Soul in the Early Embryo," in *The Thomist* 56 (1992), pp. 19~48.

Henle, R., *St. Thomas and Platonism*, The Hague, Nijhoff, 1956.

Hering, H., "De tempore animationis foetus humani," in *Angelicum* 28 (1951), pp. 18~29.

Hibbert, "The Nature and Immortality of the Soul according to St. Thomas," in *Philosophical Studies* 16 (1967), pp. 46~62.

Hudeczek, M., "De tempore animationis foetus humani secundum Embryologiam modernam," in *Angelicum* 29 (1952), pp. 162~181.

Hughes, Christopher, *On a Complex Theory of a Simple God. An Investigation in Aquinas' Philosophical Theology*, Ithaca, Cornell University Press, 1989.

Hyman, Arthur, "Aristotle's Theory of the Intellect and Its Interpretation by Averroes," in *Studies in Aristotle*, ed. D. J. O'Meara, Catholic University of America Press, 1981, pp. 161~191.

Iammarrone, Luigi, "L'affermazione razionale dell'immortalita dell'anima umana nel pensiero di S. Tommaso," in *Antropologia Tomista* (Atti del IX Congresso Tomistico Internazionale, vol. III), Lib. Vaticana, 1991, pp. 7~21.

Izquierdo Labeaga, J. A., "Homo analogicus," in *Gregorianum* 69 (1988), pp. 505~545.

______, *La vita intellettiva. Lectio Sancti Thomae Aquinatis*, Lib. Vaticana, 1994.

Jollif, J.-L., "Affirmation rationnelle de l'immortalite de l'ame chez saint Thomas," in *Lumiere et vie* 4(1955), pp. 59~78.

Jordan, Mark, "The Order of Light: Aquinas on Immateriality as Hierarchy," in *Proceedings of the American Catholic Philosophical Association* 52 (1974), pp. 112~119.

______, *The Alleged Aristotelianism of Thomas Aquinas*, Toronto, PIMS, 1990.

Kelly, M. J., "Aquinas and the Subsistence of the Soul: Notes on a Difficulty," in *Franciscan Studies* 27(1967), pp. 212~217.

Kelsey, David, "Aquinas and Barth on the Human Body," in *The Thomist* 50 (1986), pp. 643~689.

Kemp, Simon, *Medieval Psychology*, New York, Greenwood Press, 1990.

Kenny, Anthony, 《아퀴나스의 심리철학》, 이재룡 옮김, 가톨릭대출판부, 1999.

Klima, Gyula, "Man = Body + Soul: Aquinas's Arithmetic of Human Nature," in *Philosophical Studies in Religion, Metaphysics, and Ethics: Essays in Honour of Heikki Kirjavainen*, ed. T. Koistinen and T. Lehtonen. Helsinki, Luther-Aricola Society, 1997, pp. 179~197.

Klubertanz, Geroge, "St. Thomas and the Knowledge of the Singular," in *The New Scholasticism* 26(1952), pp. 135~166.

______, *Philosophy of Human Nature*, New York, Appleton-Century, 1953.

Kretzmann, Norman, "Philosophy of Mind", in *The Cambridge Companion to Aquinas*, ed. N. Kretzmann and E. Stump, Cambridge, Cambridge University Press, 1993, pp. 128~159.

______, *The Metaphysics of Creation: Aquinas's Natural Theology in Summa contra Gentiles*, 2 vols., Oxford, Clarendon Press, 1999.

Knowles, D., *The Historical Context of the Philosophical Works of St. Thomas Aquinas*, London, Blackfriars, 1958.

Kreyche, Gerald, "The Soul-Body Problem in St. Thomas," in *The New Scholasticism* 46(1972), pp. 468~484.

Kuksewicz, Z. De, "The Latin Averroism of the Late Thirteenth Century," in *Averroismus im Mittelalter und im der Renaissance*, ed. F. Niewöhner and L. Sturlese, Zürich, Spur Verlag, 1994, pp. 101~113.

Lanza, Antonio, *La questione del momento in cui l'anima razionale e infusa nel corpo*, Roma, 1939.

Laporta, J., *La destinee de la nature humaine selon Thomas d'Aquin*, Paris, Vrin, 1965.

La Plante, Harry, "Person and Thomism," in *Modern Schoolman* 63(1986), pp. 193~215.

______, "Soul, Rational Soul and Person in Thomism," in *The Modern Schoolman* 70(1993), pp. 209~216.

Lee, Patrick, "St. Thomas and Avicenna on the Agent Intellect," in *The Thomist* 45(1981), pp. 41~61.

Legrand, J., *L'univers et l'homme dans la philosophie de Saint Thomas*, Bruxelles-Paris, 1946.

Levy, David J., *The Measure of Man: Incursions in Philosophical and Political Anthropology*, University of Missouri Press, 1993.

Lisska, Anthony J., "Axioms of Intentionality in Aquinas' Theory of Knowledge," in *International Philosophical Quarterly* 16(1976), pp. 305~322.

Libera, A. de, *Thomas d'Aquin. L'Unite de l'intellect contre les averroistes, suivi des Textes contre Averroes anterieurs a 1270*, Paris, 1994.

Little, A., *The Platonic Heritage of Thomism*, Dublin, Golden Eagle Books, 1949.

Lobato, Abelardo, "Anima quasi horizon et confinium," in *L'anima nell'antropologia di S. Tommaso d'Aquino*, ed. A. Lobato, 1987, pp. 53~80.

Lorenzini, Mirella, *L'uomo in quanto persona*, Bologna, Edizioni Studio Domenicano, 1990.

Lotz, Johannes B., "Magis anima continet corpus quam e converso(S. T., I, 76, 3)," in *L'anima nell'antropologia di S. Tommaso d'Aquino*, ed. A. Lobato, Milano, Massimo, 1987, pp. 293~302.

______, *Martin Heidegger et Thomas d'Aquin*, Paris, Presses Universitaires de France, 1975.

Mahoney, E. P., "Saint Thomas and Siger of Brabant Revisited," in *Review of Metaphysics* 27(1974), pp. 531~553.

______, "Sense, Intellect and Imagination in Albert, Thomas, and Siger," in

The Cambridge History of Later Medieval Philosophy, ed. N. Kretzmann et al., Cambridge University Press, 1982, pp. 602~622.

______, "Aquinas's Critique of Averroes's Doctrine of the Unity of the Intellect," in *Thomas Aquinas and His Legacy*, ed., David M. Gallagher, Washington, The Catholic University of America Press, 1994, pp. 83~106.

______, "Metaphysical Foundations of the Hierarchy of Being according to Some Late Medieval and Renaissance Philosophers," in *Philosophies of Existence: Ancient and Modern*, ed. P. Morewedge, New York, Fordham University Press, 1982, pp. 165~257.

Maritain, J., *Distinguish to Unite or The Degrees of Knowledge*, trans. Gerald B. Phelan, New York, Charles Scribner's Sons, 1959.

Maurer, Armand, "Siger of Brabant and Theology," in *Mediaeval Studies* 50 (1988), pp. 257~278.

______, *Being and Knowing: Studies in Thomas Aquinas and Later Medieval Philosophers*, Toronto, PIMS, 1990.

McCormick, J. F., "Quaestiones Disputandae," in *New Scholasticism* 13 (1939), pp. 368~374.

McInerny, Ralph (ed.), *Aquinas Against the Averroists: On there Being only One Intellect*, West Lafayette (Indiana), Purdue University Press, 1993.

______, *Boethius and Aquinas*, Washington, CUA Press, 1990.

Modrak, Deborah, "The Nous-Body Problem in Aristotle," in *Review of Metaphysics* 44 (1991), pp. 755~774.

Melchiorre, Virgilio, *Corpo e persona*, Genova, Marietti, 1987.

Mondin, Battista, 《인간: 철학적 인간학 입문》, 허재윤 옮김, 서광사, 1996.

______, "Fecondita antropologica della concezione tomistica dell'essere: Brevi annotazioni in margine alla Q. D. de anima," in A. Lobato, OP (ed.), *L'anima nell'antropologia di S. Tommaso d'Aquino* (Atti del Congresso della Societa Internazionale S. Tommaso d'Aquino, Roma, 2-5 Gennaio 1986), Milano, Massimo, 1987, pp. 343~353a.

Moreau, J., "L'home et son ame, selon S. Thomas d'Aquin," in *Revue philosophique de Louvain* 74 (1967), pp. 5~29.

Murnion, William E., "St. Thomas Aquinas's Theory of the Act of

Understanding," in *The Thomist* 37(1980), pp. 88~118.

Nicholas, M. J., "Le corps humain," in *Revue Thomiste* 79(1979), pp. 357~387.

Novak, Joseph, "Aquinas and the Incorruptibility of the Soul," in *History of Philosophy Quarterly* 4(1985).

Oguejiofor, J. Obi, *The Philosophical Significance of Immortality in Thomas Aquinas*, University Press of America, 2001.

O'Neil, Charles J., "St. Thomas and the Nature of Man," in *Proceedings of the American Catholic Philosophical Associations* 25(1951), pp. 41~46.

O'Rouke, Fran, *Pseudo-Dionysius and the Metaphysics of Aquinas*, Leiden, E. J. Brill, 1992.

Overfield, James H., *Humanism and Scholasticism in Late Medieval Germany*, Princeton University Press, 1984.

Owens, Joseph, "Soul as Agent in Aquinas," in *The New Scholasticism* 48 (1974), pp. 40~72.

______, "Aquinas on the Inseparability of Soul from Existence," in *The New Scholasticism* 61(1987), pp. 249~270.

______, "Thomas Aquinas," in *Individuation in Scholasticism: The Later Middle Ages and the Counter-Reformation* (1150-1650), ed., J. E. Gracia, Albany, SUNY Press, 1994, pp. 173~194.

______, *An Elementary Christian Metaphysics*, Houston, University of St. Thomas Certer for Thomistic Studies, 1963/1985.

______, "Aristotelian Soul as Cognitive of Sensibles, Intelligibles and Self," in *Aristotle. The Collective Papers of Joseph Owens*, ed. J. Catan, Albany, SUNY Press, 1981, pp. 81~98.

______, "Aristotle's Definition of Soul," in *Philomathes. Studies and Essays in Memory of Philip Merlan*, eds. R. Palmer and R. Hammerston-Kelly, The Hague, Nijhoff, 1971, pp. 124~145.

______, "The Unity in a Thomistic Philosophy of Man," in *Medieval Studies* 25(1965), pp. 55~82.

______, *Human Destiny*, Washington, The Catholic University of America Press, 1985.

______, "토마스 아퀴나스(1225?~1274)," 조지 그라시아(편), 《스콜라철학에서의 개체화》, 이재룡·이재경 옮김, 가톨릭출판사, 2003, pp. 303~

340.
______, 《존재해석》, 이재룡 옮김, 가톨릭대출판부, 2003.
Pace, E. A., "The soul in the system of St. Thomas," in *Catholic University Bulletin* 4(1898), pp. 50~61.
Pasnau, Robert, *Thomas Aquinas on Human Nature*, Cambridge: Cambridge University Press, 2002.
______, "Olivi on the Metaphysics of Soul," in *Medieval Philosophy and Theology* 6(1997), pp. 109~132.
______, *Theories of Cognition in the Later Middle Ages*, Cambridge, Cambridge University Press, 1997.
Peghaire, J., "The Forgotten Sense: The 'Vis Cogitativa' according to St. Thomas Aquinas," in *Revue de l'Universite d'Ottawa* 13(1943), pp. 65~91; 147~174.
Pegis, Anton Charles, "St. Thomas and the Unity of Man," in *Progress in Philosophy: Philosophical Studies in Honor of Rev. Doctor Charles A. Hart*, ed. J. A. McWilliams, Milwaukee, The Bruce, 1955, pp. 153~173.
______, *At the Origins of the Thomistic Notion of Man*, New York, Macmillan, 1963.
______, *St. Thomas and the Problem of the Soul in the Thirteenth Century*, Toronto, PIMS, 1978.
______, "The Separated Soul and its Nature in St. Thomas," in *St. Thomas Aquinas 1274-1974. Commemorative Studies*, ed. A. Maurer, Toronto, PIMS, 1974, vol. I, pp. 131~158.
Penati, Giancarlo, *L'anima*, Roma, La Scuola, 1982.
Peter, C. J., *The Doctrine of Thomas Aquinas Regarding Eviternity in the Rational Soul and Separated Substances*, Roma, P. U. Gregoriana, 1964.
Philippe, M.-D., "L'ame humaine selon Saint Thomas," in *L'anima nell'antropologia di S. Tommaso d'Aquino*, ed. A. Lobato, 1987, pp. 169~180.
Pietrosanti, Romano, *L'anima umana nei testi di S. Tommaso*, Bologna, Edizioni Studio Domenicano, 1996.
Plato, 《티마이오스》, 박종현·김영균 옮김, 서광사, 2000.
______, 《파이돈》, 박종현 역주, 《에우티프론, 소크라테스의 변론, 크리톤, 파

이돈》, 서광사, 2003, pp. 247~461.

Principe, Walter, "'The Truth of Human Nature' according to Thomas Aquinas," in R. James Long(ed.), *Philosophy and God of Abraham: Essays in Memory of James A. Weisheipl, OP*, Toronto, PIMS, 1991, pp. 161~177.

Proclus, *Elements of Theology*, ed. E. R. Dodds, 2nd ed., Oxford, Clarendon Press, 1933.

Pulvirenti, Rosalia Azzaro, "Il concetto tomista di persona in relazione alla bioetica," in *Antropologia Tomista*(Atti del IX Congresso Tomistico Internazionale, vol. III), Lib. Vaticana, 1991, pp. 172~183.

Quinn, Patrick, "The Interfacing Image of the Soul in the Writings of Aquinas," in *Milltown Studies* 32(1993), pp. 70~75.

Reiter, Josef, "Zur Problematik von Identitaet und Differenz von Anima und Intellectus bei Thomas von Aquin," in *Salzburger Jahrbuch fuer Philosophie* 19(1974), pp. 177~197.

Reyna, R., "On the Soul: A Philosophical Exploration on the Active Intellect in Averroes, Aristotle and Aquinas," in *The Thomist* 36(1972), pp. 131~149.

Richard Dales, *The Problem of the Rational Soul in the Thirteenth Century*, Leiden, Brill, 1995.

Rigobello, Armando, *L'immortalita dell'anima*, Roma, La Scuola, 1987.

Rizzi, Giuseppe, *L'uomo in Maritain*, Roma, Logos, 1990.

Robb, James H., *Man as Infinite Spirit*, Milwaukee, Marquette University Press, 1974.

Robinson, Howard, "Aristotelian Dualism," *Oxford Studies in Ancient Philosophy* 1(1983), pp. 123~144.

Rorem, Paul, *Pseudo-Dionysius: A Commentaty on the Texts and an Introduction to Their Influence*, Oxford: Oxford University Press, 1993.

Roth, Gottfried, "Quod anima non sit complexio. Zur Kritik des hl. Thomas von Aquin am Seelenbegriff Galens," in *Archiv fuer Religionspsychologie* 17(1985), pp. 284~292.

Rovighi, Sofia, 《성 보나벤투라》, 이재룡 옮김, 가톨릭대출판부, 2001.

______, *L'antropologia filosofica di san Tommaso D'Aquino*, Milano, Vita e

Pensiero, 1965.
______, *L'immortalita dell'anima nei maestri francescani del secolo xiii*, Milano, Vita e Pensiero, 1936.
Royce, James E., *Man and His Nature*, New York, McGraw-Hill, 1961.
Rubenstein, Richard, 《아리스토텔레스의 아이들》, 유원기 옮김, 민음사, 2004.
Rudafsky, Tamar, "Avicebrol(Ibn Gabirol)," in J. Gracia and T. Noone (eds.), *A Companion to Philosophy in the Middle Ages*, Malden(MA), Blackwell, 2003, pp. 174~181.
Ruffinengo, Pier Paolo, "Il fondamento della persona umana secondo S. Tommaso," in *San Tommaso d'Aquino Doctor Humanitatis* (Atti del IX Congresso Tomistico Internazionale, vol. I), Lib. Vaticana, 1991, pp. 179~199.
Scaltsas, Theodore, *Substances and Universals in Aristotle's Metaphysics*, Ithaca and London, Cornell University Press, 1994.
Schroeder, F. M. and Todd, Robert(eds.), *Two Greek Aristotelian Commentators on the Intellect. The De Intellectu Attributed to Alexander of Aphrodisias and Themistius' Paraphrase of Aristotle De Anima* 3. 4-8, Toronto, PIMS, 1990.
Schroeder, F. M., "Light and the Active Intellect in Alexander and Plotinus," *Hermes* 112(1984), pp. 239~248.
______, "The Analogy of the Active Intellect to Light in the 'De Anima' of Alexander of Aphrodisias," *Hermes* 109(1981), pp. 215~225.
______, "The Potential or Material Intellect and the Authorship of the De Intellectu: A Reply to B. C. Bazan," *Symbolae Osloenses* 57(1982), pp. 115~125.
Spiazzi, Raimondo, "Unita dell'anima e dell' corpo secondo S. Tommaso," in *Humanitas* 1(1952), pp. 849~858.
______, *Natura e grazia. Fondamenti dell'antropologia cristiana secondo San Tommaso d'Aquino*, Bologna, Edizioni Studio Domenicano, 1991.
Spruit, Leen, *Species Intelligibilis From Perception To Knowledge*, vol. I, Classical Roots and Medieval Discussions, Leiden, Brill, 1994.
St. Hilaire, G., "Does St. Thomas Really Prove the Soul's Immortality?" in *The New Scholasticism* 35(1960), pp. 340~356.

Stump, Eleonore, *Aquinas*, London and New York, Routledge, 2003.

Siger of Brabant, *Quaestiones in tertium de anima, De anima intellectiva, De aeternitate mundi*, ed. Bernardo C. Bazán, Louvain-Paris, Publications universitaires Béatrice-Nauwelaerts, 1972.

______, *Quaestiones super librum de causis*, ed. A. Marlasca, Louvain-Paris, Publications universitaires Béatrice-Nauwelaerts, 1972.

Sweeney, Michael, "Thomas Aquinas's Quaestiones de anima, and the Difference between a Philosophical and a Theological Approach to the Soul," in *Was ist Philosophie im Mittelalter*, eds., J. Aertsen -A. Speer, Berlin, Walter de Gruyter, 1998.

Talyor, R. C., "Averroes on Psychology and the Principles of Metaphysics," in *Journal of the History of Philosophy* 36(1998), pp. 507~523.

Thomas Aquinas, 《신학대전》, 1-6, 10-11, 16권, 정의채 옮김, 바오로딸, 1985~.

______, 《자연의 원리들》, 김율 옮김, 철학과현실사, 2005.

______, 《존재자와 본질에 대하여》, 정의채 옮김, 바오로딸, 2004.

______, 《지성단일성》, 이재경 역주, 분도출판사, 2007.

______, *Scriptum super libros Sententiarum*, 4 vols., ed. P. Mandonnet and M. F. Moos, Paris, Lethielleux, 1929~1942.

______, *Summa theologiae*, 5 vols., Ottawa, Collège Dominican, 1941~1945.

______, *De spiritualibus creaturis*, in *Quaestiones disputatae*, vol. 2, ed. M. Calcaterra and T. S. Centi, Torino-Roma, Marietti, 1953.

______, *De substantiis separatis*, in *Opuscula philosophica*, ed. R. Spiazzi, Torino-Roma, Marietti, 1954.

______, *Summa Contra Gentiles*, editio Leonina Manualis, Torino-Roma, Marietti, 1934.

______, *De veritate*, in *Quaestiones disputatae*, vol. 1, ed. R. Spiazzi, Torino-Roma, Marietti, 1964.

______, *Sentencia libri De anima*, ed. Leonina, vol. 45/1, 1984.

Tognolo, A., "Il problema del NOUS nel De Anima di Aristotele," in *Studia Patavina* 10(1963), pp. 101~116.

Torrell, Jean-Pierre, *Saint Thomas Aquinas*, Vol. 1: *The Person and His Work*, Trans. Robert Royal, Washington, Catholic University of

America Press, 1996.
Tugwell, Simon, *Human Immortality and the Redemption of Death*, London, Darton, Longman and Todd, 1990.
Van Riet, G., "La theorie de la sensation externe," in *Revue philoosphique de Louvain* 51 (1953), pp. 374~408.
______, "La theorie thomiste de l'abstraction," in *Revue philosophique de Louvain* 50 (1952), pp. 353~393.
Van Steenberghen, Fernand, 《토마스 아퀴나스와 급진적 아리스토텔레스주의》, 이재룡 옮김, 성 바오로, 2000.
Verbeke, Gerard, "Man as a 'Frontier' according to Aquinas," in *Aquinas and Problems of His Time*, ed. G. Verbeke and D. Verhelst, Louvain, Leuven University Press, 1976, pp. 195~223.
______, "L'unite de l'homme. Saint Thomas contre Averroes," in *Revue philosophique de Louvain* 58 (1960), pp. 220~249.
______, "Les sources et la chronologie du Commentaire de S. Thomas d'Aquin au De Anima d'Aristote," in *Revue philosophique de Louvain* 45 (1947), pp. 314~338.
______, "Note sur la date du Commentaire de S. Thomas au De Anima d'Aristote," in *Revue philosophique de Louvain* 50 (1952), pp. 56~63.
______, "Themistius et le De unitate intellectus de saint Thomas," in *Revue philosophique de Louvain* 53 (1955), pp. 141~164.
Vernaux, R., *Philosophie de l'homme*, Paris, Beauchesne, 1956.
Vernier, Jean-Marie, "La Sentencia libri de anima de Thomas d'Aquin," in *Revue des Sciences Philosophiques et Theologiques* 86 (2002), pp. 33~50.
Warganz, J. F., *An Examination of the Thomistic Arguments for the Immortality in the Light of Peter Pomponazzi's De immortalitate animae* (Ph. D. Dissertation), Brooklyn, St. John's University, 1968.
Weisheipl, James, 《토마스 아퀴나스 수사》, 이재룡 옮김, 성 바오로, 1998.
______, "Albertus Magnus and Universal Hylomorphism: Avicebron," in F. Kovach and R. Shahan (eds.), *Albert the Great Commemorative Studies*, Norman, University of Oklahoma Press, 1980, pp. 239~260.
White, K., "Aquinas on the Immediacy of the Union of Soul and Body," in *Studies in Thomistic Theology*, ed. P. Lockey, Houston, Center for

Thomistic Studies, 1996, pp. 211~280.

______, *Two Studies Related to St. Thomas Aquinas' Commentary on Aristotle's De sensu et sensato* (Ph. D. Dissertation), Ottawa, School of Graduate Studies of the University of Ottawa, 1986.

Wilder, Alfred, "St. Thomas and the Real Distinction of the Potencies of the Soul from its Substance," in *L'anima nell'antropologia di S. Tommaso d'Aquino*, ed. A. Lobato, Millano, Massimo, 1987, pp. 431~454.

Wilhelmsen, F. D., "A Note on Contraries and the Incorruptibility of the Human Soul in St. Thomas Aquinas," in *American Catholic Philosophical Quarterly* 67 (1993), pp. 333~338.

Wippel, John. F., "The Condemnations of 1270 and 1277 at Paris," in *The Journal of Medieval and Renaissance Studies* 7 (1977), pp. 169~201.

______, "The Condemnations of 1270 and 1277 at Paris," in *The Journal of Medieval and Renaissance Studies* 7 (1977), pp. 169~201.

______, *Medieval Reactions to the Encounter between Faith and Reason*, Milwaukee, Marquette University Press, 1995.

______, "Thomas Aquinas and the Axiom 'What is Received is Received According to the Mode of the Receiver'," in *A Straight Path. Essays in Honor of Arthur Hyman*, ed. R. Link-Salinger (Washington, The Catholic University of America Press, 1988), pp. 279~289.

______, *Metaphysical Themes in Thomas Aquinas*, Catholic University of America Press, 1984.

______, *The Metaphysical Thought of Thomas Aquinas*, Catholic University of America Press, 2001.

Zoffoli, Enrico, "La dignita del corpo umano nella dottrina di S. Tommaso," in *Antropologia Tomista* (Atti del IX Congresso Tomistico Internazionale, vol. III), Lib. Vaticana, 1991, pp. 81~90.

박승찬, "아리스토텔레스철학의 수용과 스콜라철학의 발전," 〈가톨릭철학〉 3 (2001), 119~157쪽.

박우석, 《중세철학의 유혹》, 철학과현실사, 1996.

성염, "영혼이 신체의 형상이면서 실체일 수 있는가?" 〈신학전망〉 141 (2003), 97~116쪽.

신창석, "영혼과 육체의 상호작용에 대한 형이상학적 근거," 〈철학논총〉 27(2002), 152~172쪽.

원유동, "보나벤투라의 빛의 형이상학," 한남대 박사학위논문, 2003.

유원기, "아리스토텔레스의 심신론은 기능주의인가?" 〈철학연구〉 47(1996), 245~264쪽.

이경재, "토마스 아퀴나스 인간학의 논리적 출발점에 대한 정당화," 〈가톨릭철학〉 5(2003), 231~251쪽.

이상섭, "인식주체의 다수성과 인식의 보편성은 양립가능한가?" 〈철학연구〉 62(2004), 113~136쪽.

이재경, 《토마스 아퀴나스와 13세기 심리철학》, 대구가톨릭대출판부, 2002.

______, "토마스 아퀴나스, 신플라톤주의 그리고 지평비유," 〈동서철학연구〉 26(2002), 5~20쪽.

이재룡, "토마스 아퀴나스의 추상이론," 〈가톨릭철학〉 창간호(1999), 134~168쪽.

______, "토마스 아퀴나스의 개체화 원리," 〈신학과 사상〉 45(2003), 102~140쪽.

장욱, 《토마스 아퀴나스의 철학》, 동과서, 2003.

______, 《중세철학의 정신》, 동과서, 2002.

정달용, 《그리스도교 철학 上: 고대와 중세》, 분도출판사, 2000.

정의채, 《形而上學》, 성 바오로출판사, 1982(10쇄, 열린, 1997).

이나가키 료스케, 《천사론》, 김산춘 옮김, 성 바오로출판사, 1999.

찾아보기

(용 어)

ㄱ～ㄴ

ㄷ ~ ㄹ

ㅁ ~ ㅂ

ㅅ ~ ㅇ

ㅈ~ㅊ

ㅋ ～ ㅌ

ㅍ ~ ㅎ

기 타

찾아보기

(인 명)

토마스 아퀴나스 (Thomas Aquinas, 1224~1274)

토마스 아퀴나스는 1224년경 이탈리아 남부 아퀴노지역 인근의 로카세카 성에서 귀족의 아들로 출생했다. 어려서 몬테카시노의 베네딕토 수도원에 봉헌되어 그곳에서 수학하였고, 15세가 되던 1239년부터 나폴리대학에서 수학하다가, 1244년 초봄에 도미니코회 수도원에 입회했다. 하지만 가족들의 심한 반대에 부딪쳐 1년여 동안 집에서 감금상태로 지내며 입회 철회를 종용받았지만 그에 굴하지 않았다고 전해진다. 이후 파리대학에서 알베르투스 마뉴스 문하에서 수학하다가, 스승을 따라 쾰른에 머물기도 했는데, 이 기간 동안에 사제서품을 받았다. 이후 다시 파리대학에서 수학하며 1256년에 신학석사학위를 받았다. 그후 줄곧 수도사 본연의 설교는 물론이고 강의와 저술활동에 정진했다. 1256~1259년과 1269~1272년의 두 차례에 걸쳐 파리대학 신학교수를 역임했고, 그 사이 이탈리아의 나폴리, 오르비에토, 로마 등지에서 가르치며 저술활동을 했다. 두 번째 파리대학 교수 역임 이후 나폴리대학에서 가르치던 토마스 아퀴나스는 1273년 말의 신비체험 이후 모든 저술활동을 중단했으며, 이후 육체적으로도 급격하게 쇠약해진다. 1274년 교황 그레고리 10세로부터 제2차 리옹 공의회에 참석하라는 명령을 받고 가던 중 병세가 악화되어, 포사노바의 시토회 수도원에서 숨을 거두었다.

사후 50여 년 만인 1323년에 교황 요한 22세에 의해 시성되었고, 1879년 교황 레오 13세의 회칙 〈영원하신 아버지〉를 통해 그의 사상은 가톨릭 공식 학설로 인정되기에 이른다. 저작으로는 《신학대전》, 《대이교도대전》, 《진리에 대하여》, 《신의 능력에 대하여》 등 방대한 저술을 남겼다.

이 재 룡

1982년 가톨릭대 신학대학에서 사제서품을 받고, 1993년 로마 우르바노 대학에서 철학박사 학위를 받았으며, 1993년부터 2011년까지 가톨릭대 교수로 재직하였고, 현재는 천주교회 오류동 성당 주임신부로 봉직하고 있다.

주요 역서로는《성 토마스 아퀴나스의 신학대전 요약》(공역, 1993), 《토마스 아퀴나스의 인식론》(1996), 《토마스 아퀴나스 수사》(1998), 《아퀴나스의 심리철학》(1999), 《신앙과 이성》(1999), 《토마스 아퀴나스와 급진적 아리스토텔레스주의》(2000), 《성 보나벤투라》(2001), 《신학자 토마스 아퀴나스》(2002), 《스콜라철학에서의 개체화》(2003), 《존재해석》(2003), 《인식론의 역사》(2004), 《철학여행》(2008), 《13세기 영혼 논쟁》(2011) 등이 있다.

이 경 재

1964년 서울에서 출생. 연세대 철학과를 졸업하고 동 대학원에서 토마스 아퀴나스의 형이상학을 주제로 철학박사 학위를 받았다. 연세대 철학연구소 전문연구원, 천안대 기독교철학연구소 전임연구원을 지냈으며, 〈중앙일보〉 산하 월간 〈에머지〉 편집장을 지내기도 했다. 현재 백석대 기독교학부에서 가르치고 있다.

저서로《중세는 정말 암흑기인가》(2003), 공저로《폭력에 대한 철학적 성찰》(2004), 《인격》(2007), 《예수, 신인가 인간인가》(2009), 《양심》(2012) 등이 있다.